Friedrich Nietzsche

Ainsi parlait Zarathoustra

Un livre qui est pour *tous* et qui n'est pour *personne*

Textes et variantes
établis par
Giorgio Colli et Mazzino Montinari

Traduit de l'allemand
par Maurice de Gandillac

Gallimard

ŒUVRES DE NIETZSCHE
DANS LA MÊME COLLECTION

AINSI PARLAIT ZARATHOUSTRA
LA GÉNÉALOGIE DE LA MORALE
LE GAI SAVOIR
LA NAISSANCE DE LA TRAGÉDIE
PAR-DELÀ BIEN ET MAL
HUMAIN, TROP HUMAIN
AURORE

Titre original :

ALSO SPRACH ZARATHUSTRA

Éditions Gallimard, Paris, pour la langue française.
Walter de Gruyter & Co., Berlin, pour la langue allemande.
Adelphi Edizioni, Milano, pour la langue italienne.
Hakusuisha Publishing Company,
Tokyo, pour la langue japonaise.

Friedrich Nietzsche est né à Röcken, près de Leipzig, le 15 octobre 1844. Il est le fils d'un pasteur. Après ses études, il est appelé à la chaire de philologie classique de l'université de Bâle. En 1870, il s'engage comme volontaire dans le conflit franco-allemand. De retour à Bâle, il entre en relation avec le milieu intellectuel bâlois — l'historien Jacob Burckhardt, l'ethnographe J. J. Bachofen — et rend de fréquentes visites à Richard Wagner qui réside tout près, aux environs de Lucerne.

Son premier ouvrage, *La naissance de la tragédie*, paraît en 1872 et suscite de vives polémiques dans les milieux universitaires germaniques. De 1873 à 1876, il publie les quatre essais des *Considérations intempestives*, puis, en 1878, *Humain, trop humain*. La même année intervient la rupture avec Wagner.

Gravement atteint dans sa santé, Nietzsche demande à être relevé de ses fonctions de professeur. Dès lors commence sa vie errante entre Sils-Maria (en été), Nice, Menton et plusieurs villes italiennes. Pendant cette période, les livres se suivent à un rythme rapide : *Aurore, Le gai savoir, Ainsi parlait Zarathoustra, Par-delà bien et mal, La généalogie de la morale, Le cas Wagner, Le crépuscule des idoles, L'Antéchrist, Ecce homo*.

Au début de 1889, il s'effondre dans une rue de Turin. Ramené en Allemagne, soigné par sa mère et sa sœur, il ne recouvrera pas la raison. Sa mort survient le 25 août 1900.

Pour une information détaillée sur la vie du philosophe, on consultera la biographie monumentale de C. P. Janz, *Nietzsche, Biographie* (Éd. Gallimard, 3 vol.).

Le texte des variantes a pu être établi grâce à l'obligeance de M. Helmut Holtzhauer, directeur des Nationale Forschungs-und Gedenkstätten der klassischen deutschen Literatur, de M. Karl-Heinz Hahn, directeur des Archives Gœthe-Schiller de Weimar, et avec l'aide de Mme Anneliese Clauss, des Archives Gœthe-Schiller.

L'édition française est placée sous la responsabilité de Gilles Deleuze et Maurice de Gandillac.

NOTE DES ÉDITEURS

I. La présente traduction d'*Ainsi parlait Zarathoustra* suit le texte de l'édition faite par Nietzsche lui-même : première partie, chez Schmeitzner, à Chemnitz, en 1883, deuxième partie, chez le même éditeur, en 1883 ; troisième partie, toujours chez Schmeitzner, en 1884 ; quatrième partie (imprimée aux frais de Nietzsche et non mise en vente), à Leipzig, en 1885. Nous ne nous sommes écartés de ce texte de base qu'en de très rares cas : corrections portées par Nietzsche sur les épreuves et dont l'imprimeur n'a pas tenu compte, fautes d'impression manifestes, corrections imposées par la lecture des manuscrits destinés à l'impression. Le texte de cet ouvrage est accompagné d'un appareil critique pour la rédaction duquel nous avons utilisé un très abondant matériel inédit. Il s'agit d'une série de travaux préparatoires, de variantes, d'ébauches dont nous rendons compte exhaustivement dans l'édition allemande. Nous ne pouvions songer à utiliser la totalité de ce travail critique dans la présente édition française : on ne trouvera donc dans nos Notes que les variantes ayant un intérêt certain.

Tous les manuscrits de Nietzsche sont conservés dans les Archives Gœthe-Schiller de Weimar (République Démocratique Allemande) où se trouvent aussi, aujourd'hui, les fonds des ex-Archives Nietzsche.

II. Sur l'établissement du texte des fragments posthumes et leur distribution dans la présente édition.

Tous les écrits de Nietzsche ont été distribués par nous en huit grandes sections :

I   Écrits de jeunesse et études philologiques de 1864 à 1868.

II   Cours universitaires et études philologiques de 1868 à 1878.

III   *Naissance de la Tragédie, Considérations inactuelles* I, II et III et fragments posthumes de 1869 à 1874.

IV   *Considération inactuelle* IV, *Humain trop humain* I et II et fragments posthumes de 1875 à 1878.

V   *Aurore, Le Gai Savoir* et fragments posthumes de 1879 à 1882.

VI   *Ainsi parlait Zarathoustra, Par-delà bien et mal, La Généalogie de la morale, Le cas Wagner, Le Crépuscule des Idoles, L'Antéchrist, Ecce homo, Nietzsche contre Wagner, Les Dithyrambes de Dionysos, Poésies.*

VII   Fragments posthumes de 1882 à 1885.

VIII Fragments posthumes de 1885 à 1888.

Tous les écrits de Nietzsche seront donc publiés intégralement, et selon cette division, dans l'édition des *Œuvres complètes* actuellement en cours à Berlin. Le lecteur remarquera que cette division, dictée par les nécessités du travail philologique accompli à Weimar, et que l'on trouve utilisée comme référence interne dans les Notes et Variantes, ne correspond pas à la tomaison de la présente édition française. En effet, les écrits de jeunesse, les études philologiques et les cours universitaires antérieurs à l'époque de la *Naissance de la Tragédie*, et auxquels ont été réservées les sections I et II, sortent du cadre de la présente édition française des *Œuvres philosophiques complètes* et feront l'objet d'une publication à part. La section VI (à laquelle appartient le présent volume) ne contient que les œuvres publiées par Nietzsche lui-même de 1882 à 1888, à l'exclusion des fragments posthumes qui leur sont contemporains. A partir de 1882 et d'*Ainsi parlait Zarathoustra*, il n'était plus possible en effet, sans arbitraire, de rattacher un ensemble de fragments posthumes à telle ou telle œuvre prise en particulier. C'est pourquoi les deux dernières sections ont été réservées à ces posthumes des six dernières années de la vie active de Nietzsche.

Bien que le présent volume ne contienne pas les fragments posthumes contemporains de la période d'élaboration d'*Ainsi parlait Zarathoustra*, les précisions suivantes sur l'établissement du texte des posthumes sont indispensables à une bonne compréhension de l'édition française des *Œuvres philosophiques complètes*.

A l'intérieur de chacune de ces cinq sections regroupant les posthumes, chaque manuscrit a été numéroté par nous. Cette numérotation correspond à l'ordre chronologique des différents manuscrits ou des *différentes couches d'un même manuscrit* : il arrive en effet que Nietzsche ait travaillé sur un manuscrit à deux reprises, parfois à de longs intervalles de temps. Dans ce cas, les deux couches du manuscrit porteront un numéro différent et pourront même se trouver dans deux sections différentes. Le manuscrit M III 4, par exemple, fut rédigé par Nietzsche d'abord à l'époque du *Gai Savoir* (automne 1881), puis à l'époque de la seconde partie de *Zarathoustra* (été 1883). On en trouvera donc une partie dans la section V (c'est le cahier de fragments posthumes nᵒ 12 du *Gai Savoir* dans la présente édition française), et une autre dans la section VII. Dans d'autres cas, bien entendu, plusieurs couches d'un même manuscrit se trouveront dans la même section. Dans la section IV par exemple le manuscrit U II 5 a été rédigé pendant l'été 1876, puis en octobre-décembre 1876 ; les deux couches, très nettement distinctes, sont respectivement numérotées 17 et 19, et, entre elles, s'insère un manuscrit complet, M II, écrit en septembre 1876 et qui porte le numéro 18. Dans le même manuscrit U II 5, on trouve d'ailleurs une couche antérieure elle-même aux deux qui viennent d'être dites ; nous l'avons donc placée dans la section III, au numéro 32. Nous mettons en évidence l'existence de ces différentes couches d'un même manuscrit en ajoutant au signe conventionnel qui le désigne une lettre de l'alphabet (*a*, *b*, *c*, etc.) ; ainsi U II 5 apparaît trois fois dans notre édition : U II 5 *a* : section III nᵒ 32 ; U II 5 *b* : section IV nᵒ 17 ; U II 5 *c* : section IV nᵒ 19 (ces deux dernières couches constituant les cahiers de fragments posthumes nᵒ 17 et nᵒ 19 de *Humain, trop humain* I dans la présente édition).

A l'intérieur de chaque manuscrit, dans notre édition, chaque fragment posthume est lui-même numéroté selon sa place chronologique, *qui ne correspond presque jamais à la pagination des Archives*. Le numéro d'ordre du manuscrit (ou de la couche d'un manuscrit) est donc suivi d'un second numéro d'ordre, placé entre crochets, qui indique la place du fragment à l'intérieur du manuscrit (ou de la couche). Par exemple : 17 [25] désigne le vingt-cinquième fragment du manuscrit (ou de la couche) qui porte, dans sa section, le numéro d'ordre 17. Dans les Notes, quand nous renvoyons à un fragment posthume qui se trouve dans la même section que l'œuvre commentée, nous donnons le numéro d'ordre du fragment et celui du manuscrit qui le contient, mais non celui de la section à laquelle ils appartiennent. Ainsi, lorsque, dans une note d'*Aurore* (relative à l'aphorisme 235), nous renvoyons au fragment posthume 4 [24], cela veut dire que l'on trouvera ce fragment, sous ce numéro, dans la même section que le texte d'*Aurore* lui-même, c'est-à-dire la section V. Si au contraire nous renvoyons à des fragments qui se trouvent dans d'autres sections (ce qui est toujours le cas dans les volumes appartenant à la section VI, tel le présent volume, qui ne contiennent pas de posthumes), alors le numéro du manuscrit où se trouve le fragment sera précédé du chiffre romain qui désigne la section : par exemple IV 5[22].

III. *Sur l'appareil critique.*

Il résulte de ce qui précède que, dans l'appareil critique, il est fait référence, tantôt au manuscrit tel qu'il se trouve aux Archives, tantôt à la série établie par nous à partir de ce même manuscrit, et publiée dans la présente édition. Pour éviter toute confusion, le lecteur est invité à se souvenir qu'en dépit de leur similitude, il s'agit là de deux ensembles bien distincts (notamment, tous les textes contenus dans une série se retrouvent bien dans le manuscrit correspondant, mais non tous les textes du manuscrit dans la série qui en est la réduction).

C'est ainsi que la série de textes établie par nous à partir du manuscrit M III 4 par exemple (manuscrit utilisé par Nietzsche et pour la rédaction du *Gai Savoir* et pour celle de

Par-delà bien et mal), série qui constitue le cahier nº 12 du *Gai Savoir*, ne contient que des textes posthumes (ce qui n'est pas le cas du manuscrit M III 4), présentés selon leur ordre chronologique, et donnés dans leur intégralité. Lorsque nous employons dans notre appareil critique le chiffre 12, c'est en tant que référence interne, invitant le lecteur à comparer des textes voisins par le sens et qui se trouvent les uns et les autres dans notre édition. Le signe M III 4, lui, dans cet appareil critique, est d'un emploi tout différent. Nous l'utilisons chaque fois qu'il nous semble utile de signaler l'existence, dans ce manuscrit, de variantes *écartées de notre édition* (c'est-à-dire ici de la série 12), ou d'en citer des extraits. Ces variantes sont des ébauches ou des versions non définitives, tantôt de textes déjà publiés par Nietzsche lui-même (et que l'on trouvera par conséquent dans le texte même de *Par-delà bien et mal*) et tantôt de textes posthumes établis par nous dans la série 12 (et que l'on trouvera par conséquent dans les *fragments posthumes* du *Gai Savoir*). Lorsque M III 4 est cité ainsi, son sigle est suivi de l'indication de la page où le texte figure dans les Archives, ainsi M III 4, 93.

Pour les œuvres citées, les chiffres renvoient au numéro des pages, sauf dans le cas des œuvres de Nietzsche lui-même où ils renvoient au numéro de l'aphorisme. Les notes de traduction, en bas de pages, sont signalées par des astérisques, les notes et variantes de l'appareil critique sont appelées par des chiffres.

Abréviations

BN	Livres se trouvant dans la bibliothèque de Nietzsche.
DS	*David Strauss.*
WB	*Richard Wagner à Bayreuth.*
HTH	*Humain, trop humain I.*
VO	*Le Voyageur et son ombre (Humain, trop humain II)*
OS	*Opinions et sentences mêlées (Humain, trop humain II).*
A	*Aurore.*
GS	*Le Gai Savoir.*
Za	*Ainsi parlait Zarathoustra.*
PBM	*Par-delà bien et mal.*
GM	*La Généalogie de la morale.*

Ac   *Antéchrist.*
DD   *Dithyrambes de Dionysos.*

Autres signes employés

?	Lecture incertaine.
[—]	Un mot illisible.
[— —]	Deux mots illisibles.
[— ·· —]	Plusieurs mots illisibles.
[+]	Lacune.
[ ]	Rature de Nietzsche.
[ ]	Additif de Nietzsche.
< >	Complément de l'éditeur.
- - -	Phrase inachevée.

NOTE DU TRADUCTEUR

La version française qui avait été confiée au regretté Robert Rovini n'a pu être mise au point par notre collaborateur avant sa mort. Ayant entrepris de soumettre son premier travail à une soigneuse révision, nous avons été conduit à reprendre toute l'entreprise sur de nouvelles bases, en essayant de rendre avec plus de rigueur le rythme des versets nietzschéens, et de suggérer par quelques ellipses et inversions la référence au style d'anciens textes sacrés. Des notes en bas de page, appelées par des astérisques, indiquent les plus significatifs des jeux verbaux et allitérations dont le français ne peut fournir, semble-t-il, aucun équivalent tolérable.

M. de G.

P S. Plusieurs erreurs et omissions dans le premier tirage des *Œuvres philosophiques complètes* ont été corrigées pour la présente édition.

Première partie

1

Lorsque Zarathoustra fut âgé de trente ans [1], il quitta son pays, et le lac de son pays, et il s'en fut dans la montagne. Là jouit de son esprit et de sa solitude et dix années n'en fut las. Mais à la fin son cœur changea, — et un matin, avec l'aurore, il se leva, face au Soleil s'avança, et ainsi lui parlait :

« O toi, grand astre ! N'aurais-tu ceux que tu éclaires, lors que serait ton heur ?

Dix années durant jusques à ma caverne tu es monté ; sans moi, mon aigle et mon serpent, de ta lumière et de ce chemin tu te serais lassé.

Mais chaque matin nous t'attendions, de toi reçûmes ton superflu et de ce don te bénîmes.

De ma sagesse voici que j'ai satiété, telle l'abeille qui de son miel trop butina, de mains qui se tendent j'ai besoin.

Puissé-je prodiguer et distribuer jusqu'à ce que les sages parmi les hommes une fois à nouveau de leur folie s'éjouissent, et une fois à nouveau de leur richesse les pauvres !

Ainsi me faut descendre dans les fonds comme le soir tu fais lorsque derrière la mer tu descends et au monde d'en bas portes lumière, astre qui surabondes !

Me faut comme toi *décliner* *, ainsi que disent

---

* « *Untergehen* » s'applique au coucher du soleil, à la « descente » (« *hinabsteigen* ») de Zarathoustra dans les plaines habitées par les hommes, et évoque en même temps un nécessaire « déclin ». Mais il manque ici au français la polysémie de l'allemand.

ces hommes parmi lesquels je veux descendre.

Pour quoi me donne ta bénédiction, ô œil paisible qui sans envie peut même voir l'excès de l'heur!

Bénis la coupe qui veut déborder afin que d'elle coule l'onde d'or et qu'en tous lieux de ton délice elle porte le reflet!

Voici que cette coupe encore se veut vider et qu'à nouveau Zarathoustra se veut faire homme! »

— Du déclin de Zarathoustra tel fut le commencement [1].

2

De la montagne Zarathroustra descendit seul et de personne ne fit rencontre. Mais lorsqu'il fut dans les forêts, devant lui soudain vit un vieillard qui avait quitté sa sainte hutte pour chercher sous bois des racines. Et à Zarathoustra ainsi parlait le vieillard:

Ne m'est étranger ce voyageur; voici bien des années en ces parages il fit route. On le nommait Zarathoustra, mais il a bien changé.

Lors tu portais ta cendre à la montagne [2], dans les vaux aujourd'hui veux-tu porter ton feu? De l'incendiaire ne crains-tu le châtiment?

Oui certes je reconnais Zarathoustra. Pur est son œil et sa bouche sans nausée. Vers moi ne marche-t-il comme un danseur [3]?

A bien changé Zarathoustra; enfant s'est fait Zarathoustra; Zarathoustra est un homme éveillé [4]; chez ceux qui dorment que cherches-tu maintenant?

Comme dans la mer tu vivais en ta solitude, et la mer te portait. Malheur! Voudrais-tu toucher terre? Malheur! Voudrais-tu de nouveau traîner ton corps?

Zarathoustra répondit : « J'aime les hommes. »

Pourquoi donc, dit le saint, vins-je dans la forêt et le désert? Ne fut-ce parce que d'amour beaucoup trop grand j'aimais les hommes?

A présent j'aime Dieu; je n'aime pas les hommes. L'homme est pour moi trop imparfaite chose. D'aimer les hommes je périrais [5].

Zarathoustra répondit : « Qu'ai-je parlé d'amour ? Aux hommes j'apporte un don. »

Rien ne leur donne, dit le saint. Plutôt leur prends une chose, et avec eux la porte — le mieux leur sera bienfaisante, si seulement t'est bienfaisante !

Et, leur veux-tu donner, ne leur fais rien qu'aumône, et encore qu'ils la mendient !

« Non, répondit Zarathoustra, aumône je ne fais. Pour cela ne suis pauvre suffisamment. »

Le saint rit de Zarathoustra et de la sorte parla : Ainsi prends soin qu'ils fassent accueil à tes trésors ! Des ermites ils se méfient et ne veulent croire que nous venions en donateurs.

Pour eux de par les rues nos pas résonnent trop solitaires ; et, la nuit dans leur lit, bien avant que se lève le Soleil entendent-ils marcher un homme, lors se demandent : où va donc ce voleur ?

Point ne va chez les hommes, et reste dans la forêt ! Ou, mieux encore va chez les bêtes [1] ! Pourquoi n'as-tu vouloir d'être comme je suis — un ours parmi les ours, un oiseau parmi les oiseaux ?

« Et dans la forêt que fait le saint ? » demanda Zarathoustra.

Le saint répondit : Je fais des chants et je les chante, et, quand je fais des chants, je ris, je pleure et grogne ; de la sorte je loue Dieu.

Chantant, pleurant, riant, grognant, je loue le dieu qui est mon dieu. Mais, comme don, que nous apportes-tu ?

Lorsque Zarathoustra eut ouï ces paroles, il salua le saint et dit : « Qu'aurais-je à vous donner ? Mais me laisse partir incontinent de peur que je ne vous prenne quelque chose ! » — Et de la sorte se quittèrent le vieillard et l'homme fait, riant comme rient deux garçons.

Mais lorsque Zarathoustra fut seul, ainsi dit à son cœur : « Serait-ce chose possible ? Ce saint vieillard, en sa forêt, encore n'a pas ouï dire que *Dieu est mort* [2] !

3

Quand vint Zarathoustra en la plus proche ville, qui se situe à la lisière des forêts, il y trouva nombreux peuple assemblé sur la place publique ; car annonce était faite qu'on allait voir un funambule. Et voici le discours que tint au peuple Zarathoustra :

Je vous enseigne le surhomme. L'homme est quelque chose qui se doit surmonter [1]. Pour le surmonter que fîtes-vous ?

Tous êtres jusqu'ici par-dessus eux, au-delà d'eux créèrent quelque chose ; et de ce grand flux vous voulez être, n'est-ce pas ? le reflux, et plutôt que de surmonter l'homme encore vous préférez revenir à la bête !

Qu'est le singe pour l'homme ? Un éclat de rire ou une honte qui fait mal. Et tel doit être l'homme pour le surhomme : un éclat de rire ou une honte qui fait mal [2].

Du ver de terre vous cheminâtes jusques à l'homme, et grandement encore avez en vous du ver de terre [3]. Jadis vous fûtes singes et maintenant encore plus singe est l'homme que n'importe quel singe.

Mais le plus sage d'entre vous, celui-là n'est aussi qu'un discord et un hybride de végétal et de spectre. Or vais-je vous commander de devenir des spectres ou des végétaux [4] ?

Voyez, je vous enseigne le surhomme !

Le surhomme est le sens de la Terre. Que dise votre vouloir : *soit* le surhomme le sens de la Terre !

Je vous conjure, mes frères, *à la Terre restez fidèles*, et n'ayez foi en ceux qui d'espérances supraterrestres vous font discours ! Ce sont des empoisonneurs, qu'ils le sachent ou non !

Ce sont des contempteurs de la vie ! Des agonisants qui eux-mêmes s'empoisonnèrent, et dont la Terre est lasse ; et ils peuvent bien disparaître !

Jadis l'outrage contre Dieu fut l'outrage le plus grand, mais Dieu est mort, et avec lui moururent aussi ces outrageurs. Faire outrage à la Terre est maintenant le plus terrible, et estimer plus haut les entrailles de l'insondable que le sens de la Terre !

Jadis l'âme considérait le corps avec mépris, et en ce temps fut un pareil mépris le plus haut de tout ; — elle voulait que le corps fût émacié, affreux, famélique. Elle pensait ainsi furtivement lui échapper, et à la Terre.

Oh! que cette âme aussi était elle-même encore émaciée, affreuse, famélique! Et cruauté fut la jouissance de cette âme!

Mais vous-mêmes encore, mes frères, dites-moi : de votre âme qu'enseigne donc votre corps? N'est-elle, votre âme, misère et saleté, et un pitoyable agrément [1]?

En vérité, c'est un sale fleuve que l'homme. Il faut être une mer déjà pour que, sans se souiller, l'on puisse recevoir un sale fleuve.

Voyez, je vous enseigne le surhomme [2]; lequel est cette mer, en qui peut votre grand mépris se perdre.

Quelle expérience plus grande pourriez-vous vivre, sinon l'heure du grand mépris [3]? Celle où votre heur lui-même devient nausée, et de même votre raison et votre vertu.

Celle où vous dites : « Que fait mon heur? Il est misère et saleté et un pitoyable agrément; or c'est l'existence même qu'il devrait justifier! »

L'heure où vous dites : « Que fait ma raison? Aspire-t-elle au savoir comme le lion à sa proie? Elle est misère et saleté, et un pitoyable agrément! »

L'heure où vous dites : « Que fait ma vertu? Jamais encore elle ne m'a rendu furieux! De mon bien et de mon mal comme je suis lassé! Ce n'est là que misère et saleté, et pitoyable agrément! »

L'heure où vous dites : « Que fait ma justice? Point ne me vois ardent charbon. Or est le juste ardent charbon! »

L'heure où vous dites : « Que fait ma compassion? N'est-elle compassion, cette Croix à laquelle est cloué celui qui aime les hommes? Mais point n'est crucifiement ma compassion [4]! »

Déjà parlâtes-vous ainsi? Déjà criâtes-vous ainsi? Ah! que déjà ainsi ne vous aie-je entendu crier!

Ce n'est votre péché c'est votre parcimonie [5] qui vers le ciel pousse son cri, c'est votre avarice qui même dans votre péché, pousse vers le ciel son cri [1]!

Où est donc l'éclair qui de sa langue vous lèche ? Ou le délire qu'il vous faudrait inoculer [2]?

Voyez, je vous enseigne le surhomme ; lequel est cet éclair, lequel est ce délire ! —

Lorsque Zarathoustra de la sorte eut parlé, quelqu'un du peuple s'écria : « Du funambule maintenant assez nous entendîmes ; maintenant montrez-le-nous ! » Et tout le peuple rit de Zarathoustra. Mais le funambule, croyant que cette parole était pour lui, se mit à l'ouvrage.

4

Or Zarathoustra considérait le peuple, et s'étonnait. Lors il parla de la sorte :

L'homme est une corde, entre bête et surhomme tendue, — une corde sur un abîme.

Dangereux de passer, dangereux d'être en chemin, dangereux de se retourner, dangereux de trembler et de rester sur place !

Ce qui chez l'homme est grand, c'est d'être un pont, et de n'être pas un but : ce que chez l'homme on peut aimer, c'est qu'il est un *passage* et un *déclin*.

J'aime ceux qui ne savent vivre qu'en déclinant, car ils vont au-dessus et au-delà [3]!

J'aime les grands contempteurs, car ils sont grands vénérateurs et vers l'autre rivage flèches de nostalgie.

J'aime ceux qui seulement au-delà des astres ne cherchent une raison de décliner et d'être hosties, mais ceux qui à la Terre se sacrifient pour que la Terre un jour devienne celle du surhomme.

J'aime celui qui pour connaître vit et qui connaître veut afin qu'un jour vive le surhomme [4], et de la sorte veut son propre déclin.

J'aime celui qui œuvre et qui invente pour bâtir au surhomme sa demeure et d'avance lui préparer Terre, bête et végétal : car de la sorte veut son propre déclin.

J'aime celui qui aime sa vertu : car la vertu est une volonté de déclin et une flèche de nostalgie.

J'aime celui qui pour lui-même une seule goutte d'esprit ne retient, mais tout entier de sa vertu se veut l'esprit : sur le pont, de la sorte, c'est comme esprit qu'il avance.

J'aime celui qui de sa vertu fait son penchant et sa fatalité ; pour sa vertu, de la sorte, encore il veut vivre et ne plus vivre [1].

J'aime celui qui ne veut avoir trop de vertus. Une seule vertu est plus vertu que deux, car plus elle est le nœud d'où dépend le destin [2].

J'aime celui dont l'âme se prodigue, qui ne veut gratitude et point ne rend, car toujours il prodigue et ne se veut garder [3].

J'aime celui qui de lui-même a honte quand pour sa chance tombe le dé, et qui lors interroge : suis-je donc un tricheur [4] ? — car à sa perte il veut aller.

J'aime celui qui devant ses actes lance des paroles d'or et qui toujours encore tient plus qu'il ne promet, car celui-là veut son déclin [5].

J'aime celui qui justifie ceux qui viendront et rachète ceux qui furent, car à sa perte par ceux qui sont il veut aller.

J'aime celui qui châtie bien son dieu parce qu'il aime bien son dieu : car celui-là, par la colère de son dieu, à sa perte ne peut qu'aller [6].

J'aime celui de qui, même dans la blessure, l'âme est profonde et qui, dans une petite expérience vécue, peut à sa perte aller [7] : ainsi dessus le pont volontiers passe.

J'aime celui de qui déborde l'âme, en sorte que lui-même s'oublie et qu'en lui sont toutes choses : ainsi toutes choses deviennent son déclin [8].

J'aime celui qui est d'un libre esprit et d'un cœur libre : sa tête ainsi n'est que l'entraille de son cœur, mais au déclin son cœur le pousse [9].

J'aime tous ceux qui sont comme de pesantes gouttes, une à une tombant de la sombre nuée sur l'homme suspendue : ils annoncent l'éclair et, comme des hérauts, vont à leur perte.

De l'éclair, voyez, je suis un héraut, et une pesante goutte qui tombe de la nuée : mais cet éclair a nom surhomme. —

5

Lorsque Zarathoustra eut dit ces paroles, il considéra de nouveau le peuple et se tut. « Les voici devant moi, disait-il à son cœur, ils rient ; point ne m'entendent ; ne suis la bouche que veulent ces oreilles [1].

Faut-il donc que d'abord on leur crève les oreilles pour qu'ils apprennent à ouïr avec les yeux ? Faut-il donc cliqueter comme tympanons et comme prêcheurs de carême ? Ou ne croient-ils qu'à celui qui bégaie [2] ?

Ils ont une chose qui les rend fiers. Comment nomment-ils la chose qui les rend fiers ? C'est culture qu'ils la nomment, des chevriers elle les distingue.

Pour quoi ne leur est plaisant qu'on parle de leur " mépris ". Or donc à leur orgueil je veux parler.

Je leur veux parler de ce qui est le plus méprisable ; or c'est *le dernier homme* [3]. »

Et de la sorte parlait au peuple Zarathoustra :

Le temps est venu pour l'homme de se fixer sa fin. De sa plus haute espérance le temps est venu pour l'homme de semer le grain.

Encore pour cela est-il assez riche son terreau. Mais pauvre un jour et domestiqué sera ce terreau et lors n'en pourra naître arbre de haute stature.

Malheur ! Arrive le temps où l'homme au-dessus de l'homme plus ne lancera la flèche et le temps où de vibrer désapprendra la corde de son arc !

Je vous le dis, pour pouvoir engendrer une étoile qui danse il faut en soi-même encore avoir quelque chaos. Je vous le dis, en vous-mêmes il est encore quelque chaos [4].

Malheur ! Arrive le temps où de l'homme ne naîtra plus aucune étoile. Malheur ! Arrive le temps du plus méprisable des hommes, qui lui-même plus ne se peut mépriser.

Voyez ! Je vous montre *le dernier homme*.

« Qu'est-ce qu'amour ? Qu'est-ce que création ? Qu'est-ce que nostalgie ? Qu'est-ce qu'étoile ? » — ainsi demande le dernier homme, et il cligne de l'œil.

La Terre alors est devenue petite, et sur elle clopine le dernier homme, qui rapetisse tout. Inépuisable est son engeance, comme le puceron ; le dernier homme vit le plus vieux.

« De l'heur nous avons fait la découverte » — disent les derniers hommes, et ils clignent de l'œil.

Ils ont abandonné les régions où dur était de vivre : car de chaleur on a besoin. On aime encore le voisin et l'on se frotte à lui : car de chaleur on a besoin.

Maladie et méfiance sont à leurs yeux péché ; on les aborde précautionneusement. Bien fou celui que font encore broncher pierres ou hommes !

Çà et là de poison une petite dose : cela fait agréablement rêver. Et, à la fin, force poison, pour agréablement mourir.

Encore l'on travaille, car le travail distrait. Mais on prend soin que distraction ne soit fatigue.

On ne devient plus pauvre et riche ; les deux sont trop pénibles. Que veut encore commander ? Qui encore obéir ? Les deux sont trop pénibles.

Pas de pasteur, un seul troupeau[1] ! Chacun veut même chose, tous sont égaux ! Qui sent d'autre manière, à l'asile des fous il entre de plein gré !

« Jadis tout le monde était fou » — disent les plus fins, et ils clignent de l'œil.

On est prudent, et l'on sait tout ce qui est advenu ; sans fin l'on peut ainsi railler. Encore on se chamaille, mais vite on se réconcilie — sinon l'on gâte l'estomac.

Pour le jour on a son petit plaisir, et pour la nuit son petit plaisir, mais on vénère la santé.

« De l'heur nous avons fait la découverte » — disent les derniers hommes et ils clignent de l'œil. —

Et là prit fin le premier discours, de Zarathoustra qu'on nomme également le « prologue » ; car en ce point l'interrompirent la clameur et l'envie de la foule. « Donne-nous donc ce dernier homme, Zarathoustra — ainsi criaient-ils — fais de nous ce dernier homme ! Le surhomme, nous te l'abandonnons ! » Et jubilait tout le peuple et claquait de la langue. Mais Zarathoustra devint triste et dit à son cœur :

Point ne m'entendent ; je ne suis bouche pour ces oreilles.

Oui certes trop longtemps vécus dans la montagne, trop écoutai torrents et arbres : maintenant je leur parle comme l'on parle aux chevriers.

Sereine est mon âme, et lumineuse comme la montagne avant midi. Mais ils pensent que je suis froid, et un railleur aux cruelles facéties.

Et maintenant ils regardent et rient, et en riant, encore me haïssent. De la glace est dans leur rire.

6

Mais lors advint une chose qui rendit muette toute bouche, et tout œil immobile. Car cependant le funambule s'était mis à l'ouvrage : sorti d'une petite porte, il avançait sur la corde qui était entre deux tours tendue en sorte que sur la place publique et sur le peuple elle pendait. Lorsqu'il était tout juste à moitié de son chemin, de nouveau s'ouvrit la petite porte et un gaillard tout bariolé, pareil à un pantin, surgit de là et, d'un pas rapide, suivit l'autre. « En avant, estropié ! criait sa voix terrible, en avant, cagneux, cafard, face de carême ! Que de mon talon je ne te chatouille ! Que fais-tu donc ici, entre des tours ? C'est à la tour que tu appartiens, on devrait t'enfermer ; car à celui qui mieux vaut que toi tu ne laisses le chemin libre ! » — Et à chaque mot venait plus près et plus près ; mais lorsqu'il ne fut qu'à un pas de lui, lors advint cette effrayante chose qui rendit muette toute bouche et tout œil immobile : — comme un diable il hurla et bondit sur celui qui était sur son chemin. Or ce dernier, lorsqu'il vit triompher son rival, perdit alors et tête et corde, jeta son balancier et plus vite que lui, comme un tourbillon de bras et de jambes, chut dans le vide. Place publique et peuple furent semblables à la mer quand se déchaîne la tempête. Tous, en fuyant, les uns des autres s'écartaient et les uns sur les autres tombaient, et surtout là où ne pouvait que s'écraser le corps.

Or Zarathoustra ne fit mouvement, et tout juste à ses

pieds chut le corps, mal en point et rompu, mais encore vivant. Après un moment le disloqué reprit conscience et vit Zarathoustra près de lui à genoux : « Que fais-tu là, dit-il enfin, depuis longtemps j'ai su que le diable me ferait un croche-pied. A présent il me traîne en enfer, veux-tu l'en empêcher ? »

« Ami, sur mon honneur, répondit Zarathoustra, n'existe rien de ce dont tu parles ; il n'est ni diable ni enfer. Plus vite même que ton corps va ton âme mourir : pour lors ne crains plus rien ! »

L'homme regardait avec méfiance : « Si tu dis vrai, dit-il alors, je ne perds rien lorsque je perds la vie. Je ne suis guère plus qu'une bête que par des coups et de maigres rations à danser l'on dressa [1]. »

« Non certes, dit Zarathoustra, de péril te fis métier ; il n'est rien là de méprisable [2]. En faisant ton métier à présent tu péris ; ainsi de mes propres mains je te veux inhumer. »

Lorsque Zarathoustra eut dit ces mots, plus ne répondit le moribond ; mais il remua la main comme s'il cherchait, pour lui dire merci, la main de Zarathoustra.

7

Cependant venait le soir et de ténèbres s'était couverte la place publique ; lors s'en fut le peuple, car la curiosité et l'épouvante même se lassent. Or Zarathoustra était assis sur le sol, à côté du mort, plongé dans ses pensées ; de la sorte il oubliait le temps. Mais à la fin la nuit était tombée et sur le solitaire soufflait un vent froid. Lors se leva Zarathoustra et dit à son cœur :

En vérité, belle pêche fit aujourd'hui Zarathoustra ! Homme ne prit, mais bien cadavre [3] !

Déconcertante est l'existence humaine, et toujours encore privée le sens : un simple pantin peut en devenir la destinée.

Aux hommes je veux apprendre le sens de leur être : lequel est le surhomme, l'éclair qui jaillit de la sombre nuée Homme.

Mais loin d'eux suis encore, et à leurs sens point ne

parle mon sens. Pour les hommes je suis encore à mi-
chemin entre un bouffon et un cadavre.

Obscure est la nuit, obscures sont les voies de Zarathoustra [1]. Viens, froid et raide compagnon! Je t'emporte là-bas où de mes mains je t'inhumerai.

8

Lorsque Zarathoustra eut dit ces choses à son cœur,
sur son dos il chargea le cadavre et se mit en chemin. Et
il n'avait encore avancé de cent pas qu'un homme près
de lui se glissa et à l'oreille lui chuchotait ; — et voici que
celui qui lui parlait était le pantin de la tour : « Quitte
cette ville, Zarathoustra, dit-il ; là te haïssent de trop
nombreux. Te haïssent les gens de bien et les justes, et
te nomment leur ennemi et celui qui les méprise. Te
haïssent les croyants de la droite croyance, et te nomment le péril pour la masse. Ta chance fut qu'on ait
ri de toi ; et, à vrai dire, tu parlais comme un pantin. Ta
chance fut qu'avec ce chien crevé tu aies noué compa-
gnonnage ; en t'abaissant de la sorte pour aujourd'hui
tu t'es sauvé. Mais quitte cette ville, — ou demain je
te saute dessus, un vivant sur un mort! » Et, lorsqu'il
eut ainsi parlé, disparut l'homme ; mais Zarathoustra
reprit sa marche de par les sombres ruelles.

A la porte de la ville il rencontra les fossoyeurs : de
leur torche en plein visage l'éclairèrent, reconnurent
Zarathoustra et se moquèrent grandement de lui :
« Zarathoustra emporte le chien crevé ; brave Zarathoustra qui est devenu fossoyeur! Car pour cette
charogne trop propres sont nos mains! Veut donc Zarathoustra voler au diable son morceau? Grand bien lui
fasse et bonne chance pour le festin! Si seulement le
diable est un meilleur larron que Zarathoustra, — tous
deux les volera, tous deux les avalera! » Et entre eux
ils riaient et rapprochaient leurs têtes.

A quoi Zarathoustra ne dit mot, et passa son chemin.
Lorsque deux heures il eut marché, longeant bois et
marais, lors eut trop ouï des loups le famélique

hurlement et lui-même sentit la faim. Lors s'arrêta près d'une maison solitaire où brillait un lumignon.

La faim m'assaille, dit Zarathoustra, comme un brigand. Dans les bois et les marais ma faim m'assaille, et dans la nuit profonde.

Étranges caprices de ma faim. Ne me vient souvent qu'après dîner, et de tout ce jour ne l'ai sentie ; où donc s'attardait-elle ?

Et ce disant Zarathoustra frappait à la porte de la maison. Un vieil homme parut ; il portait le lumignon et demanda : « Qui vient à moi, et à mon vilain sommeil ? »

« Un vivant et un mort, dit Zarathoustra. Me donne à manger et à boire ; pendant le jour point n'y songeai. Qui nourrit l'affamé réconforte sa propre âme, ainsi parle la sagesse [1]. »

Le vieux s'en fut, mais aussitôt revint, et à Zarathoustra offrit et pain et vin. « Pour des affamés, dit-il, ici c'est une méchante contrée : pour quoi je loge ici. Bêtes et gens viennent à moi, l'ermite. Mais à manger et boire invite aussi ton compagnon ; il est plus las que toi. » Zarathoustra répondit : « Mort est mon compagnon ; je le persuaderai malaisément de manger et de boire. » « Peu m'importe, dit le vieux, bougonnant ; qui à ma porte frappe ne peut que prendre ce que je lui offre ! Mangez et soyez bien ! »

Là-dessus Zarathoustra de nouveau marcha deux heures et fit confiance au chemin et à la lumière des étoiles, car il était accoutumé aux cheminements nocturnes et se plaisait à voir en face tout ce qui dort. Mais lorsque pointa l'aube, Zarathoustra se trouvait dans une forêt profonde et plus aucun chemin ne se montrait. Lors dans un arbre creux il déposa le cadavre, près de lui — car il voulait des loups le protéger — et sur le sol et la mousse lui-même s'étendit. Et sitôt s'endormit, le corps las et néanmoins l'âme sereine [2].

9

Longtemps dormit Zarathoustra, et non seulement l'aurore passa sur son visage, mais également la matinée.

Enfin pourtant s'ouvrit son œil ; émerveillé, Zarathoustra considérait la forêt et le silence ; émerveillé, lui-même il se considérait. Puis se leva rapidement comme un marin qui tout à coup voit terre, et poussa un cri d'allégresse ; car il voyait une vérité nouvelle. Et de la sorte ensuite à son cœur il parla :

Une lumière pour moi s'est levée : de compagnons il m'est besoin, et qui vivent, — non de compagnons morts et de cadavres qu'avec moi j'emporte là où je veux aller.

De vivants compagnons j'ai besoin, qui me suivent parce que eux-mêmes se veulent suivre — et là où je veux aller !

Une lumière pour moi s'est levée : qu'au peuple plus ne parle Zarathoustra, mais à des compagnons ! Que d'un troupeau Zarathoustra ne se fasse berger et chien !

Séduire de nombreux et hors du troupeau les entraîner — pour cela je suis venu. Doivent gronder contre moi peuple et troupeau : c'est de ravisseur que pour les bergers Zarathoustra veut avoir nom.

Berger je dis, mais ils se nomment, eux, les gens de bien et les justes. Bergers je dis, mais ils se nomment, eux, les croyants de la droite croyance.

Voyez ces gens de bien et ces justes ! Qui haïssent-ils le plus ? Celui qui fait éclater leurs tables [1] de valeurs, le briseur, le criminel * : — or c'est le créateur.

Voyez de toutes les croyances les croyants ! Qui haïssent-ils le plus ? Celui qui fait éclater leurs tables de valeurs, le briseur, le criminel : — or c'est le créateur.

Des compagnons cherche le créateur, et non des cadavres et non plus des troupeaux et des croyants. Des cocréateurs cherche le créateur, ceux qui inscrivent sur de nouvelles tables de nouvelles valeurs.

Des compagnons cherche le créateur, et des comoissonneurs : car tout chez lui pour la moisson est mûr. Mais il lui manque les cent faucilles ; de la sorte à mains nues il arrache les épis, et se courrouce [2].

Des compagnons cherche le créateur, et de ceux qui savent aiguiser leur faucille. Destructeurs on les nom-

---

* « *den Brecher, den Verbrecher* ».

mera, et détracteurs du bien et du mal. Mais sont les moissonneurs et les célébrants de la fête.

Des cocréateurs cherche Zarathoustra, des comoissonneurs et des cocélébrants de la fête : de troupeaux et de bergers et de cadavres qu'a-t-il à faire ?

Et toi, ô mon premier compagnon, sois à ton aise ! Bien t'inhumai dans l'arbre creux, des loups bien t'abritai.

Mais je te quitte, le temps est révolu. D'une première à une seconde aurore me vint une vérité nouvelle.

Berger je ne dois être, ni fossoyeur. Avec le peuple jamais plus je ne tiendrai discours ; pour la dernière fois j'ai harangué un mort.

Le créateur, le moissonneur, le célébrant de la fête, voilà qui je me veux associer : c'est l'arc-en-ciel que je veux montrer, et toutes les échelles du surhomme.

Aux solitaires je chanterai mon chant, et aux solitaires à deux ; et qui encore a des oreilles pour entendre, je veux que de mon heur soit alourdi son cœur.

Vers ma destination je veux aller, je vais mon chemin ; par-dessus les trembleurs et par-dessus les nonchalants je sauterai. Qu'ainsi mon avancée soit leur déclin *!

10

De la sorte à son cœur avait parlé Zarathoustra tandis que le Soleil était à son midi ; lors pensivement considéra les cimes — car il oyait au-dessus de lui le cri aigu d'un oiseau. Et voici que dans l'air un aigle tournoyait, faisant de vastes orbes, et lui pendait un serpent qui d'une proie n'avait semblance, mais d'un ami ; car se tenait au cou de l'aigle enroulé.

« Ce sont mes bêtes ! » dit Zarathoustra, et s'éjouit en son cœur.

« La bête la plus fière sous le Soleil et sous le Soleil la plus prudente bête — aux nouvelles sont venues.

Elles veulent savoir si Zarathoustra vit encore. En vérité suis-je vivant encore ?

* « *mein Gang ihr Untergang !* »

Plus de péril ai trouvé chez les hommes que chez les bêtes ; c'est par des voies pleines de péril que marche Zarathoustra. Puissent mes bêtes me guider ! »

Ayant ainsi parlé, Zarathoustra eut souvenance des mots du saint dans la forêt ; il soupira et dit à son cœur :

Que ne suis-je plus prudent ! Que n'ai-je donc, tel mon serpent, foncière prudence !

Mais je demande l'impossible ici ; car je demande à ma fierté que toujours avec ma prudence elle aille de conserve !

Et si, un jour, me quitte ma prudence — elle aime, hélas ! à s'envoler, — puisse alors ma fierté encore de conserve avec elle voler [1] !

— Du déclin de Zarathoustra tel fut le commencement.

LES DISCOURS
DE ZARATHOUSTRA

DES TROIS MÉTAMORPHOSES [1]

C'est trois métamorphoses de l'esprit que je vous nomme : comment l'esprit devient chameau, et lion le chameau et, pour finir, enfant le lion.

Pesantes sont bien des choses pour l'esprit, pour le robuste esprit, dont les reins sont solides, et qu'habite le respect ; c'est du pesant et c'est du plus pesant que se languit sa robustesse.

Quelle chose est pesante ? ainsi questionne l'esprit aux reins solides ; de la sorte il s'agenouille comme fait le chameau, et veut sa bonne charge.

Quelle est la plus pesante chose, ô vous les héros, ainsi questionne l'esprit aux reins solides, afin que sur moi je la prenne et de ma robustesse m'éjouisse ?

N'est-ce ceci : soi-même s'abaisser pour faire mal à son orgueil ? Pour moquer sa sagesse faire briller sa folie ?

Ou ceci : de sa cause se séparer lorsqu'elle célèbre sa victoire ? De hautes cimes gravir pour tenter même le tentateur [2] ?

Ou ceci : de glands et d'herbes de connaissance faire sa nourriture et, par amour de la vérité, en son âme souffrir la faim ?

Ou ceci : être malade et chez eux renvoyer les consolateurs [3], avec des sourds nouer amitié, lesquels jamais n'entendent ce que tu veux ?

Ou ceci : dans une eau sale descendre, si c'est l'eau de

la vérité, et froides grenouilles et crapauds brûlants de soi point n'écarter ?

Ou ceci : aimer nos contempteurs et au spectre tendre la main lorsqu'il nous veut effrayer [1] ?

Tout cela, qui est le plus pesant, sur lui le prend l'esprit aux reins solides ; de même que le chameau, sitôt chargé, vers le désert se presse, ainsi se presse l'esprit vers son désert.

Mais dans le désert le plus isolé advient la deuxième métamorphose : c'est lion ici que devient l'esprit. De liberté il se veut faire butin et dans son propre désert être son maître.

Son dernier maître il cherche là ; de lui se veut faire ennemi, et de son dernier dieu ; pour être le vainqueur, avec le grand dragon il veut lutter.

Quel est le grand dragon que l'esprit ne veut plus nommer maître ni dieu ? " Tu-dois ", ainsi se nomme le grand dragon. Mais c'est " Je veux " que dit l'esprit du lion.

" Tu-dois " lui barre le chemin, étincelant d'or, bête écailleuse, et sur chacune des écailles, en lettres d'or, brille " Tu-dois! ".

De millénaires valeurs scintillent ces écailles, et ainsi parle le plus puissant de tous les dragons : « toute valeur des choses — étincelle sur moi ».

« Déjà fut toute valeur créée, et toute valeur créée — voilà ce que je suis. En vérité, de " Je veux " il ne doit point y avoir! » Ainsi parle le dragon.

Mes frères, pourquoi est-il besoin du lion dans l'esprit ? Ne suffit donc la bête aux reins solides, qui se résigne et qui respecte ?

Créer des valeurs neuves — le lion lui-même encore ne le peut, mais se créer liberté pour de nouveau créer, — voilà ce que peut la force du lion.

Se créer liberté, et un saint Non même face au devoir ; pour cela, mes frères, il est besoin du lion.

A de nouvelles valeurs se donner droit — telle est la prise la plus terrible pour un esprit docile et respectueux. En vérité c'est là pour lui un rapt et l'affaire d'une bête de proie.

Comme son plus sacré jadis il aimait le " Tu-dois " ;

encore même dans le plus sacré il ne peut trouver à présent que délire et arbitraire s'il doit à son amour ravir sa liberté : du lion il est besoin pour un tel rapt.

Mais dites, mes frères, que peut encore l'enfant que ne pourrait aussi le lion ? Pourquoi faut-il que le lion ravisseur encore se fasse enfant ?

Innocence est l'enfant, et un oubli et un recommencement, un jeu, une roue qui d'elle-même tourne, un mouvement premier, un saint dire Oui [1].

Oui, pour le jeu de la création, mes frères, il est besoin d'un saint dire Oui ; c'est *son* vouloir que veut à présent l'esprit, c'est *son* monde que conquiert qui au monde est perdu.

C'est trois métamorphoses de l'esprit que je vous ai nommées : comment l'esprit devient chameau, et lion le chameau et, pour finir, enfant le lion. — —

Ainsi parlait Zarathoustra. Et lors il séjournait dans la ville qu'on nomme « La Vache pie ».

DES CHAIRES DE VERTU[1]

On fit à Zarathoustra l'éloge d'un sage qui du sommeil et de la vertu bien savait discourir ; pour quoi il recevait et grand honneur et bon émolument, et tous les jeunes étaient assis devant sa chaire. A lui vint Zarathoustra et avec tous les jeunes était assis devant sa chaire. Et de la sorte parla le sage :

Honorez le sommeil et devant lui soyez pudiques! Voilà qui est premier. Et tous les insomniaques et ceux qui la nuit veillent, de leur chemin écartez-vous!

Devant le sommeil, pudique est même le larron ; la nuit, toujours à pas légers il se glisse. Mais impudique est le veilleur de nuit, impudiquement il porte son cor.

Ce n'est un art mineur que de dormir ; à cela il faut déjà que tout le jour on veille.

Dix fois pendant le jour toi-même il te faut vaincre : ce qui produit bonne fatigue et pour l'âme est opium.

Dix fois avec toi-même il te faut te réconcilier : car se vaincre est amer et l'irréconcilié dort mal.

Dix vérités, voilà ce qu'il te faut trouver le jour : sinon, la nuit, encore tu cherches vérité et sur sa faim reste ton âme.

Dix fois il te faut rire le jour et sereine garder l'âme : sinon, la nuit, te trouble l'estomac, ce père du chagrin.

Peu le savent, mais pour bien dormir il faut avoir toutes vertus. Porterai-je faux témoignage? Commettrai-je adultère?

De la servante du voisin aurai-je concupiscence [1]? Avec un bon sommeil tout cela s'accorderait mal.

Et même a-t-on toutes vertus, il faut encore s'entendre à une chose : les vertus mêmes, au bon moment les envoyer dormir [2].

Afin qu'entre elles ne se disputent ces gentes femmelettes! Et à propos de toi, infortuné!

Avec Dieu sois en paix, et avec le voisin, ainsi le veut le bon sommeil. Et en paix également avec le diable du voisin! Sinon, la nuit, il rôde autour de toi.

Pour les autorités honneur et soumission, même pour les autorités tordues, ainsi le veut le bon sommeil! Qu'y puis-je si sur des jambes tordues aime avancer la force!

Pour moi toujours sera le meilleur berger celui qui aux plus vertes pâtures mène ses ouailles [3]; ainsi l'exige bon sommeil.

Je ne veux beaucoup d'honneurs ni grands trésors, ce qui échauffe la bile. Mais on dort mal sans bon renom et sans petit trésor.

Une compagnie petite est mieux venue pour moi qu'une méchante; mais il faut qu'elle vienne et parte au bon moment. Ainsi l'exige bon sommeil [4].

Me plaisent fort aussi les pauvres en esprit; ils favorisent le sommeil. Bienheureux sont-ils, surtout lorsque toujours on leur donne raison [5]!

Pour le vertueux ainsi coule le jour. Vienne à présent la nuit, bien je me garde d'appeler le sommeil! Il ne veut être appelé, ce sommeil qui est le maître des vertus!

Mais je pense à ce que le jour fis et pensai. En ruminant je m'interroge, patient comme une vache : sur toi-même que furent donc tes dix victoires?

Et que furent les dix réconciliations et les dix vérités, et les dix éclats de rire dont bien s'éjouit mon cœur?

Sur moi qui ainsi compte, et que bercent quarante pensées, soudain tombe le sommeil, le non-appelé, le maître des vertus.

Le sommeil me tapote l'œil; lequel lors s'alourdit. Le sommeil me touche les lèvres; lesquelles alors restent ouvertes.

En vérité, à pas feutrés il vient vers moi, le plus cher

des larrons, et me dérobe mes pensées ; stupide je reste alors debout, comme cette chaire.

Mais vite je ne tiens plus debout ; me voici couché déjà. —

Lorsque Zarathoustra ouït ainsi parler le sage, il rit en son cœur car de la sorte une lumière pour lui s'était levée. Et lors il dit à son cœur :

C'est un bouffon pour moi, ce sage avec ses quarante pensées ; mais en matière de sommeil, je crois qu'il s'entend bien.

Heureux déjà qui dans son voisinage demeure ! Pareil sommeil est contagieux ; même à travers une épaisse cloison, encore il se propage bien.

Sa chaire même est enchantée. Et devant le prêcheur de vertu les jeunes en vain n'étaient assis.

Sa sagesse veut dire : veiller pour bien dormir. Et, en vérité, n'eût la vie aucun sens, et me faudrait-il choisir non-sens, celui-là serait aussi pour moi le plus digne d'être choisi [1].

Voici que j'entends avec clarté ce qu'on cherchait surtout jadis quand on cherchait des maîtres de vertu : c'est bon sommeil que l'on cherchait pour soi, et, à cet effet, des vertus opiacées !

Pour tous ces sages en renom, dans leurs chaires de sagesse, sagesse était le sommeil sans rêves ; à la vie ils ne connaissaient meilleur sens.

Aujourd'hui aussi, il en existe bien encore plusieurs comme ce prêcheur de vertu, et non toujours aussi honnêtes, mais leur temps est passé. Et plus longtemps ne tiennent debout ; les voici déjà couchés.

Bienheureux ces somnolents, car bientôt ils s'assoupiront [2] ! —

Ainsi parlait Zarathoustra.

DE CEUX DES ARRIÈRE-MONDES [1]

Un jour Zarathoustra, lui aussi, au-delà de l'homme projeta sa chimère, comme tous ceux des arrière-mondes. Ouvrage d'un dieu souffrant et torturé, tel me parut alors le monde.

C'est rêve que me parut alors le monde, et la fiction d'un dieu : une vapeur colorée devant les yeux d'un être divinement insatisfait.

Bon et méchant, et plaisir et souffrance, et je et tu — c'est vapeur colorée que me parut tout cela devant des yeux créateurs. Détourner son regard de lui-même, voilà ce que voulut le créateur, — lors il créa le monde.

Plaisir d'ivrogne est, pour celui qui souffre, de sa souffrance détourner les yeux, et se perdre. Plaisir d'ivrogne et perte de soi, tel me parut un jour le monde.

Ce monde, le toujours imparfait, copie d'une éternelle contradiction, et imparfaite copie — rêve d'ivrogne pour son imparfait créateur — tel me parut un jour le monde.

Ainsi, au-delà de l'homme, je projetai moi-même mon délire, comme font tous ceux des arrière-mondes. Au-delà de l'homme en vérité ?

Ah! mes frères, ce dieu que je créai fut ouvrage et délire d'homme, comme sont tous les dieux!

Homme il était, et simplement un pauvre morceau d'homme, et de je : c'est de ma propre cendre et de mon

brasier que m'est venu ce spectre, et véritablement! Il
ne m'est venu d'au-delà [1]!

Or qu'advint-il, mes frères? De moi ne fus vainqueur, moi qui souffrais ; sur la montagne j'ai porté ma
propre cendre [2], c'est flamme plus lumineuse que me
suis inventée. Et voilà que s'*est évanoui* le spectre devant
moi!

Souffrance me serait à présent, et torture pour le convalescent, de croire à de tels spectres : souffrance me
serait à présent, et humiliation. Ainsi je parle à ceux
des arrière-mondes.

Souffrance et impuissance — voilà qui a créé tous
arrière-mondes ; et ce bref délire d'heur dont seul fait
l'expérience celui qui souffre au plus haut point.

Lassitude qui d'un seul saut tend à l'ultime, d'un
saut périlleux, pauvre ignorante lassitude qui ne veut
plus même vouloir : c'est elle qui créa tous dieux et
arrière-mondes.

Mes frères, m'en croyez! Ce fut le corps qui du corps
prit désespoir, — qui des doigts de l'esprit affolé le
long des ultimes murailles tâtonna.

Mes frères, m'en croyez! Ce fut le corps qui de la
Terre prit désespoir, — qui entendit le ventre de l'être
lui parler.

Et par-delà les ultimes murailles voulut alors passer la
tête, et non la tête seulement — jusqu'à « ce monde-là ».

Mais bien celé pour l'homme est « ce monde-là », ce
monde déshumanisé, ce monde inhumain, qui est un
néant céleste ; et à l'homme jamais ne parle le ventre de
l'être, sinon à titre d'homme.

En vérité tout être est difficile à démontrer, et difficile à faire parler. Mes frères, dites-moi, de toutes choses
n'est-ce la plus merveilleuse qui encore est le mieux
démontrée ?

Oui certes, ce je et sa contradiction et sa confusion,
voilà ce qui encore de son être le plus loyalement parle,
ce je qui crée, qui veut, qui évalue, qui est la mesure et
la valeur des choses.

Et cet être le plus loyal, le je — celui-là parle du corps
et encore le veut, même lorsqu'il fabule et s'échauffe et
de ses ailes brisées bat l'air.

Toujours plus loyalement il apprend à parler, ce je : et plus il apprend, plus il trouve des mots et des honneurs pour le corps et la Terre.

C'est une fierté nouvelle que m'enseigna mon je, et que j'enseigne aux hommes : dans le sable des choses célestes ne plus s'enfouir la tête [1], mais librement la porter, une terrestre tête qui à la Terre crée un sens !

C'est une volonté nouvelle que j'enseigne aux hommes : vouloir ce chemin-ci, celui qu'aveuglément l'homme a suivi, et le déclarer bon, et ne s'en plus écarter furtivement, comme les malades et les moribonds !

Ce furent malades et moribonds qui méprisaient le corps et la Terre, et se sont inventé le céleste et les rédemptrices gouttes de sang [2] ; mais ces doux et sombres poisons eux-mêmes, ils les prirent au corps et à la Terre !

De leur misère ils se voulaient échapper, et les étoiles pour eux étaient trop loin. Lors soupirèrent : « Oh ! Puisse-t-il être des voies célestes afin que furtivement dans un autre être, dans un autre heur, nous nous glissions ! » — lors s'inventèrent leurs subterfuges et leurs sanglantes petites potions [3].

De leur corps et de cette Terre ils furent assez chimériques maintenant pour se croire ravis, ces ingrats. De leur ravissement à qui devaient-ils donc la crampe et le délice ? A leur corps et à cette Terre !

Doux est Zarathoustra pour les malades. En vérité ne s'irrite de leurs sortes de consolation et d'ingratitude. Puissent-ils devenir des convalescents et des vainqueurs, et se créer un corps plus haut !

Ne s'irrite non plus Zarathoustra du convalescent qui avec tendresse regarde sa chimère et furtivement, à la mi-nuit, vers la tombe de son dieu se glisse ; mais maladie et corps malade encore pour moi restent ses larmes.

Force peuple malade toujours se rencontra parmi ceux qui fabulent et de Dieu sont maniaques ; furieusement haïssent celui qui sait, et cette vertu, de toutes la plus jeune, qu'on nomme loyauté [4].

C'est en arrière toujours que vers de sombres périodes ils regardent ; certes étaient alors chimère et foi tout autre chose : rage de la raison était semblance de Dieu, et doute fut péché.

Trop bien je les connais, ces hommes qui ressemblent
à Dieu : ils veulent qu'on croie en eux et que le doute
soit péché. Trop bien je sais aussi à quoi le mieux ils
croient eux-mêmes.

En vérité, non à des arrière-mondes et à de rédemptrices gouttes de sang, mais c'est au corps qu'ils croient
le mieux, et c'est leur propre corps qui leur est chose en
soi.

Mais c'est pour eux chose maladive ; et de leur peau
ils voudraient bien sortir. Pour ce faire, aux prêcheurs
de mort prêtent l'oreille et prêchent eux-mêmes des
arrière-mondes.

Oyez plutôt, mes frères, la voix du corps en bonne
santé ; plus loyale et plus pure est cette voix.

Plus loyalement, plus purement discourt le corps en
bonne santé, parfait et bien carré [1], et son discours concerne le sens de la Terre.

Ainsi parlait Zarathoustra.

DES CONTEMPTEURS DU CORPS

Aux contempteurs du corps je veux dire mon mot. D'enseignement et de doctrine je ne leur demande de changer, mais seulement qu'à leur propre corps ils disent adieu — et de la sorte deviennent muets.

« Corps suis et âme » — ainsi parle l'enfant. Et pourquoi ne parlerait-on comme parlent les enfants ?

Mais l'homme éveillé, celui qui sait, dit : Corps suis tout entier, et rien d'autre, et âme n'est qu'un mot pour quelque chose dans le corps.

Le corps est une grande raison, une pluralité avec un sens unique, une guerre et une paix, un troupeau et un pasteur [1].

Instrument de ton corps est aussi ta petite raison, mon frère, que tu nommes « esprit », petit instrument et jouet de ta grande raison.

Tu dis « je » et de ce mot t'enorgueillis. Mais plus grande chose est celle à quoi tu refuses de croire, — ton corps et sa grande raison, qui n'est je en parole mais je en action.

Ce que le sens perçoit, ce que l'esprit connaît, cela jamais en soi n'a sa fin propre. Mais sens et esprit te voudraient persuader qu'ils sont de toutes choses fin : tant ils sont vaniteux.

Des instruments et des jouets, voilà ce que sont sens et esprit : derrière eux se tient encore le soi. Le soi cherche également avec les yeux du sens ; avec les oreilles de l'esprit il épie également.

Toujours épie le soi et cherche ; il confronte, réduit, conquiert, détruit. Il commande, et même du je il est le maître.

Derrière tes pensées et tes sentiments, mon frère, se tient un puissant maître, un inconnu montreur de route — qui se nomme soi. En ton corps il habite, il est ton corps.

Il est plus de raison en ton corps qu'en ta meilleure sagesse. Et qui sait donc pourquoi c'est justement de ta meilleure sagesse que ton corps a besoin ?

Ton soi rit de ton je et de ses fiers élans. « Que m'importent, se dit-il, ces sauts et ces envols de la raison ? Ils me détournent de mon but. En lisière je tiens le je et lui souffle ses concepts. »

Au je dit le soi : « Eprouve ici douleur. »Et lors il souffre et réfléchit à la manière de ne plus souffrir — et pour cela précisément il *doit* penser.

Au je dit le soi : « Eprouve ici plaisir. » Lors il s'éjouit et réfléchit à la manière de maintes fois encore s'éjouir — et pour cela précisément *doit* penser [1].

Aux contempteurs du corps je veux dire un mot. Qu'ils mésestiment, cela fait qu'ils estiment. Qu'est-ce donc qui crée estime et mésestime, et valeur et vouloir ?

Pour lui-même le soi créateur créa estime et mésestime, pour lui-même il créa plaisir et souffrance. Pour lui-même le corps créateur créa l'esprit comme une main de son vouloir.

Dans votre folie et dans votre mépris, ô vous les contempteurs du corps, encore de votre soi vous êtes les servants. Je vous le dis : c'est votre soi lui-même qui veut mourir et se détourne de la vie.

Il ne peut plus ce que le mieux il aime vouloir : — au-dessus et au-delà de lui-même créer. C'est ce que le mieux il aime vouloir, ce qui est toute sa ferveur.

Mais est passé le temps pour lui d'y réussir, — c'est décliner que veut ainsi votre soi, ô vous les contempteurs du corps !

C'est décliner que veut votre soi ; et c'est pourquoi vous êtes devenus des contempteurs du corps ! Car de créer au-dessus et au-delà de vous-mêmes vous n'êtes plus capables.

Et pour quoi maintenant contre la vie et contre la Terre vous vous irritez. Dans le louche regard de votre mépris il est une secrète convoitise.

Je ne suis votre chemin, ô vous les contempteurs du corps! Pour moi vous n'êtes des ponts vers le surhomme! —

Ainsi parlait Zarathoustra.

DES AFFECTIONS DE JOIE
ET DE SOUFFRANCE *

As-tu, mon frère, une vertu, et qu'elle soit bien ta vertu, avec personne tu ne l'as en commun.

Tu lui veux certes donner un nom et la flatter ; lui veux tirer l'oreille et avec elle badiner.

Et maintenant voici qu'avec le peuple tu as en commun le nom de ta vertu ; et avec elle tu es devenu peuple et troupeau !

Mieux vaudrait dire : « Est ineffable et sans nom ce qui de mon âme fait le tourment et la douceur, et qui est encore aussi la faim de mes entrailles. »

Que trop haute soit ta vertu pour la familiarité des noms ; et, te faut-il d'elle parler, n'aie honte, à son propos, de balbutier.

De la sorte parle et balbutie : « Ceci est *mon* bien, que j'aime ; ainsi me plaît tout à fait ; ainsi seulement je veux le bien.

Je ne le veux comme divine loi ; je ne le veux comme précepte et besoin d'homme ; qu'il ne me soit montreur de route vers des pays supra-terrestres et vers des paradis !

C'est une vertu terrestre que j'aime ; en elle il est peu

* *« Von den Freuden- und Leidenschaften. »* « *Freudenschaft* » est un néologisme, formé d'après *« Leidenschaft »* qui équivaut (à peu près) au français « passion ». Notre traduction s'inspire ici de la terminologie spinoziste.

de prudence et moins que tout elle contient l'univer-
selle raison!

Mais c'est chez moi que cet oiseau a fait son nid ;
pour quoi je l'aime et sur mon cœur le presse, — chez
moi maintenant il couve ses œufs d'or. »

Ainsi dois balbutier et de ta propre vertu faire l'éloge.

Jadis tu eus des passions, et tu les appelais méchantes. Il ne te reste maintenant que tes vertus : de la
semence de tes passions elles ont grandi.

Au cœur de tes passions tu mis ta fin suprême : lors
elles devinrent tes vertus et tes affections de joie.

Et serais-tu de l'espèce des violents ou des voluptueux, ou des fanatiques et des vindicatifs [1],

C'est vertus qu'à la fin sont toutes devenues tes
passions, et anges tous tes diables.

Tu eus jadis des chiens sauvages dans ta cave, mais à
la fin se métamorphosèrent en oiseaux et en aimables
cantatrices [2].

De tes poisons tu as pour toi brassé ton baume ; de
ta vache Tribulation tu as pressé la mamelle, — c'est
son doux lait que maintenant tu bois [3].

Et de ta semence désormais aucun mal ne croît plus,
sinon le mal qui du combat de tes vertus tire croissance.

Es-tu chanceux, mon frère, tu n'as alors qu'une vertu,
non davantage : de la sorte plus léger tu passes sur le
pont.

Avoir nombreuses vertus est excellente chose, mais
c'est un sort pesant ; et dans le désert plus d'un s'en
fut et se donna la mort, parce qu'il était lassé d'être
bataille et champ clos de vertus [4].

Guerre et bataille, mon frère, est-ce méchante chose ?
Or nécessaire est ce mal ; entre tes vertus nécessaires
est l'envie et la méfiance et la calomnie.

Vois comme chacune de tes vertus désire ce qui est de
tout le plus haut : pour qu'il soit *son* héraut elle veut
tout entier ton esprit ; en ire, en haine et en amour elle
veut tout entière ta force.

De l'autre vertu jalouse est chaque vertu, et c'est
chose terrible que jalousie. Par jalousie même des
vertus peuvent à leur perte aller.

Celui qu'enceint la flamme de jalousie, à la fin celui-là, comme fait le scorpion, contre lui-même tourne le dard empoisonné [1].

Ah! ne vis-tu jamais encore, mon frère, une vertu elle-même se diffamer et se donner la mort?

L'homme est quelque chose qui ne se peut que surmonter : et pour cela aime tes vertus, car à ta perte elles te mèneront. —

Ainsi parlait Zarathoustra.

DU BLÊME CRIMINEL [1]

Vous ne voulez tuer, ô juges et sacrificateurs, avant
que la bête ait courbé le front? Voyez, il a courbé le
front, le blême criminel et dans son œil on lit le grand
mépris.

« Mon je est quelque chose qui se doit surmonter ; il
est pour moi le grand mépris de l'homme », ainsi parle
cet œil.

Se condamner lui-même fut son instant le plus haut ;
en sa petitesse ne laissez retomber le sublime !

Il n'est de rédemption pour qui de la sorte souffre en
lui-même, sinon la mort rapide.

La mort que vous infligez, ô vous les juges, qu'elle
soit compassion et non vengeance ! Et en donnant la
mort, prenez soin vous-mêmes de justifier la vie !

Avec votre victime point ne suffit de vous réconcilier.
Que soit votre tristesse amour pour le surhomme : ainsi
de vivre encore vous serez justifiés !

Dites « ennemi », non « scélérat » ; « malade », non
« gredin », dites « insensé », mais non « pécheur » [2] !

Et toi, juge écarlate, voudrais-tu dire tout haut ce
qu'en pensée tu fis déjà, lors s'écrierait tout un chacun :
« Hors d'ici cette ordure ! Hors d'ici cette vermine [3] ! »

Mais une chose est la pensée, une autre le fait, une
autre encore l'image du fait. Entre elles ne s'engrène le
rouage de la cause.

C'est d'une image qu'a blêmi cet homme blême. Accomplissant son fait, il était bien à la hauteur de ce qu'il faisait; mais du fait accompli ne put souffrir l'image [1].

Dorénavant il ne s'est vu que comme le fauteur d'un seul et unique fait. C'est ce que je nomme délire; ce qui était l'exception est devenu pour lui l'essence.

Le trait fascine la poule; le coup * qu'il a porté fascina sa pauvre raison — c'est ce que je nomme le délire qui *suit* le fait [2].

Oyez, vous les juges! Il est un autre délire, c'est celui qui *précède* le fait. Hélas! dans cette âme assez profond n'avez fouillé!

Ainsi parle le juge écarlate : « Mais pourquoi donc a-t-il tué, ce criminel? De voler seulement il avait l'intention. » Or, moi je vous dis : son âme a bien voulu le sang, non la rapine; c'est de l'heur du coutelas qu'il avait soif!

Mais sa pauvre raison ne comprit ce délire, et elle l'a convaincu : « Qu'importe le sang? disait-elle; ne veux-tu, ce faisant, commettre au moins quelque rapine? Tirer quelque vengeance [3]? »

Et il prêta l'oreille à sa pauvre raison; comme une chape de plomb pesait sur lui le discours de sa raison, — lors, en même temps qu'il tuait, il vola. Il ne voulut que son délire lui fît honte.

Et de nouveau sur lui, maintenant pèse le plomb de sa faute et sa pauvre raison est de nouveau si roide, si paralysée, si lourde!

Qu'il pût seulement secouer la tête, lors son fardeau roulerait à terre; mais qui secoue cette tête?

Qu'est donc cet homme? Un monceau de maladies qui traversèrent l'esprit pour s'attaquer au monde; là veulent trouver leur butin.

Qu'est donc cet homme? Un nœud de sauvages serpents qui rarement entre eux connaissent le repos,— lors vont chacun pour soi et, dans le monde, cherchent butin [4].

Voyez ce pauvre corps! Aux souffrances et aux convoitises de ce corps sa pauvre âme trouva un sens, — pour sens elle leur trouva la meurtrière envie, et la soif de connaître l'heur du coutelas.

---

* Jeu verbal sur *Strich* (trait) et *Streich* (coup).

Celui qui est à présent malade, ce qui l'assaille est le mal qui est aujourd'hui méchant ; avec ce qui le fait souffrir, il veut aussi faire souffrir. Mais il y eut d'autres temps, et un autre mal et un autre bien.

Méchant fut autrefois le doute, et le vouloir du soi. En ce temps le malade se faisait hérétique et sorcier : comme hérétique et comme sorcier il a souffert et voulu faire souffrir.

Mais cela, vous ne voulez l'entendre : à vos gens de bien, me dites-vous, ce serait dommageable. Or que m'importent vos gens de bien ?

De maintes façons vos gens de bien me donnent la nausée, et non, en vérité, par ce qu'ils ont de méchant [1]. Je voudrais bien qu'ils eussent un délire par lequel ils périraient, comme ce blême criminel.

En vérité, je voudrais que leur délire eût pour nom vérité, ou fidélité ou justice ; mais ils ont leur vertu pour vivre vieux et dans un pitoyable agrément.

Je suis un parapet au bord du fleuve : me saisisse qui me peut saisir ! Mais je ne suis votre béquille. —

Ainsi parlait Zarathoustra.

DU LIRE ET DE L'ÉCRIRE

De tout ce qui est écrit, je n'aime que ce qu'on écrit avec son sang. Ecris avec du sang, et tu apprendras que sang est esprit.

Il n'est guère facile d'entendre le sang des autres : odieux me sont oisifs qui lisent.

Qui connaît le lecteur, pour le lecteur celui-là plus rien ne fait. Encore un siècle de lecteurs — et l'esprit même sera puant [1].

Que tout un chacun ait droit de lire, c'est gâter, à la longue, non seulement l'écrire, mais aussi le penser [2].

Jadis l'esprit fut dieu, puis se fit homme et maintenant devient encore populace.

Qui écrit avec son sang et par sentences, il ne veut qu'on le lise mais que par cœur on l'apprenne !

En montagne, de cime en cime va le plus court chemin ; mais pour le prendre il faut avoir de longues jambes. Que cimes soient les sentences [3], et ceux auxquels on parle grands et altiers !

L'air rare et pur, proche le danger et l'esprit plein d'une joyeuse malice : comme tout cela ensemble s'accorde bien !

Autour de moi je veux avoir des farfadets, car je suis courageux. Courage dont s'effarouchent les spectres lui-même se crée des farfadets, — le courage veut rire.

Je ne sens plus avec vous : ces nuées qui au-dessous de moi s'offrent à ma vue, ces choses noires et pesantes dont je me ris, — voilà précisément vos nuées d'orage.

En haut vous regardez quand de hauteur avez envie.
Et je regarde en bas car je me tiens sur les sommets.

Qui de vous tout ensemble peut rire et se tenir sur les sommets ?

Qui gravit les plus hautes cimes se rit de toutes tragédies jouées et de toutes tragédies vécues [1] *.

Courageux, insouciants, railleurs, brutaux, — tels nous veut la sagesse ; c'est une femme et qui jamais n'aime qu'un guerrier.

Vous me dites : « la vie est pesante à porter. » Mais pourquoi donc auriez-vous avant midi votre fierté, et le soir votre soumission [2] ?

La vie est pesante à porter ; mais ne soyez donc si délicats ! Nous sommes tous de jolis ânes et de jolies ânesses aux reins solides [3].

Qu'avons-nous en commun avec le bouton de rose, qui frémit dès qu'une goutte de rosée pèse sur son corps ?

C'est vrai : si nous aimons la vie, ce n'est par habitude de vivre, mais c'est par habitude d'aimer **.

Il est toujours quelque délire dans l'amour. Mais toujours aussi il est quelque raison dans le délire [4].

Et moi-même, qui bien m'entends avec la vie, il me semble que papillons et bulles de savon, et tout ce qui parmi les hommes est de leur sorte, de l'heur ont le mieux connaissance.

Ces petites âmes légères, folles, élégantes, mobiles, à les voir qui voltigent — Zarathoustra est entraîné aux larmes et aux chants !

Je ne croirais qu'en un dieu qui à danser s'entendît !

Et quand je vis mon diable, lors le trouvai sérieux, appliqué, profond, solennel : c'était l'esprit de pesanteur — par qui tombent toutes choses [5].

Ce n'est pas ire, c'est par rire qu'on tue. Courage ! Tuons cet esprit de pesanteur !

J'ai appris à marcher ; de moi-même, depuis, je cours. J'ai appris à voler ; pour avancer, depuis, plus ne veux qu'on me pousse [6] !

---

* « *Trauer-Spiele und Trauer-Ernste.* »
** Jeu verbal sur « *leben* » (vivre) et « *lieben* » (aimer).

Maintenant je suis léger, maintenant je vole, maintenant me vois au-dessous de moi ; par moi c'est maintenant un dieu qui danse.

Ainsi parlait Zarathoustra.

DE L'ARBRE SUR LA MONTAGNE [1]

L'œil de Zarathoustra avait vu qu'un jeune homme
l'évitait. Et tandis qu'un soir il allait seul parmi les
montagnes qui entourent la ville appelée « La Vache
pie », voici qu'il trouva en chemin ce jeune homme alors
qu'il était assis contre un arbre et d'un œil las regardait vers la vallée. Zarathoustra saisit l'arbre contre
lequel était assis le jeune homme, et parla de la sorte :

Voudrais-je de mes mains secouer cet arbre, point
ne le pourrais.

Mais le vent, que nous ne voyons, celui-là le tourmente
et le ploie à sa guise [2]. De la plus vilaine façon par d'invisibles mains nous sommes ployés et tourmentés.

Lors se leva le jeune homme, troublé, et dit : « J'entends Zarathoustra et tout justement pensais à lui. »
Zarathoustra répondit :

« Pourquoi t'en effrayer ? — Mais il en va de l'homme
comme de l'arbre.

Plus il aspire vers l'altitude et la lumière, plus puis-
samment ses racines s'efforcent vers le sol, vers le bas,
vers le sombre, vers le profond, — vers le mal. »

« Oui certes vers le mal ! s'écria le jeune homme.
Comment se peut-il donc que mon âme aies découverte ?»

Zarathoustra sourit et parla : « Nombreuses sont les
âmes que jamais on ne découvrira que d'abord on ne
les invente ! »

« Oui certes vers le mal ! s'écria le jeune homme une
seconde fois.

Tu as dit la vérité, Zarathoustra. A moi-même plus ne me fie depuis que vers le haut je veux monter, et à moi ne se fie plus personne, — comment cela se peut-il donc ?

Trop vite je me transforme, mon jour d'hui réfute mon jour d'hier. Souvent je saute les degrés lorsque je monte — et c'est ce que ne me pardonne aucun degré [1].

Lorsque je suis en haut, toujours je me trouve seul. Personne ne me parle, du gel de la solitude, je frissonne. Là-haut que veux-je donc ?

Mon mépris et ma nostalgie ensemble croissent ; plus haut je monte, pour celui qui monte plus j'ai mépris. Là-haut, que veut-il donc ?

Comme j'ai honte de monter et de broncher ! Comme je me raille de si souvent haleter ! Comme je hais celui qui vole ! Là-haut comme je suis las ! »

Ici se tut le jeune homme. Et Zarathoustra considérait l'arbre auprès duquel ils se tenaient, et il parla ainsi :

Cet arbre ici se dresse solitaire sur la montagne ; bien haut il crût, par-dessus homme et bête.

Et voudrait-il parler, n'aurait personne pour l'entendre ; si haut il crût !

Désormais il attend et attend, — mais qu'attend-il ? Du siège des nuées trop proche est sa demeure ; ce qu'il attend, est-ce le premier éclair [2] ?

Après que Zarathoustra eut dit ces mots, lors s'écria le jeune homme avec des gestes véhéments : « Certes, Zarathoustra, tu dis la vérité. De mon déclin je languissais quand j'ai voulu gravir la cime, et tu es l'éclair que j'attendais. Vois, depuis que tu nous apparus, de moi que reste-t-il ? C'est mon *envie* de toi qui m'a détruit ! » — Ainsi parlait le jeune homme et il versait d'amères larmes [3]. Mais de ses bras Zarathoustra le ceignit et avec lui l'entraîna.

Et lorsqu'ils eurent ensemble un moment cheminé, Zarathoustra ainsi prit la parole :

J'ai le cœur déchiré. Mon œil mieux que tes mots me dit tout ton péril.

Encore tu n'es libre ; de ta liberté encore tu es *en*

quête. Ta quête t'imposa nuits sans sommeil et longues veillées.

A la libre altitude tu veux monter, d'étoiles est assoiffée ton âme. Mais tes mauvais instincts ont soif aussi de liberté.

Tes chiens sauvages veulent courir en liberté ; quand ton esprit s'efforce d'ouvrir toute prison, dans leur cave ils aboient au plaisir [1].

Pour moi tu es encore un captif qui rêve de liberté ; hélas! prudente se fait l'âme de tels captifs, mais perfide aussi et mauvaise.

Au libéré de l'esprit il faut encore se purifier. En lui reste beaucoup encore de sa prison et moisissure ; et il faut que son œil encore devienne pur.

Oui certes, je connais ton péril. Mais de par mon amour et mon espoir je t'en conjure : ne répudie ni ton amour ni ton espoir!

Tu te sens noble encore, et noble aussi te sentent les autres, qui contre toi s'irritent et te jettent de méchants regards. Sache qu'au travers de leur voie, tous tant qu'ils sont, se dresse un homme noble [2].

Les hommes de bien aussi, sur leur route se dresse un homme noble, et même s'ils l'appellent homme de bien, de la sorte ils le veulent écarter [3].

Du neuf, voilà ce que l'homme noble veut créer, et une vertu nouvelle. Du vieux, voilà ce que veut l'homme de bien, et que subsiste le vieux.

Mais le péril de l'homme noble est de se faire non point un homme de bien, mais un insolent, un railleur, un destructeur.

Ah! j'ai connu des hommes nobles qui avaient perdu leur espérance la plus haute! Dès lors ils calomnièrent toutes hautes espérances.

Dès lors ils ont vécu de manière insolente et en de brefs plaisirs, et au-delà du jour à peine encore projetaient des fins.

« Volupté est aussi l'esprit » — ainsi disaient-ils ; de la sorte à leur esprit ils ont rogné les ailes ; désormais il rampe alentour et salit en rongeant.

Jadis héros crurent devenir ; jouisseurs sont à présent. Pour le héros n'ont qu'aversion et dégoût.

Mais de par mon amour et mon espoir, je t'en conjure : hors de ton âme point ne rejette le héros! Garde sacrée ton espérance la plus haute! —

Ainsi parlait Zarathoustra.

DES PRÊCHEURS DE MORT [1]

Il est prêcheurs de mort ; et pleine est la Terre de ceux auxquels il faut prêcher le renoncement à la vie.

Pleine est la Terre de superflus, et la vie est gâtée par les bien-trop-nombreux ! Grâce au charme de l'« éternelle vie », de cette vie-ci les puisse-t-on expulser !

« Des jaunes », ainsi appelle-t-on les prêcheurs de mort, ou « des noirs ». Mais sous d'autres couleurs je les veux encore montrer.

Voici les effrayants, ceux qui en eux portent la bête de proie, et n'ont d'autre choix que plaisirs ou mortification. Et même encore leurs plaisirs sont mortification.

Ils ne sont pas même devenus des hommes, ces effrayants ; puissent-ils prêcher renoncement à la vie, et eux-mêmes déguerpir !

Voici les phtisiques de l'âme ; à peine sont-ils nés que déjà ils commencent à mourir et nostalgiquement aspirent aux leçons de lassitude et de renoncement.

Ils aiment être morts, et bonne devrions-nous nommer leur volonté ! Ces morts, gardons-nous bien de les réveiller ; à ces vivants sépulcres gardons-nous bien de toucher !

Ils rencontrent un malade ou un vieillard ou un cadavre, et disent aussitôt : « La vie est réfutée ! »

Mais eux seulement sont réfutés, et leur œil qui de l'existence ne voit qu'un seul visage.

En épaisse mélancolie confinés, et avides des petits

hasards qui entraînent la mort, de la sorte ils attendent
et face à face serrent les dents [1].

Ou se saisissent d'une sucrerie et moquent, ce faisant,
leur propre puérilité ; ils s'accrochent à leur fétu de vie
et raillent de s'accrocher encore à un fétu.

Ainsi s'exprime leur sagesse : « Est fou qui reste en
vie, mais à ce point nous sommes fous ! Et c'est là
justement le plus fou dans la vie ! »

« La vie n'est que souffrance », — voilà ce que d'autres
disent, et ils ne mentent ; prenez-donc soin, *vous*, de
finir ! Prenez donc soin que finisse cette vie qui n'est
que souffrance [2] !

Et de votre vertu qu'ainsi s'exprime la leçon : « Tu
dois te suicider ! Tu dois t'esquiver ! »

« La volupté est un péché, — ainsi disent les uns, qui
prêchent la mort, — mettons-nous à l'écart et n'en-
gendrons aucun enfant ! »

« Il est pénible d'engendrer — disent les autres, —
encore mettre au monde, à quoi bon ? L'on ne met au
monde que des malheureux !. » Et ceux-là sont aussi
prêcheurs de mort.

« De compassion il est besoin, — ainsi disent les troi-
sièmes. Prenez et emportez ce que j'ai ! Prenez et
emportez ce que je suis ! D'autant moins me liera la
vie ! »

Eussent-ils foncière compassion, de la vie ceux-là
dégoûteraient leurs prochains. Être méchants — voilà
qui serait leur vraie bonté.

Mais ils veulent en finir avec la vie ; que leur importe
si pour d'autres leurs chaînes et leurs dons encore sont
plus solides liens !

Et vous aussi, ô vous pour qui la vie est sauvage
labeur et trouble, n'êtes-vous très las de vivre ? Pour
le prêche de mort n'êtes-vous très mûrs ?

Vous tous à qui est cher le sauvage labeur, et le
rapide, le nouveau, l'étranger, — vous vous supportez
mal, votre souci est fuite et volonté de s'oublier soi-même.

A la vie croiriez-vous davantage, sur l'instant moins
vous vous jetteriez. Mais pour l'attente vous êtes
trop inconsistants — et même pour la paresse !

Partout résonne la voix de ceux qui prêchent la

mort — et pleine est la Terre de ceux auxquels il faut prêcher la mort.

Ou l'« éternelle vie », pour moi c'est tout pareil, — pourvu qu'au loin et sans tarder ils déguerpissent [1]

Ainsi parlait Zarathoustra.

DE LA GUERRE ET DES GUERRIERS

De nos meilleurs ennemis nous ne voulons être épargnés, ni de ceux-là non plus que nous aimons foncièrement. Ainsi, que je vous dise la vérité!

Mes frères dans la guerre! Je vous aime foncièrement, je suis et fus des vôtres. Et suis aussi votre meilleur ennemi. Ainsi, que je vous dise la vérité!

Je sais de votre cœur et la haine et l'envie. Vous n'êtes grands assez pour ne connaître haine et envie. Soyez donc grands assez pour n'en avoir pas honte!

Et si de la connaissance vous ne pouvez être les saints, du moins soyez-en les guerriers. D'une telle sainteté ce sont les compagnons et les avant-coureurs.

Je vois force soldats, puissé-je voir force guerriers. On appelle « uniforme » leur tenue ; puisse ce qu'elle cache n'être point uni-forme [1]!

Pour moi vous devez être ceux dont l'œil toujours est en quête d'un ennemi, — de *votre* ennemi. Et chez plusieurs de vous on sent la haine dès le premier regard [2].

De votre ennemi vous devez être en quête, c'est votre guerre que vous devez mener, et pour vos pensées! Et si succombe votre pensée, de cela encore doit votre loyauté crier triomphe.

Aimez la paix comme moyen pour de nouvelles guerres. Et la paix brève plus que la longue.

Je ne vous conseille le labeur, mais le combat. Je ne vous conseille la paix, mais la victoire. Que votre labeur soit un combat, que votre paix soit une victoire.

Vous dites que c'est la bonne cause qui sanctifie aussi la guerre [1]? Je vous dis : c'est la bonne guerre qui sanctifie toute cause.

La guerre et le courage ont plus fait de grandes choses que l'amour du prochain. Non votre compassion, mais bien votre vaillance jusqu'à présent sauvèrent les infortunés.

Qu'est-ce qui est bon? demandez-vous. Être vaillant est bon. Laissez dire aux fillettes : « Est bon ce qui est joli et à la fois touchant [2]. »

On vous nomme sans-cœur ; mais votre cœur est authentique, et de votre courage j'aime la pudeur. De votre flux vous êtes pudiques, et d'autres de leur reflux [3].

Vous êtes hideux? Eh bien, courage, mes frères! De sublime vous ceignez donc, de ce manteau du hideux!

Et si votre âme grandit, elle devient arrogante, et dans votre sublime il est de la malignité. Je vous connais.

Dans la malignité à l'arrogance se joint la pleutrerie ; mais mal elles s'entendent. Je vous connais.

N'ayez ennemis que haïssables, non ennemis à mépriser. De votre ennemi il faut que vous soyez fiers ; lors les succès de votre ennemi sont aussi vos succès!

Rébellion — c'est distinction d'esclave [4]. Que votre distinction soit d'obéir! Que votre commandement lui-même soit une obéissance !

A l'oreille du bon guerrier sonne plus agréablement « tu dois » que « je veux ». Et tout ce qui vous est cher, d'abord faites en sorte qu'on vous le commande!

Soit votre amour de la vie un amour de votre espérance la plus haute, et que votre espérance la plus haute soit de la vie la plus haute pensée!

Mais votre plus haute pensée, vous devez de moi-même en recevoir le commandement — et la voici : l'homme est quelque chose qui doit être surmonté.

Votre vie d'obéissance et de guerre, de la sorte la vivez! Qu'importe une longue vie? Est-il guerrier qui veuille être épargné?

Point ne vous épargne, foncièrement je vous aime, ô mes frères dans la guerre! —

Ainsi parlait Zarathoustra.

DE LA NOUVELLE IDOLE [1]

Quelque part, il est encore des peuples et des troupeaux, mais non chez nous, mes frères; là il existe des États.

État? Qu'est-ce que c'est? Courage! Ouvrez-moi maintenant les oreilles, car maintenant je vous dis mon mot quant à la mort des peuples.

État, ainsi se nomme le plus froid de tous les monstres froids. Et c'est avec froideur aussi qu'il ment; et suinte de sa bouche ce mensonge : « Moi, l'État, je suis le peuple. »

C'est là mensonge! Créateurs furent ceux qui ont créé les peuples et au-dessus d'eux ont suspendu une croyance et un amour : ainsi se mirent au service de la vie.

Ce sont des destructeurs qui dressent pour beaucoup des embûches, et les nomment État : au-dessus d'eux ils suspendent un glaive et cent désirs.

Là où encore existe un peuple, point il n'entend l'État et comme un méchant œil le hait, et comme péché contre les mœurs et contre les droits.

Ce signe, je vous le donne [2]: du bien et du mal chaque peuple parle en sa langue, que n'entend le voisin. Sa langue, dans ses mœurs et ses droits chaque peuple pour lui-même l'a inventée.

Mais en toutes les langues qui parlent du bien et du mal, l'État dit des mensonges; et quoi qu'il dise, il ment — et quoi qu'il ait, il l'a volé.

Car en lui tout est faux; avec des dents volées il mord, ce mordeur. Fausses même sont ses entrailles.

Confusion des langues qui parlent du bien et du mal : ce signe je vous le donne comme signe de l'État. En vérité, c'est le vouloir de mort que signifie ce signe ! En vérité c'est aux prêcheurs de mort qu'il fait signe.

Naissent de bien-trop-nombreux ; c'est pour ces superflus que l'État fut inventé !

Voyez-moi donc comme il les attire et les séduit, ces beaucoup-trop-nombreux ! Comme il les avale, et comme il les mâche et les remâche !

« Sur Terre rien n'est plus grand que moi ; de Dieu je suis le doigt qui ordonne » — ainsi rugit le monstre. Et ce ne sont bêtes à longues oreilles et à vue courte qui seulement tombent à genoux !

Hélas ! en vous aussi, ô grandes âmes, il instille ses sinistres mensonges. Les riches cœurs qui aiment se prodiguer, hélas ! il les décèle.

Oui certes, il vous devine aussi, vous les vainqueurs de l'ancien dieu ! Dans le combat vous vous êtes lassés, et maintenant votre lassitude encore est au service de la nouvelle idole !

Ce sont héros et dignitaires qu'elle voudrait autour d'elle mettre en place, cette nouvelle idole ! Au soleil d'une bonne conscience elle aime se chauffer — elle, le monstre froid !

A *vous* elle veut tout donner, pourvu que devant elle *vous-mêmes* vous prosterniez et l'adoriez [1], cette nouvelle idole ! Ainsi elle s'achète l'éclat de votre vertu et le regard de vos yeux fiers.

Appâter avec vous les beaucoup-trop-nombreux, voilà ce qu'elle veut ! Oui certes, c'est machine infernale qu'ici l'on inventa, cheval de mort cliquetant sous la parure d'honneurs divins !

Oui certes, à beaucoup destinée, ici l'on inventa une manière de mourir qui pour une vie se prend elle-même : en vérité, un bien cordial service pour tous prêcheurs de mort [2] !

État, ainsi je nomme le lieu où tous boivent le poison, bons et vilains ; État, le lieu où tous vont à leur perte, bons et vilains ; État, le lieu où tous lentement se donnent eux-mêmes la mort — et c'est ce qu'on appelle « la vie ».

Regardez-moi donc ces superflus! Frauduleusement ils
s'approprient les ouvrages des inventeurs et les trésors
des sages : culture, voilà le nom qu'ils donnent à leur
rapine — et tout pour eux devient maladie et incom-
modité!

Regardez-moi donc ces superflus! Toujours malades,
toujours ils vomissent leur bile, et la nomment gazette.
Se dévorent les uns les autres et de se digérer n'ont
pas même la force.

Regardez-moi ces superflus! Ils gagnent des richesses
et, avec elles, deviennent plus pauvres. C'est puissance
qu'ils veulent et tout d'abord de la puissance le levier,
beaucoup d'argent, — ces impuissants *!

Regardez-les grimper, ces singes prestes! Afin de se
dépasser ils grimpent les uns sur les autres, et se jettent
ainsi dans la vase et le fond.

Au trône ils veulent tous accéder; c'est leur délire,
— comme si l'heur sur le trône siégeait! Souvent siège la
vase sur le trône — et souvent aussi le trône sur la
vase!

Des délirants, voilà ce qu'ils sont tous pour moi,
et des singes grimpeurs et des suréchauffés. Pour moi
elle sent mauvais, leur idole, le monstre froid ; pour
moi ils sentent mauvais, tous tant qu'ils sont, ces ido-
lâtres!

Dans les exhalaisons de leurs gueules et de leurs
désirs, mes frères, voulez donc étouffer? Plutôt faites
sauter les vitres et bondissez à l'air libre!

Ce vilain remugle, le fuyez donc! De l'idolâtrie des
superflus écartez-vous!

Ce vilain remugle, le fuyez donc! De la fumée de ces
sacrifices humains écartez-vous!

Libre pour de grandes âmes est encore maintenant
la Terre. Vides encore sont maintes contrées pour solitaires et solitaires à deux, où le parfum de calmes mers
encore flotte.

Libre pour de grandes âmes encore est une libre vie.
En vérité, qui peu possède est d'autant moins possédé;
louange à la petite pauvreté!

---

* *Unvermögend* signifie à la fois « sans puissance » et « sans argent »

Où cesse l'État, là seulement commence l'homme qui point n'est superflu [1], là seulement commence le chant du nécessaire, l'unique, l'irremplaçable mélodie.

Où cesse l'État, — là jetez donc votre regard, mes frères! Ne les voyez vous, et l'arc-en-ciel et les ponts du surhomme? —

Ainsi parlait Zarathoustra.

DES MOUCHES DE LA PLACE PUBLIQUE [1]

Fuis mon ami, dans ta solitude! Je te vois assourdi par le vacarme des grands hommes, et par l'aiguillon des petits harcelé.

Dignement avec toi bois et rochers savent se taire. Ressemble derechef à l'arbre que tu aimes, l'arbre aux larges ramures; silencieux, aux aguets, il pend dessus la mer.

Où cesse la solitude commence la place publique; et où commence la place publique commence aussi le vacarme des grands comédiens, le bourdonnement des mouches venimeuses.

Dans le monde ne valent rien encore les meilleures choses s'il y manque quelqu'un qui les présente; grands hommes, tel est le nom que donne le peuple à ces présentateurs [2].

Le peuple ne conçoit guère ce qui est grand, c'est-à-dire ce qui crée. Mais il a des sens pour tous les présentateurs et tous les comédiens de grandes causes.

Autour de ceux qui inventent de nouvelles valeurs gravite le monde : — sans qu'on le voie il gravite. Mais c'est autour des comédiens que gravitent le peuple et la renommée; ainsi va le monde.

Le comédien a de l'esprit, mais de cet esprit peu de conscience morale. Il croit toujours à ce qui lui permet de plus vigoureusement croire — croire *en lui-même*!

Il aura demain une nouvelle croyance, et après-demain

une autre encore. Il a, comme le peuple, des sens
rapides et des flairs qui changent vite.

Renverser — c'est ce qu'il nomme démontrer. Faire
perdre la tête — c'est ce qu'il nomme convaincre. Et de
toutes raisons le sang pour lui est la meilleure.

Une vérité qui ne s'insinue qu'en de fines oreilles, il la
nomme mensonge et néant. En vérité, il n'a foi qu'en des
dieux qui dans le monde mènent grand tapage!

Pleine de solennels [1] pantins est la place publique
— et le peuple se targue de ses grands hommes! Ce sont
pour lui les maîtres de l'heure.

Mais l'heure les presse; et eux aussi te pressent. Et ils
veulent de toi ou un Oui ou un Non. Malheur! entre le
pour et le contre veux-tu mettre ta chaise?

De ces inconditionnels et de ces exigeants ne sois
jaloux, ô toi qui aimes la vérité! Jamais encore ne se
pendit la vérité au bras d'un inconditionnel.

Devant ces immédiats en ton abri recule! Sur la
place publique, avec un " Oui ou Non? " l'on vous
assaille.

C'est lentement que tous les puits profonds vivent
leur expérience; longtemps leur faut attendre pour
savoir *ce qui* au fond d'eux est tombé.

A l'écart de la place publique et de la renommée se
fait toute grande œuvre; à l'écart de la place publique
et de la renommée toujours vécurent ceux qui inventèrent de nouvelles valeurs.

O mon ami, fuis dans ta solitude; de mouches venimeuses je te vois assailli. Où souffle un air rude et puissant, là-bas t'enfuis!

Fuis dans ta solitude! Des petits et des pitoyables
trop proche tu vivais. Échappe à leur vengeance qui
ne se voit! Ils ne sont rien, contre toi, que vengeance!

Contre eux plus ne lève le bras! Ils sont innombrables
et n'est ton lot d'être chasse-mouches.

Innombrables sont ces petits et ces pitoyables; et
plus d'un fier édifice, sous la pluie et la mauvaise herbe,
à son déclin déjà fut entraîné.

Harassé je te vois par des mouches venimeuses,
écorché jusqu'au sang je te vois en maintes places; et
ton orgueil ne se veut même irriter.

C'est ton sang qu'ils voudraient en parfaite innocence ;
de sang sont assoiffées leurs âmes exsangues, — et de la
sorte ils te piquent en parfaite innocence.

Mais toi, le profond, même de petites blessures tu
souffres trop profondément ; et jusqu'à ce que tu t'en
sois guéri, sur ta main grouille la même vermine.

Tu es trop fier, je pense, pour exterminer ces voraces.
Mais prends garde que ta destinée ne soit à présent
de souffrir toute leur venimeuse injustice !

Avec leur louange aussi, autour de toi les voici bour-
donnant ; leur louange est importunité. De ta peau et de
ton sang ils veulent la proximité.

Ils te flattent comme un dieu ou un diable ; pleurni-
chent devant toi comme devant un dieu ou un diable.
Qu'importe ! Ce sont flatteurs et pleurnicheurs, et rien de
plus [1].

A toi souvent aussi, ils se donnent pour gens aimables.
Mais telle fut toujours la prudence des lâches. Oui
certes, prudentes gens sont les lâches [2] !

Avec leur âme étroite, à ton sujet ils pensent beaucoup — continûment tu leur donnes à penser. Toute
chose à quoi beaucoup l'on pense enfin donne à penser [3].

De toutes tes vertus ils te punissent. Ils ne te pardonnent foncièrement que — tes échecs [4].

Parce que tu es doux et que tu as le sens de la justice,
tu dis « ce n'est pas leur faute s'ils vivent petite-
ment ». Mais leur âme étroite pense : « Toujours coupable est qui vit grandement. »

Même si tu es doux avec eux, encore ils sentent que
tu les méprises ; et répondent à ton bienfait par de
sournois méfaits.

Ta fierté sans paroles jamais n'est de leur goût ; une
fois es-tu modeste assez pour être vain, les voilà qui
jubilent !

Ce que chez un homme nous connaissons, en lui, nous
l'attisons aussi. Contre les petits sois donc en garde !

Devant toi ils se sentent petits, et contre toi leur petitesse brasille et rougeoie invisible vengeance.

N'as-tu remarqué comme souvent à ton approche
ils se faisaient muets, et comme les a quittés leur force,
pareille à la fumée d'un feu qui s'éteint ?

Oui certes, mon ami, pour tes prochains tu es la mauvaise conscience, parce que de toi ils sont indignes. De la sorte ils te haïssent et volontiers suceraient ton sang.

Toujours seront tes prochains des mouches venimeuses; en toi ce qui est grand, — cela même nécessairement les fera plus venimeux et plus semblables à des mouches.

Fuis, mon ami, dans ta solitude, et là où souffle un air rude et puissant! Ce n'est ton lot d'être chasse-mouches. —

Ainsi parlait Zarathoustra.

DE LA CHASTETÉ

J'aime la forêt. Dans les villes on vit mal ; y sont bien trop nombreux les êtres en chaleur.

N'est-ce mieux de tomber entre les mains d'un meurtrier que dans les rêves d'une femme en chaleur ?

Et voyez-moi donc ces hommes ! Leur œil le dit — ils ne savent rien de mieux ici-bas que d'être couchés près d'une femme [1].

Boueux est le fond de leur âme ; et malheur si leur boue encore a de l'esprit !

Que n'êtes-vous du moins comme bêtes parfaits [2] ? Mais à la bête appartient l'innocence.

Vais-je vous conseiller de mettre à mort vos sens ? Ce que je vous conseille est qu'ils soient innocents.

Vais-je vous conseiller la chasteté ? Chez quelques-uns elle est vertu, mais chez beaucoup tout près d'un vice.

Certes ils se contiennent, mais à travers tout ce qu'ils font la chienne Sensualité jette un regard de convoitise.

Même sur les cimes de leur vertu, et jusque dans leur esprit froid, cette bête les poursuit, avec son insatisfaction.

Et comme habilement la chienne Sensualité, quand on lui refuse un morceau de chair, sait d'un morceau d'esprit se faire la mendiante [3] !

Vous aimez les tragédies et tout ce qui brise le cœur ? Mais j'ai méfiance de votre chienne.

Vous avez, ce me semble, des yeux trop cruels et

regardez avec concupiscence vers ceux qui souffrent.
Ne s'est-elle simplement travestie, votre volupté, et ne
se nomme-t-elle compassion ?

Et encore voici l'image que je vous donne : beaucoup
voulurent chasser leurs diables et de la sorte dans la
soue eux-mêmes se sont jetés [1].

A qui pèse la chasteté, il la lui faut déconseiller,
de peur que de l'enfer elle ne devienne le chemin — c'est-
à-dire de boue et de concupiscence d'âme [2].

De sales choses fais-je discours ? Ce n'est pour moi le
plus vilain.

Non quand est sale la vérité, mais bien quand elle est
plate, lors en son eau n'aime descendre qui connaît.

Certains, en vérité, foncièrement sont chastes ; ils
sont plus doux de cœur ; ils rient plus volontiers et plus
généreusement que vous.

Même de la chasteté ils rient, et interrogent : « Qu'est-
ce que la chasteté ?

N'est chasteté folie [3] ? Mais vint à nous cette folie, et à
elle nous ne vînmes.

Hébergement et cœur offrîmes à cette hôte ; chez nous
maintenant elle vit, — elle peut y rester tant qu'elle
voudra ! »

Ainsi parlait Zarathoustra.

DE L'AMI [1]

« Près de moi il est toujours quelqu'un de trop » —
ainsi parle l'ermite. « Toujours une fois un — à la longue
c'est deux! »

Je et moi sont toujours en trop fiévreux colloque ;
comment serait-ce supportable, s'il n'y avait un ami ?

Pour l'ermite l'ami toujours est le tiers ; le tiers est le
flotteur qui empêche le dialogue de sombrer par
le fond [2].

Hélas! Pour tous ermites il est bien trop de fonds.
C'est pourquoi d'un ami et de son altitude ils ont
telle nostalgie.

Notre croyance en d'autres révèle sur quels points en
nous-mêmes aussi nous voudrions avoir croyance. Le
nostalgique désir que nous avons d'un ami est notre
révélateur [3].

Et souvent l'on ne veut par l'amour que bondir au-
delà de l'envie. Et si l'on attaque, et qu'on se fasse un
ennemi, souvent c'est pour dissimuler qu'on peut soi-
même être attaqué.

« Du moins sois mon ennemi! » — ainsi parle le vrai
respect, qui d'amitié n'ose faire prière.

Si l'on veut un ami, il faut aussi vouloir pour lui mener
la guerre, et pour mener la guerre, d'être ennemi il faut
être capable.

En son ami à l'ennemi l'on doit encore faire honneur.
Sans passer à son bord peux-tu de près l'aborder ?

En son ami on doit avoir son meilleur ennemi. Lorsque

tu lui résistes, de son cœur tu dois être le plus proche.

Devant ton ami tu ne veux porter aucun vêtement ? Est-ce en l'honneur de ton ami que tu te donnes à lui tel que tu es ? Mais c'est au diable alors qu'il te souhaite [1].

En ne faisant de soi aucun mystère, l'on irrite ; tant vous avez raison de craindre la nudité! Oui certes, si vous étiez des dieux, de vos vêtements il vous serait permis d'être honteux.

Tu ne saurais pour ton ami te faire assez beau ; car tu dois être pour lui une flèche et une nostalgique aspiration vers le surhomme.

Ton ami, déjà le vis-tu dans son sommeil — afin d'apprendre comment il apparaît ? Sinon, de ton ami quel est donc le visage ? Dans un miroir grossier et imparfait, c'est ton propre visage [2].

Ton ami, déjà le vis-tu dans son sommeil? Ne t'effraya-t-il, de la sorte t'apparaissant ? Oh! mon ami, l'homme est quelque chose qui ne se peut que dépasser.

Dans l'art de deviner et de se taire, l'ami doit être maître : il ne faut pas que tu aies volonté de voir toutes choses. Ton rêve te doit trahir ce que fait ton ami lorsqu'il est éveillé.

Un art de deviner, que telle soit ta compassion, pour que saches d'abord si ton ami veut compassion! Peut-être il aime en toi l'œil impassible et le regard d'éternité.

Que ta compassion avec l'ami sous une dure écorce se dissimule, que sur cette compassion te casses les dents; de la sorte elle aura sa finesse et sa douceur.

Es-tu pour ton ami air pur et solitude et pain et méditation ? Plus d'un ne réussit à rompre ses propres chaînes, qui pour l'ami est cependant un rédempteur.

Es-tu esclave ? De la sorte ami tu ne peux être. Es-tu tyran ? De la sorte ami tu ne peux avoir [3].

Bien trop longtemps furent en la femme un esclave et un tyran cachés. Pour quoi encore elle n'est capable d'amitié; elle connaît seulement l'amour.

Dans l'amour de la femme il est, pour tout ce qu'elle n'aime, de l'injustice et de l'aveuglement. Et même dans l'amour clairvoyant de la femme, toujours encore, à côté de la lumière, il est embûche , éclair et nuit.

Encore n'est la femme capable d'amitié; des chattes, voilà ce que toujours encore sont les femmes, et des oiseaux — ou, dans le meilleur cas, des vaches.

Encore n'est la femme capable d'amitié. Mais dites-moi, vous autres hommes, qui donc est parmi vous capable d'amitié?

Oh! pauvres que vous êtes, vous autres hommes, et qu'avare est votre âme! Si riche don qu'à votre ami fassiez, encore à mon ennemi je le veux faire et pour autant ne veux m'être appauvri.

Il est camaraderie; puisse-t-il être amitié [1]!

Ainsi parlait Zarathoustra.

DE MILLE ET UNE FINS

Zarathoustra vit de nombreux pays et force peuples :
ainsi décela de force peuples le bien et le mal. Plus
grande puissance ne découvrit Zarathoustra sur terre
que bon et méchant.

Vivre ne pourrait aucun peuple qui d'abord n'éva-
luât ; mais se veut-il conserver, lors n'a le droit d'évaluer
comme évalue le voisin.

Beaucoup de ce que tel peuple appelle bon fut nommé
par un autre dérision et ignominie ; ainsi ai-je trouvé.
Beaucoup trouvai qu'ici l'on appelait méchant et qu'ailleurs on parait de pourpres honneurs.

Jamais voisin n'entendit l'autre ; continûment fut
étonnée son âme par la folie du voisin et par sa méchanceté.

Une table des biens est suspendue sur chaque peuple.
De ses victoires sur lui-même, regarde, elle est la table ;
de sa volonté de puissance, regarde, elle est la voix.

Louable est ce qu'il juge pesant ; ce qui lui est indispensable et pesant, il le nomme bon, et ce qui de la
suprême nécessité encore le délivre, le rare, le plus
pesant, — il le glorifie comme saint.

Ce qui lui permet de régner et de vaincre et de briller,
afin d'effrayer le voisin et de le rendre jaloux, voilà
pour lui le plus haut, le premier, ce qui mesure, le sens
de toutes choses.

En vérité, mes frères, dès que d'un peuple tu as connu
nécessité, pays, ciel et voisin, lors tu devines bien quelle

est la loi de ses victoires sur lui-même et pourquoi sur
cette échelle vers son espoir il monte.

« Toujours sois le premier et sur l'autre l'emporte !
Que ton âme jalouse n'aime personne, sinon l'ami ! », —
voilà qui d'un Hellène faisait frissonner l'âme : par quoi
il avançait sur le sentier de sa grandeur.

« Dire le vrai, et bien manier l'arc et les flèches », —
voilà qui tout ensemble paraissait cher et pesant à ce
peuple d'où vient mon nom — le nom qui m'est ensemble cher et pesant [1].

« Père et mère honorer, et jusqu'à la racine de
l'âme faire leur volonté », c'est cette table de domination qu'un autre peuple dessus lui-même suspendit,
et de la sorte devint puissant et éternel [2].

« Rester fidèle et, par fidélité, même en de méchantes
et périlleuses causes risquer honneur et sang », s'enseignant de la sorte un autre peuple se contraignit et, de
la sorte se contraignant, de grands espoirs devint prégnant et lourd [3].

En vérité, tout leur bien et leur mal, les hommes se le
donnèrent. En vérité, ne l'ont reçu, ne l'ont trouvé,
comme voix du ciel sur eux il ne tomba.

L'homme seulement mit dans les choses des valeurs,
afin de se conserver, — lui seulement créa pour les
choses un sens, un sens humain ! Pour quoi il s'appelle
« homme », c'est-à-dire l'évalueur.

Évaluer, c'est créer : oyez, ô vous les créateurs !
De toutes choses qu'on évalue l'évaluer même est le
trésor et le joyau !

Par l'évaluer seulement il est valeur ; et sans l'évaluer creuse
serait la noix de l'existence. Oyez, ô vous les
créateurs !

Changement de valeurs, — c'est changement de créateurs. Toujours anéantit qui ne peut qu'être un créateur.

Créateurs furent d'abord des peuples, et tard seulement des individus ; en vérité l'individu lui-même est
encore la plus jeune créature.

Des peuples jadis au-dessus d'eux suspendirent une
table du bien. Amour qui veut commander, amour qui
veut obéir ensemble se créèrent pareilles tables.

Plus vieux que du troupeau est le plaisir du je ; et

tant que la bonne conscience a nom troupeau, seule la mauvaise conscience dit : je.

En vérité le je rusé, le sans amour, qui veut son intérêt dans l'intérêt de beaucoup, celui-là du troupeau n'est l'origine, mais le déclin [1].

De ceux qui aimaient et qui créaient furent toujours les créateurs du bien et du mal. Un feu d'amour brûle dans les noms de chaque vertu, et un feu de colère.

Nombre de pays a vu Zarathoustra, et force peuples ; plus grande puissance ne découvrit Zarathoustra sur terre que les œuvres de ceux qui aiment : elles se nomment « bon » et « méchant [2] ».

Monstrueuse, en vérité, est la puissance de cette louange et de ce blâme. Dites, mes frères, qui me maîtrisera ce monstre ? A cette bête, dites-moi, sur ses mille nuques, qui passera la bride ?

Il y eut mille fins jusqu'à présent, car il y eut mille peuples. Ne manque encore que la bride sur les mille nuques, manque la fin unique. Encore l'humanité n'a pas de fin.

Mais, dites-moi, mes frères, si à l'humanité il manque encore la fin, n'est-ce pas aussi que manque encore — l'humanité elle-même ? —

Ainsi parlait Zarathoustra.

DE L'AMOUR DU PROCHAIN

Autour du prochain vous vous pressez ; et pour ce faire avez belles paroles. Mais je vous dis : votre amour du prochain est votre mauvais amour de vous-mêmes.

Vers le prochain [1] vous vous fuyez vous-mêmes et de cela voudriez faire une vertu ; mais moi, je perce à jour votre « désintéressement ».

Le tu est plus ancien que le je ; le tu fut sanctifié, non encore le je ; ainsi se presse l'homme vers son prochain.

Vais-je vous conseiller d'aimer le prochain ? Encore je préfère vous conseiller de fuir le prochain et d'aimer le lointain !

Plus haut que l'amour du prochain est l'amour du lointain et de l'avenir : plus haut encore que l'amour des hommes est l'amour des choses et des spectres.

Ce spectre qui vers toi accourt, mon frère, est plus beau que toi ; que ne lui donnes-tu et ta chair et tes os ? Mais tu as peur de toi et cours vers ton prochain.

Vous-mêmes vous ne vous supportez, ni suffisamment ne vous aimez : maintenant vous voulez séduire le prochain pour qu'il vous aime, et par son erreur vous donne semblance d'or.

Je voudrais que, quels qu'ils soient, vous ne supportiez ni vos prochains ni leurs voisins ; ainsi de vous-mêmes vous faudrait-il créer et votre ami et son cœur débordant.

Vous invitez un témoin lorsque voulez dire sur vous bonne parole ; et, si l'avez séduit au point que de vous il ait bonne pensée, avez aussi sur vous bonne pensée [1].

Ne ment pas seulement qui contre son savoir discourt, mais à plus forte raison contre son non-savoir. Et ainsi sur vous-mêmes dans l'échange vous discourez, et avec vous-mêmes trompez le voisin [2].

Ainsi dit le bouffon : « le commerce des hommes gâte le caractère, surtout lorsqu'on n'a pas de caractère ».

L'un s'avance vers le prochain parce qu'il se cherche lui-même, et l'autre parce qu'il se voudrait perdre [3]. De votre solitude votre mauvais amour pour vous fait une geôle.

De votre amour du prochain c'est aux lointains de payer les frais ; et dès qu'à cinq vous êtes ensemble, toujours meurt un sixième [4].

Non plus je n'aime vos fêtes ; trop de comédiens y trouvai, et souvent les spectateurs eux-mêmes gesticulaient comme des comédiens [5].

Ce n'est le prochain que je vous enseigne, mais l'ami. Que l'ami soit pour vous la fête de la Terre et un avant-goût du surhomme !

Je vous enseigne l'ami et son cœur débordant. Mais se doit entendre à être éponge qui de cœurs débordants veut être aimé.

Je vous enseigne l'ami en qui le monde se tient achevé, une coque du bien, — l'ami qui crée et qui d'un monde achevé toujours peut faire don.

Et de même que pour lui le monde déroula ses anneaux, pour lui le monde à nouveau les enroule, comme le bien se faisant par le mal, le but à partir de hasard [6].

Soient l'avenir et le lointain l'origine de ton jour d'hui ; en ton ami aime le surhomme comme ton origine.

Mes frères, ce n'est l'amour du prochain que je vous conseille ; je vous conseille l'amour du lointain.

Ainsi parlait Zarathoustra.

DE LA VOIE DU CRÉATEUR [1]

Dans la solitude, mon frère, veut-tu te rendre? Vers toi-même veux-tu chercher ta voie? Encore tarde un peu, et me prête l'oreille.

« Celui qui cherche, c'est à sa perte que facilement il court. Toute solitude est faute », ainsi dit le troupeau. Et au troupeau longtemps tu appartins [2].

En toi aussi la voix du troupeau encore aura sa résonance. Et si tu dis : « Je n'ai plus avec vous seule et même conscience morale », ce sera plainte et souffrance.

Vois, d'une seule et même conscience morale cette souffrance encore est fille ; et de cette conscience morale rougeoie encore l'ultime brasillement sur ta tribulation.

Mais tu veux suivre la voie de ta tribulation, la voie qui vers toi-même conduit ? Lors montre-moi que pour ce faire tu possèdes droit et force!

Es-tu, mon frère, une force neuve et un droit nouveau? Un mouvement premier? Une roue qui d'elle-même roule? Autour de toi peux-tu forcer même les astres à graviter [3] ?

Il est, hélas! tant de concupiscence de l'altitude! Tant de crampes des ambitieux! Que tu n'es de ces concupiscents et de ces ambitieux, montre-le-moi!

Hélas! il est tant de grandes pensées qui n'ont pas plus d'effet qu'un soufflet de forge : elles gonflent et rendent plus vide [4].

C'est libre que tu te nommes? Je veux entendre la pensée qui te domine, et non que tu secouas un joug.

Es-tu de ceux qui de secouer un joug *avaient le droit*? Rejetant sa servitude, plus d'un du même coup rejeta son ultime valeur.

Libre de quoi? S'en moque Zarathoustra! Mais que ton œil clairement me l'annonce : libre *pour quoi*?

Es-tu capable de te donner toi-même et ton mal et ton bien, et de suspendre au-dessus de toi ta volonté comme une loi? D'être toi-même de ta loi et juge et justicier?

Il est terrible d'être seul avec le juge et le justicier de sa propre loi. Un astre ainsi dans l'espace désert est rejeté et dans le souffle glacé de la solitude.

Ce jour encore des nombreux tu souffres, ô toi l'unique : ce jour encore, entiers tu as ton courage et tes espoirs.

Mais quelque jour de la solitude tu seras lassé; quelque jour on verra se tordre ta fierté et craquer ton courage. Quelque jour tu crieras : « Je suis seul! »

Quelque jour plus ne verras ta hauteur et de trop près verras ta petitesse; ton sublime lui-même comme un spectre te fera peur. Tu crieras quelque jour : « Tout est faux [1]! »

Il est des sentiments qui du solitaire veulent la mort; s'ils ne réussissent à le tuer, alors eux-mêmes ne peuvent que mourir! Mais d'être un meutrier as-tu la force [2]?

Connais-tu, ô mon frère, déjà le mot « mépris »? Et le tourment de ta justice, qui est de rendre justice à ceux qui te méprisent?

De beaucoup tu exiges qu'à ton propos ils changent d'opinion; de quoi te tiennent rigueur. Tu vins près d'eux et cependant tu passas outre : jamais ils ne te le pardonneront.

Au-dessus d'eux et au-delà tu passes; mais plus haut tu montes, plus petit te voit l'œil de l'envie. Or qui vole dans les airs de tous est le plus haï.

« Comment voudriez-vous me rendre justice? » — voilà ce qu'il te faut dire, — je me choisis votre injustice comme la part qui m'est dévolue. »

Injustice et saleté, c'est ce qu'ils jettent au solitaire; mais si tu veux, mon frère, être une étoile, pour autant tu ne les peux inonder de moins de lumière!

Et garde-toi des gens de bien et des justes! Ils aiment

crucifier ceux qui s'inventent leur propre vertu, —
ils haïssent le solitaire [1].

Te garde aussi de la sainte simplicité! Pour elle est
sacrilège tout ce qui n'est simple; avec le feu elle aime
jouer aussi — avec le feu des bûchers.

Et te garde également des embûches de ton amour!
A celui qu'il rencontre le solitaire trop vite tend la
main.

A nombre d'hommes tu n'as le droit de tendre la
main, mais seulement la patte ; et je veux que ta patte
ait des griffes aussi.

Mais l'ennemi le plus vilain que tu puisses rencontrer
sera toujours toi-même ; dans les cavernes et les bois
tu te guettes toi-même.

Solitaire tu suis la voie qui à toi-même te conduit.
Et c'est toi-même sur ce chemin que tu vois défiler,
toi-même et tes sept diables!

Hérétique à toi-même seras, et sorcier et devin et
bouffon et douleur et sacrilège et scélérat [2].

A ta propre flamme nécessairement tu voudras brûler ; comment te voudrais-tu faire neuf si tout d'abord
ne t'es fait cendre [3]?

Solitaire tu suis la voie du créateur ; à partir de tes
sept diables tu veux créer un dieu.

Solitaire tu suis la voie de ceux qui aiment ; à toi-
même va ton amour et de la sorte te méprises comme
seuls méprisent ceux qui aiment.

Avec ton amour va dans ta solitude, ô mon frère, et
avec ton acte créateur ; plus tard seulement, d'un pas
boiteux, la justice te rejoindra [4].

Avec mes larmes va dans ta solitude, ô mon frère.
J'aime celui qui au-dessus et au-delà de lui-même veut
créer et, de la sorte, court à sa perte. —

Ainsi parlait Zarathoustra.

DE PETITES JEUNES
ET DE PETITES VIEILLES

« Pourquoi si furtivement te glisses-tu dans la pénombre, Zarathoustra? Et avec tant de précaution que caches-tu sous ton manteau?

« Est-ce un trésor que tu reçus comme présent? Ou un enfant dont tu fus père? Ou sur les chemins des larrons toi-même marches-tu maintenant, toi l'ami des méchants? » —

En vérité, mon frère, dit Zarathoustra, c'est un trésor que je reçus comme présent, c'est une petite vérité que je porte.

Mais elle regimbe, comme fait un jeune enfant; et si je ne lui tiens la bouche, trop fort elle criera.

Alors que j'allais seul mon chemin, aujourd'hui, à l'heure où le Soleil décline, m'a rencontré une petite vieille et à mon âme ainsi parla :

« Nous autres femmes, Zarathoustra nous a beaucoup parlé aussi, mais de la femme jamais ne nous parla. »

Et je lui répondis : « De la femme, à des hommes seulement l'on doit tenir discours. »

« A moi aussi, dit-elle, de la femme tiens discours. Pour l'oublier suis assez vieille. »

Et je cédai au vœu de la petite vieille, et ainsi lui parlai :

Tout chez la femme est une énigme, et tout chez la femme a solution unique : laquelle a nom grossesse [1].

Pour la femme l'homme n'est qu'un moyen; le but est toujours l'enfant. Mais pour l'homme qu'est-ce que la femme?

Double vouloir a l'homme vraiment homme : péril et jeu. Pour quoi il veut la femme comme le plus périlleux des jouets.

Pour la guerre l'homme doit être élevé, et la femme pour le repos du guerrier ; tout le reste est folie [1].

Des fruits trop doux — point n'aime le guerrier. Pour quoi il aime la femme : amère encore est la plus douce femme.

La femme mieux qu'un homme a des enfants compréhension ; mais l'homme plus que la femme est enfant.

En l'homme vraiment homme est un enfant caché, qui veut jouer. Allons! vous autres femmes, en l'homme découvrez donc l'enfant [2]!

Que soit la femme un jouet, pur et raffiné, au diamant pareil, où rayonnent les vertus d'un monde qui point encore n'existe [3]!

Qu'en votre amour brille le rayon d'un astre! Que dise votre espérance : « Puissé-je du surhomme être la mère [4] »!

Qu'en votre amour il y ait vaillance! Avec l'arme de votre amour courez sus à celui qui de la crainte vous instillerait [5]!

Qu'en votre amour soit votre honneur! Dans les choses d'honneur la femme au reste peu s'entend. Mais que soit votre honneur d'aimer toujours plus que vous n'êtes aimées, et de n'être jamais secondes [6]!

Que l'homme ait crainte de la femme lorsqu'elle aime : car elle offre tout sacrifice et tout le reste pour elle est sans valeur.

Que l'homme ait crainte de la femme lorsqu'elle hait : car l'homme n'est, au fond de son âme, que méchant ; mais la femme est, au fond de la sienne, mauvaise [7].

Qui de la femme est le plus haï? — A l'aimant ainsi disait le fer : « Tu es de moi le plus haï, car tu attires, mais non assez fort pour jusques à toi me tirer [8]! »

L'heur masculin a nom « je veux » ; l'heur féminin a nom « il veut ».

« Voici qu'à l'instant même le monde est devenu parfait! » — ainsi pense toute femme lorsque, de son amour entier, elle obéit.

Et ne peut la femme qu'obéir et pour sa surface trou-

ver une profondeur. Surface est le cœur de la femme,
sur des eaux basses une mince peau de tempête.

Mais profond est le cœur de l'homme ; en des cavernes
souterraines mugit son flot : la femme pressent la force
masculine, mais point ne la conçoit. —

Alors me rétorqua la petite vieille : « Il a dit bien des
choses gentilles, Zarathoustra, et surtout à l'adresse
de celles qui pour ces choses sont assez jeunes.

« Étrange, Zarathoustra, ne connaît guère les femmes,
et sur elles pourtant il a raison ! Cela vient-il de ce qu'à
la femme aucune chose n'est impossible [1] ?

« Et en remerciement reçois à présent une petite
vérité. Pour celle-là je suis assez vieille !

« Tu dois l'emmailloter et lui tenir la bouche ; sinon
trop fort elle criera, cette petite vérité ! »

« Me la donne, femme, ta petite vérité ! » dis-je. Et
ainsi parla la petite vieille :

« Tu vas chez des femmes ? N'oublie les étrivières ! » —

Ainsi parlait Zarathoustra.

DE LA MORSURE DE VIPÈRE

Un jour Zarathoustra s'était sous un figuier endormi, en pleine chaleur, et sur son visage avait replié les bras. Lors vint une vipère, et le mordit au cou, en sorte que Zarathoustra de douleur cria. Ayant ôté le bras de son visage, il considéra le serpent ; lorsque le serpent reconnut les yeux de Zarathoustra, il se tordit gauchement et voulut filer. « Mais non, dit Zarathoustra, point encore ne t'ai remercié ! Tu m'éveillas au bon moment, ma route est longue encore. » « Ta route est brève désormais, dit la vipère tristement, mortel est mon venin. » Zarathoustra sourit : « Du venin d'un serpent, dit-il, vit-on jamais mourir dragon ? Reprends donc ton venin. Pour m'en faire don n'es assez riche. » Lors de nouveau lui tomba la vipère autour du cou, et lui léchait sa blessure.

Alors qu'un jour à ses disciples Zarathoustra contait cette histoire, ils le questionnèrent : « Et quelle est, Zarathoustra, la morale de ton histoire ? » A quoi Zarathoustra répondit de la sorte :

Le négateur de la morale, ainsi m'appellent les gens de bien et les justes [1] ; amorale est mon histoire.

Si vous avez un ennemi, ne lui rendez le bien pour le mal, car ce serait lui donner honte Mais prouvez-lui qu'il vous a fait du bien.

Et que plutôt vous vous fâchiez que de faire honte [2] ! Et si l'on vous maudit, point ne me plaît que lors veuillez bénir. Mieux vaut un peu maudire [3] !

Et subîtes-vous une grande injustice, ajoutez-y sur-

le-champ cinq petites injustices. Il est affreux de voir
quelqu'un sur qui ne pèse que l'injustice [1].

Le saviez-vous déjà? Une injustice partagée est la
moitié d'un droit. Et que sur lui prenne l'injustice
qui la peut supporter [2]!

Une petite vengeance est plus humaine que ne se point
venger du tout [3]. Et si la peine n'est aussi, pour celui qui
transgresse, un droit et un honneur, de vos peines non
plus je ne veux.

Il est plus noble d'être pour soi-même injuste que de
garder son droit, surtout lorsque l'on a raison. Mais
pour ce faire il faut être riche suffisamment.

Je n'aime votre froide justice; et dans l'œil de vos
juges je vois toujours le regard du bourreau, et le froid
de son fer [4].

Où trouve-t-on, dites-moi, la justice qui est un amour
aux yeux lucides?

Inventez-moi donc cet amour qui non seulement
souffre toute peine, mais toute faute aussi!

Inventez-moi donc cette justice qui acquitte tout le
monde, à l'exception du juge [5]!

Voulez-vous ouïr ceci encore? Chez qui se veut foncièrement juste, encore le mensonge même devient philanthropie [6].

Mais comment voudrai-je être juste foncièrement? A
chacun comment puis-je donner sa part? Que ceci me
suffise : je donne à chacun ma propre part [7].

Enfin, mes frères, pour tous ermites prenez garde de
n'être injustes! Comment se pourrait-il qu'un ermite
oubliât? Comment se pourrait-il qu'il prît sa revanche?

Un solitaire est comme un puits profond. Il est facile
d'y jeter une pierre; mais, tombée jusqu'au fond, qui la
veut retirer?

Au solitaire gardez-vous de faire offense! Mais, la
fîtes-vous, lors de surcroît tuez-le encore!

Ainsi parlait Zarathoustra.

D'ENFANT ET DE MARIAGE [1]

J'ai une question qui à toi seul s'adresse, mon frère ;
comme une sonde je la jette en ton âme pour en savoir la
profondeur.

Tu es jeune et souhaites enfant et mariage. Mai je te
demande : es-tu quelqu'un qui de vouloir un enfant *ait
le droit* ?

Es-tu le victorieux, le dominateur de soi, le maître des
sens, le seigneur de tes vertus ? Ainsi je t'interroge.

Ou ce qui parle en ton désir est-il la bête ou le besoin ?
Ou bien la solitude ? Ou l'insatisfaction de soi ?

Je veux que ta victoire et ta liberté aient d'un enfant
la nostalgique envie. De vivants mémoriaux tu dois bâtir
à ta victoire, à ta libération [2].

Plus haut que toi et au-delà de toi-même tu dois bâtir.
Mais il faut, je le veux, que d'abord toi-même te sois bâti,
carré de corps et d'âme !

Tu ne dois seulement te reproduire, mais bien te
dépasser. Que t'aide pour ce faire le jardin du mariage !

C'est un corps supérieur que tu dois créer, un mouvement premier, une roue qui d'elle-même tourne [3], — c'est
un créateur que tu dois créer.

Mariage : ainsi je nomme de deux êtres le vouloir de
créer un seul être qui soit plus que ses créateurs [4]. Mutuel
respect, ainsi je nomme le mariage, respect pour ceux
qui veulent d'un tel vouloir.

Tels soient de ton mariage le sens et la vérité ! Mais ce
que nomment mariage les beaucoup-trop-nombreux,

ces superflus, — hélas! comment le nommerai-je ?

Hélas! à deux cette pauvreté de l'âme! Hélas! à deux cette saleté de l'âme! Hélas! à deux ce pitoyable agrément!

Tout cela, ils le nomment mariage, et disent qu'au Ciel se concluent leurs mariages.

Mais je ne le puis sentir, ce Ciel des superflus! Non, ne les puis sentir, ces bêtes empêtrées dans un céleste rets!

Et reste loin de moi le dieu qui, en boitant [1], s'en vient bénir ce qu'il n'a point uni [2]!

De tels mariages ne riez donc! Quel est l'enfant qui de pleurer sur ses parents n'aurait motif ?

Digne me semblait cet homme, et mûr pour le sens de la Terre; mais quand je vis sa femme, la Terre me parut une maison de fous.

Oui certes, je voudrais que la Terre fût prise de convulsions et se mît à trembler quand s'apparie un saint avec une oie!

Tel s'en fut, comme un héros, en quête de vérités, et finalement n'eut pour butin qu'un petit mensonge bien attifé. C'est ce qu'il nomme son mariage.

Rigide était cet autre en ses relations, et dans ses choix difficile. Mais d'un seul coup et une fois pour toutes il a gâté sa compagnie : c'est ce qu'il nomme son mariage.

Cet autre cherchait une servante qui eût les vertus d'un ange. Mais d'un seul coup se fit d'une femme le servant, et par surcroît il lui faudrait maintenant devenir un ange.

Scrupuleux j'ai trouvé maintenant tous acheteurs, et tous ont des regards rusés. Mais sa femme, même le plus rusé l'achète chat en poche.

Maintes brèves folies — c'est ce que vous nommez amour. Et à maintes brèves folies met fin votre mariage, unique longue sottise.

Votre amour pour la femme et de la femme l'amour pour l'homme, ah! puissent-ils être compassion pour des dieux souffrants et voilés! Mais le plus souvent deux bêtes s'entreflairent [3].

Même votre meilleur amour encore n'est qu'une image

extasiée et une douloureuse ardeur. C'est un flambeau qui vers des voies plus hautes doit éclairer vos pas [1].

Au-dessus et au-delà de vous-mêmes un jour devrez aimer. Ainsi d'abord *apprenez* à aimer! Et pour cela de votre amour il vous fallut boire l'amer calice.

Il est de l'amertume dans le calice même du meilleur amour: ainsi du surhomme elle te rend nostalgique, ainsi elle te donne soif, ô toi qui crées!

Soif du créateur, vers le surhomme flèche tendue et nostalgie : parle, mon frère, est-ce là ton vouloir quand tu te veux marier?

Sacrés me sont pareil vouloir, pareil mariage. —

Ainsi parlait Zarathoustra

DE LA LIBRE MORT [1]

Beaucoup meurent trop tard, et quelques-uns meurent trop tôt. Encore étrangement sonne cette leçon : « A la bonne heure sache mourir! »

A la bonne heure mourir, c'est ce qu'enseigne Zarathoustra.

Certes celui qui à la bonne heure jamais ne vit, comment devrait-il jamais à la bonne heure mourir ? Que ne fût-il jamais né! — Voilà ce que je conseille aux superflus [2].

Mais les superflus même encore font grand cas de leur mort, et même la plus creuse noix encore veut qu'on la casse.

Tous au sérieux prennent la mort, mais ce n'est fête encore de mourir. De quelle manière l'on célèbre les fêtes les plus belles, encore ne l'ont appris les hommes.

La mort qui accomplit, voilà ce que je vous montre, celle qui pour les vivants devient un aiguillon et une promesse.

Il meurt sa mort, celui qui accomplit, vainqueur, entouré de ceux qui espèrent et qui promettent.

C'est de la sorte qu'on devrait apprendre à mourir ; et il ne devrait y avoir aucune fête où un pareil mourant ne bénît la promesse des vivants!

Ainsi mourir est le meilleur ; mais ce qui vient en second, c'est mourir au combat et prodiguer une grande âme.

Or au même degré combattant et vainqueur haïssent

votre mort grimaçante, qui se glisse comme une voleuse
— et cependant comme une maîtresse arrive.

De ma mort je vous dis la louange, de la libre mort
qui vient à moi, parce que, *moi,* je veux.

Et quand voudrai-je ? — Qui possède une fin et qui
possède un héritier, pour cette fin et pour cet héritier à
la bonne heure il veut mourir !

Et par respect de la fin et de l'héritier, dans le sanctuaire de la vie plus ne suspendra des couronnes flé-
tries [1].

En vérité, point ne veux aux cordiers ressembler,
qui en longueur tirent leur fil et, ce faisant, toujours
eux-mêmes marchent à reculons [2].

Pour ses vérités et pour ses victoires plus d'un devient
trop vieux aussi : à toute vérité n'a plus droit une
bouche édentée.

Et qui se veut célèbre, que des honneurs toujours à
temps il prenne congé, et qu'il exerce l'art difficile, à la
bonne heure — de déguerpir [3] !

C'est quand on est le plus savoureux qu'on doit cesser
de se faire manger; le savent ceux qui longtemps
veulent être aimés [4].

Il est assurément des pommes aigres dont le sort veut
que jusqu'au dernier jour d'automne elles attendent ; et tout à la fois mûrissent, jaunissent et se
rident.

Chez d'autres vieillit d'abord le cœur, et chez d'autres
l'esprit. Et certaines sont grises en leur jeunesse,
mais qui tardivement est jeune longtemps demeure
jeune [5].

Plus d'une manque sa vie; un ver empoisonné lui
dévore le cœur ; qu'il prenne garde que d'autant mieux
soit réussie sa mort !

Plus d'une jamais ne devient douce ; en plein été déjà
pourrit. C'est seulement paresse qui à sa branche la
retient.

De bien trop nombreuses vivent et bien trop longtemps s'accrochent à leurs branches. Puisse venir une
tempête qui de l'arbre fasse tomber tout ce pourri et ce
véreux !

Puissent venir prêcheurs de *prompte* mort ! Sur les

arbres de la vie ils seraient pour moi les justes tempêtes
et les justes secoueurs! Mais je n'entends prêcher que
lente mort et que patience pour tout le « terrestre ».

Ah! vous prêchez patience pour le terrestre? Mais ce
terrestre pour vous est beaucoup trop patient, ô langues
de vipères!

En vérité, trop tôt mourut cet Hébreu que vénèrent
les prêcheurs de lente mort ; et pour beaucoup, depuis,
ce fut fatalité que trop tôt il soit mort.

Encore il ne connut que larmes et hébraïque mélancolie, avec la haine des gens de bien et des justes, — l'hébreu Jésus : lors de mourir eut nostalgie.

Que ne fût-il resté dans le désert et loin des gens de
bien et des justes! Peut-être il eût appris à vivre et à
aimer la Terre [1] — et le rire par surcroît [2]!

Mes frères, croyez-moi! C'est trop tôt qu'il est mort ;
à mon âge fût-il venu, lui-même eût rétracté sa leçon!
Noble il était assez pour la rétractation!

Mais il n'était encore mûr. Immature est l'amour du
jeune homme, et immature aussi sa haine de l'homme et
de la Terre. Liés et pesants lui sont encore le cœur et les
ailes de l'esprit.

Mais en l'homme fait il est plus de l'enfant que dans
le jeune homme, et moins de mélancolie : mieux il
s'entend et à la mort et à la vie.

Libre pour la mort et libre dans la mort, un saint
dire Non quand est passée l'heure de dire Oui : et à la
mort et à la vie de la sorte il s'entend.

Que votre mort, ô mes amis, ne soit blasphème contre
l'homme et contre la Terre! Du miel de votre âme voilà
ce que j'implore.

En votre mort doivent brasiller votre esprit et votre
vertu encore, semblables au Soleil qui sur la Terre se
couche ; sinon sera manquée votre mort!

Ainsi moi-même veux mourir, afin que, par amour de
moi, vous mes amis, de la Terre ayez meilleur amour ;
et Terre veux à nouveau devenir afin d'avoir repos en
celle qui m'enfanta.

En vérité, Zarathoustra eut une fin, il a lancé sa balle :
de ma fin à présent, vous mes amis, soyez les héritiers,
je vous lance la balle d'or.

Ce que j'aime avant tout, ô mes amis, c'est de vous voir lancer la balle d'or ! Et sur la Terre ainsi encore quelque peu je m'attarde, pardonnez-moi *!

Ainsi parlait Zarathoustra.

* Jeu verbal sur « *verziehen* » (s'attarder) et « *verzeihen* » (pardonner).

DE LA PRODIGUE VERTU [1]

I

Lorsque Zarathoustra eut pris congé de cette ville à laquelle tenait son cœur et dont le nom est « La Vache pie » — beaucoup le suivirent, qui se nommaient ses disciples, et lui firent escorte. Vinrent ainsi en un carrefour, et là leur dit Zarathoustra que seul à présent il voulait aller, car il était ami du solitaire cheminement. Or ses disciples lui offrirent en adieu un bâton dont le pommeau d'or représentait un serpent autour du Soleil enlacé [2]. Zarathoustra s'éjouit de ce bâton et sur lui prit appui ; ensuite à ses disciples ainsi parla :

Dites-moi donc : comment se put-il faire que l'or soit devenu la suprême valeur ? Pour ce qu'il n'est commun ni utile et qu'il brille et qu'il est doux en sa luisance ; toujours il se prodigue.

Comme image seulement de la vertu suprême cet or devint suprême valeur. Pareil à l'or luit le regard de qui prodigue. Entre Lune et Soleil l'éclat de l'or conclut la paix.

Non-commune est la vertu suprême, et inutile ; elle est brillante et douce en sa luisance : une prodigue vertu est la vertu suprême.

En vérité, je vous devine bien, ô mes disciples : comme moi vous aspirez à la prodigue vertu. Avec des chats et des loups qu'auriez-vous en commun [3] ?

C'est votre soif que de vous faire vous-mêmes hosties

et dons ; et vous avez ainsi la soif d'accumuler toutes richesses en vos âmes.

Insatiablement votre âme aspire à des trésors et des joyaux, car insatiablement votre vertu veut prodiguer.

De force vous tirez toutes choses à vous et en vous, pour que de votre source elles rejaillissent comme les dons de votre amour.

En vérité, de toutes valeurs ne peut que faire sa proie un tel amour prodigue ; mais c'est sain et sacré que je nomme cet égoïsme !

Il est un égoïsme d'autre sorte, beaucoup trop pauvre, qui meurt de faim, qui toujours veut voler, cet égoïsme des malades, l'égoïsme malade.

Avec l'œil du voleur il regarde tout ce qui brille ; avec l'avidité de la faim il mesure qui richement possède nourriture ; et toujours il se glisse à la table des prodigues.

Par la bouche de ce désir, c'est maladie qui parle et invisible dégénérescence ; c'est d'un corps desséché que parle l'avidité voleuse propre à cet égoïsme-là.

O mes frères, dites-moi, qu'estimons-nous mauvais et plus que tout mauvais ? N'est-ce *dégénérescence* ? — Et dégénérescence toujours diagnostiquons là où ne se trouve l'âme prodigue.

Vers l'altitude nous cheminons, en dépassant l'espèce pour atteindre à la sur-espèce. Mais nous avons horreur du sens dégénéré, qui ainsi parle : « Tout pour moi ! »

Vers l'altitude vole notre sens ; de la sorte il est image de notre corps, image d'une ascension. De telles ascensions images sont les noms des vertus.

Ainsi de par l'histoire chemine le corps, un devenant et un luttant. Et l'esprit — qu'est-il pour lui ? De ses luttes et de ses victoires héraut et compagnon et résonance.

Images sont tous les noms du bien et du mal ; point ils n'expriment, ils font signe seulement [1]. Bien fou qui d'eux veut recevoir une connaissance !

Prêtez attention, mes frères, à chacune des heures où c'est en images que veut parler votre esprit ; là est la source de votre vertu.

Là votre corps est exhaussé, et ressuscité ; de sa joie il ravit l'esprit pour qu'il devienne celui qui crée et qui estime et qui aime et de toutes choses est bienfaiteur.

Quand largement et pleinement bouillonne votre cœur, à un fleuve pareil, pour les riverains bénédiction et péril : là est la source de votre vertu.

Quand par-delà louange et blâme vous êtes exhaussés et que votre vouloir à toutes choses veut commander, comme vouloir de celui qui aime : là est la source de votre vertu.

Quand vous avez mépris de l'agréable et de la molle couche, et que jamais trop loin des délicats ne pouvez situer votre couche : là est la source de votre vertu.

Quand d'un vouloir unique vous êtes ceux qui veulent, et que ce tournant de tout besoin s'appelle votre nécessité : là est la source de votre vertu.

En vérité, un nouveau bien et mal, voilà ce qu'est alors votre vertu ! En vérité, un nouveau bruissement profond et d'une source nouvelle la voix !

Puissance est cette neuve vertu, une pensée souveraine et, autour d'elle, une âme prudente : un Soleil d'or et autour de lui le serpent de la connaissance.

2

Lors un moment se tut Zarathoustra et regardait avec amour ses disciples. Puis reprit la parole — et sa voix s'était changée :

A la Terre restez fidèles, mes frères, par la puissance de votre vertu ! Que votre amour prodigue et votre connaissance servent au sens de la Terre ! Ainsi je vous prie et vous conjure !

Du terrestre ne les laissez point s'enfuir et de leurs ailes à d'éternelles murailles se heurter ! Hélas ! toujours tant de vertu s'est en son vol égarée !

A la Terre, comme moi, ramenez la vertu qui en son vol s'est égarée, — oui certes au corps et à la vie ramenez-la pour qu'à la Terre elle donne son sens, un sens humain !

Ainsi, de cent façons, jusqu'à présent se sont en leur vol égarés, et mépris esprit comme vertu. Hélas ! en notre corps habite encore maintenant tout ce délire, tout cet égarement : c'est corps et vouloir qu'ils sont ici devenus.

De cent façons jusqu'à présent s'essayèrent et se perdirent esprit comme vertu. Oui certes un essai, voilà ce que fut l'homme. Hélas! que d'ignorance et d'erreur en nous s'est fait corps!

De millénaires non la seule raison — le délire aussi en nous éclatent. C'est grand péril d'être héritiers.

Encore nous luttons pied à pied contre le géant Hasard, et sur toute l'humanité jusqu'à présent régna encore l'absurde, le non-sens.

Qu'au sens de la Terre servent, mes frères, votre esprit et votre vertu! Et à toutes choses de nouveau donnez valeur! Pour quoi vous devez être des combattants! Pour quoi vous devez être des créateurs!

En connaissant, le corps devient pur ; qui s'essaye avec connaissance, celui-là s'exhausse ; pour qui connaît se sanctifient toutes pulsions ; qui s'exhausse, joyeuse devient son âme [1].

A toi-même, médecin, porte secours [2] : ainsi à ton malade encore tu portes secours! Soit son meilleur secours voir de ses yeux celui qui de lui-même est guérisseur!

Encore sont mille sentes où personne jamais ne chemina; mille sentes et mille secrets îlots de vie. Inépuisés, inexplorés, tels sont encore toujours et l'homme et la Terre des hommes.

Veillez et écoutez, ô vous les solitaires! De l'avenir viennent des vents qui en secret battent des ailes ; et à de fines oreilles arrive bonne nouvelle.

O vous les solitaires du jour d'hui, ô vous les séparés, quelque jour vous devez être un peuple : de vous, qui vous-mêmes vous élûtes, doit naître et grandir un peuple élu — et de lui le surhomme.

En vérité, un lieu de guérison, voilà ce que doit devenir encore la Terre! Et déjà l'investit une neuve senteur, qui apporte un salut — et une espérance nouvelle!

3

Lorsque Zarathoustra eut dit ces mots, il fit silence comme celui qui n'a pas dit son dernier mot ; longtemps il soupesa, dubitatif, son bâton dans sa main. Enfin de la sorte parla — et sa voix s'était changée :

Seul à présent je vais, ô mes disciples ! Vous aussi maintenant partez d'ici, et partez seuls ! Ainsi je veux.

En vérité, je vous conseille : de moi séparez-vous et vous gardez de Zarathoustra ! Et, mieux encore, ayez honte de lui ! Peut-être il vous trompa.

À l'homme de la connaissance point seulement ne faut pouvoir aimer ses ennemis [1], mais ses amis aussi pouvoir haïr.

On rémunère mal un maître si l'on reste toujours l'élève. Et pourquoi donc à ma couronne ne voulez-vous rien arracher ?

Vous me vénérez ; mais quoi si quelque jour votre vénération s'effondre ? Prenez garde qu'une statue ne vous écrase [2] !

Vous dites qu'en Zarathoustra vous avez foi, mais qu'importe Zarathoustra ? Vous êtes mes fidèles, mais qu'importent tous fidèles ?

Encore vous ne vous étiez cherchés : alors vous me trouvâtes. Ainsi font tous fidèles ; c'est pour cela que si peu de chose est toute foi.

Maintenant je vous adjure que me perdiez et vous trouviez ; et seulement quand vous m'aurez tous renié, à vous je veux revenir [3].

En vérité, mes frères, c'est avec d'autres yeux qu'alors je chercherai mes perdus ; d'un autre amour alors je vous aimerai.

Et une fois encore vous deviendrez mes amis et les enfants d'une seule espérance ; alors pour la troisième fois parmi vous je veux être pour avec vous fêter le grand midi.

Et c'est le grand midi quand l'homme à sa mi-course, entre bête et surhomme, debout se tient et, comme sa plus haute espérance, fête sa route vers le soir, car c'est la route vers un matin nouveau.

Lors´ celui qui décline se bénira d'être lui-même le dépassant ; et pour lui le Soleil de sa connaissance au midi se tiendra.

« *Morts sont tous dieux : maintenant nous voulons que vive le surhomme !* » — tel soit un jour, au grand midi, notre ultime vouloir ! —

Ainsi parlait Zarathoustra.

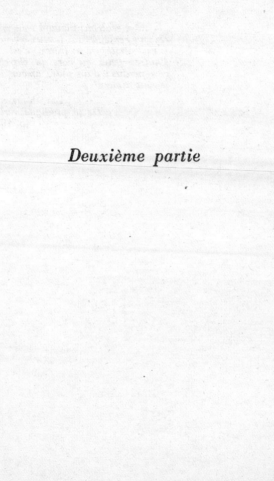

Deuxième partie

« ... *et seulement quand vous m'aurez tous renié, à vous je veux revenir.*

En vérité, mes frères, c'est avec d'autres yeux qu'alors je chercherai mes perdus ; d'un autre amour alors je vous aimerai. »

Zarathoustra.
« *De la prodigue vertu.* »
(p. 103)

L'ENFANT AU MIROIR [1]

Là-dessus revint Zarathoustra sur les montagnes et dans la solitude de sa caverne, et il se tint à l'écart des hommes, attendant comme un semeur qui a lancé son grain [2]. Mais pour ceux qu'il aimait son âme s'emplit d'impatience et de désir, car il avait encore beaucoup à leur donner. Le plus pesant est, en effet, de clore par amour la main ouverte et, prodigue, de pudeur garder [3].

Ainsi passaient pour le solitaire lunes et années, mais croissait sa sagesse et de ce qu'elle fût pleine il recevait souffrance.

Or un matin, avant même l'aurore, il s'éveilla, longuement réfléchit sur sa couche et à son cœur enfin parla :

De quoi donc en mon rêve eus-je tel effroi que m'éveillai ? Ne vint à moi un enfant qui portait un miroir ?

« Zarathoustra — me dit l'enfant — en ce miroir te regarde ! »

Mais lorsqu'en ce miroir je regardai, lors m'écriai et fut secoué mon cœur, car ce n'est moi que j'y voyais, mais de diable grimace et ricanement.

De ce rêve trop bien, en vérité, j'entends le signe et l'avertissement : ma *leçon* est en péril [4], l'ivraie veut de bon grain recevoir nom [5] !

Puissants sont devenus mes ennemis et de ma leçon ont tant défiguré l'image que ceux qui me sont le plus chers ne peuvent qu'avoir honte des dons que je leur fis.

Perdus sont mes amis ; l'heure est venue pour moi de chercher mes perdus [1] ! —

A ces mots bondit Zarathoustra, mais non comme angoissé qui cherche de l'air, plutôt comme voyant et comme chantre sur qui tombe l'esprit. Surpris, le regardèrent son aigle et son serpent, car, semblable à l'aurore, un heur naissant sur son visage paraissait [2].

Que m'est-il donc advenu, ô mes bêtes ? — dit Zarathoustra. Ne suis-je changé ? Sur moi ne vint la béatitude comme un vent de tempête ?

Fol est mon heur et follement va discourir ; il est trop jeune encore — ayez patience avec lui !

Blessé suis par mon heur [3] : me soient médecins tous ceux qui souffrent !

Vers mes amis j'ai le droit de descendre à nouveau, et vers mes ennemis ! Zarathoustra peut à nouveau parler et prodiguer et pour ceux qu'il chérit faire ce qu'il a de plus cher !

Mon impatient amour vers le bas coule à flots, vers levant et ponant [4]. Venue de taciturnes montagnes et des tempêtes de douleur, mon âme en mugissant dévale.

Trop longue fut ma nostalgie et trop longtemps j'ai regardé vers les lointains. A la solitude trop longtemps j'appartins : de la sorte j'ai désappris le silence.

Bouche suis devenu tout entier, et fracas d'un torrent qui coule de hautes roches ; en bas je veux que mon discours se rue et dévale.

Et sur d'impraticables voies peut bien se ruer mon flot d'amour ! Comment un flot ne trouverait-il finalement le chemin de la mer ?

Certes en moi il est un lac, un lac ermite qui à lui-même se suffit ; mais avec lui l'entraîne mon flot d'amour vers le bas — jusqu'à la mer !

Sur des voies nouvelles je chemine ; me vient un nouveau discours ; comme tous créateurs, des vieilles langues me suis lassé [5]. Plus ne veut mon esprit sur des semelles usées suivre sa route.

Trop lente m'est la course de tout discours : — c'est sur ton char que je bondis, tempête ! Et toi aussi, de ma malice te veux fouetter !

Comme un cri et comme une clameur de joie, sur de

vastes mers je veux voyager, jusqu'à ce que je trouve les Iles Fortunées où demeurent mes amis —

Et, parmi eux, mes ennemis! Comme j'aime à présent tout un chacun, pourvu que de lui parler j'aie le droit! Mes ennemis eux-mêmes sont du ressort de ma béatitude [1].

Et si de mes coursiers je veux monter le plus sauvage, toujours ma meilleure aide est mon javelot : il est de mon pied le serviteur toujours dispos —

Le javelot que contre mes ennemis je lance! A mes ennemis combien j'ai gratitude qu'enfin me soit permis de le lancer!

Trop grande fut la tension de mes nuées ; entre ricanements d'éclairs [2] je veux dans les profondeurs lancer rafales de grêle!

Vigoureusement se soulèvera ma poitrine ; vigoureusement sur les montagnes elle soufflera sa tempête : de la sorte elle s'allégera.

Comme une tempête, en vérité, viennent mon heur et ma liberté! Or mes ennemis doivent s'imaginer que le *Malin* sur leurs têtes fait rage!

Oui certes, même vous, ô mes amis, serez épouvantés de ma sauvage sagesse ; et vous vous enfuirez peut-être avec mes ennemis.

Ah! puissé-je m'entendre, de par le charme de mon pipeau, à vous rappeler jusques à moi! Ah! que ma lionne Sagesse apprenne à tendrement rugir! Et beaucoup déjà avons ensemble appris [3]!

Ma sauvage sagesse par des monts solitaires est devenue gravide ; sur des rochers déserts elle a mis bas son petit, son dernier-né.

Maintenant par les arides solitudes elle gambade en bouffonnant, et cherche et cherche tendre gazon — ma vieille sauvage sagesse!

Sur le tendre gazon de vos cœurs, ô mes amis! — sur votre amour elle voudrait nicher ce qu'elle a de plus cher!

Ainsi parlait Zarathoustra.

AUX ILES FORTUNÉES [1]

Les figues tombent des arbres, elles sont bonnes et douces ; et, lorsqu'elles tombent, éclate leur rouge pelure. Un vent du nord, voilà ce que je suis pour des figues mûres.

Ainsi, comme des figues, sur vous tombent ces leçons, ô mes amis [2] ; de leur suc nourrissez-vous maintenant et de leur douce chair! C'est automne alentour, et ciel pur, et l'heure d'après-midi.

Voyez! quelle richesse autour de nous! Et de la surabondance il est beau de regarder vers de lointaines mers.

Jadis on disait Dieu lorsque l'on regardait vers de lointaines mers, mais je vous enseignai à dire surhomme.

Dieu est une conjecture, mais ce que je veux est que n'aille votre conjecture plus loin que votre vouloir créateur.

Un dieu, seriez-vous capables de le *créer*? — Sur tous les dieux faites-moi donc alors silence! Mais de créer le surhomme bien vous seriez capables [3].

Non vous-mêmes peut-être, ô mes frères! Mais vous pourriez vous recréer pour êtres pères et aïeux du surhomme : et que cela soit votre meilleure création! —

Dieu est une conjecture ; mais ce que je veux est que se limite votre conjecture à ce qui se peut penser.

Un dieu, seriez-vous capables de le *penser*? — Mais que le vouloir de vérité pour vous signifie qu'en humainement-pensable se change tout, en humainement-

visible, en humainement-sensible! Vos propres sens,
voilà ce qu'enfin vous devez penser [1].

Et ce que nous nommiez votre monde, voilà ce qu'à
partir de vous-mêmes d'abord vous devez créer :
que cela même devienne votre raison, votre image,
votre vouloir, votre amour! Et, en vérité, pour votre
béatitude, ô vous les connaissants!

Et sans cette espérance comment voudriez-vous
souffrir la vie, ô vous les connaissants? Ni dans l'in-
connaissable il ne vous est permis d'être chez vous, ni
dans l'irrationnel.

Mais il me faut vous révéler tout ce que j'ai sur le
cœur, ô mes amis : s'il existait des dieux, comment sup-
porterais-je de n'être un dieu? *Donc* il n'est pas de dieux.

J'ai bien tiré la conclusion, mais c'est elle maintenant
qui me tire. —

Dieu est une conjecture ; mais de cette conjecture
qui donc, sans en mourir, boirait l'entier tourment?
Faut-il qu'au créateur l'on arrache sa croyance, à l'aigle
son tournoiement dans l'horizon des aigles?

Dieu est une pensée qui rend tordu tout ce qui est
droit et fait tourner tout ce qui debout se tient. Quoi
donc? Du temps c'en serait fini, et tout périssable ne
serait que mensonge?

Ainsi penser est du squelette humain tourbillon et
vertige, et encore pour l'estomac un vomissement ; en
vérité, le mal du tournis, voilà comment je nomme
pareille conjecture.

Méchante je l'appelle, et ennemie de l'homme, toute
cette leçon sur l'un et le parfait, sur l'immobile et le
rassasié, et sur l'impérissable [2]!

Tout impérissable — simplement une image! Et
trop menteurs sont les poètes [3]. —

Mais c'est de temps et c'est de devenir que doivent
parler les meilleures images. Qu'elles soient une louange
et une justification de tout ce qui appartient au
périssable!

Créer — voilà le grand rachat de la souffrance et ce
qui rend la vie légère. Mais pour être le créateur il est
besoin de peine et de force métamorphose.

Oui certes en votr vie il faut que maintes fois amèrement mouriez, ô vous les créateurs! Soyez ainsi porte-parole et justificateurs de tout ce qui appartient au périssable.

Pour que celui qui crée soit lui-même l'enfant qui vient de naître, pour cela il faut aussi qu'il ait vouloir d'être la parturiente et la douleur de la parturiente [1].

En vérité, de par cent âmes j'ai cheminé, et de par cent berceaux et cent gésines. Déjà j'ai dit bien des adieux, je connais les ultimes instants qui déchirent le cœur.

Mais ainsi veut mon vouloir créateur, mon destin. Ou, pour vous le dire plus loyalement, c'est ce destin précisément que — veut mon vouloir.

En moi tout ce qui sent subit passion, est en captivité ; mais vient à moi continûment la volonté comme celle qui me libère et m'apporte la joie.

C'est vouloir qui libère, telle est la vraie leçon sur le vouloir et sur la liberté — c'est la leçon que vous enseigne Zarathoustra.

Ne-plus-vouloir et ne-plus-estimer et ne-plus-créer! Ah! que cette grande lassitude continûment loin de moi reste!

Même dans le connaître je ne sens que le plaisir de mon vouloir lorsqu'il procrée et qu'il devient ; et s'il est de l'innocence en mon savoir c'est seulement parce qu'il est en lui une volonté de procréation [2].

Loin de Dieu et des dieux n'entraîna ce vouloir ; qu'y aurait-il donc à créer si des dieux — étaient là ?

Mais vers l'homme à nouveau me pousse continûment ma brûlante volonté créatrice ; ainsi le marteau est poussé vers la pierre.

Hélas! ô vous, les hommes, dans la pierre pour moi dort une image, l'image de mes images! Hélas! pourquoi est-ce dans la pierre la plus dure, la plus hideuse, qu'il lui faut dormir?

Maintenant s'acharne contre sa geôle mon cruel marteau. Ma pierre vole en éclats : que m'importe?

Je veux achever mon œuvre, car une ombre vint à moi — de toutes choses la plus tranquille et la plus légère, un jour, vint à moi!

Du surhomme la beauté vint à moi comme une ombre . Ah! mes frères, que m'importent encore — les dieux [1]? —

Ainsi parlait Zarathoustra.

DES COMPATISSANTS [1]

O mes amis, à votre ami, vint une parole moqueuse :
« Voyez Zarathoustra! Ne marche-il parmi nous comme
parmi des bêtes [2]? »

Mais mieux vaut dire : « *En tant qu*'il marche parmi
des hommes, le connaissant marche parmi des bêtes. »

Pour qui connaît, le nom même de l'homme est :
la bête aux joues écarlates.

D'où lui est venu ce nom? N'est-ce pas que de lui-
même trop souvent il lui fallut rougir [3]?

O mes amis, ainsi parle celui qui connaît : Honte,
honte, honte, — de l'homme c'est là toute l'histoire!

Ainsi, par crainte de faire honte, s'incline l'homme
noble ; devant quiconque souffre, par pudeur il s'incline.

En vérité, je ne puis sentir ces miséricordieux qui
dans leur compassion trouvent leur béatitude [4] ; de
pudeur ils manquent trop.

Me faut-il être compatissant, de la sorte ne veux être
nommé ; et si pourtant le suis, alors me plaît que ce soit
de loin.

J'aime aussi me voiler la tête et fuir avant que d'être
reconnu ; et ainsi faites, je vous en adjure, ô mes amis!

Puisse ma destinée toujours sur mon chemin conduire
de ceux qui, comme vous, point ne souffrent, et avec
lesquels il me soit *permis* de posséder en commun
espoir et chère et miel!

En vérité, pour des êtres qui souffrent certes j'ai fait

ceci et cela ; il me sembla pourtant que le mieux à faire toujours était d'apprendre à mieux m'éjouir.

Depuis qu'il est des hommes, trop peu s'est éjoui l'homme ; c'est là seulement, mes frères, notre péché originel!

Et quand nous apprenons à nous mieux éjouir, ce que nous désapprenons le mieux est de faire souffrir autrui et de lui vouloir du mal.

Pour quoi, lorsqu'elle vint en aide au souffrant, je m'essuie la main ; pour quoi encore je m'essuie l'âme.

Vis-je, en effet, souffrir souffrant, de sa honte j'avais honte ; et quand je lui vins en aide, à sa fierté fis dure offense.

Grandes obligations n'engendrent gratitude, mais rancune ; et que ne s'oublie petit bienfait, encore en sortira un ver rongeur [1].

« En votre acceptation soyez hautains! Marquez ainsi que vous acceptez! » — ceux qui n'ont rien à prodiguer, voilà ce que je leur conseille.

Mais moi, je suis un prodigue ; me plaît de prodiguer, comme aux amis l'ami. Étrangers cependant et pauvres peuvent bien de mon arbre eux-mêmes cueillir le fruit ; ainsi l'on a moins honte.

Quant aux mendiants, le mieux serait qu'avec eux on en finît absolument! En vérité, l'on s'agace de leur donner, et l'on s'agace de ne leur donner.

De même pour les pécheurs et les mauvaises consciences! Mes amis, m'en croyez : remords enseigne à mordre.

Mais le plus vilain, ce sont pensées petites. En vérité, mieux que pensée petite encore vaut acte méchant.

Certes vous dites : « prendre plaisir à de petites malices, de mainte grande action méchante c'est faire l'économie ». Mais économiser, voilà ce qu'ici l'on ne devrait vouloir.

A un abcès ressemble l'action méchante : elle pique, elle démange et perce, — loyal est son langage :

« Voyez, je suis maladie » — ainsi parle l'action méchante, telle est sa loyauté.

Mais à la moisissure ressemble la pensée petite : elle rampe et se tapit et nulle part ne veut être — jusqu'à

ce que de petites moisissures blet et flétri soit tout entier
le corps.

Mais celui que le diable possède, je lui dis à l'oreille
cette parole : « Mieux vaut encore laisser grandir ton
diable! Pour toi aussi existe encore une voie qui mène
à la grandeur [1]! » —

Hélas! mes frères! De tout un chacun l'on sait quelque
chose de trop [2]! Et transparent devient pour nous plus
d'un, mais de longtemps à travers lui pourtant nous ne
pouvons passer.

Il est pesant de vivre avec des hommes, parce qu'il
est bien pesant de se taire.

Et nous ne sommes le plus injustes avec celui qui est
contre nous, mais bien avec celui qui aucunement ne
nous concerne.

Mais as-tu quelque ami souffrant, lors sois pour sa
souffrance un lieu de repos, de quelque manière pourtant
une couche dure, un lit de camp : ainsi tu lui seras le
mieux utile [3].

Et qu'un ami te fasse du mal, lors dis : « je te pardonne
ce que tu m'as fait, mais qu'à *toi-même* te le sois fait, —
comment te le pourrais-je pardonner [4]?

Ainsi parle tout grand amour : lequel encore aussi
surmonte pardon et compassion.

On se doit retenir le cœur ; car le laisse-t-on aller,
comme vite on perd la tête!

Hélas! où dans le monde advinrent plus grandes
folies que chez les compatissants? Et dans le monde qui
a fait plus souffrir que les folies des compatissants?

Malheur à tous ceux qui aiment et au-dessus de leur
compassion encore n'ont une cime!

Ainsi me dit un jour le diable : « Dieu même a son
enfer ; c'est son amour des hommes [5]. »

Et j'ouïs tout récemment de lui cette parole : « Dieu
est mort ; de sa compassion pour les hommes Dieu est
mort. » —

Ainsi contre la compassion soyez-moi mis en garde :
c'est *d'elle* que pour les hommes encore vient une
lourde nuée! En vérité, aux signes de tempête je
m'entends!

Mais aussi notez cette parole ; tout grand amour

encore est au-dessus de toute sa compassion ; car ce qu'il aime, il veut encore le — créer!

« Moi-même, je m'offre à mon amour, *et à mes prochains comme à moi* » — ainsi va la parole de tous les créateurs.

Mais tous les créateurs sont durs. —

Ainsi parlait Zarathoustra.

DES PRÊTRES

Et une fois Zarathoustra fit signe à ses disciples, et leur dit ces paroles :

« Voici des prêtres, et bien qu'ils soient mes ennemis, devant eux passez tranquillement et le glaive endormi!

Chez eux il est aussi des héros, et nombre d'entre eux ont trop souffert : — pour quoi ils veulent faire souffrir autrui.

Ce sont méchants ennemis : rien de plus vindicatif que leur humilité. Et facilement se souille qui les attaque.

Mais mon sang est au leur apparenté ; et dans le leur je veux savoir encore mon sang même honoré. » —

Et lorsqu'ils eurent passé, fut assailli Zarathoustra par la souffrance ; et contre sa souffrance n'avait long-temps lutté qu'il reprit la parole :

Me désolent ces prêtres. Ils choquent aussi mon goût ; mais c'est pour moi la moindre chose depuis que je suis parmi les hommes.

Avec eux cependant je souffre et j'ai souffert ; je les tiens pour des captifs, et qui furent marqués d'un signe. Celui qu'ils nomment rédempteur les a chargés de liens ; —

De ces liens que sont les fausses valeurs et les mots délirants! Ah! de leur rédempteur encore les puisse-t-on racheter [1]!

Sur un îlot ils crurent un jour aborder, tandis que les ballottait la mer ; mais voilà que c'était un monstre qui dormait!

Fausses valeurs et mots délirants : pour des mortels

ce sont les monstres les plus vilains, — longtemps en eux dort et attend la destinée.

Mais elle sort enfin de son sommeil, et avale et dévore tout ce qui sur elle s'était bâti des tentes [1].

Oh! voyez-moi ces tentes que se bâtirent ces prêtres! Ils appellent églises leurs antres aux douceâtres senteurs [2].

Oh! cette fausse lumière, oh! cet air enfumé! Ici l'âme jusqu'à son altitude — n'a le droit de voler!

Mais voici ce que prescrit leur foi : « A genoux montez les marches, ô vous qui avez péché [3]! »

En vérité, mieux encore j'aime voir l'impudent que les yeux révulsés de leur pudeur et de leur dévotion!

Qui se créa tels antres et telles échelles de pénitence? N'étaient-ce ceux qui se voulaient cacher et devant le ciel pur d'eux-mêmes avaient honte?

Et seulement lorsque à travers des toits crevés brille à nouveau le ciel pur, et, le long des murs crevés, sur l'herbe et les rouges pavots, — vers les sanctuaires de ce dieu je veux à nouveau tourner mon cœur!

Ils ont appelé Dieu ce qui les contredisait et qui leur faisait mal; et dans leur adoration il y eut, en vérité, force héroïsme!

Et d'autre manière ils ne surent aimer leur dieu qu'en clouant l'homme à la Croix!

Comme des cadavres ils ont imaginé de vivre; de noir vêtirent leurs cadavres; jusque dans leurs discours je flaire encore le vilain relent des sépulcres.

Vivre auprès d'eux, c'est vivre auprès de noirs étangs d'où le crapaud, avec douce mélancolie, fait monter sa chanson.

Il leur faudrait me chanter meilleures chansons pour qu'en leur rédempteur j'apprisse à croire; que de rachetés me fissent davantage figure ses disciples!

Nus je les voudrais voir; car seule la beauté devrait de pénitence faire prédication [4]. Mais qui convaincra donc cette tribulation masquée?

Au vrai, leurs rédempteurs eux-mêmes ne vinrent de la liberté et du septième ciel de la liberté [5]! Au vrai, sur les tapis de la connaissance jamais eux-mêmes n'ont cheminé [1]!

De trous était fait l'esprit de ces rédempteurs ; mais en chaque trou ils avaient mis leur délire, leur bouche-trou, qu'ils ont appelé Dieu [2].

Dans leur compassion s'était noyé leur esprit, et lorsque de compassion ils gonflèrent et s'enflèrent, toujours à la surface flottait une grande folie.

Empressés et criant, sur leur passerelle ils poussaient leur troupeau, comme si vers l'avenir il y eût une seule passerelle ! En vérité, même ces pasteurs n'étaient encore que des ouailles !

C'est petits esprits et amples âmes qu'eurent ces pasteurs ; mais jusqu'à présent, mes frères, oh ! quels petits pays furent même les âmes les plus amples [3] !

De signes sanglants ils jalonnèrent la route qu'ils suivaient, et leur folie enseigna que par le sang se prouve la vérité [4].

Or de la vérité le sang est le plus mauvais témoin ; le sang infecte la plus pure doctrine pour en faire un délire encore et une haine des cœurs.

Et si pour sa doctrine quelqu'un se jette au feu, — de quoi est-ce une preuve ? Meilleure preuve, en vérité, est que de son propre brasier vienne sa propre doctrine !

Cœur enflammé et froide tête : où les deux se conjoignent, là surgit l'ouragan, le « rédempteur ».

Et voulez-vous trouver le chemin de la liberté, par de plus grands encore que ne furent tous rédempteurs il faut, mes frères, que vous soyez rachetés !

Jamais encore il n'y eut de surhomme. Nus je les vis tous deux, le plus grand et le plus petit des hommes : —

Bien trop encore ils se ressemblent. En vérité, même le plus grand, je l'ai trouvé — bien trop humain !

Ainsi parlait Zarathoustra.

DES VERTUEUX

Avec des grondements de tonnerre et de célestes feux d'artifice il faut parler aux sens qui s'assoupissent et dorment.

Mais doucement parle la voix de la beauté ; elle ne se glisse que dans les âmes les plus éveillées.

Doucement mon écu ce jour d'hui pour moi trembla et rit, et c'est de la beauté saint rire et tremblement.

De vous, ô les vertueux, riait ce jour d'hui ma beauté. Et me vint de la sorte sa voix : « ils veulent encore — qu'on les paie [1]! »

Encore vous voulez qu'on vous paie, vous les vertueux! Pour la vertu vous voulez un salaire, et pour la Terre le Ciel et pour votre jour d'hui l'éternité ?

Et maintenant contre moi vous grondez parce que j'enseigne que de salaire il n'est comptable ni trésorier ? Et véritablement point même je n'enseigne que soit la vertu son propre salaire.

Hélas! voici mon affection : dans le fond des choses on a frauduleusement placé salaire et peine — et maintenant encore dans le fond de vos âmes, vous les vertueux!

Mais, comme le groin du sanglier, que ma parole déchire le fond de vos âmes ; soc de charrue, ainsi je veux que me nommiez.

A la lumière doivent venir toutes les intimités de votre fond ; et quand on vous verra, fouillés et déchirés, gisant sous le Soleil, de votre vérité votre mensonge aussi sera excisé.

Car la voici, votre vérité : vous êtes *trop propres* pour la saleté de ces mots : vengeance, peine, salaire, talion.

Vous aimez votre vertu comme la mère son enfant ; mais jamais ouït-on que de son amour une mère voulût être payée ?

C'est votre soi le plus cher, votre vertu. Votre soif est celle de l'anneau ; pour à lui-même revenir l'anneau toujours lutte et se tord [1*].

Et à l'étoile qui s'éteint ressemble toute œuvre de votre vertu : toujours encore erre et chemine sa lumière — et quand cessera-t-elle de cheminer [2] ?

Ainsi de votre vertu chemine encore la lumière, même quand l'œuvre est achevée. N'importe qu'à présent elle soit morte et oubliée, vit encore et chemine son rais de lumière.

Votre vertu encore doit être votre soi, et non quelque chose d'étranger, une pelure, un revêtement ; telle est la vérité qui vient du fond de votre âme, vous les vertueux ! —

Mais il est certes des hommes pour qui vertu, c'est sous les étrivières se crisper ; et trop avez ouï leur clameur !

Et il est d'autres hommes qui appellent vertu la paresse de leurs vices ; et si leur haine et leur envie une fois écartèlent leurs membres, lors s'éveille leur « justice » et frotte ses yeux ensommeillés.

Et il est d'autres hommes qui vers le bas sont attirés ; leurs diables les entraînent. Mais plus ils s'enfoncent, plus ardemment brille leur œil et le désir qu'ils ont de leur dieu.

Hélas ! de ceux-là aussi la clameur vous a frappé les oreilles, vous les vertueux : « Ce que *ne* suis, voilà mon dieu et ma vertu ! »

Et il est d'autres hommes qui viennent, pesants et grinçants, pareils à des fardiers qui vers l'aval charrient les pierres ; ils parlent beaucoup de dignité et de vertu, — le sabot de leur frein, ils le nomment vertu !

Et il est d'autres hommes qui ressemblent à des hor-

* Jeu verbal sur « *Ring* » (anneau) et « *ringen* » (se tordre et lutter).

loges que l'on remonte jour après jour : ils font leur
tic-tac et veulent que ce tic-tac — ait nom vertu!

En vérité, ceux-là me plaisent : où je trouverai pareilles horloges, avec la clé de ma raillerie je vais les
remonter ; et encore pour moi elles doivent ronronner!

Et d'autres s'enorgueillissent de leur poignée de justice, et pour elle commettent en toutes choses des for-
faits, au point que sous leur iniquité le monde se
noie.

Hélas! comme dans leur bouche se fait mal entendre
le mot « vertu »! Et quand ils disent « Je suis juste »,
cela sonne toujours comme « Je suis vengé » *.

Par leur vertu, à leurs ennemis ils veulent arracher
les yeux ; et ne s'élèvent que pour que d'autres soient
abaissés [1].

Et il est d'autres hommes encore, qui siègent dans les
marais et entre les roseaux parlent ainsi : « Vertu —
c'est en silence dans le marais siéger.

Nous ne mordons personne et, si quelqu'un veut
mordre, nous nous écartons de sa route ; et en toutes
choses pensons ce qu'on nous dit de penser ».

Et il est d'autres hommes encore, qui aiment gesti-
culer et croient que la vertu est une sorte de gesticula-
tion.

Sans cesse leurs genoux prient et leurs mains sont des
panégyriques de la vertu, mais leur cœur rien n'en sait.

Et il est d'autres hommes, qui tiennent pour vertu de
dire : « Vertu est nécessaire » ; mais au fond ce qu'ils
croient, c'est seulement que police est nécessaire [2].

Et plus d'un, qui n'est capable en l'homme de voir sa
grandeur, nomme vertu de voir de trop près sa petitesse ;
c'est son méchant regard que de la sorte il appelle
vertu [3].

Et d'aucuns veulent être édifiés et qu'on les encou-
rage, et nomment cela vertu ; et d'autres veulent qu'on
les renverse — et nomment aussi cela vertu.

Et ceux de cette sorte croient presque tous qu'ils
participent à la vertu ; et pour le moins tout un chacun
se veut connaisseur du « bon » et du « méchant ».

Or n'est venu Zarathoustra pour dire à tous ces menteurs et à tous ces bouffons : « *Vous autres*, que savez-vous de la vertu ? De la vertu que *pourriez*-vous savoir ? » —

Mais pour que vous, mes amis, vous vous lassiez des anciens mots que les bouffons et les menteurs vous ont appris :

Pour que vous vous lassiez des mots « salaire », « talion », « peine », « juste vengeance », —

Pour que vous vous lassiez de dire : « Si bonne est une action, c'est qu'elle est désintéressée. »

Ah ! mes amis ! Que dans l'action se trouve *votre* soi comme dans l'enfant la mère ; que tel soit *votre* mot pour parler de vertu !

En vérité, je vous ai enlevé plus de cent mots, et à votre vertu ses joujoux les plus chéris ; et maintenant contre moi vous êtes irrités, comme sont irrités des enfants.

Ils jouaient au bord de la mer, — lors vint la vague et, arrachant leur jouet, par le fond l'entraîna : maintenant ils pleurent.

Mais la même vague leur doit apporter de nouveaux joujoux et de nouveaux coquillages multicolores devant eux amonceler !

Lors seront consolés ; et vous aussi, comme eux, devez avoir, ô mes amis, vos consolations — et de nouveaux coquillages multicolores ! —

Ainsi parlait Zarathoustra.

DE LA CANAILLE

La vie est une source de plaisir, mais où boit aussi la canaille sont toutes fontaines infestées.

Tout ce qui est propre a ma faveur, mais je ne peux voir les gueules grimaçantes et la soif des malpropres.

Au fond du puits ils ont lancé leur œil, et c'est le reflet de leur répugnant sourire que me renvoie maintenant le fond du puits.

L'eau sainte, ils l'ont infestée de leur concupiscence ; et en nommant plaisir leurs sales rêves, ce sont les mots eux-mêmes que, par surcroît, ils ont infestés.

Rebelle devient la flamme quand ils installent près du feu leurs cœurs humides ; où la canaille s'approche du feu, l'esprit lui-même bout et fume.

Douceâtre et blet devient en leur main le fruit ; sous leur regard l'arbre fruitier s'effeuille au vent et se dessèche.

Et plus d'un, qui de la vie se détourna, seulement de la canaille s'est détourné : ne voulait avec elle partager ni le puits ni la flamme ni le fruit.

Et plus d'un, qui s'en fut au désert et avec des bêtes de proie souffrit la soif, voulait seulement avec de sales chameliers ne point être assis autour de la citerne.

Et plus d'un, qui comme un destructeur de là revint, et comme une averse de grêle sur tous vergers, voulait seulement mettre son pied sur la gueule de la canaille et, de la sorte, lui boucher le gosier.

Et le morceau qui le plus souvent m'est resté dans la gorge point n'était de savoir qu'à la vie même sont nécessaires inimitié et mort et Croix du martyre, —

Mais une fois me suis demandé, et ma question m'étouffa presque : Eh quoi ? La canaille, elle aussi, est pour la vie une *nécessité* ?

Sont nécessaires puits infestés et feux qui puent et rêves souillés et vers dans le pain de la vie ?

Ce ne fut ma haine, mais ma nausée qui faméliquement me dévora la vie ! De l'esprit même, hélas ! je fus souvent lassé lorsque je découvris que la canaille non plus ne manquait pas d'esprit !

Et j'ai tourné le dos aux gouvernants lorsque je vis ce qu'ils nomment à présent gouverner : trafic et marchandage du pouvoir — avec la canaille !

Parmi des peuples qui parlaient un langage étranger je vécus les oreilles bouchées : pour qu'étrangers me restassent le langage de leur trafic et leur marchandage du pouvoir.

Et, me bouchant le nez, j'ai cheminé sans courage de par tout le jour d'hier et le jour d'hui : en vérité, tout le jour d'hier et le jour d'hui empestent la canaille écrivassière !

Pareil à un infirme qui a perdu l'ouïe, la vue et la parole, ainsi ai-je vécu longtemps pour ne point vivre avec la canaille du pouvoir et de la plume et du plaisir.

A grand-peine mon esprit gravissait les degrés, et prudemment ; aumônes de plaisir lui furent réconfort ; sous son bâton d'aveugle glissa la vie.

Que m'advint-il pourtant ? Comment de ma nausée me suis-je délivré ? Qui donc a rajeuni mes yeux ? Comment ai-je pris mon envol vers la cime, là où n'est plus assise au bord du puits aucune canaille ?

Est-ce ma nausée même qui me donna des ailes et le flair du sourcier [1] ? En vérité, jusqu'à la cime la plus haute il me fallut voler, pour retrouver la source du plaisir !

Ah ! oui, je l'ai trouvée, mes frères ! Ici, sur la plus haute cime, pour moi jaillit la source du plaisir ! Et il est une vie à laquelle ne boit aussi aucune canaille !

Presque avec trop de violence pour moi tu coules, ô source de plaisir ! Et souvent tu vides la coupe à nouveau parce que tu la veux emplir.

Et il me faut encore apprendre à m'approcher de toi plus discrètement : avec bien trop de violence encore bondit mon cœur vers toi, —

Mon cœur sur qui flambe mon été, le bref, le torride, le mélancolique été, qui de béatitude déborde : à ta fraîcheur, ah! comme aspire mon cœur estival!

Finie la vacillante tribulation de mon printemps! Finie la malice de mes flocons de neige en juin! Été suis devenu tout entier, et estival midi!

Été sur la plus haute cime, avec de fraîches sources et un silence bienheureux : ah! venez, mes amis, afin que le silence encore se fasse plus bienheureux!

Car là sont *notre* cime et *notre* pays ; trop haut nous habitons, en un lieu trop escarpé pour tous malpropres et leur soif!

Dans la source de mon plaisir jetez seulement vos yeux purs, vous mes amis! Comment se pourrait-il qu'elle en fût troublée? C'est le rire de *sa* pureté qu'elle vous doit renvoyer [1]!

Sur l'arbre Avenir nous bâtissons notre nid ; aux solitaires que nous sommes des aigles dans leur bec doivent apporter provende [2].

En vérité, non point une provende que des malpropres auraient licence de partager! C'est du feu qu'ils croiraient avaler et ils se brûleraient la gueule!

En vérité, ici nous ne tenons asile ouvert à des malpropres! C'est cavernes de glace que pour leurs corps se nommerait notre heur, et pour leurs esprits!

Et tels des ouragans nous voulons vivre au-dessus d'eux, voisins des aigles, voisins de la neige, voisins du Soleil : ainsi vivent les ouragans.

Et tel un vent je veux encore quelque jour à travers eux souffler et, avec mon esprit, à leur esprit couper le souffle : ainsi le veut mon avenir.

En vérité, pour tous bas-fonds Zarathoustra est ouragan, et voici le conseil qu'il donne à ses ennemis, et à tout ce qui crache et bave : «*Contre* le vent gardez-vous de cracher! »

Ainsi parlait Zarathoustra.

DES TARENTULES

De la tarentule voici le trou! La veux-tu voir elle-même? Ici est suspendue sa toile : y touche pour qu'elle tremble.

Lors elle vient de bon gré. Sois bienvenue, ô tarentule! Noir sur ton dos siège ton triangle [1], ton signe de reconnaissance ; et je sais bien aussi ce qui siège en ton âme.

Vengeance siège en ton âme : là où tu mords grandit une croûte noire ; pour se venger, à l'âme ton venin donne le tournis.

Ainsi je parle en image, vous qui aux âmes [2] donnez le tournis, vous les prêcheurs d'*égalité*! Vous m'êtes des tarentules, et de secrets vindicatifs!

Mais vos cachettes, dorénavant je les veux démasquer ; pour quoi je vous ris à la face, de mon rire des cimes.

Pour quoi je déchire votre toile afin que de votre trou à mensonges votre rage me fasse sortir et que derrière votre mot « justice » surgisse votre vengeance.

De la vengeance que l'homme, en effet, *soit affranchi*, tel est pour moi le pont vers l'espérance la plus haute, et c'est un arc-en-ciel après de longues tempêtes [3].

Mais autre chose certes veulent les tarentules : « Soit justement notre justice que s'emplisse le monde des tempêtes de notre vengeance! » — ainsi se disent l'une à l'autre.

« Vengeance nous voulons et calomnie contre tous ceux qui point ne nous ressemblent » — ainsi se font serment les tarentules.

« Et *vouloir d'égalité,* — cela même dorénavant doit devenir le nom de la vertu, et contre tout ce qui a puissance nous voulons élever notre clameur! »

O vous, prêcheurs d'égalité, le tyrannique délire de l'impuissance ainsi par votre clameur réclame « égalité » ; ainsi les plus secrètes de vos tyranniques envies se travestissent en paroles de vertu!

Chagrine suffisance, jalousie contenue, peut-être de vos pères et suffisance et jalousie, en vous voilà ce qui éclate comme flamme et délire de vengeance.

Ce que taisait le père, voilà ce qui parle dans le fils ; et souvent je trouvai le fils comme du père le secret mis à nu.

Aux inspirés ils ressemblent : le cœur pourtant ne les inspire, — mais la vengeance. Et deviennent-ils subtils et froids, ce n'est l'esprit, mais c'est l'envie qui les fait subtils et froids.

Leur jalousie les mène également sur les sentes du penseur, et le signe caractéristique de leur jalousie est que — toujours ils vont trop loin, en sorte que finalement il faut que pour y dormir leur lassitude encore sur la neige se couche.

En chacune de leurs plaintes gronde la vengeance, en chacun de leurs panégyriques quelque chose fait souffrir ; et d'être juges leur semble béatitude.

Mais je vous donne ce conseil, ô mes amis : ayez méfiance de tous ceux en qui puissante est la pulsion de châtiment!

C'est peuple de male sorte et extraction ; dans leur visage brillent le bourreau et le limier.

Ayez méfiance de tous ceux qui de leur justice font grand discours! Leurs âmes, en vérité, ne manquent pas seulement de miel.

Et quand eux-mêmes se nomment « les gens de bien et les justes », lors n'oubliez que, pour être pharisiens, rien ne leur manque que — puissance!

O mes amis, je ne veux être mêlé ni confondu!

Il est des hommes qui sur la vie prêchent ma doctrine,

5

et en même temps ils sont prêcheurs d'égalité, et tarentules [1].

Parlent-elles en faveur de la vie, ces venimeuses araignées, encore que dans leur trou elles se tapissent et de la vie se détournent, c'est parce que de la sorte elles veulent faire souffrir [2].

Ainsi elles veulent faire souffrir ceux qui maintenant ont la puissance ; car chez ceux-là le prêche de mort est encore le mieux chez lui [3].

En serait-il autrement, les tarentules donneraient autre leçon ; et justement jadis elles s'entendaient le mieux à calomnier le monde et à brûler les hérétiques.

Avec ces prêcheurs d'égalité je ne veux être confondu ni mêlé. Car ainsi me parle, *à moi*, la justice : « *Egaux ne sont les hommes.* »

Et ne le doivent devenir non plus ! Que serait, en effet, mon amour du surhomme si d'autre manière je parlais ?

Sur mille ponts et passerelles vers l'avenir ils se doivent presser, et doivent toujours grandir entre eux la guerre et l'inégalité : ainsi me fait parler mon grand amour !

C'est inventeurs d'images et de spectres qu'ils doivent devenir en leurs inimitiés et les uns contre les autres, avec leurs images et leurs spectres, combattre encore le plus haut combat !

Bon et méchant et riche et pauvre et grand et petit et tous noms de valeurs : c'est armes qu'ils doivent être et signes cliquetants de ce que toujours il faut que la vie elle-même à nouveau se dépasse !

Jusqu'à la cime se veut bâtir, avec colonnes et degrés, la vie elle-même : vers les vastes lointains elle veut regarder et, au-delà, vers de bienheureuses beautés, — *pour quoi* elle a besoin de cimes [4] !

Et parce que de cimes elle a besoin, elle a besoin de degrés, et de contradiction entre les degrés et ceux qui montent ! Monter, c'est ce que veut la vie, et, en montant, se dépasser !

Et voyez donc, ô mes amis ! Ici où la tarentule a son trou, s'élèvent d'un vieux temple les décombres, — le voyez donc avec des yeux lucides !

En vérité, qui dans la pierre un jour ici dressa haut ses

pensées, celui-là du secret de la vie autant savait que le plus sage!

Que dans la beauté encore, il y ait combat et inégalité, et guerre pour la puissance et pour la sur-puissance, voilà ce qu'il nous enseigne ici dans la plus signifiante image.

Comme de façon divine ici se brisent voûtes et arceaux, en combat singulier, comme d'ombre et de lumière entre eux ils font assaut, eux qui aspirent au divin, —

De manière tout aussi sûre et belle soyons ennemis, ô mes amis! Divinement les uns *contre* les autres nous voulons faire assaut! —

Malheur! Lors me mordit moi-même la tarentule, ma vieille ennemie! Divinement sûre et belle, au doigt elle me mordit!

« Sont nécessaires peine et justice — ainsi pense-t-elle ; ce n'est pas impunément qu'ici, en l'honneur de l'inimitié, il doit chanter ses hymnes! »

Oui certes elle s'est vengée! Et malheur! Maintenant, pour se venger, à mon âme elle-même elle va donner le tournis!

Mais pour que je *ne* tourne, ô mes amis, à ce pilier solidement m'attachez [1]! Mieux aime encore être saint de pilier que tourbillon de rancune!

En vérité, cyclone ni tourbillon n'est Zarathoustra ; et, s'il est danseur, du moins jamais danseur de tarentelle! —

Ainsi parlait Zarathoustra.

DES ILLUSTRES SAGES

C'est au service du peuple, et de la superstition du peuple que vous vous êtes mis, ô vous tous les illustres sages, — et *non* de la vérité! Et pourquoi justement de respect fûtes rémunérés.

Et pour quoi l'on souffrit également votre incroyance, car elle était une plaisanterie et un détour vers le peuple. Ainsi le maître à ses esclaves laisse la bride sur le cou et de leur exubérance encore s'éjouit.

Mais ce que hait le peuple, comme les chiens le loup, c'est l'esprit libre, l'ennemi des chaînes, celui qui point ne prie et qui hante les bois.

Le débusquer de sa tanière, — voilà ce que le peuple toujours nomma « sens de la justice »; toujours encore contre lui le peuple lance ses chiens aux dents les plus acérées.

« Car elle existe, la vérité! Il existe bien, le peuple! Malheur, malheur à qui se met en quête! » — ce cri depuis toujours se fit entendre.

A votre peuple vous avez voulu raison donner en sa vénération : ce que vous nommiez « vouloir de vérité », ô vous les illustres sages!

Et votre cœur toujours à lui-même se disait : « Du peuple je suis venu; de là aussi me vint la voix de Dieu. »

Tenaces et prudents, à l'âne pareils, toujours vous fûtes comme du peuple les porte-parole.

Et plus d'un puissant, qui avec le peuple voulait bien

voyager, encore devant ses chevaux attela — un petit
âne, un sage illustre.

Et maintenant je voudrais, ô vous, les illustres sages,
qu'enfin vous rejetiez la peau du lion tout entière hors
de vous!

La peau du fauve, la pelure bigarrée, et la crinière de
l'explorateur, du chercheur, du conquérant!

Ah! pour qu'à votre « véracité » j'apprisse à croire, il
vous faudrait d'abord briser votre respectueux vouloir.

Vérace — ainsi je nomme qui va dans les déserts
sans-dieu et qui brisa son cœur vénérant.

Dans l'ocre arène, brûlé par le Soleil, il louche avec
grand-soif vers les îles où abondent les sources, où sous
des arbres à la sombre ramure repose du vivant.

Sa soif pourtant ne le convainc de se faire semblable
à ces repus : car où sont oasis, là aussi sont idoles.

Affamé, violent, solitaire, sans-dieu, ainsi se veut lui-
même le léonin vouloir.

Libre de l'heur servile, de dieux et de prières affranchi,
impavide et terrible, grand et solitaire : du vérace tel est
le vouloir.

Dans le désert toujours vécurent les véraces, les
libres esprits, en seigneurs du désert, mais dans les villes
habitent les bien nourris, les illustres sages, — les
bêtes de trait.

Car ils ne cessent de traîner, ânes qu'ils sont, —
la carriole du *peuple*!

Non certes que de cela je m'irrite contre eux, mais ils
restent pour moi des servants, et harnachés, même si
d'or brille leur harnais.

Et souvent ils étaient bons serviteurs, et méritants.
Car ainsi parle la vertu : « Te faut-il servir, lors
cherche à qui ton service le mieux est profitable!

Doivent croître de ton maître l'esprit et la vertu
parce que tu es son servant ; avec son esprit et sa vertu
toi-même ainsi tu croîs! »

Et, en vérité, vous les illustres sages, vous les servants
du peuple, vous-mêmes avez crû avec l'esprit du peuple
et sa vertu — et par vous crût le peuple! Je le dis à
votre honneur.

Mais c'est encore peuple que pour moi vous restez,

même dans vos vertus, peuple aux yeux débiles,
— peuple qui n'a savoir de ce qu'est *esprit*!

Esprit est la vie qui dans la vie elle-même tranche; de
son propre tourment s'accroît son propre savoir, —
déjà le saviez-vous?

Et de l'esprit l'heur est ceci : pour être hostie recevoir
chrême et lacrimale bénédiction, — déjà le saviez-
vous?

Et que la cécité de l'aveugle, et sa quête et son tâtonne-
ment encore sont témoins de la puissance du Soleil
qu'il contempla, — déjà le saviez-vous?

Et c'est avec des montagnes que celui qui connaît
doit apprendre à *bâtir*! Déplacer des montagnes est peu
de chose pour l'esprit [1], — déjà le saviez-vous?

De l'esprit vous ne connaissez que des étincelles,
vous ne voyez l'enclume qu'est l'esprit, ni de son
marteau la cruauté.

En vérité, vous ne savez comme l'esprit est fier! Mais
moins encore de l'esprit vous souffririez la discrétion
si quelque jour elle voulait parler!

Et jamais encore il ne vous fut permis de jeter votre
esprit dans une fosse de neige : pour ce vous n'êtes
assez chauds! Ainsi de sa froidure vous ne savez non
plus les ravissements [2]!

Mais en toutes choses avec l'esprit je vous trouve
trop familiers; et de la sagesse souvent fîtes un asile et
un hospice pour de mauvais poètes.

N'êtes des aigles ; aussi non plus n'avez connu votre
heur dans les affres [3] de l'esprit. Et qui point n'est
oiseau sur des abîmes ne doit nicher!

Pour moi vous êtes des tièdes [4], mais froid est le flot
de toute profonde connaissance. Froides comme glace
sont les sources les plus intimes de l'esprit : pour de
brûlantes mains et des actions brûlantes on les nomme
réconfort.

Respectables ici vous vous tenez debout devant moi,
raides et le dos bien droit, vous les illustres sages! — Ne
vous pousse la force d'aucun vent, d'aucune volonté !

Sur la mer ne vîtes-vous jamais une voile faire route,
arrondie et gonflée, et qui frémit sous la bourrasque?

A cette voile pareille, sous la bourrasque de l'esprit

frémissant, va ma sagesse dessus la mer — ma sauvage sagesse !

Mais vous, ô les servants du peuple, vous les illustres sages, — de faire route avec moi comment seriez-vous *capables* ? —

Ainsi parlait Zarathoustra.

LE CHANT DE NUIT [1]

Voici la nuit ; plus haut parlent à présent toutes sources qui jaillissent. Et mon âme, elle aussi, est une source jaillissante.

Voici la nuit ; maintenant s'éveillent toutes chansons de ceux qui aiment. Et d'un homme qui aime mon âme aussi est la chanson.

Il est en moi quelque chose d'inassouvi, d'inassouvissable, et qui plus haut prétend parler. Il est en moi désir d'amour, qui parle lui-même langage d'amour.

Lumière suis ; ah! que ne fussé-je nuit! Mais c'est ma solitude que de lumière je sois ceint.

Ah! ne fussé-je obscur et nocturne! Comme aux seins de la lumière alors je voudrais boire mon lait!

Et vous-mêmes encore voudrais vous bénir, ô petits astres scintillants et célestes lucioles! — et de la lumière que vous prodiguez recevoir ma béatitude!

Mais en ma propre lumière je vis ; je ravale les flammes qui de moi-même jaillissent.

De celui qui reçoit je ne connais point l'heur ; et mon rêve souvent fut qu'à ravir il y aurait plus de béatitude qu'à recevoir [2]!

Ma pauvreté est que jamais ma main ne cesse de prodiguer ; et c'est ma jalousie de voir des yeux qui attendent, et les nuits claires de la nostalgie.

Oh! infélicité de tous ceux qui prodiguent! Oh! enténébration de mon Soleil! Oh! désir de désirer! Oh! faim ardente dans l'assouvissement!

Ils reçoivent de moi ; mais leur âme, la touché-je

encore ? Entre donner et recevoir il est une faille ; et la plus petite faille est la dernière qui se franchisse [1] !

De ma beauté se nourrit et croît une faim ; je voudrais faire souffrir ceux que j'éclaire ; je voudrais dépouiller ceux que je comble : — ainsi j'ai faim de malignité.

Retirant la main lorsque déjà vers elle une autre main se tend ; comme la cararacte hésitant, qui dans sa chute encore hésite, — ainsi j'ai faim de malignité.

C'est pareille vengeance que médite ma richesse ; pareilles perfidies sourdent de ma solitude [2] !

L'heur que j'éprouve à prodiguer en prodiguant a dépéri ; ma vertu s'est d'elle-même lassée en sa surabondance.

Qui sans cesse prodigue, son péril est de perdre la pudeur ; qui sans cesse distribue, à force de simplement distribuer, à la main et au cœur lui viennent des callosités.

Devant la honte des quémandeurs, en larmes plus n'éclate mon œil ; trop dure est devenue ma main pour le tremblement des mains pleines.

Où sont partis les larmes de mon œil et le duvet de mon cœur ? Oh ! — de tous les prodigues solitude ! De tous les lumineux, oh ! taciturnité !

Dans l'espace désert gravitent maints Soleils ; à tout ce qui est obscur par leur lumière ils parlent, — à moi ne disent rien.

Pour ce qui brille, oh ! c'est l'inimitié de la lumière, qu'impitoyablement sur ses voies elle chemine !

Pour ce qui brille injuste au plus profond du cœur, pour les Soleils plein de froideur, — ainsi chemine tout Soleil.

Pareils à une tempête volent les Soleils sur leurs chemins ; c'est leur manière de voyager [3]. A leur vouloir inexorable ils obéissent ; c'est leur froideur.

Oh ! vous seuls les obscurs, vous les nocturnes, vous seuls du lumineux tirez votre chaleur ! Aux mamelles de lumière vous seuls buvez votre lait et votre réconfort !

Oh ! de glace je suis enceint ; à des glaçons ma main se brûle ! Hélas ! il est une soif en moi qui se languit de votre soif [4] !

Voici la nuit ; hélas! pourquoi me faut-il être lumière ? Et de nocturne être assoiffé ? Et solitude ?

Voici la nuit ; maintenant, telle une fontaine, de moi sourd mon aspiration — et mon aspiration est de parler.

Voici la nuit ; plus haut parlent à présent toutes sources qui jaillissent. Et mon âme, elle aussi, est une source jaillissante.

Voici la nuit ; maintenant s'éveillent toutes chansons de ceux qui aiment. Et d'un homme qui aime mon âme aussi est la chanson. —

Ainsi chantait Zarathoustra.

LE CHANT DE DANSE

Accompagné de ses disciples, à travers la forêt, allait un soir Zarathoustra : et tandis que d'un puits il était en quête, voilà qu'il vint dans une verte prairie qui d'arbres et de bosquets était paisiblement enceinte et où dansaient ensemble des jeunes filles. Sitôt que les fillettes reconnurent Zarathoustra, elles cessèrent de danser ; mais avec des gestes amicaux Zarathoustra vint auprès d'elles et leur dit ces paroles :

« N'arrêtez votre danse, chères fillettes! Ce n'est un trouble-fête qui de vous s'approcha, l'œil méchant, un ennemi des jeunes filles.

De Dieu je suis le porte-parole devant le diable ; or ce diable est l'esprit de pesanteur. O vous, les légères, comment se pourrait-il que de danses divines je fusse l'ennemi? Ou des pieds des fillettes aux belles chevilles?

Bien suis une forêt, et une nuit de sombres arbres ; mais qui de ma ténèbre ne s'effarouche découvre aussi sous mes cyprès des guirlandes de roses.

Et trouve aussi le petit dieu qui aux fillettes est le plus cher ; à côté de la fontaine il gît, paisible, les yeux clos.

Au vrai, dans la lumière du jour s'est assoupi le fainéant! Sans doute a trop duré, n'est-ce pas? sa chasse aux papillons!

Ne m'en veuillez, belles danseuses, si contre le petit dieu je suis quelque peu irrité! Il va crier sans doute et

pleurer, — mais, même quand il pleure, encore il prête
à rire !

Et, les larmes aux yeux, à une danse il doit vous
inviter ; et pour accompagner sa danse je veux moi-
même chanter un chant :

Un chant de danse et de raillerie contre l'esprit de
pesanteur, mon très haut diable et très puissant, duquel
ils disent qu'il serait " le seigneur du monde [1] ". » —

Et tel est le chant que chantait Zarathoustra tandis
qu'ensemble dansaient Cupidon et les jeunes filles.

En ton œil j'ai regardé naguère, ô vie ! Et dans l'insondable il me sembla que je me noyais [2].

Mais tu me repêchas au bout de ta ligne d'or ;
railleusement tu ris quand insondable te nommai.

« Ainsi, dis-tu, va le discours de tous poissons ; ce
qu'ils ne sondent, *eux*, est insondable.

« Mais ne suis que changeante et sauvage et, en toutes
choses, une femme et non une vertueuse,

« Encore que pour vous, les hommes, j'aie pour nom
" la profonde " ou " la fidèle ", " l'éternelle ", " la
mystérieuse ".

« Pourtant, ô vous les hommes, de vos propres vertus
sans cesse nous faites cadeau, — hélas ! vous les
vertueux [3] !

Ainsi elle riait, l'incroyable, mais je ne crois jamais
en elle ni en son rire, quand méchamment elle parle
d'elle-même.

Et comme entre quatre yeux avec ma sauvage
sagesse je conversais, elle me dit en colère : « Tu
veux, tu désires, tu aimes ; pour quoi seulement tu
loues la vie [4] ! »

Peu s'en fallut que méchamment alors lui répondisse
et qu'à la coléreuse disse sa vérité ; et à sa propre
sagesse plus méchamment l'on ne peut répondre qu'en
lui « disant sa vérité ».

Car tels sont nos rapports, à tous les trois. Foncièrement, je n'aime que la vie, — et véritablement surtout
quand je la hais !

Mais qu'avec la sagesse je sois bon, et trop bon souvent, c'est parce qu'elle me rappelle beaucoup la vie.

Elle a ses yeux, son rire, et également sa petite ligne d'or; qu'y puis-je si toutes deux tant se ressemblent?

Et lorsqu'un jour la vie me demanda : « Qui est-ce donc, la sagesse? » — lors m'empressai de dire : « Ah! oui, la sagesse!

D'elle on est assoiffé, et l'on ne se désaltère; on regarde à travers un voile, on chasse par des filets.

Est-il vrai qu'elle soit belle? Que sais-je? Mais les plus vieilles carpes par elle encore sont appâtées.

Elle est changeante et entêtée; souvent je la vis qui se mordait la lèvre et à contre-poil se peignait [1].

Peut-être elle est méchante et fausse et, en toutes choses, une femme; mais lorsque d'elle-même elle médit, lors justement le mieux séduit. »

Lorsque à la vie ainsi disais, lors elle rit méchamment et ferma les yeux. « De qui, dit-elle, parles-tu donc, est-ce bien de moi?

Et aurais-tu raison, — en plein visage me dit-on *cela*? Mais à présent de ta sagesse me parle donc aussi! »

Hélas! Et maintenant à nouveau tu ouvris l'œil, ô chère vie! Et à nouveau dans l'insondable il me sembla que je me noyais. —

Ainsi chantait Zarathoustra. Mais la danse achevée et parties les fillettes, lors devint triste.

« Le Soleil, dit-il enfin, s'est depuis longtemps couché; humide est la prairie, des bois vient une fraîcheur.

Quelque chose d'inconnu m'enveloppe et pensivement me considère. Eh quoi! tu vis encore, Zarathoustra?

Pourquoi? Pour quelle fin? Par quel moyen? En quelle direction? Où? Comment? N'est-ce folie que vivre encore? —

Ah! mes amis, c'est le soir qui de la sorte par ma bouche interroge. Pardonnez à ma tristesse!

Le soir est tombé, me pardonnez que soit tombé le soir [2]! »

Ainsi parlait Zarathoustra.

LE CHANT DES TOMBES [1]

« Là-bas est l'île aux tombes, la taciturne ; là-bas aussi sont les tombes de ma jeunesse. Je veux y apporter, toujours vertes, une couronne de vie.

De la sorte en mon cœur décidant, je fis voyage sur la mer. —

O vous, de ma jeunesse visages et apparitions ! O vous tous, regards d'amour, instants divins ! Pour moi si vite vous mourûtes ! De vous il me souvient ce jour d'hui comme de mes morts.

De vous, mes morts les plus aimés, me vient un doux parfum [2], un parfum qui fait fondre le cœur et qui délivre les larmes [3]. En vérité, il ébranle et fait fondre le cœur de qui navigue solitaire.

Toujours encore suis le plus riche et le plus enviable, — moi le plus seul ! Car je vous *eus* et encore m'avez : dites, est-il personne pour qui de l'arbre soient tombées, comme pour moi, pareilles pommes roses ?

De votre amour encore suis l'héritier et l'héritage, de sauvages vertus bigarrées, en mémoire de vous florissant, ô vous les plus aimés !

Hélas ! nous étions faits pour demeurer proches les uns des autres, ô vous qui avez ma faveur, ô étrangers miracles ! Et non pareils à de timides oiseaux vers moi et mon désir êtes venus, — non, mais comme des confiants à qui leur fait confiance !

Oui certes, comme moi-même pour la confiance faits, et pour de tendres éternités ; faut-il que maintenant

selon votre infidélité je vous nomme, ô vous divins
regards, divins instants ; il n'est encore d'autres noms
que j'aie appris.

En vérité, trop tôt pour moi vous êtes morts, ô vous
les fugitifs ! Pourtant ne m'avez fui, et moi non plus ne
vous ai fuis ; de notre infidélité ne sommes réciproque-
ment coupables.

Pour me donner la mort, *à moi*, l'on vous a étranglés,
ô vous qui de mes espérances fûtes les oiseaux chanteurs ! Oui certes, mes bien-aimés, sur vous jamais la
méchanceté ne décocha ses flèches que — pour toucher
mon cœur !

Et bien l'a touché ! Ne fûtes-vous continûment ce qui
à cœur le plus me tenait, ma possession et mon envoûtement [1] ? Pour quoi il vous fallut jeunes encore mourir,
et bien trop tôt !

Sur le plus vulnérable de ce que je possédais l'on
décocha la flèche : sur vous de qui la peau ressemble
à un duvet et, plus encore, à ce sourire qui dès le premier regard se meurt !

Mais voici la parole qu'à mes ennemis je veux dire :
que sont tous meurtres d'hommes au prix de ce que me
fîtes ?

Vous me fîtes plus grand mal que n'est tout meurtre
d'homme ; ne se peut rendre ce que vous m'avez pris ; —
ainsi je vous parle, ô mes ennemis !

De ma jeunesse vous avez mis à mort les visages et
les plus chers miracles ! Vous m'avez pris mes compagnons de jeu, les bienheureux esprits ! En mémoire
d'eux je dépose cette couronne et cette malédiction.

Cette malédiction contre vous, mes ennemis ! Vous
abrégeâtes mon éternité comme dans la nuit froide se
brise un son. A peine comme un clignement d'œil elle est
à moi venue, — comme un instant !

A la bonne heure ainsi parlait un jour ma pureté :
« Divins me soient tous êtres ! »

Alors vous m'assaillîtes avec de sales spectres ;
hélas ! où a-t-elle fui maintenant, cette bonne heure ?

« Pour moi que saints soient tous les jours [2] ! » —
ainsi de mes jeunes ans parlait autrefois la jeunesse.
En vérité, propos d'une joyeuse sagesse !

Mais lors, ô mes ennemis, m'avez volé mes nuits et contre l'insomnieux tourment les avez échangées ; hélas ! où a-t-elle fui maintenant, cette joyeuse sagesse ?

Jadis à de joyeux auspices j'aspirais ; lors vous jetâtes sur mon chemin un monstrueux hibou. Hélas ! où donc a fui ma tendre aspiration ?

A toute nausée j'avais juré jadis de renoncer : en purulents ulcères lors vous changeâtes mes proches, et de tous les plus proches. Hélas ! où donc a fui mon plus noble serment ?

Jadis c'est en aveugle que j'allais par des chemins béats ; sur la voie de l'aveugle lors vous jetâtes vos immondices ; et maintenant de sa vieille route d'aveugle il a nausée [1].

Et lorsque je faisais ce qui m'est le plus dur et que sur moi-même je fêtais ma victoire, lors à ceux qui m'aimaient vous fîtes s'écrier que de toutes souffrances je leur infligeais la plus grande.

En vérité, toujours fîtes ainsi : de fiel empoisonniez mon meilleur miel, et le zèle de mes meilleures abeilles.

A ma bienfaisance toujours vous envoyiez les plus effrontés mendiants ; autour de ma compassion toujours poussiez en foule d'incurables impudents. En sa croyance ainsi vous blessiez ma vertu [2].

Et quand j'offrais encore en sacrifice mon bien le plus sacré, à l'instant même votre « piété » y adjoignait ses plus grasses offrandes : en sorte que dans la fumée de votre graisse encore s'étouffa mon bien le plus sacré.

Et une fois je voulus danser comme jamais encore n'avais dansé ; au-dessus et au-delà de tous les cieux voulus danser. Lors vous avez circonvenu le plus aimé de mes chanteurs.

Et désormais il entonna une sourde et lugubre mélodie ; hélas ! comme une trompe funèbre elle sonnait à mes oreilles [3] !

O meurtrier chanteur, instrument de malice, ô toi le plus innocent ! Déjà j'étais debout pour la meilleure danse [4] : lors par tes sons tu fis mourir mon ravissement.

C'est dans la danse seulement que des plus hautes choses je sais dire l'image — et désormais non-dite est dans mes membres demeurée mon image la plus haute !

Non-dite et non-délivrée resta pour moi mon espérance la plus haute! Et de ma jeunesse sont morts tous les visages et toutes les consolations!

Se peut-il que seulement l'aie pu souffrir [1]? Que j'aie pu endurer et vaincre de telles blessures? Et que de ces tombes [2] à nouveau se soit levée mon âme?

Oui certes, il est en moi quelque chose d'invulnérable, d'inensevelissable et qui perce le roc : et c'est ce qui se nomme *mon vouloir*. Taciturne, inchangé, il avance de par les ans.

Sur mes pieds veut aller son chemin mon vieux vouloir ; son sens a le cœur dur, il est invulnérable.

Invulnérable, je ne le suis, moi, qu'au talon [3]. Toujours encore tu es ici vivant et à toi-même égal, ô toi le plus patient! Toujours encore, à travers toutes tombes, tu t'es frayé ta voie.

En toi survit aussi ce qui de ma jeunesse ne fut racheté ; et, comme vie et jeunesse, en ce lieu tu es assis, plein d'espérance, sur d'ocres ruines de tombeaux.

Oui certes, de tous tombeaux pour moi tu es encore le destructeur ; je te salue, ô mon vouloir! Et seulement où sont des tombes, là sont aussi des résurrections [4]! —

Ainsi chantait Zarathoustra. —

DE LA DOMINATION DE SOI[1]

« Vouloir de vérité », ainsi vous appelez ce qui vous meut et vous met en chaleur ?

Vouloir de rendre pensable tout ce qui est, ainsi j'appelle, *moi*, votre vouloir !

Tout ce qui est, d'abord vous le voulez *rendre* pensable, car vous doutez, avec juste méfiance, que pensable ce soit déjà.

Mais tout ce qui est doit aussi s'adapter et se plier ! Ainsi le veut votre vouloir. Se doit aplatir tout ce qui est, et à l'esprit se soumettre, comme son miroir et son reflet.

Et c'est là votre entière volonté, ô vous les plus sages, une volonté de puissance ; et même quand vous parlez de bien et de mal, et d'estimations de valeurs !

Ce monde devant lequel vous vous pouvez agenouiller, encore le voulez créer : c'est là votre espérance ultime et votre ultime ivresse.

Les non-sages assurément, le peuple, — ceux-là ressemblent au fleuve sur lequel vogue et avance une nacelle : et siègent dans cette nacelle, solennelles et déguisées, les estimations de valeurs.

Sur le fleuve du devenir vous avez assis votre vouloir et vos valeurs ; une vieille volonté de puissance, voilà ce que me révèle ce que le peuple croit bon et ce qu'il croit méchant.

Vous-mêmes, ô les plus sages, sur cette nacelle assîtes

de pareils hôtes et leur donnâtes pompe et fières déno-
minations, — vous-mêmes et votre dominante volonté!

Plus loin le fleuve maintenant porte votre nacelle :
il lui *faut* la porter. N'importe qu'écume l'onde brisée
et coléreusement à l'étrave résiste!

Point n'est ce fleuve votre péril et la destination de
votre bien et de votre mal, ô vous les plus sages, mais la
volonté même que j'ai dite, la volonté de puissance, —
l'inépuisé, le fécond [1] vouloir-vivre.

Mais afin que de vous soit entendu mon mot sur le
bien et le mal, encore je vous veux dire mon mot sur
la vie et sur la manière de tout vivant.

Le vivant, à la trace je l'ai suivi ; pour en connaître
la manière, j'ai suivi les plus grands et les plus petits
chemins.

Sur un miroir à cent faces encore j'ai capté son regard
lorsque close restait sa bouche, pour que son œil me
fût parlant. Et m'a parlé son œil.

Mais où que j'aie rencontré vivant, là j'ai ouï également discours d'obéissance. Tout ce qui vit est un obéissant.

Et c'est la deuxième chose : reçoit commandement qui
ne se peut à lui-même obéir. Telle est du vivant la manière.

Mais ceci est la troisième chose que j'ai ouïe : que
commander est plus pesant que d'obéir [2]. Et non pas
seulement que celui qui commande porte le faix de tous
ceux qui obéissent, et que facilement sous ce faix il
s'effondre : —

Une épreuve et un risque, voilà ce qui m'apparut en
tout commandement ; et chaque fois qu'il commande,
s'expose le vivant lui-même.

Oui certes, encore lorsque lui-même il se commande,
là encore il lui faut expier son commandement De
sa propre loi il lui faut devenir le juge et le vengeur
et la victime.

Comment cela se peut-il donc? Ainsi me suis interrogé. Qu'est-ce donc qui persuade le vivant d'obéir
et de commander et, même lorsqu'il commande,
de pratiquer obéissance?

Oyez maintenant ce que je vous dis, ô vous les plus

sages ! Éprouvez sérieusement si au cœur même de la vie je me suis bien glissé et jusques aux racines de son cœur[1] !

Où j'ai trouvé vivant, là j'ai trouvé volonté de puissance ; et même dans le vouloir du servant j'ai trouvé le vouloir d'être maître.

Qu'au service du plus fort se mette le plus faible, ce qui l'en persuade est son vouloir qui d'un plus faible encore se veut le maître : à cette seule envie il ne peut renoncer.

Et de même qu'au grand se livre le petit afin d'avoir sur le plus petit et plaisir et puissance, ainsi se livre aussi le plus grand et, par amour de la puissance — risque sa vie.

C'est l'abnégation du plus grand d'être risque et péril, et coup de dés dont la mort est l'enjeu.

Et où l'on trouve sacrifice et services et regards d'amour, on trouve également volonté d'être maître. C'est par des voies obliques que se glisse le plus faible dans la place et jusqu'au cœur du plus puissant — et vole la puissance.

Et tel est le secret que me confia la vie elle-même : « Vois, disait-elle, je suis *ce qui toujours ne se peut soi-même que dominer.*

« Cela, sans doute vous le nommez volonté de produire ou tendance vers le but, vers ce qui est plus haut, plus lointain, plus complexe ; mais tout cela n'est qu'une chose unique, et un unique secret.

« Mieux encore périr qu'à cette unique chose renoncer ; et, en vérité, où sont déclin et chute des feuilles, là, vois-tu, se sacrifie la vie — à la puissance !

« Qu'il me faille être lutte et devenir et but et, entre les buts, contradiction, ah ! puisse mon vouloir bien déceler aussi sur quelles voies *tortueuses* il lui faut cheminer !

« Quoi que je crée et de quelque façon que je l'aime, — de cela aussi, et de mon amour, bientôt il me faut être l'adversaire ; ainsi le veut mon vouloir.

« Et toi aussi, ô connaissant, tu n'es qu'une sente et une empreinte de mon vouloir, au vrai, même sur les pieds de ton vouloir de vérité, chemine ma volonté de puissance.

« Assurément point ne rencontra la vérité celui qui

vers elle lança le mot de " vouloir-vivre " ; un tel vouloir — n'existe pas!

« Car ce qui n'est, cela ne peut vouloir ; mais ce qui existe, comment cela pourrait-il encore vouloir tendre vers l'existence ?

« Où se trouve vie, là seulement se trouve aussi vouloir, non vouloir-vivre cependant, mais — c'est ce que j'enseigne — volonté de puissance!

« Maintes choses par le vivant plus haut sont estimées que la vie même ; mais par l'estimation elle-même se fait entendre — la volonté de puissance! » —

Voilà ce qu'autrefois m'a enseigné la vie ; et de la sorte pour vous, qui êtes les plus sages, encore je résous l'énigme de votre cœur.

En vérité, je vous le dis, un bien et un mal qui seraient impérissables — cela n'existe pas! C'est à partir de soi que toujours à nouveau il se faut dominer.

Avec vos valeurs et mots de bien et mal, vous exercez violence, ô vous les évaluateurs : et c'est là votre secret amour et de vos âmes le resplendissement, le frémissant effroi et la surabondance [1].

Mais à partir de vos valeurs naissent et grandissent une volonté plus puissante et une nouvelle domination : sur elles se brisent glace et banquise.

Et qui nécessairement est dans le bien et le mal un créateur, celui-là, en vérité il lui faut être d'abord un négateur et que par lui d'abord se brisent des valeurs.

Ainsi le plus haut mal relève de la plus haute bonté, mais c'est celle qui crée. —

De cela seul parlons, ô vous qui êtes les plus sages, encore que ce soit vilain discours. Se taire est plus vilain ; car toutes vérités qu'on se refuse à dire deviennent vénéneuses [2].

Et peu importe que se brise tout ce qui sur nos vérités — se peut briser! Plus d'une maison encore reste à bâtir [3]!

Ainsi parlait Zarathoustra.

DES SUBLIMES

Paisible est le fond de ma mer : que s'y cachent des monstres railleurs, qui donc le soupçonnerait ?

Imperturbable est ma profondeur : mais de nageantes énigmes elle étincelle, et de nageants éclats de rire.

Un sublime vis ce jour d'hui, un solennel, un pénitent de l'esprit [1] : de sa hideur, oh ! comme a ri mon âme !

Torse bombé et ressemblant à ceux qui retiennent leur souffle, ainsi se tenait là, debout, ce sublime, et sans mot dire :

Portant en bandoulière de hideuses vérités, le butin de sa chasse, et riche de ses loques ; s'y accrochaient aussi maintes épines, — mais encore ne vis rose.

Encore n'avait appris le rire ni la beauté. Sombre, du bois de la connaissance s'en revenait ce chasseur.

S'en revenait de son combat avec les fauves ; mais son sérieux laisse voir encore dans son regard un fauve — un indompté !

Comme un tigre qui veut bondir, encore debout il se tient là, mais je ne puis sentir ces âmes tendues, répugnent à mon goût tous ces êtres qui se retiennent.

Et vous me dites, mes amis, que des goûts et des couleurs on ne doit disputer ? De goûts et de couleurs toute vie est dispute !

Goût : c'est pesée en même temps et balance et peseur [2] ; et malheur à tout vivant qui sans dispute de pesée et de balance prétendrait vivre !

De sa sublimité se lasserait-il, ce sublime, lors seu-

lement de sa beauté on entendrait la voix, — et lors
seulement le veux goûter et lui trouver saveur.

Et seulement si de lui-même il se détourne, lors au-
dessus de son ombre il bondira — et, véritablement,
jusque sur *son* Soleil!

Bien trop longtemps à l'ombre il fut assis, ce pénitent
de l'esprit ; pâles sont devenues ses joues, peu s'en
fallut qu'en ses attentes il ait péri d'inanition.

Il est encore du mépris dans son œil ; et sa bouche
recèle de la nausée. Sans doute il repose maintenant,
mais son repos ne s'est encore au Soleil étendu.

C'est comme le taureau qu'il devrait faire, et que son
heur sentît la Terre et non le mépris de la Terre.

Comme taureau blanc je le voudrais voir, devant le
soc de la charrue renâclant et beuglant ; et de tout le
terrestre devrait encore son beuglement dire la gloire [1] !

Sombre est encore sa face ; sur elle joue l'ombre de sa
main. Encore couvert d'ombre est le sens de son œil.

Ombre est encore sur lui son acte même ; la main
couvre d'obscurité celui qui manie * ; encore de son acte
il ne s'est rendu maître.

Certes en lui j'aime la nuque de taureau : mais à présent de l'ange encore je veux voir l'œil aussi.

D'héroïquement vouloir il lui faut donc encore
désapprendre : qu'il soit un homme élevé, et non pas
seulement un sublime : — c'est l'éther même qui le
devrait soulever, le non-voulant !

Il a dompté des monstres, il a déchiffré des énigmes :
mais il devrait encore délivrer ses monstres et ses
énigmes, en des enfants célestes il les devrait encore
changer.

Sa connaissance encore n'a point appris l'art de sourire et d'être sans jalousie ; encore le flot de sa passion n'a point trouvé repos dans la beauté.

Au vrai, non dans la satiété se doit son désir taire et
plonger, mais bien dans la beauté! A la grande âme des
grands esprits il appartient d'être gracieuse.

Le bras sur la tête replié, ainsi devrait reposer le

* *« Die Hand verdunkelt den Handelnden. »*

héros ; ainsi devrait encore de son repos se faire aussi le maître.

Mais justement pour le héros le *beau* est de toutes choses ce qui pèse le plus. Aucun vouloir violent ne maîtrise le beau.

Un peu plus, un peu moins, ici c'est justement beaucoup, ici c'est l'essentiel.

Rester debout, les muscles détendus, le vouloir désharnaché, voilà ce qui vous est le plus pesant, ô vous tous les sublimes !

Lorsque la force se fait grâce et que dans le visible elle descend, c'est beauté que je nomme une telle descente [1].

Et de personne comme de toi je ne veux justement beauté, toi le puissant ! Que ta bonté soit sur toi-même ton ultime triomphe !

Pour tout le mal je te fais pleine confiance ; et par conséquent je veux de toi le bien.

En vérité j'ai souvent ri des faibles qui se croient bons parce qu'ils ont des pattes inertes !

A la vertu de la colonne tu dois aspirer : plus belle elle se fait toujours et plus tendre, mais au-dedans plus dure et plus robuste, à mesure qu'elle s'élève [2].

Oui certes, toi le sublime, un jour aussi tu seras beau et à ta propre beauté tu tendras le miroir.

Lors de divins désirs ton âme frémira, et dans ta vanité encore on verra de l'adoration !

De l'âme, en effet, voici le secret : que la quitte d'abord le héros, lors seulement d'elle s'approche, en rêve, — le sur-héros.

Ainsi parlait Zarathoustra.

DU PAYS DE LA CULTURE [1]

Trop loin je volais vers l'avenir ; m'assaillit un frisson d'horreur.

Et quand autour de moi je regardai, voici que le temps était mon seul contemporain.

Lors en arrière j'ai fui, à mon pays revins — et plus hâtivement toujours : ainsi je vins chez vous, ô mes contemporains, et au pays de la culture.

Pour la première fois à votre égard j'eus un œil bienveillant, et de bons désirs ; en vérité, c'est nostalgie au cœur que je venais.

Cependant que m'advint-il ? Quelle que fût mon angoisse, — je ne pus que rire. Jamais mon œil ne vit pareille bigarrure !

Jai ri et j'ai ri, cependant que mon pied encore vacillait, et mon cœur par surcroît : « Oui certes, de tous les pots de peinture voici bien le pays ! » — ainsi disais-je.

De cinquante barbouillages peinturlurés sur le visage et les membres, ainsi vous vis-je assis, pour ma stupeur, vous mes contemporains !

Et cinquante miroirs autour de vous, qui flattaient et reflétaient le jeu de vos couleurs !

En vérité, vous ne sauriez porter masque meilleur, vous mes contemporains, que votre propre visage ! Qui donc vous pourrait — reconnaître ?

Des signes du passé tout gribouillés, et ces signes eux-mêmes de nouveaux signes surchargés, ainsi à tous les herméneutes vous vous êtes bien celés!

Et soit-on même sondeur de reins, qui croit encore que vous ayez des reins? De couleurs vous semblez émaillés et de fiches collées!

Toutes périodes et toutes populations se montrent, bigarrées, sous vos voiles ; et de toutes mœurs et croyances parlent, bigarrées, vos gesticulations.

Qui vous arracherait voiles et revêtements et couleurs, tout juste il lui resterait assez pour épouvanter les oiseaux!

En vérité, moi-même suis l'oiseau épouvanté, qui une fois vous vis nus et sans fard ; et je m'enfuis dès que le squelette avec amour me fit un signe.

Mieux encore aimerais me louer à la journée dans le monde souterrain et parmi les ombres de l'autrefois [1]! — Certes ils sont plus gras que vous, et plus replets, les habitants du monde souterrain!

De mes tripes telle est, oui telle est bien l'amertume, que ni nus ni habillés je ne vous supporte, ô mes contemporains!

Tout le dépaysant du futur et tout ce qui jamais fit frissonner d'effroi des oiseaux envolés, tout cela, en vérité, me met encore plus à l'aise et me donne plus de confiance que votre « réalité ».

Car ainsi vous parlez : « Réels sommes tout entiers, et sans croyance ni superstition » : de la sorte vous vous rengorgez — hélas! sans même avoir de gorge!

Oui certes, comment de croire seriez-vous *capables*, ô vous les bigarrés! — ô vous qui êtes peintures de tout ce qui jamais fut cru?

D'ambulantes réfutations de la croyance même, voilà ce que vous êtes, et de toutes pensées dislocation. Des *incroyables*, ainsi *moi* je vous nomme, vous les réels!

Toutes périodes en vos esprits bavardent et se chamaillent ; et de toutes périodes les rêves et les bavardages furent plus réels encore que votre lucidité!

Des stériles, voilà ce que vous êtes ; *pour quoi* vous manque la croyance. Mais qui ne peut que créer, celui-là toujours eut ses rêves révélateurs et ses signes astraux — et crut à une croyance! —

Des portes entrebâillées devant lesquelles attendent des fossoyeurs, voilà ce que vous êtes. Et voici *votre* réalité : « Tout mérite de périr [1] ».

Hélas ! comme devant moi vous vous tenez, vous les stériles ! Comme vous avez les côtes maigres ! Et plus d'un parmi vous lui-même sans doute s'en avisa.

Et dit : « Sans doute un dieu, pendant que je dormais, secrètement m'arracha quelque chose. En vérité, de quoi se fabriquer une femmelette [2] » !

Étrange est la misère de mes côtes ! — de la sorte a déjà parlé plus d'un contemporain.

Oui bien, vous me faites rire, vous mes contemporains ! Et singulièrement quand de vous-mêmes vous-mêmes vous étonnez !

Et malheur à moi si je ne pouvais rire de votre étonnement et qu'à vos écuelles il me fallût boire tout ce répugnant !

Mais je veux avec vous prendre la chose plus légèrement, car *pesante* charge j'ai à porter ; et que m'importe si par surcroît se posent sur elle des escarbots et des chenilles volantes !

En vérité, pour moi plus lourd elle n'en pèsera ! Et ce n'est de vous, ô mes contemporains, que me doit venir la grande lassitude. —

Hélas ! où dois-je encore monter maintenant avec ma nostalgie ? De toutes les montagnes je scrute l'horizon pour y trouver patries et terres maternelles.

Mais pays ne trouvai nulle part : errant je suis en toute ville et, devant toutes portes, une séparation.

Me sont étrangers et dérision ces contemporains vers qui mon cœur naguère me poussait ; et je suis exilé des patries et des terres maternelles.

Ainsi je n'aime plus que le *pays de mes enfants*, l'inexploré, au plus lointain des mers ; à ma voile c'est celui-là que je commande de chercher et de chercher.

Par mes enfants me veux racheter d'être l'enfant de mes pères, et par tout avenir veux racheter — *ce* présent !

Ainsi parlait Zarathoustra.

DE L'IMMACULÉE CONNAISSANCE [1]

Hier, comme se levait la Lune, j'eus l'illusion que d'un Soleil elle voulait accoucher, si large et si prégnante elle s'étendait à l'horizon!

Mais elle m'a trompé, avec sa grossesse, et mieux encore je veux croire à l'homme de la Lune qu'à la femme.

Sans doute elle n'est guère homme non plus *, cette timide noctambule. En vérité, avec mauvaise conscience elle voyage au-dessus des toits.

Car il est plein de concupiscence et d'envie, le moine de la Lune, il a concupiscence de la Terre et de toutes joies d'amants.

Non, je ne la puis sentir, cette chatte sur les toits! Me répugnent tous ceux qui autour de fenêtres mi-closes se glissent!

Dévote et taciturne, elle voyage sur un tapis d'étoiles, — mais je ne puis sentir tous ces pieds d'hommes qui légèrement glissent sans même un cliquetis d'éperon.

De tout loyal le pas se fait entendre; mais la chatte, comme une voleuse, au ras du sol se glisse. Voyez! comme une chatte arrive ici la Lune, et déloyalement!

Cette image, je vous la dédie, ô délicats hypocrites,

* « *Mond* » (Lune) étant masculin en allemand, la traduction rend très imparfaitement les équivoques du texte.

vous les « purs connaissants »! Je vous appelle, *moi*, — des concupiscents!

Vous aimez, vous aussi, la Terre et le terrestre, je vous ai bien devinés! — mais il est de la honte en votre amour et de la mauvaise conscience, — à la Lune vous ressemblez!

Du mépris de la Terre on a convaincu votre esprit, non vos entrailles ; or *elles* sont en vous le plus puissant!

Et d'être aux ordres de vos entrailles votre esprit maintenant se fait honte ; devant sa propre honte il suit des voies furtives et mensongères.

« Ce qui me serait le plus haut — ainsi parle en lui-même votre esprit abusé, — c'est de contempler la vie sans convoitise, et non comme le chien à la langue qui pend :

« En la contemplation d'avoir mon heur, tout vouloir mortifié, sans prise ni désir d'égoïsme, — tout le corps froid et gris comme cendre, mes yeux lunaires pourtant noyés d'ivresse!

« Ce qui me serait le plus cher — ainsi s'égare lui-même l'égaré — ce serait d'aimer la Terre comme l'aime la Lune, et de l'œil seulement toucher à sa beauté!

« Et d'appeler de toutes choses *immaculée* connaissance que de ces choses rien ne veuille, sinon de pouvoir être ici devant elles étendu, comme un miroir aux cent yeux ». —

O vous les délicats hypocrites, ô vous les concupiscents! Dans votre convoitise il vous manque d'être innocents, et pour quoi maintenant vous calomniez le désir!

En vérité, ce n'est point comme des créateurs que vous aimez la Terre, comme de ceux qui procréent et qu'éjouit le devenir!

Où se trouve innocence? Là où se trouve la volonté de procréation. Et qui au-dessus et au-delà de lui-même veut créer, pour moi c'est lui qui a le plus pur vouloir.

Où se trouve beauté? Là où de tout mon vouloir je *ne puis que vouloir*, là où je veux aimer et décliner, de crainte qu'une image reste image seulement.

Aimer et décliner, depuis des éternités cela s'accorde bien. Volonté d'amour, c'est être également volontaire pour la mort. Ainsi je vous parle, ô vous les pleutres [1]!

Mais à présent votre loucherie d'eunuques veut qu'on la nomme « contemplation ». Et ce qui se peut tâter avec de pleutres yeux, cela doit être baptisé « beau » [2]! O salisseurs de nobles noms [3]!

Mais ce doit être votre malédiction, vous les immaculés, vous les purs connaissants, que jamais vous n'engendrerez, et si larges et prégnants qu'à l'horizon vous puissiez vous étendre!

En vérité, de nobles mots avez la bouche pleine, et nous devrions croire que votre cœur déborde, ô vous les imposteurs?

Mais j'use, *moi*, de petits mots, humiliés et tordus; j'aime ramasser, à l'heure de vos repas, ce qui tombe sous la table [4].

Toujours encore avec ces petits mots, ô vous les — hypocrites, je peux vous dire votre vérité! Oui certes mes arêtes, mes coquilles et mes barbes — des hypocrites doivent chatouiller le nez [5]!

C'est dans un air vicié que toujours vous vivez et mangez; oui, certes il est plein de vos pensées concupiscentes, de vos mensonges et cachotteries.

Osez d'abord croire en vous-mêmes — en vous et en vos entrailles! Qui en lui-même ne croit est toujours un menteur.

C'est un masque de dieu que sur votre visage vous suspendez, ô vous les « purs »; dans un masque de dieu s'est recroquevillé votre abominable reptile!

En vérité, vous faites illusion, vous les « contemplatifs »! Même Zarathoustra jadis par vos divines peaux se laissa sottement duper; ne décela les serpentins anneaux dont elles étaient bourrées!

C'est une âme divine que j'eus l'illusion jadis de voir jouer en vos jeux, vous les purs connaissants! Meilleur art n'imaginais jadis que vos tours d'illusionnistes.

Reptilienne immondice et fétide senteur, c'est ce que cachait l'éloignement, et qu'une ruse ophidienne avec concupiscence ici rôdait.

Mais de vous j'*approchai* : lors m'est venu le jour

— et maintenant il vient à vous, — avec la Lune c'en fut fini de mon amourette!

Regardez-la donc! Prise en faute et blémissante, elle se tient là — devant l'aurore!

Car vient déjà l'ardent — vient à la Terre *son* amour! Il n'est solaire amour qui ne soit innocence et créateur désir!

Regardez-le donc, comme sur la mer il vient impatiemment! De son amour ne sentez-vous la soif et le souffle brûlant?

Aux mamelles de la mer il veut boire et jusqu'à sa hauteur faire monter les fonds marins; lors de la mer aux mille poitrines se lève le désir.

Elle *veut* que de sa soif la baise le Soleil et qu'il s'abreuve à sa mamelle; air elle *veut* devenir et altitude, et lumineuse sente, et la lumière même!

En vérité, comme l'aime le Soleil, j'aime la vie et toutes mers profondes.

Et c'est ceci que, *moi*, je nomme connaissance: tout ce qui est profond doit s'élever — jusques à ma hauteur!

Ainsi parlait Zarathoustra.

DES ÉRUDITS [1]

Tandis que je dormais, lors un mouton brouta le lierre qui couronnait ma tête, — il le brouta et dit : « Zarathoustra n'est plus un érudit! »

Dit et s'en fut, hargneux et hautain. Me l'a conté un enfant.

Ici me plaît d'être étendu, où s'amusent les enfants, près du mur lézardé, parmi des chardons et de rouges pavots.

Un érudit, encore le suis pour les enfants, et aussi pour les chardons et les rouges pavots. Même dans leur malice, ce sont des innocents.

Mais pour les moutons, plus ne le suis, ainsi le veut mon sort, — béni soit-il!

Car c'est la vérité que de la maison des érudits me suis enfui et que derrière moi j'ai fait claquer la porte.

Mon âme trop longtemps à leur table s'était assise avidement ; point je ne leur ressemble ; au savoir ne suis dressé comme au casse-noix!

J'aime la liberté et l'air qui souffle sur une Terre fraîche ; sur des peaux de bœuf mieux encore veux dormir que sur leurs honneurs et respectabilités.

Je suis trop ardent et de mes propres pensées trop consumé ; souvent j'en ai le souffle presque coupé. Lors il me faut gagner l'air libre et fuir tous ces poussiéreux cabinets [2].

Mais sous une ombre fraîche, eux sont assis au frais ;

en tout ils ne veulent être que spectateurs et se gardent bien de s'asseoir où le Soleil brûle les degrés [1].

Pareils à ceux qui dans la rue restent plantés et comme des badauds regardent les passants, de la sorte ils attendent et comme des badauds regardent des pensées que les autres ont pensées [2].

Les saisit-on avec les mains, lors alentour ils empoussièrent comme des sacs de farine, et involontairement ; mais qui soupçonnerait donc que leur poussière vient du froment et de la fauve splendeur des champs d'été ?

Jouent-ils aux sages, lors suis glacé de leurs petites sentences et vérités : souvent sur la sagesse flotte un relent qui semble venir du marécage et déjà, en vérité, j'ai perçu le coassement de la grenouille [3].

Ce sont des gens habiles, ils ont des doigts prudents ; en face de leurs multiples savoir-faire que veut *ma* simplicité ? A toutes manières d'enfiler et de nouer et de tisser s'entendent bien leurs doigts ; c'est ainsi qu'ils tricotent les chaussettes de l'esprit [4].

Ce sont bonnes horloges ; qu'on prenne soin seulement de les bien remonter ! Car ils disent l'heure sans faute et ce faisant sonnent avec discrétion.

C'est comme des moulins qu'ils travaillent, et comme des pilons ; versez-leur seulement votre grain, — déjà le savent moudre fin et en tirer blanche poussière.

Les uns les autres, ils se surveillent bien les doigts et au meilleur ne font confiance. Ingénieux en petites astuces ils épient ceux dont, sur des pieds paralysés, avance le savoir, — comme des araignées ces gens attendent.

Toujours je les vis avec prudence préparer le poison, et toujours, ce faisant, ils enfilaient des gants de verre.

Avec des dés pipés ils savent jouer aussi ; et au jeu les trouvai si ardents que leur coulait la sueur [5].

Entre eux et moi rien de commun, et de leurs vertus je suis plus dégoûté encore que de leurs piperies et de leurs dés pipés [6].

Et quand j'avais logis chez eux, j'avais logis au-dessus d'eux. De quoi ils me tinrent rigueur.

Qu'au-dessus de leur tête on marche, à aucun prix ils ne le veulent ouïr, de la sorte entre leur tête et moi ils mirent du bois et de la terre et de l'ordure.

De la sorte ils étouffèrent le bruit de mes pas, et jusqu'à présent des plus érudits le plus mal je fus entendu.

Entre eux et moi ils mirent toutes les fautes et faiblesses humaines : — c'est ce que dans leurs maisons ils nomment des « faux-plafonds » !

Mais au-dessus de leur tête, malgré tout, je marche avec mes pensées et, sur mes propres fautes voudrais-je même marcher, encore serais au-dessus d'eux et de leur tête.

Car les hommes *ne* sont égaux, ainsi dit la justice. Et ce que, moi, je veux, à *eux* il ne serait permis de le vouloir !

Ainsi parlait Zarathoustra.

DES POÈTES [1]

« Depuis que mieux je connais le corps, — disait Zarathoustra à l'un de ses disciples, — pour moi l'esprit
n'est plus esprit que par manière de dire, et tout
l'" impérissable " — cela aussi n'est qu'une image [2]. »

« Un jour déjà de la sorte t'ouïs parler, répondit le
disciple, et lors tu ajoutas : « mais trop menteurs sont
les poètes ». Pourquoi disais-tu donc que trop menteurs
sont les poètes [3] ? »

« Pourquoi ? dit Zarathoustra. Tu demandes pourquoi.
Ne suis de ceux que sur leur pourquoi l'on ose interroger.

Suis-je né d'hier ? Depuis longtemps, tout ce que
j'opine repose sur des expériences vécues.

Ne me faudrait-il être un foudre de mémoire si je
voulais auprès de moi garder mes raisons mêmes ?

Même déjà ce m'est bien trop de garder mes opinions ;
et il s'envole plus d'un oiseau.

Et dans mon colombier je trouve aussi parfois un
oiseau égaré, qui m'est un étranger et qui tremble de
peur lorsque sur lui je pose la main.

Or donc, que te disait un jour Zarathoustra ? Que
trop menteurs sont les poètes ? — Mais Zarathoustra
lui-même est un poète.

Crois-tu maintenant que lors il disait vrai ? De le
croire quelle raison as-tu ? »

Le disciple répondit : « Je crois en Zarathoustra. »
Mais Zarathoustra eut un hochement de tête et il
sourit.

La foi, dit-il, ne me rend bienheureux [1], et, moins que toute autre, celle dont je suis l'objet.

Mais supposé qu'en tout sérieux quelqu'un dise que trop menteurs sont les poètes, celui-là n'a pas tort, — *nous* sommes trop menteurs.

Trop pauvre est également notre savoir [2], et mal nous apprenons : ainsi déjà ne pouvons que mentir.

Et de nous autres poètes, qui donc aucune fois n'aurait mouillé son vin ? Dans nos celliers il s'est manigancé plus d'un vénéneux tripotage, plus d'un trafic qui est au-delà de toute description [3].

Et parce que pauvre est notre savoir, nous plaisent cordialement les pauvres en esprit, surtout, lorsque ce sont de jeunes petites femmes !

Et même encore avons désir de ce que les petites vieilles se racontent le soir. Ce que nous appelons nous-mêmes quant à nous l'éternel féminin [4].

Et comme s'il existait vers le savoir un mystérieux accès particulier qui *échapperait* à ceux qui apprennent quelque chose, nous avons foi dans le peuple et dans sa « sagesse » [5].

Mais ce que croient tous les poètes est que celui qui, dans l'herbe couché, ou sur de solitaires collines, tend bien l'oreille, de ce qui est entre Ciel et Terre celui-là sait quelque chose [6].

Et vient-il aux poètes de tendres impulsions, ils pensent toujours que c'est la nature même qui d'eux s'amouracha :

Et que jusqu'à leurs oreilles elle se glisse pour dire quelque secret et de chères flatteries [7] ; ce qui les met en chaleur et de quoi ils se gonflent devant tous les mortels.

Ah ! qu'entre Ciel et Terre il est de choses [8] dont les poètes seuls purent quelque peu rêver !

Et davantage *par-dessus* le Ciel, car sont tous dieux images de poète, de poète subterfuges [9] !

En vérité, là-bas toujours sommes tirés [10], — vers le royaume des nuées : sur elles nous installons nos baudruches bariolées, et les nommons alors dieux et surhommes : —

Pour de tels sièges justement sont bien assez légers, — tous ces dieux et surhommes !

Ah! comme je suis las de toute cette pauvreté qui
d'événement veut faire figure! Ah! comme des poètes
je suis las [1]!

Lorsque Zarathoustra de la sorte eut parlé, contre
lui s'irrita son disciple, mais sans mot dire. Et ne dit
mot non plus Zarathoustra ; et au-dedans s'était tourné
son œil comme s'il considérait de lointains horizons [2].
Enfin il soupira et reprit souffle.

Je suis, dit-il alors, de ce jour d'hui et d'autrefois,
mais il est chose en moi qui est de demain et d'après-
demain et de plus tard encore.

Des poètes suis las, des anciens et des nouveaux :
superficiels sont tous pour moi, et mers sans profondeur.

Jusques aux profondeurs assez ne vinrent leurs pensées ; en sorte que jusqu'aux fonds ne plongea leur sentiment.

Un peu de volupté, un peu d'ennui, voilà ce que fut
encore leur meilleure méditation.

Souffle et frôlement de spectres, voilà ce que vaut
pour moi tout leur flonflon de harpe : de la ferveur des
sons que surent-ils jusqu'ici ? —

Non plus je ne les tiens pour assez propres : ils trou
blent tous leurs eaux pour qu'elles semblent profondes.

Et volontiers se donnent avec cela pour rédempteurs,
mais à mes yeux ils restent des intermédiaires et des
entremetteurs, et de ceux qui pratiquent le compte à
demi, et des malpropres [3]! —

Hélas! J'ai bien jeté mon filet dans leurs mers et voulais prendre de bons poissons ; mais la tête d'un ancien
dieu, voilà ce que toujours j'ai repêché.

Ainsi à l'affamé la mer fit le don d'une pierre [4].
Et bien se peut que de la mer eux-mêmes soient nés [5].

Certes en eux l'on trouve perles ; ils n'en ressemblent
que mieux à de coriaces mollusques *. Et au lieu d'âme
trouvai souvent chez eux bave saumâtre.

Ainsi la mer encore leur enseigna sa vanité ; n'est-il
vrai que la mer est bien le paon des paons [6]?

---

* Nietzsche écrit « crustacés » (*Schaltiere*), mais il est clair qu'il
pense à des huîtres.

Même devant le plus hideux de tous les buffles elle fait la roue, et des dentelures de son éventail où jouent argent et soie jamais elle ne lasse.

Avec défi la considère le buffle, qui de l'arène est, en son âme, proche, plus proche encore du fourré, mais du marais tout à fait proche [1].

Que sont pour lui beauté, mer et parure du paon ? Cette image, je la dédie aux poètes.

En vérité, leur esprit même est le paon des paons, et une mer de vanité !

Des spectateurs, c'est ce que veut l'esprit du poète, fussent-ils même des buffles [2] ! —

Mais de cet esprit je me suis lassé ; et vois venir le jour où de lui-même il sera las.

Changés déjà vis les poètes, et vers eux-mêmes le regard tourné.

Des pénitents de l'esprit, voilà ceux que je vis venir ; de ceux-là sont nés ceux-ci [3]. —

Ainsi parlait Zarathoustra.

DE GRANDS ÉVÉNEMENTS [1]

Il est une île dans la mer — non *loin* des îles Fortunées de Zarathoustra — où ne cesse de fumer un volcan et dont le peuple dit, et singulièrement les vieilles petites femmes du peuple, que devant le portail du monde souterrain elle est placée comme un rocher, mais qu'à travers le volcan même descend l'étroit chemin qui mène à ce portail du monde souterrain.

Or, en ce temps où demeurait Zarathoustra aux îles Fortunées, il advint qu'un vaisseau jeta l'ancre près de l'île où se dresse la fumante montagne ; et que fit terre son équipage pour tirer le lapin. Mais vers midi, lorsque le capitaine et ses hommes ensemble furent à nouveau, en l'air ils virent soudain un homme qui s'approchait et une voix clairement dit : « Voici le temps, voici le temps suprême! ». Or, comme cette forme était au plus près d'eux — elle volait cependant avec rapidité, telle une ombre, vers le volcan, — ils reconnurent, très vivement émus, que c'était Zarathoustra, car l'avaient tous vu déjà, sauf le capitaine même, et ils l'aimaient comme aime le peuple, à parts égales mêlant l'amour et la timidité [2].

« Voyez-moi cela, dit le vieux timonier, c'est vers l'enfer que Zarathoustra chemine! » —

Dans le même temps où ces marins à l'île de feu accostaient, se répandit la rumeur que Zarathoustra avait disparu ; et lorsqu'on interrogea ses amis, ils contèrent que de nuit il s'était embarqué sans dire vers quel lieu il voulait faire route.

Ainsi naquit une inquiétude ; mais à cette inquiétude, trois jours plus tard, vint s'ajouter l'histoire des matelots — et maintenant tout le peuple disait que le diable avait enlevé Zarathoustra. De ce bruit ses disciples rirent assurément, et l'un d'eux ajouta : « J'aime mieux croire que c'est Zarathoustra qui a enlevé le diable ! » Mais au fond de leur âme ils étaient tous pleins de souci et de nostalgique attente ; ainsi grande fut leur joie lorsque Zarathoustra, le cinquième jour, parmi eux reparut[1].

Et voici la narration du dialogue entre Zarathoustra et le chien de feu :

La Terre, dit-il, a une peau ; et cette peau des maladies. L'une de ces maladies a nom, par exemple, « homme ».

Et de ces maladies une autre a nom « chien de feu »; sur *lequel* les hommes se sont dit et laissé dire force mensonges.

Pour scruter cette énigme, j'ai traversé la mer ; et toute nue je vis la vérité ; en vérité, nue des pieds à la tête !

Ce qu'il en est du chien de feu, maintenant je le sais ; et ce qu'il en est aussi de tous les diables de déjection et de subversion dont ne s'effrayent seulement de vieilles petites femmes.

Dehors, ô chien de feu, quitte tes fonds ! criai-je, et de ces fonds avoue quelle est la profondeur ! D'où tires-tu ce qu'ici tu éructes ?

Tu bois abondamment l'eau de la mer, ce que trahit ta saumâtre faconde[2]! En vérité, pour un chien des profondeurs, de la surface trop te nourris[3] !

Au mieux c'est pour le ventriloque de la Terre que je te tiens ; et lorsque des diables de subversion et de déjection j'ouïs le discours, pareils à toi toujours les ai trouvés : saumâtres, menteurs et plats.

Vous vous entendez à beugler et, avec votre cendre, à faire obscurité! Vous êtes les meilleures des grandes gueules et vous apprîtes à satiété l'art de faire bouillir la vase.

Où que vous soyez, alentour on ne peut plus trouver que vase, et bien du vaseux, du creux, du comprimé, qui se veut libérer.

« Liberté », c'est ce que le mieux vous aimez tous beugler ; mais, sitôt que les entourent force beuglements et fumée, aux « grands événements » j'ai désappris de croire.

Et me crois, ami Vacarme d'enfer! Les plus grands événements — ne sont de nos heures les plus bruyantes, mais les plus silencieuses.

Ne gravite le monde autour de ceux qui inventent des vacarmes nouveaux mais bien autour de ceux qui inventent des valeurs nouvelles ; *en silence*, il gravite.

Et fais-en donc l'aveu : de ton vacarme et de ta fumée une fois que ç'en fut fini, toujours bien pauvre était l'événement. Qu'importe que momifiée fût une ville ou que dans la vase gise une statue!

Et cette parole, je ne la dis pas moins à ceux qui renversent des statues. C'est bien la plus grande folie que de verser sel dans la mer et statues dans la vase.

Dans la vase de votre mépris gisait la statue ; mais c'est tout justement sa loi que du mépris naissent à nouveau pour elle et vie et vivante beauté!

Sous des traits plus divins elle se dresse à présent et d'une douloureuse séduction ; et, en vérité! encore vous remerciera de l'avoir renversée, ô vous les renverseurs!

Mais voici ce que je conseille aux rois [1] et aux Églises, et à tout ce qui est faible en âge et en vertu — vous laissez donc renverser! Pour qu'à la vie vous reveniez et qu'à vous revienne — la vertu! —

De la sorte je parlais devant le chien de feu ; lors avec hargne m'interrompit et demanda : « L'Église, qu'est-ce que cela ? »

L'Église, répondis-je, c'est une espèce d'État, et c'est la plus menteuse. Mais tais-toi donc, chien hypocrite! Tu la connais déjà le mieux du monde, ton espèce [2]!

L'État comme toi-même est un chien hypocrite ; comme toi, avec fumée et beuglements il aime discourir [3] — pour faire croire que sort sa voix, comme la tienne, du ventre des choses.

Car il se veut, l'État, de beaucoup la plus importante bête sur la Terre, et, aussi bien, les gens le croient. —

Quand de la sorte j'eus parlé, se démena le chien de feu comme de jalousie perdant le sens : « Comment s'écria-t-il, la plus importante bête sur la Terre ? Et, aussi bien, les gens le croient ? » Et lui sortait de la gueule tant de fumée et d'horribles voix que je crus que de rage et de jalousie il allait étouffer.

Enfin il se calma, et son hoquet prit fin ; mais, sitôt qu'il fut calme, je lui dis en riant :

« Tu t'irrites, chien de feu : c'est que contre toi j'ai raison !

Et pour que je conserve encore raison, écoute ce que je dis d'un autre chien de feu, de qui la voix effective-ment sort du cœur de la terre.

D'or est son haleine, et pluie d'or; ainsi le veut son cœur. Qu'a-t-il encore à faire de cendre et de fumée et de bouillante vase ?

Le rire qui sort de lui voltige comme une nuée mul-ticolore ; il ne souhaite ni ton gargouillement et ton éructation, ni la colique de tes entrailles !

Mais son or et son rire — du cœur de la Terre il les reçoit ; car, sache-le, — *d'or est le cœur de la Terre.* »

Lorsque le chien de feu eut perçu ces paroles, plus ne se put contraindre à m'écouter. Honteusement rentra sa queue et dit d'une voix faible : ouah! ouah! ouah!, et dans son antre se tapit. —

Telle fut la narration de Zarathoustra. Mais ses dis-ciples à peine l'écoutèrent, si grand désir avaient de lui conter l'histoire des matelots, des lapins et de l'homme volant.

« Qu'en dois-je penser ? dit Zarathoustra. Suis-je donc un spectre ?

Mais ce put être mon ombre. Vous ouïtes bien déjà quelque chose du voyageur et de son ombre ?

Sûr est pourtant ceci : il me faut à mon ombre plus court tenir la bride, — sinon elle fera tort à ma réputa-tion [1]. »

Et une fois encore Zarathoustra hochait la tête et s'é-tonnait : « Qu'en dois-je penser ? », dit-il une seconde fois.

« Pourquoi le spectre a-t-il crié : Voici le temps, voici le temps suprême ?

De quoi donc est-il — suprême temps ? » —

Ainsi parlait Zarathoustra.

LE DEVIN

« — et vis venir grande tristesse sur les hommes [1]. De leur ouvrage eurent lassitude les meilleurs.

Se répandit une doctrine, à côté d'elle courait une croyance : " Tout est vain, tout se vaut, tout déjà fut ! "

Et des collines redit l'écho : " Tout est vain, tout se vaut, tout déjà fut ! "

Bien nous fîmes la récolte, mais d'où vient que tous nos fruits soient gâtés et noircis ? De la méchante Lune qu'est-il sur nous tombé, la nuit dernière ?

Vainement avons œuvré, poison se fit notre vin, un mauvais œil roussit nos champs et fit jaunir nos cœurs.

Desséchés fûmes tous ; et que tombe feu sur nous, comme la cendre sommes poussière ; — oui certes, le feu même avons lassé.

Toutes fontaines pour nous se sont taries, la mer elle-même a reculé. Tout fond se veut déchirer, mais d'engloutir refuse la profondeur !

" Hélas ! est-il encore une mer quelque part où l'on se puisse noyer ? " — ainsi résonne notre plainte — au-dessus de plats marais [2].

Même pour la mort, en vérité, déjà sommes trop las ; à présent nous veillons encore et continuons de vivre — en des caveaux mortuaires ! » —

Ainsi Zarathoustra ouït parler un devin, et sa divination lui toucha le cœur et le changea. Tristement il allait et venait, plein de lassitude ; et il se fit pareil à ceux dont avait discouru le devin.

En vérité, dit-il à ses disciples, peu de temps passera [1] que ne vienne ce long crépuscule. Ah! comment sauverai-je ma lumière ?

Pourvu qu'en cette tristesse elle ne s'étouffe! Pour des mondes plus lointains, oui certes elle doit être lumière, et pour des nuits encore les plus lointaines!

En son cœur affligé, de la sorte allait et venait Zarathoustra ; et de trois jours ne but ni ne mangea ; il n'eut repos et perdit la parole. Finalement lui advint de tomber en un profond sommeil. Or ses disciples autour de lui pour de longues veillées étaient assis, et soucieusement attendaient qu'il s'éveillât, et de nouveau prît la parole et fût guéri de son chagrin

Mais discourut ainsi Zarathoustra lorsqu'il fut éveillé ; pourtant à ses disciples comme de très loin venait sa voix.

Oyez donc le rêve que je rêvai, vous mes amis, et pour en déceler le sens apportez-moi votre aide!

Énigme encore m'est ce rêve ; en lui celée et captive, avec de libres ailes encore dessus lui ne vole sa signification.

A toute vie j'avais renoncé, ainsi rêvai-je. Veilleur de nuit et gardien de tombeaux, voilà ce que j'étais devenu, là-bas, sur la montagne, dans le solitaire château de la mort.

Là-haut sur ses sépulcres je veillais ; de tels trophées pleines étaient les voûtes étouffantes. Depuis des cercueils de verre me regardait une vie vaincue.

De poussiéreuses éternités je respirais le remugle ; pesante et poussiéreuse gisait mon âme. Et qui donc à son âme eût pu là-haut donner de l'air ?

Lumière de minuit à toute heure m'enceignait ; Solitude auprès d'elle nichait ; et, comme troisième compagne, Mortelle Taciturnité, coupée de râles, la plus vilaine de mes amies.

De clés j'étais porteur, les plus rouillées de toutes clés ; et avec elles je savais l'art d'ouvrir la plus grinçante de toutes portes.

Comme un cruel croassement courait le son tout au

long du couloir lorsque du portail se levaient les vantaux ; sinistre était le cri de cet oiseau, point il n'aimait
qu'on l'éveillât.

Mais c'était plus terrible encore, et davantage encore
se serrait le cœur, quand à nouveau tout se taisait et
qu'alentour c'était silence et qu'en cette sournoise
taciturnité tout seul j'étais assis.

Ainsi pour moi passait, glissait le temps, si temps
encore était ; qu'en puis-je donc savoir ? Mais advint
finalement chose qui m'éveilla.

Trois fois des coups heurtèrent la porte, pareils à des
grondements de tonnerre, trois fois hurlèrent et réson-
nèrent les voûtes ; lors j'allai vers la porte.

Alpa ![1] criai-je, qui porte sa cendre à la montagne ?
Alpa ! Alpa ! A la montagne qui porte sa cendre ?

Et je poussai la clé, sur la porte pesai, et fis effort.
Mais d'un doigt même elle ne s'ouvrit.

Lors un vent qui bruissait écarta les vantaux ; sifflant,
hurlant, coupant, sur moi jeta un noir sépulcre.

Et dans le grondement, le sifflement, le hurlement,
éclata le sépulcre et comme un crachat lançait un ricanement mille fois multiplié.

Et de mille grimaces d'enfants, d'anges, de hiboux,
de bouffons et de papillons aussi grands que des enfants,
rire et sarcasme et tumulte contre moi se ruèrent.

D'effroi je sursautai ; à terre fus à nouveau jeté. Et
d'épouvante je criai, comme jamais n'avais crié.

Mais c'est mon propre cri qui m'éveilla : — et à moi je
revins [2]. —

Ainsi Zarathoustra fit de son rêve narration, et ensuite se tut ; car de son rêve encore ne savait le sens.
Mais le disciple qu'il aimait entre tous [3] en hâte se leva,
prit la main de Zarathoustra et dit :

« De ce rêve, ô Zarathoustra, ta vie même nous donne
la clé !

Toi-même n'es-tu le vent à la sifflante stridence, qui
des châteaux de la mort enfonce les portes ?

Toi-même n'es-tu le sépulcre plein des multicolores
malices de la vie, et des angéliques grimaces ?

En vérité, c'est tel un rire d'enfant mille fois multiplié
que vient Zarathoustra en tous caveaux mortuaires, se

riant de ces veilleurs de nuit et de ces gardiens de tombeaux, et de tous porte-clés aux sinistres cliquetis.

De ton rire tu les épouvanteras et à terre les jetteras ; de ta puissance sur eux impuissance et réveil feront la preuve.

Et que viennent le long crépuscule et la mortelle lassitude, lors même de notre ciel ne déclineras, ô toi qui de la vie est le porte-parole [1] !

Neuves étoiles nous fis voir et neuves magnificences nocturnes ; en vérité tu déployas le rire même comme un multicolore firmament au-dessus de nous.

A présent, des sépulcres toujours rire d'enfant sourdra ; sur toute mortelle lassitude c'est ouragan vainqueur qui toujours à présent soufflera ; de quoi nous es toi-même et garant et devin !

En vérité, *tes ennemis eux-mêmes, c'est toi qui les rêvas* : ce fut ton rêve le plus pesant.

Mais comme d'eux tu t'éveillas et à toi-même es revenu, ainsi d'eux-mêmes ils se doivent éveiller — et jusqu'à toi venir ! » —

Ainsi parla le disciple ; et autour de Zarathoustra se pressaient maintenant tous les autres, et lui prenaient les mains et le voulaient convaincre de laisser couche et tristesse et de leur revenir. Mais Zarathoustra restait assis, à sa couche appuyé, le regard étranger. Pareil à qui d'un long voyage revient, il regardait ses disciples et scrutait leurs visages, et encore ne les reconnaissait. Mais lorsqu'ils le soulevèrent et sur ses pieds le remirent, voici que changea brusquement son œil ; il comprit tout ce qui était advenu, se lissa la barbe et dit d'une voix forte :

« Courage! A chaque chose son temps! Mais prenez soin, ô mes disciples, qu'ayons un bon repas, et sans tarder! Ainsi de mes vilains rêves je veux faire pénitence!

Quant au devin, qu'à mes côtés il mange et boive ; en vérité je veux encore lui faire voir une mer où il se puisse noyer! »

Ainsi parlait Zarathoustra. Mais lors dévisagea longuement le disciple qui avait interprété le rêve, et en même temps hochait la tête. ' —

DE LA RÉDEMPTION

Alors qu'un jour Zarathoustra passait sur un grand pont, l'entourèrent les estropiés et les mendiants [1], et un bossu de la sorte lui fit discours :

« Regarde, Zarathoustra! Même le peuple de toi reçoit leçon et commence de croire à ton enseignement : mais pour qu'en toi il ait pleine croyance, encore te manque une seule chose — nous autres estropiés, il faut qu'aussi tu nous persuades! Beau choix tu as ici maintenant et, en vérité, occasion bien chevelue! Tu peux guérir des aveugles et faire courir les paralytiques, et qui dans le dos a trop de chair, tu lui en pourrais ôter un peu ; ce serait, ce me semble, bonne manière pour qu'en Zarathoustra crussent les estropiés! »

Mais à celui qui de la sorte parlait Zarathoustra répondit : « Qui au bossu ôte sa bosse lui ôte aussi l'esprit — ainsi enseigne le peuple. Et quand l'aveugle retrouve ses yeux, sur Terre il voit bien trop de vilenies, en sorte qu'il maudit son guérisseur. Quant au paralytique, le faire courir est lui infliger le pire dommage, car à peine peut-il courir, sitôt vont ses vices avec lui — voilà ce qu'enseigne le peuple sur le chapitre des estropiés. Et pourquoi du peuple aussi Zarathoustra ne recevrait-il leçon, si de Zarathoustra le peuple reçoit leçon ?

Ce m'est pourtant la moindre chose, depuis que je suis parmi les hommes, de voir qu'à l'un il manque un œil, à tel autre une oreille et au troisième la jambe, et que d'aucuns perdirent la langue ou le nez ou la tête.

Vois et vis plus vilain, et de telles horreurs que de chacune ne voudrais parler et que d'une d'entre elles je ne saurais me taire, je veux dire : de ces hommes à qui tout manque, sauf qu'une seule chose ont en excès, — de ces hommes qui rien ne sont qu'un grand œil ou une grande gueule ou un grand ventre, ou n'importe quoi de grand — ceux-là, je les nomme des estropiés à rebours.

Et lorsque je sortis de ma solitude et sur ce pont pour la première fois passai, lors je n'en crus mes yeux, regardai et de nouveau regardai, et finalement je dis : « Voilà une oreille! Une oreille aussi grande qu'un homme! » Mieux encore regardai et, sous l'oreille, remuait encore, en fait, chose pitoyablement petite et souffreteuse et débile. Et, en vérité, l'immense oreille tenait sur une petite et frêle tige, — mais cette tige était un homme! La loupe à l'œil on pouvait même reconnaître encore un visage minuscule et envieux; et qu'à la tige pendait aussi une âme minuscule et boursouflée. Or le peuple me dit que cette grande oreille n'était pas seulement un homme, qu'elle était un grand homme, un génie. Mais jamais je ne crus le peuple dans son discours sur les grands hommes — et continuai de croire qu'il s'agit bien d'un estropié à rebours, qui de tout a trop peu et d'une seule chose a trop. »

Lorsque Zarathoustra de la sorte eut au bossu parlé, et à ceux dont il était la bouche et le porte-parole, lors se tourna vers ses disciples, profondément découragé, et dit :

« O mes amis, en vérité, parmi les hommes je chemine comme parmi des fragments et des morceaux d'hommes!

L'épouvante de mon œil est que je trouve l'homme morcelé et disjoint comme sur un champ de bataille et d'équarrissage.

Et si du maintenant mon regard fuit vers le jadis, lors trouve toujours même spectacle : des fragments, des morceaux, de cruels hasards — mais non des hommes!

Le maintenant et le jadis sur Terre, — ah! mes amis, voilà qui m'est le plus intolérable, *à moi!* Et je ne pourrais vivre si je n'étais encore un voyant de ce qui nécessairement viendra

Un voyant, un voulant, un créant, un avenir même, et un pont vers l'avenir — hélas! en quelque sorte aussi un estropié sur ce pont : voilà tout ce qu'est Zarathoustra!

Et vous aussi souvent interrogez : " Qu'est-il pour nous, Zarathoustra ? Comment le nommerons-nous ? " Et comme moi-même à vos questions vous répondiez par des questions.

Est-il un homme qui promet ? Ou un homme qui accomplit ? Ou un conquérant ? Ou un héritier * ? Un automne ? Ou un soc de charrue ? Un médecin ? Ou un convalescent ?

Est-il un poète ? Ou un diseur de vérité ? Un libérateur ? Ou un asservisseur ? Un bon ? Ou un méchant [1] ?

Parmi les hommes je chemine comme parmi les fragments de l'avenir, de cet avenir que je contemple.

Et voici toute ma poésie et toute ma visée : pouvoir en une chose unique considérer et rassembler ** ce qui est fragment, énigme et cruel hasard !

Et que je sois un homme, comment le souffrirais-je si l'homme aussi n'était poète, et déchiffreur d'énigmes et du hasard le rédempteur ?

Racheter ceux du passé et en " Ainsi je l'ai voulu " changer tout " Cela fut ", — que cela seul pour moi s'appelle rédemption !

Vouloir — ainsi se nomme le libérateur et le porteur de joie : telle fut ma leçon, ô mes amis ! Mais apprenez encore ceci maintenant : même le vouloir encore est un captif.

Vouloir libère, mais ce qui tient enchaîné le libérateur même, de quel nom l'appeler ?

" Cela fut ", ainsi se nomme du vouloir le grincement de dents et sa plus solitaire tribulation. Contre tout ce qui est déjà fait ne pouvant rien — de tout passé il est méchant observateur.

En arrière ne peut vouloir la volonté ; qu'elle

---

*   « *Ein Erobernder ? Oder ein Erbender ?* »
* *   Jeux verbaux sur les deux verbes « *dichten* » — « composer une œuvre littéraire » et « condenser — et sur l'analogie phonétique entre *trachten* » (viser à) et le radical de » *zusammentragen* « (rassembl+r).

ne puisse briser le temps, et les désirs du temps,
— c'est de la volonté le plus solitaire chagrin [1].

Vouloir libère, mais que médite le vouloir même afin
de se libérer de son chagrin et de railler sa geôle?

Bouffon, hélas! devient tout captif! Et sur le mode
de la bouffonnerie se rachète aussi la volonté captive!

Que le temps en arrière ne revienne, c'est de quoi elle
enrage. " Ce qui fut, cela fut ", — ainsi se nomme le
rocher qu'elle ne peut point rouler.

Et elle roule de la sorte des rochers par rage et par
dépit, et tire sa vengeance sur qui n'éprouve comme elle
rage et dépit.

Ainsi la volonté, cette libératrice, est devenue une
malfaitrice ; et de ne pouvoir revenir en arrière, sur
tout ce qui peut souffrir elle tire sa vengeance.

Voici, oui certes voici seulement ce qu'est la *vengeance* même : contre le temps et contre son " Cela fut "
le contre-vouloir de la volonté.

Dans notre volonté loge à vrai dire une grande bouffonnerie. Et ce fut malédiction pour tout ce qui est
humain que d'esprit cette bouffonnerie ait fait apprentissage!

L'esprit de vengeance, ô mes amis, voilà ce qui jusqu'à
présent fut pour les hommes la meilleure réflexion ; et là
où était peine, là toujours devait être châtiment.

Car " châtiment ", voilà le nom qu'elle-même se
donne la vengeance ; d'un mot menteur elle se fait hypocritement une bonne conscience.

Et puisque le voulant lui-même souffre de ce qu'en
arrière il ne puisse vouloir, — ainsi le vouloir même et
toute vie devaient — être châtiment!

Et maintenant par-dessus l'esprit s'amassèrent nuées
sur nuées jusqu'à ce que finalement le délire prêchât :
" Tout passe, donc tout mérite de passer [2]! "

" Et c'est justice même, cette loi du temps qui lui
impose de dévorer ses enfants [3]! ", ainsi prêcha le délire.

" Moralement sont ordonnées les choses selon le
droit et le châtiment. Du flux des choses et du châtiment d' ' exister ' où est donc la rédemption? " Ainsi
prêcha le délire.

" Peut-il y avoir une rédemption s'il existe un

droit éternel ? Hélas ! Ne peut se déplacer le rocher
‘ Cela fut ’ ; éternels ne peuvent qu’être aussi tous châti-
ments ” ! Ainsi prêcha le délire.

“ Qu’un fait s’anéantisse, c’est là chose impossible ;
comment se pourrait-il que par le châtiment un fait
devînt un non-fait ? Voici, voici, qui est l’éternel dans
le châtiment d’ ‘exister’ : que l’existence même ne
puisse être à tout jamais que fait et culpabilité.

« A moins que le vouloir enfin lui-même se rachète, et
que vouloir devienne non-vouloir ! ” — mais vous connaissez bien, mes frères, cette fable que chante le délire [1] !

Hors de ces fables et chansons vous ai conduits quand
je vous enseignai : “ le vouloir est créateur [2] ! ”

Fragment, énigme, cruel hasard, ainsi est tout “ Cela
fut ” — jusqu’à ce que le vouloir qui crée ajoute :
“ Mais ainsi l’ai voulu ! ”

— Jusqu’à ce que le vouloir qui crée ajoute : “ Mais
ainsi je le veux, ainsi je le voudrai [3] ! ”

Mais de la sorte a-t-il parlé déjà ? Et quand le fera-t-il ?
De sa propre folie le vouloir s’est-il désharnaché ?

Le vouloir est-il devenu lui-même un rédempteur
et un porteur de joie ? De l’esprit de vengeance et de
tous grincements de dents a-t-il désappris les leçons ?

Et qui lui a enseigné de se réconcilier avec le temps,
et une plus haute chose que toute réconciliation ?

Une plus haute chose que toute réconciliation, voilà
ce qu’il faut que veuille cette volonté qui est volonté
de puissance, — mais comment cela lui advient-il ? Qui
encore lui enseigna aussi de vouloir en arrière ? »

— Or, à ce point de son discours, advint que Zarathoustra tout à coup fit silence, et tout entier il avait
l’air de celui qu’assaille la plus extrême frayeur. D’un
œil épouvanté regardait ses disciples ; comme une
flèche son œil perçait, et leurs pensées et leurs arrière-
pensées. Mais après un court moment, de nouveau riait
déjà, et dit, apaisé :

« Il est pesant de vivre avec des hommes, car il est
bien pesant de se taire [4]. Singulièrement pour un ba-
vard [5]. » —

Ainsi parlait Zarathoustra. Mais le bossu avait prêté

l'oreille à son discours et, ce faisant, s'était voilé la
face ; lorsqu'il perçut le rire de Zarathoustra, avec
curiosité le regarda et dit lentement :

« Mais pourquoi d'autre façon Zarathoustra nous parle-t-il qu'à ses disciples ? »

Répondit Zarathoustra : « Quoi de surprenant ?
A des bossus c'est en langage bossu qu'on a déjà le
droit de parler ! »

« Fort bien ! dit le bossu : et avec des écoliers c'est en
langage d'école qu'on a déjà le droit de bavarder.

Mais pourquoi d'autre façon Zarathoustra parle-t-il
à ses disciples — qu'à lui-même ? » —

DE LA PRUDENCE AVEC LES HOMMES

Ce n'est la cime, c'est la pente l'effrayant!

La pente où le regard *en bas* se précipite et où la main *en haut* s'accroche. Là vacille le cœur devant son double vouloir.

Ah! mes amis, de mon cœur aussi avez-vous bien deviné le double vouloir?

Telle est, oui telle est ma pente, *à moi*, et tel est mon péril, que mon regard vers la cime se précipite et que ma main voudrait se retenir et prendre appui — sur le fond!

A l'homme s'accroche mon vouloir; avec des chaînes à l'homme je me lie parce que en haut vers le surhomme suis entraîné; car c'est là que tend mon autre vouloir.

Et si parmi les hommes je vis en aveugle, comme ne les connaissant, c'est *pour* qu'en un point ferme ma main ne perde tout à fait sa foi.

O vous les hommes, point ne vous connais; cette ténèbre et cette consolation souvent autour de moi s'étendent.

Devant le porche je suis assis, à la disposition de tout vaurien, et je demande : qui me veut duper?

Ceci est ma première prudence avec les hommes : je me laisse duper afin que des dupeurs je n'aie à me garder.

Ah! si devant les hommes j'étais en garde, pour mon ballon l'homme serait-il une ancre? Trop légèrement mon ballon m'arracherait vers le haut et bien loin m'entraînerait!

La providence qui sur mon destin veille est que sans précaution il me faille être.

Et qui parmi les hommes ne veut mourir de soif, à boire dans tous les verres lui faut apprendre ; et qui, parmi les hommes, veut rester propre, même dans une eau sale il lui faut bien s'entendre à se laver!

Et souvent me suis dit pour ma consolation : « Courage! courage, vieux cœur! Si quelque malheur t'advint, jouis-en comme de ton — heur! »

Mais voici ma deuxième prudence avec les hommes : plus que les *vaniteux* je ménage les fiers.

N'est vanité blessée la mère de toute tragédie? Mais où l'on blesse la fierté, là croît meilleure plante encore que fierté.

Pour que la vie soit bonne à regarder, de la vie il faut jouer bien le jeu : et cela requiert de bons comédiens.

Bons comédiens, tels j'ai trouvé toujours les vaniteux ; ils jouent et veulent qu'on aime les regarder, — en ce vouloir est tout leur esprit.

Ils se donnent en spectacle, s'inventent eux-mêmes ; c'est dans leur voisinage que j'aime regarder la vie, — c'est bon remède à la mélancolie!

Les vaniteux, je les ménage parce que de ma mélancolie ils sont les médecins et, comme à un spectacle, à l'homme solidement m'attachent.

Et ensuite : chez le vaniteux, qui de son humilité mesure l'entière profondeur? A cause de son humilité pour lui je suis compatissant et bon.

De vous il veut apprendre sa croyance en lui-même ; de vos regards il se nourrit ; il broute l'éloge dans vos mains.

A vos mensonges il croit encore quand de lui bien mentez ; car au plus profond de lui-même son cœur soupire : « Que suis-je, *moi*? »

Et si c'est droite vertu que de soi-même tout ignorer : voyez! de son humilité le vaniteux ignore tout! —

Mais voici ma troisième prudence avec les hommes : que le spectacle des *méchants* par votre poltronnerie point ne me soit gâté!

Bienheureux suis de voir les miracles que fait éclore un chaud Soleil : tigres et palmiers et serpents à sonnettes.

Aussi parmi les hommes il est au chaud Soleil belle couvée, et bien des choses chez les méchants qui méritent d'être admirées.

De même que vos plus sages si sages ne me parurent, c'est au-dessous de sa réputation que j'ai trouvé aussi la méchanceté des hommes [1]!

Et avec des hochements de tête souvent me suis demandé : pourquoi sonner encore, ô vous les serpents à sonnettes ?

En vérité, au mal aussi il reste encore un avenir! Et le plus chaud midi ne s'est encore à l'homme découvert.

Mainte chose qu'à présent vous nommez la plus affreuse méchanceté, comme elle n'a pourtant que douze pieds de large et de longueur trois mois [2]! Mais quelque jour viendront au monde dragons de plus haute taille.

Pour qu'au surhomme ne manque son dragon, le surdragon digne de lui, il faut, en effet, que sur la moite forêt vierge encore plus d'un Soleil flamboie!

Que tigres soient devenus d'abord vos chats sauvages, et caïmans vos venimeux crapauds ; car bon chasseur veut bonne chasse!

Et, en vérité, ô vous les gens de bien et les justes! Que de choses en vous prêtent à rire, et d'abord votre crainte de celui qui jusqu'ici s'appelait « diable »!

A la grandeur, avec votre âme, êtes si étrangers que le surhomme, en sa bonté, pour vous serait *effrayant*!

Et vous, les sages et les savants, fuiriez ce chaud Soleil de la sagesse où le surhomme avec plaisir baigne sa nudité!

O vous, les hommes les plus hauts qu'ait rencontrés mon œil, voici sur vous mon doute et mon rire secret : je devine que mon surhomme — c'est diable que vous le nommeriez!

Hélas! de ces hommes les plus hauts, et les meilleurs, lassé je suis ; de leur « hauteur » plus haut j'eus l'envie de monter, plus loin, jusqu'au surhomme [3]!

Une épouvante me saisit quand, ces meilleurs, je

les vis nus ; lors m'ont poussé des ailes pour m'envoler vers des avenirs lointains.

Vers des avenirs plus lointains, vers des midis plus austraux que jamais n'en rêverait un imagier, là où des dieux de tout vêtement se feraient honte !

Mais déguisés je vous veux voir, ô *vous* qui êtes mes proches et avec moi des hommes, et bien pomponnés, et vaniteux et dignes, jouant « les hommes de bien et les justes », —

Et c'est moi-même déguisé que parmi vous je veux m'asseoir, — afin de *ne pas vous reconnaître*, vous, et de *ne pas me reconnaître*, moi non plus : car voilà bien avec les hommes mon ultime prudence.

Ainsi parlait Zarathoustra.

L'HEURE DU PLUS GRAND SILENCE

Que m'advint-il, ô mes amis ? Vous me voyez troublé,
entraîné, de mauvais gré docile, prêt au départ, — hélas
pour m'éloigner de *vous* !

Oui certes, une fois encore c'est à sa solitude que doit
retourner Zarathoustra ; mais sans plaisir à sa caverne
l'ours, cette fois-ci, retourne!

Que m'advint-il ? Qui me donna cet ordre ? — Hélas !
ainsi le veut mon irascible maîtresse, c'est elle qui m'a
parlé ; jamais vous ai-je dit son nom ?

Hier au soir m'a parlé *l'heure de mon plus grand
silence* : ainsi se nomme mon irascible maîtresse.

Et de la sorte advint — car il me faut tout vous dire,
de peur que contre celui qui brusquement vous quitte
ne s'endurcisse votre cœur [1].

De l'homme en train de s'assoupir connaissez-vous
l'effroi ? —

De la tête aux pieds il s'effraie parce que le sol lui
manque et que le rêve commence.

En image je vous le dis. Hier, à l'heure du plus grand
silence, le sol me manqua : le rêve commençait.

L'aiguille avança, l'horloge de ma vie reprit son souffle,
— jamais autour de moi je n'avais perçu pareil silence,
en sorte que mon cœur fut effrayé.

Lors me parla parole sans voix : « *Tu le sais, Zarathoustra ?* » —

Et d'effroi je criai, à ce chuchotement, et mon visage
fut exsangue, mais je me tus.

Lors me parla une deuxième fois parole sans voix :
« Tu le sais, Zarathoustra, mais point ne le dis! » —

Et répondis enfin comme quelqu'un qui défie : « Oui,
je le sais, mais point ne le veux dire! »

Lors me parla de nouveau parole sans voix : « Tu ne
veux, Zarathoustra? Cela même est-il vrai? En ton entê-
tement ne te dérobes-tu? »

Et comme un enfant je pleurai et je tremblai, et dis :
« Hélas! déjà voudrais, mais comment puis-je? M'épargne seulement ceci! Ceci passe mes forces [1]! »

Lors me parla de nouveau parole sans voix : « Que
t'importe, Zarathoustra? Dis ta parole, et te brise! » —

Et répondis : « Hélas! est-ce bien *ma* parole? Qui
suis-je, *moi*? J'attends celui qui est plus digne [2] ; sur
lui je ne mérite même de me briser! »

Lors me parla de nouveau parole sans voix : « Que
t'importe? Pour moi, n'es humble encore assez. L'humilité a le cuir le plus dur. »

Et répondis : « Que ne souffrit déjà le cuir de mon
humilité? C'est au pied de ma cime que j'habite ; à quelle
hauteur sont mes sommets? Personne encore ne me l'a
dit. Mais bien je connais mes vallées. »

Lors me parla de nouveau parole sans voix : « O
Zarathoustra, qui as montagnes à déplacer déplace aussi
vallées et fonds. » —

Et répondis : « Encore n'a déplacé ma voix aucune
montagne, et les discours que je faisais point n'attei-
gnirent les hommes. Vers les hommes bien suis venu,
chez eux encore ne suis parvenu [3]! »

Lors me parla de nouveau parole sans voix : « Qu'*en*
sais-tu? Dans le plus grand silence de la nuit sur
l'herbe tombe la rosée. » —

Et répondis : « Ils me raillèrent quand je trouvai ma
voie et la suivis, et, en vérité, lors ont tremblé mes
pieds.

Et ainsi me parlaient : Tu as désappris la voie, maintenant même de marcher tu désapprends! »

Lors ma parla de nouveau parole sans voix : « Qu'importent leurs railleries? Tu es quelqu'un qui d'obéir a
désappris ; à toi maintenant de commander!

Ne sais-tu *qui* est à tous le plus indispensable?

Celui qui de grandes choses commande.

Grandes choses accomplir est pesant, mais plus pesant est grandes choses commander [1].

Ce qui chez toi est le moins excusable, c'est que tu as la puissance et point ne veux régner. »

Et je répondis : « Me manque pour commander la voix du lion [2]. »

Lors me parla de nouveau comme un chuchotement : « Les plus silencieuses paroles sont celles qui portent la tempête. Pensées qui viennent sur pieds de colombe, voilà celles qui mènent le monde.

O Zarathoustra! comme l'ombre de ce qui ne peut que venir, ainsi tu dois marcher! Ainsi tu commanderas et, commandant, en tête marcheras! » —

Et répondis : « Je me fais honte. »

Lors me parla de nouveau parole sans voix : « Devenir enfant te faut encore et sans avoir honte.

De la jeunesse encore tu portes la fierté, tardivement tu devins jeune : mais qui veut devenir enfant, de sa jeunesse encore il faut aussi qu'il soit vainqueur [3] » —

Et longuement je réfléchis et je tremblais. Mais à la fin je dis ce que d'abord j'avais dit : Point ne veux!

Lors éclata un rire autour de moi. Malheur! Comme ce rire me déchira les entrailles et en morceaux brisa mon cœur!

Et pour la dernière fois me fut ainsi parlé : « O Zarathoustra, mûrs sont tes fruits, mais pour tes fruits tu n'es pas mûr!

A la solitude de nouveau il te faut donc revenir, car encore tu t'attendriras. » —

Et de nouveau il y eut un rire et une fuite : ensuite ce fut le silence autour de moi, comme un double silence [4]. Mais sur le sol je gisais, et de mes membres coulait la sueur.

— Maintenant vous ouïtes tout, et pourquoi il me faut à ma solitude revenir. Rien ne vous ai tu, ô mes amis.

Mais cela aussi l'ouïtes de moi, *lequel* de tous les hommes est encore toujours le plus taciturne [5] — et le veut être!

Ah! mes amis, j'aurais encore une chose à vous dire, j'aurais encore une chose à vous donner! De vous la donner qui me retient ? Suis-je donc avaricieux [1] ? » —

Mais lorsque Zarathoustra eut dit ces paroles, fut
accablé par la violence de sa douleur et par le proche
adieu à ses amis, en sorte que bruyamment pleurait ;
et de le consoler personne n'avait savoir. Mais, la nuit
venue, il partit seul et laissa ses amis [2].

Troisième partie

« *En haut vous regardez quand de
hauteur avez envie. Et je regarde en
bas car je me tiens sur les sommets.*

*Qui de vous tout ensemble peut rire
et se tenir sur les sommets ?*

*Qui gravit les plus hautes cimes
n'a cure des tragédies jouées et de
toutes tragédies vécues.* »

Zarathoustra.
1re *partie, « Du lire et de l'écrire. »*
(p. 55)

LE VOYAGEUR

À l'heure de minuit Zarathoustra se mit en chemin
par la crête de l'île pour arriver au petit jour sur l'autre
rive, car c'est là qu'il se voulait embarquer. Là, en effet,
se trouvait une bonne rade où volontiers aussi des vaisseaux étrangers jetaient l'ancre, lesquels à leur bord
accueillirent plus d'un homme qui, venant des îles Fortunées, sur mer voulait aller. Or tandis que Zarathoustra de la sorte gravissait la montagne, il lui souvint [1],
chemin faisant, de mainte solitaire pérégrination depuis
sa jeunesse, et combien de montagnes et de crêtes et
de cimes avait déjà gravies.

Je suis, dit-il à son cœur, un homme qui
voyage et qui gravit des montagnes ; point n'aime les
plaines et, ce me semble, en paix ne puis longtemps
rester assis.

Et quelque destin encore que me vienne à présent, et
quelque expérience vécue, — y seront toujours cheminement et escalade de montagnes ; on ne vit à la fin
d'autre expérience encore que soi-même [2].

Le temps n'est plus où la rencontre des hasards
encore m'était permise, et à présent que me pourrait-il
advenir qui déjà ne fût mien [3] ?

Il retourne seulement, pour moi revient enfin chez lui
— mon propre soi, et ce qui de lui longtemps vécut à
l'étranger, entre toutes choses dispersé et entre tous
hasards.

Et je ne sais plus rien sinon que me voici debout

devant mon ultime sommet et ce qui le plus longtemps
me fut épargné. Hélas! sur mon plus dur chemin il me
faut avancer. Hélas! j'ai commencé ma plus solitaire
pérégrination [1]!

Mais qui est de mon espèce à pareille heure n'échappe,
à l'heure qui lui parle : « A présent seulement de la grandeur tu vas ton chemin! Cime et abîme — maintenant
cela ne fait plus qu'un!

De la grandeur tu vas ton chemin ; maintenant est
devenu ton ultime refuge ce qui jusqu'alors avait pour
nom ton ultime péril!

De la grandeur tu vas ton chemin ; que derrière toi soit
coupé tout chemin, voilà nécessairement ton courage
le meilleur.

De la grandeur tu vas ton chemin ; à la trace personne
ici ne te doit suivre ; derrière toi ton pied lui-même a
effacé le chemin et, au-dessus de lui, il est écrit : impos-
sibilité.

Et si te manquent à présent toutes échelles, à t'élever
plus haut que ta propre tête, et au-delà, tu ne peux que
t'entendre ; t'élever d'autre manière, comment le voudrais-tu ?

Plus haut que ta propre tête, et au-delà, plus haut que
ton propre cœur! Maintenant le plus doux en toi ne peut
encore que devenir le plus dur!

Qui grandement toujours s'est ménagé, à la fin celui-là
de son grand ménagement tombe malade. Louange à ce
qui rend dur! Je ne loue pas le pays où beurre et miel —
coulent [2]!

Désapprendre à se voir est nécessaire pour *beaucoup*
voir [3] ; — de cette dureté tout grimpeur a besoin.

Mais qui des yeux, en connaissant, est indiscret, comment de toutes choses verrait-il plus que leur premier
plan [4]?

Or toi, Zarathoustra, c'est le fond de toutes choses que
tu as voulu contempler, et leur arrière-fond ; au-dessus
de toi-même déjà il te faut donc monter, — là-bas, là-
haut ; afin que même tes étoiles encore soient *au-dessous* de toi!

Oui certes! D'en haut me regarder moi-même, et
encore mes étoiles, voilà seulement ce qui se nommerait

ma *cime*, ce qui encore me restait comme ma cime *dernière* ! » —

Ainsi se parlait à lui-même Zarathoustra, cependant qu'il montait, par de dures maximes se consolant le cœur ; car il avait le cœur blessé comme jamais ne l'avait eu. Et lorsqu'il fut au plus haut de la crête, voici que l'autre mer devant lui s'étalait ; il se tint immobile et longuement se tut. Or la nuit était froide à cette altitude, et claire et étoilée.

Je connais mon destin, dit-il enfin avec tristesse. Courage ! je suis prêt. Vient à l'instant de commencer mon ultime solitude [1].

Hélas ! au-dessous de moi cette noire et triste mer ! Hélas ! cette gravide, cette nocturne contrariété ! Hélas ! destin et mer ! Vers vous il me faut à présent *descendre* [2] !

Devant ma plus haute montagne me voici debout, et devant ma plus longue pérégrination ; ainsi plus bas me faut d'abord descendre que jamais ne descendis :

— plus bas dans la douleur que jamais ne descendis, jusques à l'intérieur de son flot le plus noir ! Ainsi veut mon destin. Courage ! je suis prêt !

D'où viennent les plus hautes montagnes ? Un jour l'ai demandé. Et lors j'appris que de la mer elles tirent origine.

Ce témoignage est sur leur roche écrit et sur les parois de leurs cimes. Du plus profond il faut que le plus haut à sa propre hauteur s'élève. —

Ainsi parlait Zarathoustra, à la pointe du mont, dans la froidure ; mais lorsqu'il vint plus près de la mer et que finalement, seul parmi les récifs, debout il se tenait, en cheminant lui était venue lassitude et il se trouva plus nostalgique encore que naguère.

A présent, se dit-il, dorment encore toutes choses ; s'est endormie même la mer. Ivre de sommeil, étranger, vers moi regarde son œil [3].

Mais chaude est son haleine, que je sens. Et sens aussi qu'elle rêve. En son rêve elle s'agite sur de durs oreillers.

Écoute ! Écoute ! Comme elle gémit de méchants souvenirs ! Ou de méchantes attentes ?

Hélas! triste avec toi je suis, ô monstrueuse ténèbre, et par ta faute encore contre moi-même m'irrite!

Ah! Que ma main n'est vigoureuse assez! De tes méchants rêves, en vérité, j'aimerais bien te libérer! —

Et cependant qu'ainsi parlait Zarathoustra, il se rit de lui-même, le cœur lourd et amer : « Comment, Zarathoustra, disait-il, même à la mer veux-tu chanter consolation [1]?

O Zarathoustra! Bouffon riche d'amour, de confiance trop béat! Mais ainsi fus toujours ; à tout ce qui effraye familièrement tu vins toujours.

Ne fut monstre qu'encore n'aies voulu caresser. Souffle de chaude haleine, brin de molle fourrure à la patte ; à l'aimer, à le séduire, tout aussitôt fus prêt.

L'*amour* est le péril de qui est le plus seul, l'amour de tous les êtres, *pourvu seulement qu'ils vivent*! Risibles, véritablement, sont en amour ma bouffonnerie et ma simplesse! » —

Ainsi parlait Zarathoustra, et, ce faisant, il rit à nouveau; mais lors il lui souvint de ses amis laissés — et, comme si, par de telles pensées, il se fût avec eux méconduit, de ses pensées il s'irrita. Et sitôt il advint que le rieur pleurait ; — d'ire et de nostalgie amèrement pleurait Zarathoustra [2].

DE LA VISION ET DE L'ÉNIGME [1]

1

Lorsque parmi les matelots le bruit se répandit que Zarathoustra était à bord — car s'était embarqué avec lui un homme venant des îles Fortunées — lors s'élevèrent grande curiosité et attente. Mais Zarathoustra se tut deux jours durant et de tristesse fut froid et muet, en sorte que ni aux regards ni aux questions ne répondait. Or le soir du deuxième jour il ouvrit à nouveau les oreilles, mais toujours sans dire mot, car mainte chose étrange et périlleuse se pouvait ouïr sur ce vaisseau qui venait de loin et plus loin encore voulait aller. Mais Zarathoustra était l'ami de tous ceux qui voyagent au loin et sans péril ne sauraient vivre. Et voici qu'enfin, à force d'écouter, sa propre langue se délia et de son cœur fondit la glace : — lors ainsi commença de parler :

O vous, les hardis chercheurs, les rechercheurs, et quiconque jamais vers d'effrayantes mers fit astucieusement voile,

vous qui d'énigmes êtes ivres, vous qu'éjouit la pénombre, vous de qui l'âme par des flûtes est vers tous labyrinthes entraînée,

— car ne voulez d'une lâche main suivre à tâtons un fil ; et là où vous pouvez *deviner*, il vous répugne d'*inférer* [2] —

à vous seuls je conte l'énigme que je *vis* — la vision du plus solitaire. —

Sombre naguère je marchais par un cadavérique crépuscule, — sombre et dur, lèvres serrées. Plus d'un Soleil avait pour moi décliné.

Un sentier effronté, parmi les éboulis grimpant, cruel et solitaire, que n'encourageait plus ni herbe ni taillis, un sentier de montagne crissait sous le défi de mon pied.

Avançant, muet, sur le crissement sarcastique des cailloux, foulant la pierre qui le faisait glisser, ainsi de force tendait mon pied vers le haut.

Vers le haut : — défiant l'esprit qui vers le bas le tirait, vers l'abîme le tirait, l'esprit de pesanteur, mon diable et mon ennemi mortel.

Vers le haut : — encore que sur moi il fût assis, mi-nain mi-taupe ; paralysé, paralysant ; par mon oreille faisant couler du plomb, et des pensées dans mon cerveau qui étaient gouttes de plomb [1].

« O Zarathoustra, murmurait-il sarcastiquement, syllabe après syllabe, toi pierre de sagesse ! Haut tu t'es lancé, — mais il n'est pierre lancée — qui ne retombe !

O Zarathoustra, toi pierre de sagesse, toi pierre de catapulte, toi fracasseur d'étoiles ! Bien haut tu t'es lancé toi-même, mais il n'est pierre lancée — qui ne retombe !

A toi seul condamné, et à toi-même te lapider, ô Zarathoustra, loin certes tu lanças la pierre, — mais c'est sur *toi* qu'elle retombera ! »

Alors se tut le nain, et longuement. Mais son silence me pesait et, en telle conjoncture, à deux l'on est vraiment plus solitaire que seul !

Je montais, je montais, je rêvais, je songeais, — mais tout m'était pesant. Au malade je ressemblais que lasse son vilain martyre et qu'un plus vilain rêve à son sommeil arrache. —

Mais il est chose en moi que je nomme courage ; jusqu'à cette heure, de tout découragement cette chose pour moi fut meurtrière. C'est ce courage enfin qui m'adjura de m'arrêter, et de dire : « Nain, à nous deux ! » —

Courage, tel est bien le meilleur meurtrier, — courage qui *attaque*, car il n'est point d'attaque sans un jeu de fanfare.

Mais l'homme est la plus courageuse des bêtes : ainsi il domina toute bête. Avec un jeu de fanfare encore il domina toute douleur ; or humaine douleur est de toutes douleurs la plus profonde.

Le courage tue aussi le vertige des abîmes ; mais est-il lieu où l'homme ne soit au bord d'abîmes ? Même voir, n'est-ce — voir des abîmes ?

Courage est le meilleur des meurtriers ; le courage tue même la pitié. Or la pitié est le plus profond des abîmes ; aussi profond l'homme voit dans la vie, aussi profond il voit également dans la souffrance.

Or courage est le meilleur des meurtriers, courage qui attaque : il tue même la mort, car il dit : « Était-ce donc *cela*, la vie ? Courage ! Encore une fois ! »

Or dans une telle maxime il est grand jeu de fanfare. Qui a des oreilles entende [1] ! —

2

« Arrête, nain ! dis-je. A nous deux ! Mais de nous deux je suis le plus fort ; — tu ne connais mon abyssale pensée ! *Celle* que — tu ne pourrais souffrir ! »

Lors il advint ce qui me fit plus léger, car de mes épaules sauta le nain, le curieux ! Et sur une pierre devant moi s'accroupit. Mais c'était justement devant un portique que nous étions arrêtés.

« Vois ce portique, ô nain, repris-je. Il a deux faces. Deux voies ici se joignent, que ne suivit personne jusqu'au bout.

Cette longue voie derrière dure une éternité. Et cette longue voie devant — est une seconde éternité.

Elles se contredisent, ces voies, se heurtent de plein front : — et c'est ici, sous ce portique, qu'elles se joignent. Le nom de ce portique est là-haut inscrit : " Instant ! " —

Mais suivra-t-on plus loin l'une des deux — et toujours davantage et plus loin toujours, crois-tu, ô nain, qu'éternellement ces voies se contredisent ? » —

« Toujours menteuse est ligne droite, chuchota dédaigneusement le nain. Courbe est toute vérité, le temps même est un cercle. »

« Esprit de pesanteur, dis-je irrité, ne te fais trop légère la tâche! Sinon je te laisse croupir, pied-bot, là où tu t'es accroupi, — et *haut* je t'ai porté!

Vois, dis-je, cet instant! De ce portique Instant court *en arrière* une longue, une éternelle voie ; derrière nous s'étend une éternité.

De toutes choses ne faut-il point que ce qui *peut* courir ait une fois déjà sur cette voie couru? De toutes choses ne faut-il point que tout ce qui *peut* advenir une fois déjà soit advenu, ait été fait, se soit passé?

Et si toute chose déjà eut existence, que penses-tu, ô nain, de cet instant? Ne faut-il donc que ce portail aussi, une fois déjà, ait — existé?

Et ne sont toutes choses si fermement nouées que vers lui cet instant entraîne toute chose à venir? *Par conséquent* — — lui-même encore?

Car ce qui *peut* de toutes choses courir, aussi sur cette longue voie *devant nous* — *il faut* qu'une fois encore tout cela coure! —

Et cette lente araignée, au clair de lune rampant, et ce clair de lune même, et toi et moi sous ce portique ensemble de choses éternelles chuchotant — ne faut-il que déjà nous ayons tous existé [1]?

— et revenions, et sur cette autre voie cheminions, là-bas devant nous, sur cette longue triste voie — ne faut-il qu'éternellement nous revenions? » —

Ainsi je parlai, et de plus en plus bas, car de mes propres pensées j'avais effroi, et de mes arrière-pensées. Lors brusquement j'ouïs un chien, tout proche, *hurler.*

Ouïs-je jamais un chien qui de la sorte hurlât? Ma pensée en arrière courut. Oui bien, lorsque j'étais enfant, au plus lointain de mon enfance:

— lors avais ouï un chien de la sorte hurler. Et l'avais vu aussi, hérissé, tête dressée, frémissant, à la plus silencieuse mi-nuit, quand même chiens aux spectres, croient:

— en sorte que m'étais pris de compassion. Car justement était venue la Lune pleine, dans un silence de mort, sur la maison s'était justement arrêtée, ronde flamme — immobile sur le toit plat comme sur un bien étranger : —

— ce dont alors s'était épouvanté le chien, car les chiens croient aux voleurs et aux spectres. Et lorsqu'à nouveau l'ouïs de la sorte hurler, de compassion à nouveau je fus pris.

Le nain, où était-il à présent ? Et le portique ? Et l'araignée ? Et tous les chuchotements ? Rêvai-je donc ou m'étais-je éveillé ? Parmi de sauvages récifs tout à coup j'étais seul, debout, désert sous le plus désert des clairs de Lune.

Mais là gisait un homme! Et lors à nouveau, bondissant, hérissé, gémissant — maintenant il me voyait venir — hurla le chien, poussa un *cri* : — jamais avais-je ouï un chien qui au secours ainsi criât ?

Et ce que je vis, en vérité jamais n'avais vu rien de pareil. Je vis un jeune pâtre qui se tordait, râlant, tressaillant le visage convulsé ; à sa bouche pendait un noir et lourd serpent.

Vis-je jamais sur une seule face telle nausée et blême épouvante ? Il s'était sans doute endormi ; lors dans sa gorge s'était glissé le serpent et — ferme l'avait mordu.

Ma main tira le serpent, et le tira — vainement! De la gorge ne put extraire le serpent. Lors un cri m'échappa : « Mords! Mords!

A la tête! A la tête le mords! » — de la sorte par ma bouche criaient mon épouvante, ma haine, ma nausée, ma compassion, tout ce que j'ai de bon et de vilain, d'un seul cri par ma bouche. —

O vous, les hardis autour de moi! O vous les chercheurs et rechercheurs et quiconque de vous vers des mers inexplorées fit astucieusement voile! O vous qu'éjouissent les énigmes!

De l'énigme qui lors à ma vue s'offrait, ô vous, me trouvez donc le mot ; de la vision qu'eut le plus solitaire, soyez les herméneutes!

Car bien vision ce fut, et prévision : — en image *que* vis-je alors ? Et *qui* est donc celui qui quelque jour encore nécessairement viendra ?

Qui est le pâtre en la gorge duquel s'est le serpent ainsi glissé ? *Qui* est l'homme en la gorge duquel ainsi se glissera toute plus pesante, toute plus noire chose ?

— Mais le pâtre mordit, comme mon cri lui en don-
nait conseil, de bonne morsure mordit! Bien loin il
recracha la tête du serpent — et d'un bond fut debout. —

Non plus un pâtre, non plus un homme, — un métamorphosé, un transfiguré, un être qui *riait*! Jamais
encore sur Terre n'a ri personne comme *celui-là* riait!

O mes frères, j'ai ouï un rire qui d'homme n'était
rire — et à présent me ronge une soif, une nostalgie qui
jamais ne s'apaisera.

Me ronge de ce rire la nostalgie ; encore être vivant,
comment le puis-je souffrir ? Et à présent cesser de
vivre, comment le souffrirais-je ? —

Ainsi parlait Zarathoustra.

DE LA BÉATITUDE MALGRÉ SOI [1]

Telles énigmes et amertumes au cœur, Zarathoustra poursuivait son voyage sur mer. Or lorsqu'il fut à quatre jours déjà des îles Fortunées et de ses amis [2], toute sa douleur avait cédé ; — vainqueur et de pied ferme, face à sa destinée, de nouveau il se tenait debout. Et lors à l'allégresse de sa conscience ainsi parlait Zarathoustra.

Seul à nouveau je suis, et je veux être, seul avec le Ciel bleu et le grand large et, de nouveau, c'est autour de moi l'heure d'après-midi [3].

A l'heure d'après-midi, pour la première fois jadis ai trouvé mes amis ; à l'heure d'après-midi pour la seconde fois aussi les trouve — lorsque plus taciturne se fait toute lumière [4].

Car entre Ciel et Terre tout ce qui d'heur encore chemine, tout cela maintenant se cherche encore pour refuge une âme lumineuse. C'est d'heur que plus taciturne s'est faite toute lumière.

O après-midi de ma vie [5]! Jadis vers la vallée *mon* heur aussi est descendu pour y chercher refuge ; il y a trouvé ces âmes ouvertes, aimablement hospitalières.

O après-midi de ma vie! Que ne donnai-je pour une seule chose : pour cette pépinière de mes pensées, et pour cette aube de mon plus haut espoir?

Un jour celui qui crée chercha pour lui des compagnons et des enfants de son *espérance* ; et lors il se trouva qu'il ne les pouvait trouver à moins que lui-même d'abord ne les créât.

Ainsi je suis au milieu de mon ouvrage, allant vers mes enfants et revenant de chez eux ; pour ses enfants il faut que Zarathoustra lui-même se veuille d'abord parfaire.

Car foncièrement l'on n'aime que son enfant et son œuvre ; et là où est pour soi-même un grand amour, c'est de grossesse qu'il est présage : voilà ce que j'ai trouvé.

Encore verdoient mes enfants [1] en leur prime printemps, debout proches les uns des autres, et par les mêmes vents secoués [2], les arbres de mon jardin et de mon meilleur terreau.

Et, en vérité, où de tels arbres auprès les uns des autres se dressent, là *sont* des îles Fortunées !

Mais quelque jour je les veux arracher et chacun pour lui-même le planter afin de lui apprendre la solitude et le défi et la circonspection.

Noueux, tordu, d'une flexible dureté, alors tout un chacun, au bord de la mer, pour moi se doit dresser, phare vivant d'une invincible vie.

Où sur la mer se précipitent les tempêtes, où boit son eau le groin de la montagne, là que tout un chacun ait jour et nuit sa garde, pour *son* épreuve et pour *sa* connaissance !

Il doit être connu et éprouvé afin qu'on sache s'il est de mon espèce et de mon lignage — s'il est maître d'un long vouloir, même lorsqu'il parle taciturne, et de telle manière flexible qu'en donnant il *reçoive* : —

— afin que quelque jour il devienne mon compagnon, et de Zarathoustra cocréateur et cocélébrant [3] ; — un homme qui pour moi sur mes tables écrive mon vouloir, afin que toute chose ait plus parfaite perfection.

Et pour lui et pour ses pareils me faut *moi-même* me parfaire ; pour cette tâche à mon heur maintenant je me dérobe, et m'offre à tout malheur — pour *ma* dernière épreuve et connaissance.

Et pour moi, en vérité, de partir il était temps ; et l'ombre du voyageur et le plus long moment et l'heure du plus grand silence — ensemble m'ont tous dit : « Voici le temps suprême [4] ! »

Sur moi soufflait le vent par le trou de la serrure, et disait : « Viens! ». Rusée, d'un coup pour moi s'ouvrit la porte, et dit : « Va-t-en! »

Mais je restais couché, à l'amour de mes enfants par des chaînes retenu [1] : le désir m'avait tendu ces pièges, le désir d'amour afin que de mes enfants je devinsse la proie et qu'auprès d'eux je me perdisse [2].

Désirer — pour moi c'est déjà m'être perdu. *Je vous ai, mes enfants*! Que tout en cet avoir soit certitude, et que rien ne soit désir [3]!

Mais le Soleil de mon désir a fait sur moi son nid, c'est dans son propre suc qu'a cuit Zarathoustra [4], — lors ombre et doute au-dessus de moi se sont envolés.

De gel et d'hiver avais envie déjà : « Oh! de gel et d'hiver puissé-je derechef frissonner et grincer! », ainsi je soupirais : — lors de moi s'élevèrent des nuées glaciales.

Mon passé fit éclater ses tombeaux, mainte souffrance enterrée vive se réveilla, — cachée sous des linceuls elle n'était qu'assoupie [5].

Ainsi tout me criait par signes : « Voici le temps! » — Mais moi — je n'entendais ; jusqu'à ce que mon abîme enfin s'émût et que ma pensée pour moi devînt morsure.

Hélas! ô abyssale pensée, ô toi qui es *ma* pensée [6]! Quand serai-je assez robuste pour t'écouter creuser ta sape, et que plus ne frissonne ?

Jusqu'à la gorge me bat le cœur quand je t'écoute creuser ta sape! Encore ton silence me veut étrangler, ô abyssale taciturne [7]!

Encore je n'eus l'audace *en haut* de te rappeler ; assez déjà de t'avoir avec moi — portée! Encore n'étais robuste assez pour la dernière exubérance du lion et sa témérité dernière.

Terrible assez me fut déjà ta pesanteur toujours ; mais une fois encore je dois trouver la robustesse et cette voix du lion qui en haut te rappelle [8]!

Dès que sur moi j'aurai gagné cette victoire, lors veux aussi gagner encore sur moi celle qui est plus grande : et c'est une *victoire* qui de ma perfection doit être le sceau [9]! —

Et jusqu'à ce jour-là sur d'incertaines mers encore je suis errant ; me flatte le hasard, ce doucereux ; et devant et derrière je regarde, — encore ne vois aucune fin.

N'est-elle encore venue, l'heure de mon dernier combat — ou me vient-elle à l'instant même ? Avec une beauté rusée [1], en vérité, tout alentour sur moi jettent regard et mer et vie.

O après-midi de ma vie ! O heur d'avant le soir ! O havre en haute mer ! O paix dans l'incertain ! De vous tous combien je me méfie !

En vérité, je me méfie de votre beauté rusée ! Je suis comme l'amant à qui trop velouté sourire donne méfiance.

Comme il pousse devant lui la plus aimée, encore tendre en sa rigueur, lui le jaloux, — ainsi je pousse devant moi cette heure de béatitude.

Va-t'en, heure de béatitude ! Avec toi m'est venue béatitude malgré moi ! Volontaire pour ma souffrance la plus profonde, ici je me tiens debout : — à contretemps tu es venue.

Va-t'en, heure de béatitude ! Cherche plutôt asile là-bas — chez mes enfants ! Point ne tarde, et de *mon* heur avant le soir encore les bénis [2] !

Déjà le soir approche ; le Soleil tombe. S'en est allé — mon heur ! —

Ainsi parlait Zarathoustra. Et toute la nuit fut dans l'attente de son malheur [3] ; mais en vain attendit. Pure et calme restait la nuit et même l'heur pour lui se fit toujours plus proche. Mais au matin Zarathoustra rit en son cœur et dit pour plaisanter : « Mon heur court après moi. La cause en est qu'après les femmes je ne cours ! Or l'heur est une femme [4]. »

AVANT QUE SE LÈVE LE SOLEIL![1]

O Ciel par-dessus moi, ô toi le pur, ô toi le profond!
O lumineux ábîme! Te contemplant je frissonne * de
divins désirs.

Dans ta hauteur me lancer — voilà *ma* profondeur!
En ta pureté me réfugier, voilà *mon* innocence!

C'est sa beauté qui voile le dieu ; ainsi tu cèles tes
étoiles. Tu ne dis mot, *ainsi* m'annonces ta sagesse.

Muet sur la mer houleuse, à moi en ce jour d'hui tu
te montras : de ton amour et de ta pudeur mon âme
houleuse reçoit révélation.

De ce que si beau tu sois venu vers moi, voilé dans
ta beauté, de ce que si sourdement tu me parles, en ta
sagesse te révélant!

Ah! que n'ai-je décelé tout le pudique de ton âme!
Avant le Soleil tu vins à moi, de tous le plus solitaire.

Depuis toujours sommes amis ; communs nous sont
chagrin et horreur et fond **, et le Soleil aussi nous
est commun.

Rien l'un à l'autre ne nous disons, car nous savons
trop de choses : — nous nous entretaisons et par notre
sourire nous nous disons notre savoir.

N'es-tu cette lumière que réclame mon feu? N'es-tu
pour mon discernement cette âme qui est une sœur?

Ensemble nous avons tout appris ; ensemble nous

---

* « *Dich schauend schaudere ich.* »
** « *Gram und Grauen und Grund.* »

apprîmes, plus haut que nous-mêmes, à nous élever
jusqu'à nous-mêmes, et à sourire sereinement : —

— à sourire sereinement de là-haut, sourire des yeux
clairs et des immenses lointains lorsqu'au-dessous de
nous contrainte et but et faute exhalent leur pluvieuse
vapeur.

Et je cheminais seul : *de qui* avait-elle faim, mon âme,
sur des sentiers de nuit et d'égarement ? Et lorsque je
gravis des montagnes, *qui* cherchai-je jamais, si ce n'est
toi, sur des montagnes ?

Et tout mon cheminement et toutes mes escalades,
rien que nécessité et expédient d'inexpert : — *voler*,
c'est cela seul que veut mon entier vouloir, jusqu'au-
dedans de *toi* voler !

Et qu'ai-je plus haï qu'errantes nuées et tout ce qui te
souille ? Et j'ai même haï ma propre haine encore, parce
qu'elle te souillait !

A ces errantes nuées j'en veux, à ces chattes ravisseuses
qui se glissent : elles nous privent tous deux de ce qui
nous est commun, — l'immense et sans limites dire
Oui et Amen [1] !

A ces intermédiaires, à ces entremetteurs nous en
voulons, aux errantes nuées : à ces êtres de la demi-mesure
qui de bénir n'apprirent l'art ni de foncièrement maudire.

Mieux j'aime encore, sous un Ciel bouché, dans mon
tonneau rester assis, mieux j'aime encore, privé de
Ciel, dans l'abîme rester assis, que de te voir, Ciel lumineux, d'errantes nuées souillé !

Et bien souvent par les fils d'or de l'éclair qui zig-
zague me vint l'envie de les agrafer, afin de pouvoir,
comme le tonnerre, sur leur ventre de chaudron battre
la timbale : —

— timbalier qui s'irrite parce qu'elles me ravissent
ton Oui et ton Amen, ô Ciel par-dessus moi, ô toi le pur,
le lumineux, ô abîme de lumière ! — parce qu'elles te
ravissent *mon* Oui et *mon* Amen !

Car mieux encore j'aime vacarme et tonnerre et tem-
pétueux jurons que ce calme félin, circonspect et douteur ; et parmi les hommes aussi me sont le plus odieux
tous ceux qui rasent les murailles et gens de la demi-

mesure, et toutes errantes nuées qui doutent et qui hésitent !

Et « qui ne peut bénir, qu'il *apprenne* à maudire ! » — c'est d'un Ciel lumineux que me tomba cette lumineuse leçon ; même par des nuits sombres encore brille cette étoile sur mon Ciel.

Mais je suis homme qui bénit et qui dit Oui pourvu seulement que tu sois autour de moi, ô toi le pur, ô toi le lumineux, ô toi l'abîme de lumière ! — à tous abîmes je porte encore mon bénissant dire Oui.

Je me suis fait le bénissant et l'homme qui dit Oui, et j'ai lutté longtemps et je fus un lutteur pour que mes mains un jour fussent libres de bénir[1].

Or voici ma bénédiction : au-dessus de toutes choses comme son propre Ciel rester debout, comme son dôme, comme sa cloche d'azur et son éternelle sécurité ; et bienheureux qui de la sorte bénit !

Car à la source d'éternité reçoivent toutes choses leur baptême et par-delà bien et mal ; mais bien et mal ne sont eux-mêmes qu'ombres qui passent et moites tribulations et nuées errantes.

En vérité, c'est une bénédiction, non un blasphème, lorsque j'enseigne : « au-dessus de toutes choses se tient le ciel Hasard, le ciel Innocence, le ciel Accident, le ciel Exubérance ».

« Par accident » — telle est la plus vieille noblesse du monde[2] ; à toutes choses l'ai restituée, les libérant de l'asservissement au but.

Cette liberté, cette céleste sérénité, je l'ai placée, telle une cloche d'azur, au-dessus de toutes choses, en enseignant que ni au-dessus d'elles ni par elles aucun « éternel vouloir » — ne veut.

Au lieu de ce vouloir j'ai mis et cette exubérance et cette bouffonnerie quand j'enseignai : « en toutes choses une seule est impossible[3] — la rationalité ! »

Un *peu* de raison sans doute, un grain de sagesse d'étoile en étoile dispersée[4], — de ce levain est toute chose mélangée ; pour la bouffonnerie quelque sagesse est à toute chose mélangée !

Possible est un peu de sagesse déjà, mais voici la bienheureuse certitude qu'en toutes choses j'ai trouvée :

sur les pieds du hasard mieux encore leur plaît de — *danser* !

O Ciel par-dessus moi, ô toi le pur, ô toi l'altier ! Voici pour moi ce qu'est maintenant ta pureté : que la raison n'a d'éternelles araignées, ni d'éternelles toiles d'araignées ; —

— que pour hasards divins tu m'es parquet de danse, que pour dés divins et divins joueurs de dés tu m'es table divine ! —

Mais tu rougis ? Ai-je dit ce qui ne se peut dire ? En te voulant bénir, ai-je contre toi blasphémé ?

Ou est-ce la honte de notre tête-à-tête qui te fit rougir ? M'ordonnes-tu de partir et de me taire, parce que maintenant — vient le *jour* ?

Le monde est profond [1], — et plus profond que jamais le jour ne l'a pensé. A la face du jour il n'est permis de tout dire. Or vient le jour, séparons-nous maintenant !

O Ciel par-dessus moi, toi le pudique, toi l'ardent ! Oh mon heur avant que se lève le Soleil ! Le jour vient : séparons-nous maintenant ! —

Ainsi parlait Zarathoustra.

DE LA RAPETISSANTE VERTU [1]

1

Quand à nouveau Zarathoustra fut sur la terre ferme, tout droit ne revint à ses montagnes et à sa caverne, mais fit maintes routes et questions et s'informa de choses et d'autres, en sorte que de lui-même disait en plaisantant : « Voici un fleuve qui par bien des méandres à sa source remonte! » Car il voulait apprendre ce que dans l'intervalle était devenu l'homme, s'il avait grandi ou bien rapetissé. Et, une fois, de maisons neuves il vit un alignement ; lors s'étonna et dit :

Que signifient ces maisons? En vérité ne les bâtit une grande âme, à son image!

Est-ce un enfant stupide qui les tira de sa boîte à jouets? Que dans sa boîte donc les remette un autre enfant!

Et ces chambres et ces réduits! Se peut-il qu'en sortent et qu'y entrent de vrais *hommes*? Me semblent faits pour des poupées de soie, ou pour de petits gourmands qui, aussi bien, comme des gourmandises, eux-mêmes se font grignoter.

Et Zarathoustra, demeurait immobile et il réfléchissait. Dit enfin, chagriné : « *Tout* a rapetissé!

Partout je vois portes plus basses ; qui est de *mon* espèce encore y peut passer — mais il lui faut courber l'échine!

Ah ! quand retournerai-je en mon pays, où plus ne me faudra courber l'échine — *devant les petites gens* courber l'échine ? » — Et soupirait Zarathoustra, et regardait vers les lointains. —

Mais le même jour sur la vertu rapetissante il dit son dit.

2

J'avance parmi ce peuple et tiens les yeux ouverts : point ne me pardonnent que de leurs vertus ne sois envieux.

Me mordent parce que je leur dis : à petites gens sont nécessaires petites vertus — et parce que j'admets mal que petites gens soient *nécessaires* [1] !

Encore je ressemble au coq ici dans une basse-cour étrangère ; le mordent même les poules [2] ; mais à ces poules n'en tiens rancune.

Avec elles je suis courtois, comme avec tous les petits désagréments ; contre le petit se hérisser me paraît sagesse de hérisson [3].

Ils parlent tous de moi lorsque, le soir, autour du feu ils sont assis, — ils parlent de moi, mais personne ne pense — à moi !

Voici le nouveau silence que j'ai appris : le tapage qu'ils font autour de moi d'une cape enveloppe mes pensées.

Entre eux font grand tapage : « Que nous veut cette sombre nuée ? Veillons à ce qu'elle ne répande quelque épidémie [4] ! »

Et, voici peu, de force une femme retint son enfant qui vers moi voulait venir : « Éloignez les enfants ! criait-elle [5] ; des yeux comme ceux-là roussissent des âmes d'enfants ! »

Ils toussent quand je parle ; ils pensent que la toux protège du grand vent ; — du bruissement de mon heur ils ne décèlent rien !

« Avec Zarathoustra nous n'avons pas de temps à perdre ! » — voilà ce qu'ils objectent. Mais que m'importe

un temps qui avec Zarathoustra « n'a pas de temps à
perdre » ?

Et même quand ils font de moi grand éloge, comment
sur *leur* éloge pourrais-je m'endormir ? Cilice m'est leur
éloge ; l'ôté-je, encore me gratte.

Et voici également ce que parmi eux j'appris : se pose
le louangeur comme s'il payait sa dette ; en vérité, veut
recevoir plus gros présent [1] !

Demandez à mon pied si lui convient leur air de louange et de séduction ! En vérité, sur cette mesure et ce
tic-tac, il ne peut danser ni se tenir en place.

Pour la petite vertu ils voudraient bien me séduire et
louer ; pour le tic-tac du petit heur voudraient circon-
venir mon pied.

J'avance parmi ce peuple et tiens les yeux ouverts :
ils ont *rapetissé* et toujours davantage rapetissent ; —
et c'est à cause de ce qu'ils enseignent sur l'heur et la vertu.

Même dans la vertu ils sont, en effet, modestes, — car
veulent du confort. Mais au confort ne s'accommode que
la vertu modeste.

Sans doute à leur manière, ils apprennent, eux aussi
l'art de marcher et d'avancer ; ce que j'appelle leur
boiterie. — Ainsi font achopper quiconque se hâte !

Et parmi eux plus d'un va de l'avant et, en même
temps, derrière lui regarde, la nuque roide ; à celui-là
j'aime courir sus.

Le pied et l'œil entre eux ne se doivent mentir ni dé-
mentir. Mais chez les petites gens il est force mensonges.

Veulent certains d'entre eux, mais la plupart ne sont
que voulus. Authentiques sont certains, mais la plupart
sont mauvais comédiens.

Il est des comédiens sans le savoir, parmi eux, et des
comédiens sans le vouloir, — rares sont toujours les
êtres authentiques, singulièrement les authentiques
comédiens [2].

Chez eux peu de virilité ; pour quoi leurs femmes se
font hommes. Car seul qui est assez homme peut dans
la femme *racheter* — *la femme.*

Et telle est la plus vilaine hypocrisie que chez eux
j'ai trouvée : que même ceux qui commandent imitent
hypocritement les vertus de ceux qui servent.

« Je sers, tu sers, nous servons », — ainsi prie également l'hypocrisie des maîtres, — et malheur si le premier maître est *seulement* le premier serviteur [1] !

Hélas ! jusque dans leurs hypocrisies s'est égaré mon œil curieux ; et tout leur heur de mouches, je l'ai bien décelé, et leur bourdonnement autour des vitres pleines de Soleil.

Autant je vois de bonté, autant de faiblesse. Autant je vois de justice et de compassion, autant de faiblesse.

Tout ronds, loyaux et complaisants, entre eux tels sont ces gens, comme des grains de sable ils sont avec des grains de sable tout ronds, loyaux et complaisants.

Modestement embrasser un petit heur — c'est ce qu'ils nəmment « résignation » ! Et avec cela, vers un nouveau petit heur déjà louchent modestement !

Au fond, bien simplement, ils veulent une seule chose avant tout : que personne ne leur fasse du mal. Ainsi avec chacun ils prennent les devants et ils lui font du bien.

Mais c'est là *pleutrerie*, encore qu'on l'appelle « vertu ». —

Et si parfois ont la voix rauque ces petites gens, *moi*, je ne perçois que leur enrouement, — car les enroue le moindre courant d'air.

Ils sont prudents, c'est doigts prudents qu'ont leurs vertus. Mais leur manquent les poings ; derrière des poings ne savent leurs doigts se dissimuler.

Leur est vertu ce qui rend modeste et docile ; ainsi du loup ils firent le chien, et de l'homme même la meilleure bête domestique au service de l'homme.

« C'est au *milieu* que nous avons mis notre chaise » — me dit leur rire satisfait — « et aussi loin des gladiateurs mourants que des pourceaux repus [2] ! »

Mais c'est là — *médiocrité*, encore qu'on l'appelle juste mesure. —

3

J'avance parmi ce peuple et laisse tomber mainte parole ; mais ils ne savent ni recevoir ni retenir.

Ils sont surpris que plaisirs et vices ne sois venu vitupérer ; et, à vrai dire, contre piqueurs de poches ne suis non plûs venu [1] les mettre en garde [2] !

Ils sont surpris que ne sois prêt à rendre leur prudence plus aiguisée encore, et plus aiguë : comme s'ils n'avaient assez de malins dont la voix grince à mes oreilles, tels des crayons d'ardoise !

Et quand je crie : « Malédiction sur tous ces pleutres diables en vous qui aiment pleurnicher et voudraient joindre les mains et prier [3] ! », ils crient : « Zarathoustra est un sans-dieu ! »

Et le crient surtout leurs maîtres de résignation — mais à ceux-là précisément j'aime crier en plein visage : Oui certes, je suis Zarathoustra le sans-dieu !

Ces maîtres de résignation ! Partout où sont choses petites et malades et galeuses, comme des poux ils rampent ; et de les écraser sous l'ongle seule me garde ma nausée.

Courage ! Pour *leurs* oreilles voici mon sermon : je suis Zarathoustra le sans-dieu, ici disant : « Qui donc est plus que moi sans-dieu, qu'à sa leçon m'éjouisse ? »

Je suis Zarathoustra le sans-dieu. Où trouver mon égal ? Et sont mes égaux ceux-là qui eux-mêmes se donnent leur vouloir [4] et de toute résignation se libèrent.

Je suis Zarathoustra le sans-dieu ; il n'est même hasard que dans *mon* pot je ne cuise [5]. Et seulement quand il est cuit à point, je le déclare bienvenu, comme *ma* nourriture.

Et, en vérité, m'est venu, impérieux, plus d'un hasard ; plus impérieux encore lui parla mon *vouloir*, — lors il fut à genoux déjà, me priant [6] —

— me priant que pût chez moi trouver asile et cœur, et flatteusement me haranguait : « Vois donc, Zarathoustra, comme seul ami d'amis s'approche ! » —

Mais à quoi bon parler là où personne n'a *mes* oreilles ? Et à tous vents je veux ainsi crier :

Toujours vous rapetissez, ô vous les petites gens ! En miettes vous tombez, ô vous les confortables ! Vous allez succomber, ce me semble—

— à vos multiples petites vertus, à vos multiples petits

manquements, à vos multiples petites résignations!

Trop ménager, trop complaisant, tel est votre terreau! Mais, pour *grandir*, c'est à de durs rochers qu'un arbre veut lancer de dures racines!

Même vos manquements, c'est dans la trame de tout avenir humain que vous les tissez; votre néant lui-même est toile d'araignée et araignée qui vit du sang de l'avenir.

Et quand vous recevez, c'est comme si vous dérobiez, ô vous les petits vertueux ; mais même chez les coquins parle la voix de l'*honneur* : « on ne doit dérober que là où ravir ne se peut ».

« Cela se donne », — encore un enseignement de démission! Mais moi, je vous le dis, à vous les confortables : Cela se *prend*, et de plus en plus on vous prendra!

Ah! puissiez-vous rejeter tout votre demi-vouloir et choisir résolument la paresse comme l'action!

Ah! puissiez-vous entendre ma parole : « faites sans doute ce que vous voulez, — mais d'abord soyez de ceux qui *peuvent vouloir*!

Comme vous-mêmes aimez sans doute votre prochain [1], — mais d'abord soyez de ceux qui *s'aiment eux-mêmes* —

— qui s'aiment avec le grand amour, qui s'aiment avec le grand mépris! » Ainsi parle Zarathoustra le sans-dieu. —

Mais à quoi bon parler là où personne n'a *mes* oreilles ? Encore une heure trop tôt ici je suis venu.

Mon propre précurseur, voilà ce que je suis, mon propre chant du coq dans des ruelles enténébrées.

Mais vient *leur* heure! Et vient aussi la mienne! Heure après heure ils deviennent plus petits, plus pauvres, plus stériles, — pauvre herbe, pauvre terreau!

Et bientôt devant moi seront comme le foin séché et comme la steppe, et d'eux-mêmes lassés — et, plus que d'eau, de feu se languiront [2]!

O de l'éclair heure bénie! O mystère d'avant-midi! — Un feu qui se propage, c'est ce qu'un jour je veux encore faire de ceux-là et des annonciateurs avec des langues de flamme ; —

— avec des langues de flamme un jour encore ils annonceront : voici que vient, qu'approche *le grand midi*!

Ainsi parlait Zarathoustra [1].

SUR LA MONTAGNE DES OLIVIERS[1]

L'hiver, un vilain hôte, prend ses quartiers chez moi ;
bleues sont mes mains de son affectueux serrement de
mains.

Je l'honore, ce vilain hôte, mais aime le laisser
seul. Loin de lui j'aime courir, et lui échappe qui court
bien !

Pieds et pensées au chaud, là où calme est le vent je
cours — vers le coin de Soleil sur ma montagne des oliviers.

Là je me ris de mon hôte sévère, et lui sais gré encore
qu'à la maison il me chasse les mouches, et apaise plus
d'un petit tapage.

Car il ne souffre que veuille chanter mouche, voire
deux ; il vide aussi la rue au point que s'en effraie, la
nuit, le clair de Lune.

Dur est mon hôte, — mais je l'honore et ne prie point,
comme les délicats, l'idole ventrue de l'âtre.

Mieux encore claquer un peu des dents que vénérer
des idoles ! — c'est mon tempérament. Et surtout ces
idoles de l'âtre, échauffées, fumantes, engourdies, je les
ai toutes en horreur.

Qui j'aime, je l'aime mieux hiver qu'été ; mieux je
raille à présent mes ennemis et plus cordialement
depuis que l'hiver chez moi prit ses quartiers.

Cordialement en vérité, même encore lorsque jusqu'à mon lit je *rampe* ; — lors rit et fanfaronne encore
mon heur recroquevillé ; rit encore mon rêve menteur.

Moi, un — rampant ? Jamais de ma vie je n'ai rampé devant des puissants ; et si jamais je mentis, je mentis par amour. Pour quoi je suis joyeux même sur mon lit d'hiver.

Mieux me chauffe petite que riche couche, car de ma pauvreté je suis jaloux. Et c'est l'hiver qu'elle m'est le plus fidèle.

Avec une malice je commence chaque journée, je nargue l'hiver par un bain froid : de quoi grommelle mon hôte sévère.

D'un lumignon aussi j'aime le taquiner jusqu'à ce qu'enfin il me libère le Ciel de sa cendreuse pénombre.

Car je suis surtout malicieux le matin, à la prime heure, lorsque le seau sur le puits grince et que les chevaux chaleureusement par de grises ruelles hennissent.

Impatiemment j'attends alors que se découvre enfin le Ciel lumineux, le Ciel d'hiver à la barbe de neige, le vieillard et la blanche tête, —

— le Ciel d'hiver, le taciturne qui même de son Soleil souvent ne dit mot.

Appris-je bien de lui le long et lumineux silence ? Ou l'apprit-il de moi ? Ou chacun de nous lui-même l'a-t-il donc inventé ?

Toutes bonnes choses ont origine infiniment diverse,— toutes exubérantes bonnes choses sautent de plaisir dans l'existence : comment devraient-elles jamais — ne le faire qu'une seule fois ?

Une exubérante bonne chose est aussi le long silence, et, comme le ciel d'hiver, regarder d'une face lumineuse aux yeux ronds : —

— comme lui de son Soleil ne dire mot, ni de son inflexible vouloir solaire : en vérité, cet art et cette exubérance d'hiver, je les ai *bien* appris !

C'est ma plus chère malice et mon art le plus cher que mon silence ait appris l'art de ne se trahir en se taisant.

Par mots et dés qui s'entrechoquent, des solennels gardiens je déjoue la ruse ; à tous ces surveillants sévères qu'échappent mon vouloir et mon but !

Pour que personne au fond de moi et dans mon ultime vouloir ne plonge son regard — je me suis inventé le long et lumineux silence.

Ainsi j'ai rencontré plus d'un prudent, qui s'est voilé la face et qui troubla son eau pour que personne à travers lui et dessous lui ne vît.

Or vers lui justement vinrent les plus prudents des soupçonneux et des casseurs de noix : c'est à lui justement qu'ils arrachèrent son plus secret poisson !

Mais les limpides, les braves, les transparents — je les tiens pour les plus prudents taciturnes ; ils sont assez *profonds* pour que même l'eau la plus claire ne — *trahisse* leur fond. —

O toi, silencieux ciel d'hiver à la barbe de neige, ô toi blanche tête aux yeux ronds, dessus moi ! O toi, céleste image de mon âme et de son exubérance !

Et ne *faut*-il que je me cache, tel un homme qui de l'or avala, — de peur qu'on ne m'éventre l'âme [1] ?

Ne me *faut*-il monter sur des échasses, pour qu'*ils ne voient* mes longues jambes — tous ces envieux, ces égrotants autour de moi [2] ?

Ces âmes enfumées, confinées, usagées, verdies, renfrognées, — se *pourrait*-il qu'à leur envie ne fût mon heur intolérable ?

Ainsi je ne leur montre que le glacier et l'hiver sur mes cimes, — et *non* que ma montagne encore boucle autour d'elle toutes ceintures de Soleil !

Ils n'entendent siffler que mes bourrasques d'hiver, et *non* que sur de chaudes mers aussi je voyage, pareil aux nostalgiques, aux pesants, aux torrides vents du sud.

Ils s'apitoient encore sur mes hasards et sur mes accidents, — mais *moi* je leur dis [3] : « Laissez venir à moi le hasard, il est innocent comme un petit enfant [4] ! »

Mon heur, comment le *pourraient*-ils supporter, si d'accidents et d'hivernales misères et de bonnets d'ours polaires et des voiles d'un ciel neigeux je n'enveloppais mon heur ?

— si de leur *compassion* je ne prenais moi-même pitié, de la compassion de ces envieux et de ces égrotants ?

— si devant eux je ne soupirais moi-même et ne tremblais de froid et patiemment dans leur pitié ne me *laissais* emmailloter [5] ?

C'est de mon âme la sage exubérance et bienveillance

de *ne point cacher* son hiver et ses tempêtes de neige ; elle ne cache non plus ses engelures.

Pour l'un la solitude est l'abri du malade ; pour l'autre la solitude est l'abri *contre* le malade.

Ils peuvent bien m'ouïr qui grelotte et gémit des hivernales froidures, tous ces pauvres louches gredins autour de moi ! Avec de tels soupirs et grelottements, contre leurs chambres chauffées encore je trouve refuge.

Ils peuvent bien s'apitoyer sur moi et soupirer de mes engelures : « La glace de la connaissance va nous le *geler* » — ainsi déplorent-ils [1].

En attendant je cours, pieds chauds, ici et là, sur ma montagne d'oliviers : dans le coin de soleil de ma montagne d'oliviers je chante et je me ris de toute compassion. —

Ainsi chantait Zarathoustra.

DE PASSER OUTRE [1]

Ainsi, à travers bien des peuples et des villes de toutes sortes, sans hâte cheminant, Zarathoustra, par des voies détournées, retournait à ses montagnes et à sa caverne. Et voici que, ce faisant, il vint aussi, sans s'y attendre, à la porte de la *grand-ville* ; mais lors sauta sur lui un écumant bouffon, mains écartées, et lui barra la voie. Or c'était le même bouffon que le peuple appelait « le singe de Zarathoustra », car de son mode et de sa manière de dire il avait noté quelque chose, et il aimait aussi puiser dans le trésor de sa sagesse. Mais ce bouffon ainsi lui parla :

« Zarathoustra, ici c'est la grand-ville ; ici tu n'as rien à gagner, et tu as tout à perdre.

Pourquoi dans cette vase voudrais-tu patauger ? De ton pied aie quelque compassion. Crache plutôt sur la porte de la ville et — en arrière retourne !

C'est un enfer ici pour des pensées de solitaire ; ici de grandes pensées sont toutes vives jetées dans le bouillon et cuites à petit feu.

Ici pourrissent tous grands sentiments ; ici ne peuvent que petits sentiments à sèches claquettes claqueter !

Ne flaires-tu déjà les abattoirs et les gargotes de l'esprit ? Ne suffoque cette ville sous la fumée de l'esprit qu'on équarrit ?

Ne vois-tu pendre les âmes comme de sales et flasques chiffons ? — Et de ces chiffons ils font encore des gazettes !

Tu entends, n'est-ce pas, comme l'esprit est devenu ici un calembour ? Verbeuse et répugnante est la lavasse qu'il éructe ! — Et de cette verbeuse lavasse ils font encore des gazettes !

Se traquent les uns les autres et ne savent où aller. S'excitent les uns les autres et ne savent pourquoi. Font cliqueter leur fer-blanc, font cliqueter leur or.

Sont froids et dans des esprits de vin se cherchent chaleur ; sont brûlants, et dans des esprits de glace se cherchent fraîcheur ; et d'opinions publiques sont tous infectés et contaminés [1] !

Ici prirent quartier tous plaisirs et tous vices ; mais on y trouve aussi des vertueux, et plus d'une vertu habile et installée [2]* : —

Force habile vertu avec des doigts pour écrire, et une chair durcie par l'assise et l'attente, bénie de petites étoiles sur la poitrine et de filles empotées aux fesses plates.

Ici est également force piété [3], et force bigoterie lécheuse de bottes et devant le dieu des armées courbeuse d'échine [4].

« De là-haut » ruissellent certes l'étoile et le gracieux crachat ; là-haut monte l'ardent désir de toute poitrine non constellée.

La Lune a sa Cour, et la Cour ses veaux de Lune** ; mais vers tout ce qui vient de la Cour monte la prière du peuple mendigot, et toute habile mendigote vertu.

« Je sers, tu sers, nous servons » [5], — ainsi de toute habile vertu monte vers le prince la prière, afin que finalement l'étoile du mérite à la maigre poitrine s'accroche !

Mais la Lune gravite encore autour de tout ce qui est terrestre ; ainsi gravite encore le prince autour de ce qui est de tout le plus terrestre : — mais c'est l'or des boutiquiers.

Le dieu des armées n'est pas le dieu des lingots ; le prince propose, mais le boutiquier — dispose !

---

* « *Antellige angestellte.* »
** Les « veaux de Lune » sont en allemand ce que les physiologistes appellent des « faux germes ».

Par tout ce qui est lumineux et fort et bon en toi,
crache, Zarathoustra, sur cette ville de boutiquiers, et en
arrière retourne !

Ici en toutes veines coule tout sang putride et tiède
et baveux ; crache sur la grand-ville, qui est le grand
dépotoir où écume toute lie !

Crache sur la ville des âmes écrasées et des creuses
poitrines, des yeux affûtés, des doigts poisseux —

— sur la ville des fâcheux, des effrontés, des scribouillards et des braillards [1], des arrivistes en chaleur; —

— où toute humeur cariée, tarée, lubrique, morne,
pourrie, purulente, complotée, tout ensemble suppure : —

— crache   sur   la   grand-ville   et   en   arrière
retourne ! » — —

Mais lors Zarathoustra interrompit l'écumant bouffon
et lui ferma la bouche.

« Assez ! cria Zarathoustra, depuis longtemps déjà
m'écœurent ton discours et ta façon !

Au bord du marécage pourquoi fis-tu demeure si
longtemps que grenouille et crapaud toi-même ne pouvais que devenir ?

Maintenant, toi-même ne te coule-t-il dans les veines
un sang saumâtre, putride, baveux, que de la sorte appris
coassement et calomnie ?

Dans le bois que n'es-tu donc allé ? Que de la terre
ne t'es fait laboureur ? La mer n'est-elle pleine de vertes
îles ?

Pour ton mépris n'ai que mépris, et si tu m'as mis
en garde, — pourquoi toi-même ne t'es-tu mis en garde ?

De l'amour seulement doivent s'élever mon mépris
et mon oiseau d'augure, mais non du marécage ! —

On te nomme mon singe, ô écumant bouffon ; mais
moi te nomme mon grognant pourceau, — de la bouffonnerie encore tes grognements gâtent mon éloge.

De quoi d'abord as-tu grogné ? De ce que personne
ne t'eût suffisamment *flatté* ; — dès lors sur ce fumier
tu t'es assis pour y trouver motif à bien grogner, —

— motif à bonne *vengeance !* Car est vengeance, ô
vaniteux bouffon, toute ta bave, je t'ai bien décelé !

Mais ton bouffon discours me fait tort, à *moi*, même

là où tu as raison! et qu'*eût* même cent fois raison la
parole de Zarathoustra, en usant de ma parole, toujours
tu me — *ferais* tort!

Ainsi parlait Zarathoustra, et il considéra la grand-
ville, soupira et se tut longuement [1]. Il parla enfin de
la sorte :

M'écœure [2] aussi cette grand-ville, et non pas seulement ce bouffon. Ici ni là on ne peut rien améliorer,
rien rendre pire.

Malheur à cette grand-ville! — Et déjà je voudrais
voir la colonne de feu où elle se consumera!

Car de telles colonnes de feu ne peuvent que précéder
le grand midi. Mais ces choses auront leur temps et
leur propre destin [3]. —

Or cette leçon, je te la donne, bouffon, en guise
d'adieu : où l'on ne peut plus aimer, là il convient de
— *passer outre*! —

Ainsi parlait Zarathoustra, et au bouffon il passa
outre ainsi qu'à la grand-ville.

DES RENÉGATS

Hélas! ce qui naguère sur ces prés verdoyait et de tant de couleurs rutilait, tout cela s'est-il fané, tout cela devint-il gris? Et le miel de l'espoir, d'ici jusqu'à ma ruche combien en ai-je porté?

Déjà ces jeunes cœurs sont tous devenus vieux — et non pas même vieux! lassés seulement, communs, accommodés! Ils disent : « Nous sommes à nouveau devenus pieux [1]! »

Naguère encore de bon matin, sur des pieds courageux je les voyais courir ; mais de la connaissance se sont lassés leurs pieds, et maintenant ils calomnient jusqu'à leur matinale bravoure!

En vérité, plus d'un jadis comme un danseur levait la jambe, et mon rire dans sa sagesse lui faisait signe [2] : — lors il s'est recueilli. Je le vis à l'instant courbé et — vers la Croix rampant [3].

Comme des mouches et de jeunes poètes, autour de la lumière et de la liberté jadis ils voltigeaient [4]. Un peu plus vieux, un peu plus froids, et les voici déjà ténébreux et chuchotants et casaniers.

Si leur manqua le cœur, cela vient-il de ce que la solitude comme une baleine m'avala [5]? Dans une longue nostalgie vainement leur oreille a-t-elle épié ma voix, et mes appels de trompette et de héraut?

— Hélas! bien peu d'entre eux toujours de qui le

cœur ait long courage [1] et longue exubérance, de qui patient reste l'esprit! Mais tout le reste est *lâche*.

Le reste : toujours le plus grand nombre, le quotidien, le superflu, les beaucoup-trop-nombreux — autant de *lâches* [2]! —

Qui est de ma façon, de ma façon aussi sur son chemin se doivent presser les expériences à vivre ; ses premiers compagnons, de la sorte, ne pourront être que cadavres et pantins.

Mais ses deuxièmes compagnons — ceux-là se diront ses *fidèles* : vivant essaim, bien de l'amour, mainte folie, beaucoup d'imberbe vénération [3].

Qu'à ces fidèles n'attache son cœur qui est de ma façon parmi les hommes! Qu'à ces printemps et à ces prés ne fasse confiance qui de la fuyante et lâche espèce humaine a connaissance [4]!

D'autre manière *pourraient*-ils, alors *voudraient* aussi d'autre manière. Gens de demi-mesure gâtent toujours ce qui est entier. Que se gâtent les feuilles — le faut-il déplorer?

Les laisse partir, Zarathoustra, les laisse tomber, et ne te plains! Mieux vaut encore avec des vents qui bruissent sur eux souffler, —

— sur ces feuilles souffler, Zarathoustra, afin que tout ce *fané* loin de toi, plus vite encore, s'échappe [5]! —

2

« Nous sommes à nouveau devenus pieux », ainsi confessent ces renégats, et pour une telle confession trop lâches sont encore nombre d'entre eux.

Ceux-là, je les regarde dans les yeux — je leur dis en plein visage, et dans le rouge de leurs joues : vous êtes de ceux qui à nouveau *priez*!

Mais c'est ignominie que prier! Non pour tous, mais pour toi et pour moi, et pour quiconque aussi a dans la tête sa conscience. Pour *toi*, c'est ignominie que prier!

Tu le sais bien, ton pleutre diable en toi qui tant voudrait joindre ses mains et les croiser sur sa poitrine, et mieux s'accommoder — ce pleutre diable te dit : « Il *y a* un dieu! »

Mais *par là* tu appartiens à l'espèce qu'effarouche la lumière, que jamais lumière ne laisse en repos ; maintenant il te faut chaque jour dans les nocturnes brumes davantage enfoncer la tête!

Et c'est bonne heure qu'en vérité choisis, car les oiseaux de nuit à l'instant même prennent à nouveau leur vol [1]. L'heure est venue pour tout le peuple qu'effarouche la lumière, cette heure du soir et de la fête, mais où ce peuple — ne « chôme » *.

M'en informent et l'ouïe et l'odorat : elle est venue pour eux, l'heure de la chasse et de la procession, non certes chasse sauvage, mais domestique, percluse, renifleuse, furtive et de prières chuchotées, —

— chasse aux belles âmes poltronnes ; en place sont de nouveau toutes souricières à cœurs! Et là où je lève un rideau, d'un coup s'échappe un petit phalène.

Nichait-il là en compagnie d'un autre petit phalène? Car je flaire partout de petites communautés tapies ; et dans chaque réduit trouve nouveaux frères orants et touffeur de frères orants.

De longues soirées durant, ensemble sont assis et disent : « Redevenons comme les petits enfants [2] et parlons du " bon Dieu " » — de pieuses sucreries la bouche et l'estomac gâtés.

Ou bien, de longues soirées durant, épient l'affût rusé d'une araignée, qui aux araignées même prêche prudence, et ainsi les enseigne : « dessous des Croix il est bon de filer! »

Ou bien, le jour, au bord des marécages avec leur canne à pêche ils sont assis, et de la sorte se croient *profonds*, mais prétendre pêcher là où ne se trouve aucun poisson, pour moi ce n'est pas même être superficiel!

Ou bien, joyeusement pieux, s'exercent à pincer la harpe chez un compositeur de cantiques qui, du son de sa harpe, aimerait toucher le cœur de jeunes petites femmes, — car des petites vieilles il s'est lassé, et de leurs congratulations.

* « *Feier* » signifie à la fois « fête » et « jour chômé ».

Ou bien, s'exercent à frissonner chez un savant à demi toqué [1] qui, en d'obscures chambres, attend que viennent à lui les esprits — et c'est l'esprit qui, tout entier, vite de là s'enfuit [2]!

Ou bien écoutent un vieux siffleur de boniments et de borborygmes qui de lugubres vents apprit le chagrin des sons ; maintenant il siffle au vent et, en lugubres sons, prêche chagrin.

Et d'aucuns parmi eux se firent même veilleurs de nuit : ils s'entendent maintenant à souffler dans des cornes, à déambuler la nuit et à réveiller des vieilleries depuis belle lurette endormies.

Voici cinq paroles de vieilleries que j'ouïs la nuit dernière, longeant le mur du jardin ; elles venaient de ces antiques veilleurs de nuit, chagrins et desséchés :

« Pour un père, de ses enfants il ne prend assez soin ; pères humains font mieux les choses ! » —

« Il est trop vieux ! Il abandonne tout à fait ses enfants » — ainsi répondit l'autre veilleur de nuit.

« Mais *a*-t-il donc des enfants ? Personne ne le peut prouver si lui-même ne le prouve. Depuis longtemps je voudrais bien qu'une bonne fois sérieusement il le prouvât ! »

« Prouver ? Comme s'*il* avait jamais rien prouvé ! Prouver lui est pesant ; il préfère de beaucoup qu'en lui on *croie* ! »

« Oui, oui, la foi le rend bienheureux, la foi en lui. C'est bien manière de vieilles gens ! C'est notre cas aussi ! » —

— Ainsi parlaient entre eux les deux antiques et ténébreux veilleurs de nuit ; et là-dessus, chagrins, soufflèrent dans leur corne ; ainsi advint la nuit dernière quand je longeais le mur du jardin.

Or se tordit mon cœur de rire, et fut près de se rompre, et ne sut où donner, et m'enfonça le diaphragme.

En vérité, ce sera encore ma mort de m'étouffer de rire en voyant ânes ivres et en oyant veilleurs de nuit ainsi douter de Dieu.

Avec de pareils doutes n'en a-t-on pas *depuis longtemps* fini, et pour de bon ? De telles dormantes vieilleries, et qu'effarouche le jour, qui ose encore les réveiller ?

Óui certes, avec les anciens dieux c'en est fini depuis longtemps ; — et, en vérité, de dieux ils eurent bonne et joyeuse fin !

Avant leur mort ils ne connurent « crépuscule » — mensonge que cela ! Bien plutôt quelque jour sont morts eux-mêmes — *de rire* !

Le jour où de la bouche d'un dieu même sortit de toutes paroles la plus digne d'un sans-dieu : « Il n'existe qu'un seul dieu ! N'aie d'autre dieu que moi [1] ! »

— un vieux barbon de dieu, un dieu jaloux de la sorte s'oublia ; —

Et tous les dieux alors de rire et de branler sur leurs sièges et de crier : « N'est-ce justement divinité qu'il existe des dieux, mais que Dieu n'existe pas ? »

Qui a des oreilles entende [2] ! —

Ainsi parlait Zarathoustra dans la ville qu'il aimait et qui fut surnommée « La Vache pie ». Car de là n'avait plus que deux jours de marche pour revenir à sa caverne et à ses bêtes ; or à l'approche de son retour son âme sans cesse s'éjouissait. —

LE RETOUR AU PAYS [1]

O solitude, ô mon *pays* Solitude! Sauvage, chez de sauvages étrangers trop longtemps j'ai vécu pour que vers toi sans larmes je revienne!

Du doigt seulement menace-moi, comme menacent des mères, maintenant souris-moi, comme sourient des mères, seulement me dis : « Et quel était-il donc, celui qui, tel un vent de tempête, jadis en coup de vent de chez moi s'est enfui ? —

« — qui, me quittant, s'est écrié : Dans la solitude trop longtemps fus assis ; là de me taire ai désappris. — *Cela*, maintenant l'aurais-tu donc appris ?

« Zarathoustra, oh! je sais tout! Et que parmi les nombreux fus *plus abandonné*, ô toi l'unique, que jamais auprès de moi!

« Une chose est abandon, une autre est solitude, *voilà* — ce que maintenant tu appris! Et que parmi les hommes toujours seras sauvage et étranger :

. « — sauvage et étranger encore aussi lorsqu'ils t'aiment : car avant tout veulent qu'on les *ménage*!

« Mais tu es ici chez toi, dans ton foyer et ta demeure ; ici tu peux tout dire et tous fondements secouer ; nulle pudeur ici de sentiments dissimulés et endurcis *.

« A ta parole ici viennent toutes choses, caressantes, et te flattent, car sur ton dos veulent chevaucher. Toute

---

* Jeu verbal sur « *versteckt* » et « *verstockt* ».

image chevauchant, ici vers toute vérité tu avances.

« A toutes choses ici tu peux dire une loyale et franche parole ; et c'est louange, en vérité, pour leurs oreilles, qu'avec toutes choses quelqu'un — droitement parle !

« Mais autre chose est abandon. Car, encore le sais-tu, Zarathoustra ? Quand ton oiseau jadis au-dessus de toi poussa son cri, alors que dans la forêt tu te tenais debout, cherchant ta voie, perplexe, près d'un cadavre, —

« — lorsque ainsi tu parlais : que me guident mes bêtes ! Plus de péril ai trouvé chez les hommes que chez les bêtes [1] ! — *cela* fut abandon.

« Et encore le sais-tu, Zarathoustra ? Quand sur ton île étais assis, parmi seaux vides source de vin, donnant et distribuant, aux assoiffés te prodiguant et les comblant :

« — jusqu'au moment où, seul assoiffé, parmi des hommes ivres tu étais assis et dans la nuit te lamentais, disant : " à recevoir n'est-il plus de béatitude qu'à donner, et plus encore à ravir qu'à recevoir [2] ? " — *cela* fut abandon.

« Et encore le sais-tu, Zarathoustra ? Lorsque vint l'heure de ton plus grand silence et qu'à toi-même cette heure t'arracha, quand méchamment elle te murmurait : " Dis ta parole, et te brise [3] ! " —

« — de toute ton attente et de tout ton silence quand elle te fit douleur et ton découragé courage décourageait : *cela* fut abandon. »

O solitude, ô mon pays Solitude ! Que béatement, que tendrement ta voix me parle !

L'un à l'autre rien ne nous demandons, l'un à l'autre de rien ne nous plaignons, mais l'un à l'autre allons, le cœur ouvert, par des portes ouvertes.

Car rien chez toi n'est clos ni sombre ; et sur des pieds moins pesants ici courent également les heures. Car dans la nuit plus lourd pèse le temps qu'à la lumière.

De tous les êtres ici s'ouvrent pour moi d'un coup mots et écrins de mots : c'est parole qu'ici veut devenir tout être ; auprès de moi tout être ici veut apprendre à parler.

Mais là-bas, dans les fonds — vaine est toute parole !

Oublier, passer outre, là-bas c'est la sagesse la meilleure. *Voilà* — ce que maintenant j'ai appris!

Qui chez les hommes voudrait tout concevoir, il lui faudrait tout attaquer *. Mais pour ce faire trop propres sont mes mains.

Leur haleine déjà ne puis sentir; hélas! dans leur vacarme et leur mauvaise haleine, pourquoi vécus-je si longtemps?

O bienheureux silence autour de moi! O pures senteurs autour de moi! Oh! comme à pleins poumons il aspire, ce silence, un souffle pur! Oh! comme il écoute, ce bienheureux silence!

Mais en bas — tout est discours, rien ne s'écoute. Vous pouvez bien carillonner votre sagesse; plus fort sur le marché les boutiquiers feront sonner leurs sous!

Chez eux tout est discours; comprendre, personne ne le sait plus. C'est à l'eau que tout tombe, mais en des puits profonds plus ne descend aucune chose.

Chez eux tout est discours; plus rien ne réussit; à terme plus ne vient aucune chose. Toutes choses caquettent, mais en silence sur son nid qui donc encore se veut asseoir pour y couver des œufs?

Chez eux tout est discours, farine de discours. Et ce qui hier encore pour le temps même et pour sa dent était trop dur, aux gueules du jour d'hui, raclé, rongé, par bribes tout cela pend!

Chez eux tout est discours, tout se trahit. Et ce qui eut nom jadis mystère et de l'âme profonde intimité, aux trompettes des rues et autres papillons, tout cela ce jour d'hui appartient!

O être humain, ô toi l'étonnant! Vacarme de par les sombres ruelles! Derrière moi maintenant tu gis à nouveau, — derrière moi gît le plus grand de mes périls!

Ménager, compatir, là fut toujours le plus grand de mes périls, et tout humain veut qu'on le ménage et le supporte.

Retenant mes vérités, avec une main de bouffon et le cœur assotté, et riche en petits mensonges de compas-

* Jeu verbal sur « *begreifen* » (concevoir) et « *angreifen* » (attaquer).

sion, — ainsi toujours parmi les hommes j'ai vécu.

C'est déguisé que parmi eux j'étais assis, prêt à me méconnaître, *moi*, pour qu'*eux* me fussent tolérables, et volontiers me disant : « Bouffon que tu es, tu ne connais les hommes ! »

A vivre parmi les hommes, on désapprend les hommes ; chez tous les hommes il est bien trop de premiers plans ; — là que feront des yeux qui voient au loin, qui au loin cherchent ?

Et moi le bouffon, lorsqu'ils me méconnurent, en réponse, plus que moi-même eux-mêmes les ménageai ; ayant coutume d'être dur et de ce ménagement encore contre moi-même maintes fois prenant revanche [1].

Piqué de venimeuses mouches, et comme pierre piqué de maintes gouttes de malice, ainsi j'étais assis au milieu de ceux-là, et encore me disais : « De sa petitesse est innocent ce qui est petit ! »

Surtout ceux qui se nomment « les gens de bien », c'est eux que je trouvai les mouches les plus venimeuses ; en toute innocence ils piquent, en toute innocence ils mentent ; comment seraient-ils *capables* de me — rendre justice ?

Qui vit parmi les gens de bien, pitié lui enseigne à mentir. A toutes âmes libres pitié rend l'air épais. Car insondable est la sottise des gens de bien [2].

Moi-même me dissimuler, ainsi que ma richesse — *voilà* ce que j'appris dans les bas-fonds ; car là n'était personne que n'aie trouvé pauvre en esprit. De ma pitié tel fut le mensonge : près de chacun savoir,

— près de chacun voir et flairer ce qu'il avait d'esprit *suffisamment*, et ce qu'il avait d'esprit *excessivement* !

Leurs roides sages [3], sages les ai nommés et non pas roides, — ainsi j'appris l'art d'avaler les mots. Leurs fossoyeurs, c'est chercheurs et vérificateurs que je les ai nommés, — ainsi j'appris l'art de changer les mots [4].

En fossoyant deviennent malades les fossoyeurs. Sous de vieux décombres dorment de vilains remugles. On ne doit fouiller la vase. Sur des montagnes on doit vivre.

Avec de béates narines je respire la liberté de la montagne! Libre est enfin mon nez de l'odeur de tout ce qui est humain!

Comme de vins mousseux par l'air vif chatouillée, elle *éternue*, mon âme, — elle éternue, et de jubilation s'écrie : A ta santé!

Ainsi parlait Zarathoustra.

DES TROIS MÉCHANTES CHOSES [1]

1

En rêve, mon dernier rêve matinal, sur un promontoire j'étais debout, ce jour d'hui, — au-delà du monde je tenais une balance et je *pesais* le monde.

Ah! qu'est venue trop tôt pour moi l'aurore, qui dans son flamboiement me réveilla, la jalouse! Jalouse elle est toujours du flamboiement de mes rêves matinaux.

Capable d'être mesuré par quiconque a du temps, pesé par un bon peseur, atteint par le vol de ceux qui ont des ailes robustes, décelé par de divins casseurs de noix : ainsi mon rêve trouva le monde : —

Mon rêve, hardi navigateur, mi-navire mi-bourrasque, d'un silence de papillon, d'une impatience de faucon ; mais ce jour d'hui, pour la pesée du monde, qu'il avait de patience et qu'il avait de temps!

Lui a-t-elle parlé secrètement, ma sagesse du jour, ma sagesse éveillée qui de tous « mondes infinis » se raille? Car elle dit : « Où est la force, le *nombre* aussi sera le maître : il a plus de force [2]! »

Avec quelle sûreté [3] mon rêve considéra ce monde fini, incurieux du nouveau, incurieux de l'ancien, sans crainte ni prière : —

— comme si une pleine pomme à ma main s'offrit, une pomme d'or bien mûre, de suave fraîcheur peau satinée [4], — ainsi s'offrait à moi le monde : —

— comme si un arbre me faisait signe, un arbre à la

vaste ramure [1], au vigoureux vouloir, incliné pour servir
d'appui, et même d'escabeau, aux lassés de la route,
ainsi se dressa le monde dessus mon promontoire ; —
— comme si de gracieuses mains me présentaient un
écrin, — un écrin ouvert pour le ravissement d'yeux
pudiques et vénérants, ainsi s'offrit à moi, ce jour
d'hui, le monde [2] : —

— non point énigme assez pour effrayer un amour
d'homme ; ni solution assez pour assoupir une sagesse
d'homme : — une chose humainement bonne, voilà ce
que pour moi fut aujourd'hui ce monde duquel si méchamment l'on parle!

Comme à mon rêve matinal j'ai gratitude de ce qu'à
l'aube, ce jour d'hui, j'aie pu peser le monde! Comme une
chose humainement bonne il m'est venu, ce rêve et ce
consolateur !

Et pour qu'à la lumière du jour je fasse comme lui et
que de lui j'apprenne sa meilleure leçon, les trois plus
méchantes choses veux à présent jeter sur la balance et,
de façon humainement bonne, les veux peser! —

Qui de bénédiction fut précepteur, de malédiction fut
aussi précepteur ; quelles sont au monde les trois choses
les mieux maudites ? C'est celles-là que sur la balance je
veux jeter.

Volupté, manie de dominer [3], *égoïsme*, ces trois choses-là
furent jusqu'ici les mieux maudites et les plus vilainement décriées et calomniées, — ces trois choses-là, de
façon humainement bonne, je les veux peser!

Courage! Ici se dresse mon promontoire, et là-bas
s'étend la mer ; *elle* qui jusqu'à moi se roule, hérissée,
flatteuse, la vieille chienne aux cent têtes, monstrueuse
et fidèle, celle que j'aime!

Courage! Ici dessus la mer déchaînée je veux tenir la
balance ; et un témoin j'élis aussi pour surveillant de la
pesée : — toi, l'arbre solitaire aux robustes senteurs,
aux larges frondaisons, ô toi que j'aime! —

Quel est le pont où vers l'à venir marche l'à présent ?
Quelle contrainte vers le bas fait descendre le haut ? Et
le plus haut lui-même, qui donc l'adjure encore — de
pousser vers le haut ? —

Indifférent et immobile se tient à présent le fléau ;

sur la balance j'ai jeté trois pesantes questions ; c'est trois lourdes réponses que porte l'autre plateau.

2

Volupté : pour tous porteurs de cilices et contempteurs du corps leur écharde et leur aiguillon ; et, à titre de « monde » [1], pour tous les gens des arrière-mondes une malédiction ; car elle moque et nasarde tous maîtres d'errance et d'erreur.

Volupté : pour la canaille le feu lent [2] qui la consume ; pour tout bois vermoulu, pour toute puante guenille, le four prêt à la chauffe et à l'ébullition.

Volupté : pour les cœurs libres chose innocente et libre, de la Terre le jardin de délices, de tout avenir dans l'instant la débordante gratitude.

Volupté : pour le fané seulement un douceâtre poison, mais pour un léonin vouloir le grand roboratif du cœur et, ménagé avec respect, le vin des vins.

Volupté : le grand heur symbolique d'un plus grand heur encore et de l'espérance la plus haute. Car pour beaucoup il est promesse de mariage, et de plus que mariage,

— pour beaucoup qui à eux-mêmes sont plus étrangers que l'un à l'autre l'homme et la femme, et à *quel point* l'homme et la femme sont l'un à l'autre *étrangers*, qui donc l'a pleinement conçu [3] ?

Volupté : — autour de mes pensées pourtant, et même encore autour de mes paroles je veux mettre des clôtures, de peur que dans mes jardins pourceaux et exaltés fassent irruption ! —

Manie de dominer : les cuisantes étrivières de feu pour les plus durs endurcissements du cœur ; le cruel martyre qui pour le plus cruel lui-même se réserve ; la sombre flamme des bûchers vivants.

Manie de dominer : le taon féroce qui aux plus vains des peuples s'accroche ; la persifleuse de toutes incertaines vertus ; celle qui chevauche toute cavale et toute fierté [4].

Manie de dominer : le séisme où se brise et se broie

tout ce qui est rongé et tout ce qui est miné ; de sépulcres
blanchis la roulante, la grondante, la punissante bri-
seuse ; pour les réponses trop tôt venues le point d'inter-
rogation qui lance des éclairs.

Manie de dominer : l'homme, sous son regard, rampe
et courbe l'échine et paie tribut et se fait plus bas que
serpent et pourceau, — jusqu'à ce que finalement le
grand mépris par sa bouche s'écrie [1]. —

Manie de dominer : la redoutable préceptrice du grand
mépris qui à la face des villes et des royaumes prêche :
« *Toi*, va-t'en! » — jusqu'à ce que d'eux-mêmes monte le
cri : « Que je m'en aille, *moi* [2]! »

Manie de dominer : mais qui, pour les séduire, monte
jusqu'à des purs, jusqu'à des solitaires, et à de présomp-
tueuses altitudes, brûlant comme un amour qui, pour
séduire le ciel terrestre, y peint de purpurines félicités.

Manie de dominer : mais qui la nommerait *manie*
lorsque descend la cime pour désirer puissance? En un
pareil désir, en une telle descente, au vrai, rien de
malade ni de maniaque.

Pour que la cime solitaire à jamais ne s'isole et à elle-
même ne se suffise ; pour qu'à l'aval vienne l'amont et
sur les plaines souffle le vent des cimes, —

Ah! qui trouverait pour une telle nostalgie le juste
nom de baptême et de vertu ? « Prodigue vertu » [3], grâce
à Zarathoustra, ainsi, un jour, fut nommée l'innommable.

Et lors advint aussi — et ce fut, en vérité, pour la
première fois — que sa parole proclama bienheureux
l'*égoïsme*, le sain, le salubre égoïsme, d'une âme forte
jaillissant : —

— d'une âme forte à laquelle appartient le corps altier,
le beau corps victorieux; donneur de réconfort, de qui
n'est chose aucune qui ne se fasse miroir [4] : —

— le souple corps qui circonvient, de qui est image et
quintessence l'âme qui s'éjouit. Le plaisir qu'ont d'eux-
mêmes et pareils corps et pareilles âmes a nom lui-même
« vertu ».

Sous ses vocables de bon et de mauvais le plaisir de soi
se dissimule comme en des bois sacrés ; par le nom de son
heur, il rejette hors de lui tout ce qui est méprisable.

Hors de lui il rejette toute lâcheté ; il dit : « mauvais
— c'est *ce qui* est lâche! » Méprisable est pour lui ce qui
ne cesse d'avoir souci, de soupirer, de se plaindre, et qui
en même temps cueille les moindres profits.

Non moins il ne méprise toute sagesse qui se lamente ;
car il existe aussi, en vérité, une sagesse dans la ténèbre
florissant, une sagesse d'ombres nocturnes qui, comme
telle, ne cesse de soupirer : « Tout est vanité [1]! »

La timide méfiance a pour lui peu de prix, et qui, en
place de regards et de mains, veut des serments ; aussi
toute sa sagesse qui se méfie, — car d'âmes lâches c'est
manière.

Moins encore il estime le hâtivement-docile, le chien
sitôt-couchant, l'humilié ; et il existe aussi une sagesse
qui est humble et canine et pieuse et hâtivement-
docile.

Lui est tout à fait odieux, et lui donne la nausée
qui ne se veut jamais défendre, ravale de venimeux
crachats et de méchants regards, le beaucoup-trop-
patient, et le tout-souffrant, le tout-acceptant, car
c'est manière de laquais.

Qu'on soit laquais devant les dieux et de divins coups
de pied, ou qu'on le soit devant des hommes et de fades
opinions d'hommes, sur *toute* manière de laquais il jette
son crachat, ce bienheureux égoïsme!

Mauvais, il nomme ainsi tout ce qui s'agenouille et, à
genoux, fait le laquais, serviles clins d'œil, cœur contrit,
et cette fausse condescendance qui baise avec des lèvres
larges et paresseuses [2].

Et fausse-sagesse, tel est pour lui le nom de tout ce
qu'assaisonnent des laquais et des vieillards et des
hommes las ; et singulièrement toute la vilaine bouffonnerie ecclésiastique, avec sa fausse-astuce et sa super-
astuce!

Mais les faux-sages, tous les prêtres, les lassés du
monde et dont l'âme est de l'espèce des femmes et des
laquais, — oh! comme avec l'égoïsme depuis toujours
leur jeu fut vilain joueur!

Et ceci justement devait être vertu et en porter le
nom : — avec l'égoïsme être vilain joueur! Et d'être
« désintéressés », — voilà ce que pour eux-mêmes, avec

bonne raison, voulaient tous ces lassés du monde, couards et araignées porte-croix!

Mais pour ceux-là, tous tant qu'ils sont, vient à présent le jour, la mutation, le glaive de justice, *le grand midi* ; lors maint secret se révélera [1]!

Et qui proclame sain et saint le je, et bienheureux l'égoïsme, en vérité celui-là dit aussi ce qu'il sait, lui le prophète : « *Voyez! il vient, il approche, le grand midi!* »

Ainsi parlait Zarathoustra.

DE L'ESPRIT DE PESANTEUR

1

Mon langage — est du peuple ; trop cru je parle, et à cœur trop ouvert, pour les lapins angoras. Et plus étrange encore sonne ma parole pour tous poissons d'encrier et tous renards de plume.

Ma main — est main de bouffon ; malheur à toutes tables et murailles, et qui a place encore pour ornements de bouffon, pour barbouillages de bouffon [1] !

Mon pied — est pied de cheval ; sur lui je galope et je trotte et par monts et par vaux, en long, en large et en travers, et de plaisir suis endiablé en toute vive course.

Mon estomac — est-il estomac d'aigle ? Car le plus amoureusement il aime la chair d'agneau. Mais, à coup sûr, c'est estomac d'oiseau [2].

Nourri de choses innocentes, et de peu, prêt à l'envol et impatient de voler, de m'envoler d'ici, — voilà maintenant ma façon ; comment n'y rien trouver d'une façon d'oiseau ?

Et avant tout, que de l'esprit de pesanteur je sois ennemi, c'est là façon d'oiseau, et, en vérité, ennemi mortel, ennemi juré, ennemi héréditaire. Oh ! où déjà ne vola-t-elle, où ne s'envola-t-elle, mon inimitié ?

De cela je pourrais déjà chanter un chant — — et je le *veux* chanter, encore que dans une maison vide je sois seul et qu'à mes seules oreilles il me le faille chanter.

Il est assurément d'autres chanteurs, à qui la maison

pleine seule au gosier donne sa souplesse, aux mains leur éloquence, à l'œil son expression et au cœur son éveil ; — à eux ceux-là je ne ressemble. —

2 [1]

Celui de qui les hommes un jour apprendront à voler, il aura renversé toutes bornes-frontières ; toutes bornes-frontières mêmes pour lui dans l'air [2] voleront ; la Terre par lui sera rebaptisée — « la légère ».

L'autruche, qui est oiseau, plus vite court que le cheval le plus rapide ; mais cache encore sa tête pesamment dans la pesante Terre : ainsi fait l'homme qui encore ne sait voler.

Pesantes sont pour lui et Terre et vie ; et c'est bien ce que *veut* l'esprit de pesanteur. Mais qui se veut rendre léger, et qui se veut oiseau, il faut que celui-là s'aime lui-même, — voilà ce que j'enseigne, *moi*.

Non certes à la façon dont s'aiment des égrotants et des maniaques ; car chez ceux-là même l'amour de soi répand une puanteur !

Il faut apprendre à s'aimer soi-même — c'est mon enseignement — d'un amour salubre et sain, afin de demeurer auprès de soi et ne point vagabonder.

« Amour du prochain », voilà comme se baptise pareil vagabondage ; avec ces mots on a jusqu'à présent le mieux menti, et de la plus hypocrite façon, et singulièrement ceux qui à tout le monde furent pesants.

Et ce n'est là, en vérité, précepte pour le jour d'hui ni l'en demain, que d'*apprendre* à s'aimer. De tous les arts c'est là bien davantage le plus subtil, le plus rusé, le plus patient.

A qui possède est, en effet, tout ce qu'il possède bien caché, et plus tard que tous les trésors on déterre le sien, — voilà ce que fait l'esprit de pesanteur.

Presque au berceau on nous dote déjà de mots et valeurs *pesants*, avec « bon » et « méchant », — ainsi se nomme cette dot. Et à ce prix on nous pardonne d'être vivants.

Et laisse-t-on venir à soi les petits enfants [3], c'est

pour les prémunir à temps contre l'amour de soi : voilà
ce que fait l'esprit de pesanteur.

Et nous — fidèlement sur de dures épaules et par de
dures montagnes nous traînons notre dot ! Et quand
nous transpirons, lors on nous dit : « Oui certes, la vie
est un pesant fardeau! »

Mais c'est l'homme seulement qui pour lui-même est
un pesant fardeau [1]! Parce que sur ses épaules il traîne
trop de poids étrangers. Comme le chameau il plie le
genou et bien se laisse charger.

Singulièrement l'homme robuste et endurant, celui
que hante le respect ; de trop d'*étrangères* paroles et
valeurs il se charge — et maintenant la vie lui paraît
un désert!

Et même des biens qu'on a *en propre*, beaucoup, en
vérité, sont de pesants fardeaux! Et au-dedans de
l'homme, bien des parties sont à l'huître pareilles :
nauséeuses et visqueuses, et malaisément saisissables, —

— si bien que d'une noble coquille aux nobles ornements il faut l'intercession. Mais cet art même, il le faut
apprendre : *avoir* coquille et belle apparence et prudente
cécité [2]!

Mais fort trompeur chez l'homme est que plus d'une
coquille est exiguë et triste et beaucoup trop coquille.
Mainte bonté et mainte force cachée jamais ne se décèlent ; les plus exquis morceaux de roi ne trouvent amateur!

Le savent bien les femmes, qui sont le plus exquis : un
peu plus grasses, un peu plus minces, — en ce « si peu »
que de destin!

Malaisément se découvre l'homme, et à lui-même
encore plus malaisément ; sur l'âme souvent l'esprit dit
des mensonges. Voilà ce que fait l'esprit de pesanteur.

Mais s'est lui-même découvert celui qui dit : Voici
mon bon et *mon* méchant. Ainsi il a fait taire cette
taupe, ce nain, qui, lui, déclare : « Bon pour tous, méchant
pour tous. »

En vérité, je ne puis non plus sentir ceux pour lesquels
bonne est toute chose, et le meilleur de tous ce monde.
Ceux-là, je les appelle les omni-satisfaits.

Omni-satisfaction qui à toute chose sait trouver goût ;

point n'est le meilleur goût. J'honore langues et esto-
macs récalcitrants, et difficiles dans leur choix, qui ont
appris à dire « Je » et « Oui » et « Non ».

Mais tout mâcher et digérer — de pourceau voilà
bonne manière! Dire toujours Ou-I* — l'âne seulement
en fit l'apprentissage, et qui est de son esprit! —

L'ocre profond et le chaud vermillon, voilà ce que veut
mon goût — qui à toutes couleurs mêle le sang. Mais qui
peint en blanc sa maison, c'est âme de plâtre qu'il me
révèle [1].

De momies s'amourachent les uns, de fantômes les
autres, et les uns et les autres de toute chair et de tout
sang ont même haine : — oh! comme les uns et les autres
répugnent à mon goût! Car ce que j'aime, c'est du sang.

Et là où tout un chacun et crache et bave, point ne
veux habiter ni demeurer, c'est maintenant *mon* goût ; —
entre larrons et faux témoins mieux encore aimerais
vivre. Personne n'a bouche d'or [2].

Mais plus encore me répugnent tous lèche-bottes ; et la
plus écœurante bête humaine que j'aie trouvée, parasite
l'ai baptisée : elle voulait n'aimer et d'amour pourtant
vivre.

Infortunés, ainsi je nomme tous ceux qui n'ont qu'un
choix : devenir de méchantes bêtes ou de méchants domp-
teurs ; chez eux ne dresserais mes tentes [3].

Infortunés, ainsi je nomme également ceux qui toujours ne peuvent qu'*attendre* ; ils vont contre mon goût,
tous les douaniers et boutiquiers et rois et autres gardiens de pays et de boutiques.

En vérité, j'appris l'attente aussi, et foncièrement, —
mais à n'attendre que *moi-même*. Et surtout j'ai appris
à me tenir debout et à marcher et à courir et à sauter et
à grimper et à danser.

Mais voici ma leçon : qui une fois veut apprendre à
voler, il faut que d'abord il apprenne à se tenir debout
et à marcher et à courir et à sauter et à grimper et à
danser, — ne s'attrape au vol le vol [4]!

Par des échelles de corde j'ai appris l'art d'escalader

* Le I-A de l'allemand évoque mieux le braiment de l'âne que
notre Ou-I.

mainte fenêtre ; sur des jambes agiles à de hauts mâts j'ai grimpé ; sur les hautes mâtures du connaître tenir assis ne me parut mince béatitude, —

— comme flammèches flotter sur de hauts mâts ; une petite lumière sans doute, mais une grande consolation pour des marins perdus et pour des naufragés [1] ! —

Par toutes sortes de voies et de moyens jusqu'à ma vérité je suis venu ; non sur une seule échelle jusqu'à la cime suis monté, où mon regard dans les lointains se perd.

Et seulement à contrecœur toujours ai demandé mon chemin — toujours ce fut contre mon goût. De préférence j'interrogeai les chemins mêmes et les mis à l'épreuve.

Épreuve et questionnement, ce fut toute ma façon d'aller, — et à pareilles questions, en vérité, il faut *apprendre* aussi l'art de répondre. Mais tel — est mon goût :

— ni bon ni mauvais goût, mais bien *mon* goût, duquel plus ne me fais honte ni mystère.

« Voilà — maintenant *mon* chemin ; — où est le vôtre ? » ; à ceux qui me demandaient « le chemin » ainsi ai répondu. Car *le* chemin — cela n'existe pas !

Ainsi parlait Zarathoustra.

D'ANCIENNES ET DE NOUVELLES TABLES

1

Ici je sieds et j'attends, d'anciennes tables brisées autour de moi, et aussi des tables nouvelles, à demi écrites. Quand donc viendra mon heure ?

— l'heure de ma descente, de mon déclin ; car une fois encore parmi les hommes je veux aller.

Ce que j'attends maintenant ; car il faut que d'abord viennent à moi les signes que soit arrivée *mon* heure, — c'est-à-dire le lion qui rit et l'essaim de colombes.

Cependant je me fais à moi-même discours, comme celui qui a du temps. De personne je ne reçois récit nouveau : à moi-même me fais récit. —

2

Lorsque parmi les hommes je suis venu, sur une vieille prétention je les trouvai assis : depuis longtemps déjà tous prétendaient savoir ce qui pour l'homme serait bon et méchant.

Une vieillerie dont on est las, ainsi leur paraissait tout discours sur la vertu ; et qui voulait un bon sommeil, avant d'aller dormir, encore parlait du « bien » et du « mal » [2].

Cette somnolence, je la troublai en enseignant : ce

qui est bon et méchant, *encore personne ne le sait,* — sinon celui qui crée [1]!

— Or c'est celui qui crée la fin de l'homme et à la Terre donne sens et l'avenir ; celui-là *fait que* bonne ou méchante soit une chose.

Et je les adjurai de renverser leurs vieilles chaires et tout lieu où cette vieille prétention avait bien pu siéger ; de leurs grands maîtres de vertu les adjurai de rire, et de leurs poètes et de leurs saints et rédempteurs du monde.

De leurs sinistres sages les adjurai de rire et de quiconque jamais, comme noir épouvantail et augure, sur l'arbre de vie s'était niché.

Au bord de leur grande allée tombale je m'assis, moi-même près de la charogne et des vautours [2] — et j'ai ri de tout leur autrefois et de sa pourrissante, de sa croulante majesté.

En vérité, comme font prêcheurs de pénitence et bouffons, sur tout ce qu'ils ont de grand et de petit, j'ai crié ma colère et ma malédiction, — que bien petit est ce qu'ils ont de meilleur! Et bien petit ce qu'ils ont de plus méchant! — ainsi je riais.

Et criait aussi, et riait, ma sage nostalgie, qui est née sur des montagnes, une sauvage sagesse [3] en vérité! — ma grande nostalgie aux ailes bruissantes [4].

Et souvent elle m'arracha et m'emporta là-haut, là-bas et en plein rire ; lors j'ai volé, avec un vrai frisson d'effroi, comme une flèche, dans le ravissement d'un Soleil ivre :

— vers de lointains avenirs qu'encore ne vit aucun rêve, vers des midis plus chauds que jamais n'en rêvèrent imagiers ; là où des dieux qui dansent de tout vêtement se feraient honte [5] ; —

— Pour parler en images et, comme poètes, boiter et bégayer ; et véritablement j'ai honte qu'encore il me faille être poète! —

Là où pour moi tout devenir était danse de dieux et divine exubérance, et le monde déchaîné, débridé et vers lui-même de nouveau fuyant! —

— comme des dieux en nombre qui éternellement se fuient et à nouveau se cherchent, comme des dieux en

nombre qui béatement se contredisent, les uns les
autres se prêtent l'oreille, à nouveau les uns les autres
s'appartiennent * : —

Là où pour moi le temps entier n'était à l'égard des
instants qu'un bienheureux sarcasme, où la nécessité
était la liberté elle-même qui avec l'aiguillon de la
liberté béatement jouait [1] ; —

Là où je retrouvais aussi mon vieux diable et mon
ennemi juré, l'esprit de la pesanteur et tout ce qui est
son œuvre : contrainte, législation, besoin et conséquence
et but et vouloir et bien et mal ; —

Car ne faut-il qu'existe quelque choe *sur* quoi l'on
danse et, dansant, l'on s'enfuie ? Ne faut-il que pour le
bon vouloir des légers, des plus légers de tous, — il existe
des taupes et de pesants nains ? — —

Là aussi, en chemin, j'ai ramassé le mot « surhomme »,
et que l'homme est quelque chose qui ne se peut que
surmonter [2],

— que l'homme est pont, et non pas but ; de son
midi se bénissant et de la fin de son jour, comme un
chemin vers de neuves aurores [3] :

— ce que dit Zarathoustra du grand midi et tout ce
qu'encore sur l'homme j'ai suspendu, pareils à de seconds
couchants de pourpre.

En vérité, ainsi je leur fis voir de neuves étoiles,
avec des nuits nouvelles, et par-dessus nuées et jours et
nuits, tendis encore le rire comme une tente multicolore [4].

Leur enseignai toute *ma* pensée et *mon* aspiration :
en une seule chose condenser ** et rassembler ce qui
est en l'homme fragment, énigme et cruel hasard, —

— poète, déchiffreur d'énigmes et rédempteur du
hasard, je leur appris à créer dans l'avenir, et tout ce qui
fut, — à le racheter en créant.

* Jeu verbal sur « *hören* » (ouïr) et « *zugehören* » (appartenir).
** Sur l'homonymie des deux verbes « *dichten* », voir plus haut, p. 177
la remarque du traducteur.

A racheter le passé de l'homme et à recréer tout « cela fut », jusqu'à ce que dît le vouloir : « Mais ainsi le voulus, ainsi le voudrai ! »

— Voilà ce que pour eux je nommai rédemption, cela seul que leur appris à nommer rédemption. — —

J'attend à présent *ma propre* rédemption, — afin que pour la dernière fois j'aille vers eux.

Car une fois encore parmi les hommes je veux aller, *parmi* eux je veux décliner, en mourant je leur veux donner mon plus riche don !

Du Soleil j'appris cette leçon lorsqu'il se couche, lui le plus riche : c'est de l'or qu'il épand sur la mer, puisé à son inépuisable richesse [1], —

— en sorte que le plus pauvre pêcheur encore avec une rame d'or lui-même rame ! Ce qu'une fois je vis et, à le contempler, de larmes n'eus rassasiement [2]. — —

Comme décline le Soleil, aussi veut décliner Zarathoustra ; ici maintenant il sied et il attend, d'anciennes tables brisées autour de lui et des tables nouvelles aussi, — écrites à demi.

4

Voici une nouvelle table ; mais où sont-ils, mes frères, ceux qui avec moi dans la vallée et dans les cœurs de chair la porteront [3] ? —

Ainsi l'exige mon grand amour des plus lointains : *Point ne ménage ton prochain !* L'homme est quelque chose qui ne se peut que surmonter.

Divers sont les voies et moyens de ce dépassement : à *toi* de choisir ! Mais seul un pantin de foire pense que par-dessus l'homme on peut aussi *sauter* !

Toi-même, en ton prochain encore te surmonte ! Et le droit que de force tu ne peux prendre, ne te le laisse donner.

Ce que tu fais, personne ne te saurait le rendre. Vois ! Il n'existe aucune compensation.

Qui à lui-même ne peut commander, celui-là doit obéir. Et plus d'un se *peut* commander, mais de beaucoup s'en faut encore qu'également il s'obéisse !

5

Ainsi l'exige la façon des âmes nobles : elles ne veulent rien avoir *gratuitement*, et moins que tout la vie.

Qui est de la populace veut vivre gratuitement ; mais nous autres, à qui la vie s'est donnée, — jamais nous ne perdons de vue *ce qu'en échange* le mieux donnons [1] !

Et voici en vérité une noble parole : « ce que *nous* promet la vie, nous voulons, *nous* — pour la vie le tenir ! »

On ne doit vouloir jouir là où l'on ne donne rien qui soit objet de jouissance. Et — jouir est ce qu'on ne doit *vouloir* !

Jouissance et innocence sont, en effet, les plus pudiques choses ; ne veulent, ni l'une ni l'autre, qu'on les cherche. On doit les *posséder* — mais plus encore c'est faute et souffrances qu'on doit *chercher* [2] ! —

6

O mes frères, qui naquit le premier toujours est sacrifié. Or nous sommes des premiers-nés [3].

Sur de secrets autels nous saignons tous, pour honorer de vieilles idoles nous brûlons tous et nous grillons.

Ce que nous avons de meilleur est jeune encore, de quoi exciter de vieux palais. Tendre est notre chair, notre toison n'est que toison d'agneau ; — de vieux prêtres d'idoles, comment ne les exciterions-nous ?

C'est *en nous-mêmes* qu'il loge encore, le vieux prêtre d'idoles, celui qui pour son banquet rôtit ce que nous avons de meilleur. Hélas ! mes frères, comment des premiers-nés ne seraient-ils offerts en sacrifice ?

Mais ainsi le veut notre façon, et j'aime ceux qui ne se veulent garder [4]. Ceux qui déclinent, je les aime de mon plein amour, car ils vont au-delà. —

7

Être vrais — bien peu le *peuvent*! Et qui le peut, encore ne le veut. Mais moins que personne le peuvent les gens de bien.

Ah! ces gens de bien ! — *Jamais gens de bien ne disent la vérité*; avoir bonté de cette sorte, c'est pour l'esprit être malade.

Ils concèdent, ces gens de bien, ils se rendent, leur cœur redit ce que disent les autres, leur fond est obéissant ; mais qui obéit, *celui-là ne s'entend pas lui-même*!

Tout ce que les gens de bien nomment méchant, il faut que tout cela se rassemble afin que naisse une seule vérité! O mes frères, pour *cette* vérité êtes-vous assez méchants vous-mêmes ?

Audace téméraire, longue méfiance, cruel refus, dégoût, courage de trancher dans le vif [1], — comme il est rare que *cela* soit rassemblé! Or c'est pareille semence qui — est mère de vérité!

C'est *à côté* de la mauvaise conscience que jusqu'ici crût tout *savoir*! Brisez, ô vous les connaissants, me brisez donc les vieilles tables!

8

Quand l'eau reçoit des planches, quand passerelles et rampes enjambent le fleuve, en vérité, personne ne trouve alors créance qui lors déclare : « Tout coule [2]. »

Même les balourds le contredisent : « Comment ? disent les balourds, tout coulerait ? *Au-dessus* du fleuve il est pourtant planches et passerelles! »

« *Au-dessus* du fleuve tout est ferme, toutes les valeurs des choses, les ponts, les concepts, tout « bien » et « mal », tout cela est *ferme*! » —

Mais que vienne le rude hiver, le dompteur des flots, lors même les plus rusés apprennent la méfiance, et balourds en vérité ne sont plus seuls à dire : « Toute chose ne serait-elle — *immobile* ? »

« Foncièrement toute chose est immobile », — c'est une

juste leçon d'hiver, une bonne chose pour temps stérile, une bonne consolation pour marmottes et casaniers.

« Foncièrement toute chose est immobile », — mais *là-contre* prêche le vent du dégel!

Le vent du dégel, un taureau qui n'est taureau de labour, — un taureau furieux, un destructeur qui de ses cornes rageuses brise la glace. Or glace — — *brise passerelles*!

O mes frères, tout, à présent, n'est-il *fluent*? A l'eau ne sont toutes rampes et passerelles tombées? Au « bien » et au « mal » qui encore s'accrocherait?

« Malheur à nous! Salut à nous! Voilà que souffle le vent du dégel [1]! » — De par toutes ruelles ainsi prêchez, mes frères [2]!

9

Il est un vieux délire, qui a nom bien et mal. Autour de devins et d'astrologues gravita jusqu'ici la roue de ce délire.

Aux devins et astrologues jadis on *faisait crédit*, et *c'est pourquoi* l'on crut : « Tout est destin ; tu dois puisque tu es forcé! »

Ensuite de tous devins et astrologues on se méfia, et *c'est pourquoi* l'on crut : « Tout est liberté : tu peux puisque tu veux! »

O mes frères, sur les astres et l'avenir, jusqu'à présent on ne fit que délirer, on ne sut rien : et *c'est pourquoi* sur le bien et le mal on ne fit jusqu'à présent que délirer, on ne sut rien [3]!

10

« Point ne voleras! Point ne tueras! » — saintes jadis furent proclamées de telles paroles ; devant elles on ployait genoux et nuques, et l'on quittait ses chaussures.

Mais je vous demande : où vit-on jamais meilleurs

voleurs et tueurs au monde que ne le furent telles saintes paroles[1] ?

En toute vie elle-même ne sont — vol et tuerie ? Et lorsque saintes l'on proclama de telles paroles, ne fut ainsi la *vérité* elle-même — frappée à mort ?

Ou bien fut-ce un prêche de mort que de proclamer saint tout ce qui de la vie était contradiction et refus ? — O mes frères, brisez, me brisez donc ces vieilles tables !

11

Pour tout ce qui est passé ma compassion est de le voir abandonné, —

— abandonné à la grâce, à l'esprit, au délire de toute génération qui vient et qui de tout ce qui fut, pour jeter son pont, change le sens !

Pourrait venir un grand despote, un rusé malveillant qui par sa grâce et sa disgrâce forcerait et forcerait tout ce qui est passé, jusqu'à ce que tout cela pour lui devînt et pont et signe annonciateur, héraut et chant du coq.

Or voici le second péril et ma seconde compassion : — qui est de la populace, sa mémoire remonte jusqu'au grand-père, — mais avec le grand-père cesse le temps.

De la sorte se trouve abandonné tout passé ; car bien se pourrait qu'un jour la populace devînt maîtresse et qu'en de basses eaux se noyât le temps entier.

Pour quoi, mes frères, il est besoin d'une *nouvelle noblesse* qui à toute populace résiste et à toute despotique violence et de nouveau, sur des tables nouvelles, écrive le mot « noble ».

Car de nobles en nombre il est besoin, et de toutes sortes, *pour qu'il existe une noblesse* ! Ou bien, comme un jour en images je l'ai dit « C'est justement divinité qu'il existe des dieux, mais que Dieu n'existe pas[2] ! »

12

O mes frères, je vous consacre et vous renvoie à une nouvelle noblesse ; devenez donc des géniteurs et des éleveurs, et des semeurs d'avenir, —

— non point, en vérité, pour une noblesse que vous pourriez acheter, comme font les boutiquiers, et avec l'or des boutiquiers ; car a peu de valeur ce qui a son prix.

Du lieu dont vous venez ne tirez honneur dorénavant, mais bien du lieu où vous allez! Votre vouloir et votre pied qui au-dessus et au-delà de vous-même veut avancer, — de cela que soit fait votre nouvel honneur!

Et non, en vérité, d'avoir servi un prince — que signifient maintenant des princes ? — ou d'être devenus, pour le consolider, bastions de l'ordre établi!

Ni que votre lignée soit dans des Cours devenue courtoise, ou que vous ayez appris, comme flamands chamarrés, à vous tenir debout de longues heures sur de plats étangs[1]!

— Car être *capable* de se tenir debout, c'est mérite de courtisan ; et croient tous courtisans qu'à la béatitude, après la mort, appartiendra — le *droit* de s'asseoir!

Ni davantage qu'un esprit qu'ils nomment saint ait conduit vos ancêtres en des terres promises que, *moi*, je ne promets, car où poussa le plus vilain des arbres, la Croix, — en ce pays il n'est rien à promettre. —

— et, en vérité, où que cet « Esprit Saint » ait pu conduire ses chevaliers, dans de pareils convois toujours coururent — chèvres et oies et têtes carrées et zigzagantes de Croisés * *à l'avant-garde*[2]! —

O mes frères, non derrière vous doit regarder votre noblesse, mais *au-delà de vous*! De tous les pays de vos pères et de vos aïeux vous devez être chassés!

C'est *le pays de vos enfants* que vous devez aimer : soit cet amour votre nouvelle noblesse, — l'inexploré en

---

* « *Und Kreuz- und Querrköpfe* », double allusion à la balourdise des Croisés et à leur marche incertaine (" *in die Kreuz und Querr* " veut dire " en zigzag ").

l'océan le plus lointain! C'est ce pays que j'ordonne à votre voile de chercher et de chercher!

D'être enfants de vos pères, par vos enfants vous vous devez *racheter* : tout passé devez *ainsi* racheter! Cette table nouvelle, je la dresse au-dessus de vous [1]!

13

« A quoi bon vivre ? Tout est vanité [2]! Vivre — c'est fouler de la paille, c'est se brûler sans se chauffer. » —

Pour « sagesse » passe toujours ce vieux bavardage ; mais d'être vieux et de sentir le rance il n'est que mieux vénéré. Même la moisissure anoblit. —

A des enfants pareils discours étaient permis ; parce qu'ils s'y sont brûlés, le feu les *effarouche*! Dans les vieux livres de sagesse il est beaucoup d'enfantillage!

Et qui toujours « foule de la paille », qu'il médise du foulage, comment le lui permettre? A un bouffon de la sorte il faudrait museler la gueule [3]!

Pareilles gens s'assoient à table et avec eux n'apportent rien, pas même bon appétit ; — et maintenant disent ce blasphème « Tout est vanité [4]! » —

Mais bien manger et boire, ô mes frères, cet art, en vérité, n'a rien de vain! Me brisez, me brisez donc les tables de ceux qui jamais ne s'éjouissent!

14

« Au pur tout est pur [5] », — ainsi parle le peuple. Mais moi, je vous dis : au porc tout devient porc!

Pour quoi vous prêchent les exaltés et les sournois, et bas aussi portant le cœur * : « Le monde même est un monstre d'ordure ».

Car tous ceux-là ont l'esprit sale, et singulièrement ceux qui n'ont cesse ni répit de voir le monde *de derrière* — les gens des arrière-mondes!

---

* Jeu verbal sur « *Kopfhänger* » (sournois) et « *niederhängen* » (pendre bas).

A *ceux-là*, je le dis en plein visage, si malsonnant que ce puisse être : en quoi le monde ressemble à l'homme, c'est qu'il a un derrière, — *ni plus ni moins* c'est vérité!

Il est au monde bien de l'ordure, — *ni plus ni moins* c'est vérité. Mais, pour autant, monstre d'ordure n'est encore le monde!

Il n'est pas sans sagesse que bien des choses dans le monde sentent mauvais : même la nausée donne des ailes et des dons de sourcier [1]!

Dans le meilleur il est encore de l'écœurant ; et le meilleur est quelque chose encore qui ne se peut que surmonter! —

O mes frères, c'est grande sagesse qu'il y ait dans le monde beaucoup d'ordure! —

15

Voici quelles maximes j'ouïs dire à leur conscience pieuses gens des arrière-mondes ; et véritablement sans malfaisance ni fausseté, — encore qu'au monde il n'y ait plus faux ni malfaisant.

« Au monde laisse donc appartenir le monde! Là-contre ne lève même le petit doigt! »

« Laisse qui le veut étrangler les hommes et les embrocher et les tailler et les écorcher ; là-contre non plus ne lève le petit doigt! De la sorte ils apprendront à renoncer au monde. »

« Et ta propre raison, toi-même dois l'égorger et l'étouffer, car c'est une raison de ce monde, — de la sorte toi-même tu apprendras de renoncer au monde ». —

Brisez, mes frères, me brisez donc ces vieilles tables de dévots! Réfutez-moi les maximes de ceux qui calomnient le monde [2]!

16

« Qui beaucoup apprend, de désirer avec violence il désapprend » ; — voilà ce qu'aujourd'hui de par toutes sombres ruelles l'on chuchote.

« La sagesse rend las ; ne vaut la peine — rien ; tu ne dois désirer! » Cette table nouvelle, même sur des places publiques je l'ai vue accrochée.

Brisez, mes frères, me brisez donc aussi cette *nouvelle* table! L'ont accrochée ceux qui sont las du monde et les prêcheurs de mort, les argousins aussi ; car, voyez! c'est également un prêche de servitude! —

D'avoir mal appris, et non le meilleur, et tout trop tôt, et tout trop vite ; d'avoir mal *mangé*, de là leur est venu cet estomac gâté, —

— car leur esprit est bien un estomac gâté, *lequel* conseille la mort! En vérité, mes frères, l'esprit *est* bien un estomac [1]!

La vie est une source de plaisirs, mais celui par la bouche de qui parle l'estomac gâté, le père du chagrin [2], — pour celui-là sont toutes sources empoisonnées.

Connaître, c'est *plaisir* pour qui veut comme un lion! Mais le lassé n'est plus lui-même que « voulu », et avec lui jouent toutes vagues.

Et c'est toujours ainsi manière d'hommes faibles ; sur leurs routes ils se perdent. Et à la fin questionne encore leur lassitude : « Pourquoi suivîmes-nous jamais des routes? Tout est pareil! »

A leurs oreilles sonne agréablement ce prêche : « Rien ne vaut la peine! Point ne veuillez! » Mais c'est prêche de servitude.

O mes frères, comme une fraîche bourrasque arrive Zarathoustra sur tous ceux que leurs routes ont lassés ; par lui nombre de nez encore éternueront!

Même à travers des murs souffle ma fraîche haleine, et jusque dans les prisons et jusqu'aux esprits captifs!

Vouloir libère ; car vouloir, c'est créer, voilà ce que j'enseigne ; et c'est *seulement* pour créer que vous devez apprendre!

Et l'apprentissage même, de moi seul vous le devez *apprendre* — le bon apprentissage! — Qui a des oreilles entende [3]!

17

Ici est la nacelle — là-bas elle conduit peut-être au grand néant. — Mais à bord de ce « peut-être » qui se veut embarquer ?

Aucun de vous sur la nacelle de mort ne se veut embarquer ! Et cependant vous voulez être des *lassés du monde* !

Lassés du monde ! Et pas même à la Terre encore vous ne vous êtes arrachés ! Concupiscents de la Terre, ainsi toujours vous ai trouvés, de votre propre lassitude de la Terre encore amourachés !

Non sans raison vous faites la moue : — à votre lèvre colle encore un petit désir terrestre ! Et dans votre œil — ne flotte-t-il un petit nuage d'inoublié désir terrestre ?

Il est sur Terre force bonnes inventions, certaines utiles, les autres nécessaires : pour elles il faut aimer la Terre.

Et il est là tant de choses si bien trouvées qu'elles sont comme le sein de la femme : utiles tout ensemble et agréables.

Mais vous, les lassés du monde ! Vous les paresseux de la Terre ! Qu'on vous frappe de verges ! En vous frappant de verges, qu'on vous rende des jambes alertes !

Car si vous n'êtes des malades, de pauvres diables exténués de qui lasse est la Terre, alors êtes de sournoises et veules bêtes, ou des chats de plaisir, gourmettement recroquevillés. Et si joyeusement ne voulez *courir*, alors — déguerpissez !

Des incurables on ne doit vouloir être médecin, ainsi enseigne Zarathoustra : — par conséquent, déguerpissez !

Mais il faut plus de *courage* pour en finir que pour écrire un nouveau vers ; le savent tous médecins et tous poètes. —

18

O mes frères, il est des tables que fit la lassitude, et des tables que fit la paresse, la pourrissante ; encore

qu'elles tiennent même discours, d'autre façon veulent
être entendues. —

Voyez cet homme ici qui d'épuisement se meurt. De
sa destination plus ne le sépare qu'un empan, mais de
lassitude il s'est par bravade ici couché dans la poussière, ce vaillant !

De lassitude il bâille à la route et à la Terre, à la
destination et à lui-même : il ne veut faire un pas de
plus, — ce vaillant !

Arde maintenant sur lui le Soleil, et les chiens lèchent
sa sueur, mais il est là couché, dans sa bravade, et [1]
d'épuisement préfère mourir ; —

— à un empan de sa destination, d'épuisement mourir ! En vérité, par les cheveux encore jusqu'à son Ciel
il vous faudra le tirer, — ce héros !

Mieux encore, là où il s'est couché, le laissez donc
gésir pour que lui vienne le sommeil, le consolateur,
avec une bruissante averse de fraîche pluie ;

Le laissez donc gésir jusqu'à ce que de lui-même il
se réveille, — que de lui-même il révoque toute lassitude, et ce qu'à partir de lui lassitude enseigna !

Veillez seulement, mes frères, à écarter de lui les
chiens, les veules sournois, et toute l'exaltée racaille ; —

— toute l'exaltée racaille des « cultivés » qui de la
sueur de tout héros — se lèchent les babines ! —

19 [2]

Je trace autour de moi des cercles et des limites saintes ; toujours plus rares sont ceux qui avec moi gravissent
des montagnes toujours plus hautes, — je bâtis un massif
fait de montagnes toujours plus saintes. —

Mais où que vous puissiez avec moi vous élever, mes
frères, veillez à ce qu'avec vous ne s'élève un *parasite* !

Parasite, c'est une vermine, rampante, insinuante,
qui se veut engraisser en vos recoins malades et
meurtris.

Et c'est son art de déceler où des âmes qui s'élèvent
deviennent lasses ; sur votre morosité et votre absence

de courage, sur votre tendre pudeur, il installe son écœurante niche.

Là où faible est le fort, et bien trop doux le noble, — il installe son écœurante niche ; le parasite loge là où le grand a de petits recoins meurtris.

De tout ce qui existe, quelle est l'espèce la plus haute, et quelle la plus basse? Le parasite est la plus basse espèce ; mais qui est de l'espèce la plus haute, celui-là nourrit le plus de parasites.

Car l'âme qui possède l'échelle la plus longue et peut descendre au plus profond, comment en elle ne gîterait le plus de parasites? —

— l'âme la plus spacieuse, qui le plus vastement en elle-même sait courir, errer, vagabonder ; de toutes la plus nécessaire et qui dans le hasard se jette par plaisir [1] ; —

— l'âme qui est, qui dans le devenir se plonge ; l'âme qui a, qui dans le vouloir et le désir se *veut* plonger ; —

— l'âme qui elle-même se fuit, qui elle-même dans le plus vaste cercle se rejoint ; la plus sage des âmes, que la bouffonnerie le plus suavement persuade ; —

— l'âme qui pour elle-même a le plus grand amour, en qui ont toutes choses leur courant et leur contre-courant, leur flux et leur reflux, — oh! comment n'aurait-elle, *la plus haute des âmes*, les plus vilains parasites?

20

O mes frères, suis-je donc cruel? Mais je dis : ce qui tombe, encore on le doit pousser!

Le tout du jour d'hui — c'est chose qui tombe, qui s'écroule ; qui la voudrait retenir? Mais moi — encore la *veux* pousser!

De qui fait rouler des pierres en de grands fonds, connaissez-vous la volupté? — Ces hommes du jour d'hui, voyez comme en mes fonds ils roulent!

Pour d'autres qui mieux joueront, mes frères, je suis un prélude! Un exemple! *Faites* à mon exemple [2]!

Et qui n'apprend de vous à voler, lui apprenez-moi
à — *plus vite tomber !* —

21

J'aime les vaillants, mais ne suffit d'être sabreur, —
il faut savoir aussi *qui* sabrer !

Et souvent il est plus de vaillance à se contenir, à
passer outre, — *afin de* se ménager pour l'ennemi plus
digne !

Vous ne devez avoir d'ennemis que haïssables, non
d'ennemis à mépriser ; de votre ennemi il faut que
vous ayez fierté ; ainsi vous enseignai une fois déjà [1].

Pour l'ennemi plus digne, ô mes amis, devez vous
ménager ; ainsi devant beaucoup il vous faut passer
outre, —

— singulièrement devant force canaille, qui de
peuple et de peuples à vos oreilles fait grand tapage.

De leur pour et de leur contre, que restent purs vos
yeux ! Il est là bien du juste et là bien de l'injuste ; à y
regarder de près l'on devient coléreux !

Trancher du regard, trancher du sabre, — là c'est
tout un ; allez donc dans les bois, et que dorme votre
glaive !

Allez *vos* chemins ! Et laissez peuple et peuples suivre
les leurs ! — de sombres chemins, en vérité, où d'aucune
espérance même ne luit l'éclair !

Peut bien être souverain le boutiquier là où tout ce qui
brille encore — est un or de boutique ! Il est passé, le
temps des rois ; ce qui aujourd'hui se nomme peuple
point ne mérite d'avoir des rois.

Voyez donc comme ces peuples maintenant eux-
mêmes aux boutiquiers se font pareils : en toute poubelle encore cueillent pour eux les moindres profits [2] !

Entre eux se guettent, épient quelque chose — qu'ils
nomment « bon voisinage ». Oh ! bienheureux le temps
lointain où se disait un peuple : « au-dessus des peuples
je veux — être *souverain* ! »

Car, ô mes frères, le meilleur doit être souverain,

le meilleur aussi *veut* être souverain! Et où se donne
autre leçon, là — *manque* le meilleur.

22

Ceux-là, — auraient-ils pain gratuit, malheur! Contre
quoi crieraient-ils, *ceux-là*? Leur subsistance — c'est
leur juste entretien * ; et doivent avoir la vie dure [1]!

Ce sont bêtes de proie : en leur « travail » il est encore
du rapt ; en leur « mérite » il est encore de la supercherie!
Pour quoi ils doivent avoir la vie dure [2].

Ainsi doivent devenir de meilleures bêtes de proie ;
plus affinées, plus prudentes, *plus semblables à l'homme* ;
car l'homme est la meilleure bête de proie.

A toutes bêtes déjà l'homme a ravi leurs vertus ; pour
quoi de toutes bêtes l'homme eut la vie la plus dure.

Seuls encore les oiseaux sont au-dessus de lui. Et que
l'homme encore apprît à voler, malheur! *jusqu'à quelle
altitude* — ne volerait son appétit de rapt ?

23

Voici comme je veux homme et femme : l'un bon
guerrier, l'autre bonne génitrice, mais tous deux bons
danseurs, de la tête et des jambes.

Et soit perdu pour nous le jour où même une fois nous
ne dansâmes! Et soit fausse pour nous toute vérité où
il n'y ait un seul éclat de rire [3]!

24

Le mariage que vous concluez, prenez garde que ce ne
soit mauvaise *conclusion*! Vous concluez trop vite, et
s'ensuit — mariage brisé **!

Et mieux encore mariage brisé que mariage tordu,

---

* « *Ihr Unterhalt — das ist ihre rechte Unterhaltung.* »
** « *Eheschliessen* » signifie « contracter mariage » et « *Ehebrechen* »
« commettre l'adultère » (non pas « divorcer »). Le contexte force ici
à traduire littéralement *schliessen* et *brechen* par « conclure » et « briser ».

mariage menteur ! — Ainsi me parlait une femme : « Sans doute j'ai brisé mon mariage, mais d'abord m'a brisée le mariage, moi ! »

Époux mal assortis, toujours les ai trouvés les plus vilains vindicatifs ; de ne plus courir seuls, sur tout le monde ils prennent revanche.

Pour quoi veux que loyaux se disent : « Nous nous aimons ; *veillons* à conserver notre amour ! Ou bien méprise serait notre promesse [1] ? »

— « Nous donnez un délai, et un petit mariage, afin que nous voyions si d'un grand mariage sommes capables ! C'est grande affaire d'être toujours à deux [2] ! »

À tous loyaux voilà ce que je conseille ; et du sur-homme, et de tout ce qui doit venir, que serait mon amour si autrement je conseillais et discourais ?

Non à vous reproduire seulement, mais à produire *au-delà* de vous-mêmes — qu'à cela vous aide, ô mes frères, le jardin du mariage !

25

Qui sur d'antiques origines sagace devint, voici que finalement de sources d'avenir il s'enquerra et de nouvelles origines. —

O mes frères, loin n'est le temps où vont surgir de *nouveaux peuples*, et bruire en fonds nouveaux de nouvelles sources.

Car le séisme — obstrue bien des fontaines et fait dépérir bien des hommes ; mais il soulève aussi et met au jour des forces intérieures et des intimités.

Par le séisme sont révélées des sources neuves. Du séisme des vieux peuples surgissent des sources neuves.

Et qui s'écrie alors : « Voici une fontaine pour bien des assoiffés, un cœur pour bien des nostalgiques, une volonté pour bien des instruments » : — autour de lui s'assemble un *peuple* — c'est-à-dire beaucoup d'hommes qui tentent l'épreuve.

Qui est capable d'ordonner. qui ne peut qu'obéir, —

c'est de cela qu'ici l'on fait l'épreuve [1]! Hélas! par quelle
longue quête, et que d'essais et d'erreurs, et que d'apprentissage et de nouvelles mises à l'épreuve [2]!

La société des hommes : c'est une mise à l'épreuve,
ainsi j'enseigne, — une longue quête, mais une quête de
qui ordonne! —

— une *mise à l'épreuve*, mes frères, *non* un « con-
trat » [3]! Brisez, me brisez donc un tel mot, celui des
cœurs amollis et des gens de demi-mesure!

26

O mes frères! Pour tout avenir humain où donc est
le plus grand péril? N'est-ce chez les gens de bien et
chez les justes? —

— chez ceux qui disent et sentent dans leur cœur :
« De ce qui est bon et juste nous avons déjà savoir et
même possession ; malheur à ceux qui encore cherchent
ici! »

Et quelque dommage que fassent les méchants, le
dommage que font les gens de bien est le plus dommageable dommage!

Et quelque dommage que fassent les calomniateurs
du monde, le dommage que font les gens de bien est le
plus dommageable dommage!

O mes frères! Dans le cœur des gens de bien et des
justes un jour quelqu'un a regardé, et lors ainsi parla :
« Ce sont les pharisiens ». Mais on ne l'entendit [4].

Aux gens de bien et aux justes eux-mêmes il ne fut
permis de l'entendre : leur bonne conscience tient captif
leur esprit. D'une insondable prudence est la sottise des
gens de bien.

Mais voici la vérité : il *faut* que les gens de bien
soient pharisiens [5], — ils n'ont pas le choix!

Qui sa propre vertu s'invente, il *faut* que les gens de
bien le crucifient! Telle *est* la vérité.

Mais qui découvrit le second leur pays, le pays, le cœur
et le royaume des gens de bien et des justes, ce fut
celui qui lors interrogea : « lequel haïssent-ils le plus? »

C'est le *créateur* qu'ils haïssent le plus, celui qui

brise tables et anciennes valeurs — qu'ils nomment criminel *.

Car les gens de bien — ceux-là ne *peuvent* créer ; de la fin ils sont toujours le commencement ; —

— ils crucifient qui sur des tables nouvelles écrit de nouvelles valeurs, pour *leur* profit ils font le sacrifice de l'avenir, — ils crucifient tout avenir humain !

Les gens de bien — de la fin toujours furent le commencement. —

27 [1]

O mes frères, entendîtes-vous aussi cette parole ? Et ce qu'un jour j'ai dit du « dernier homme [2] » ? — —

Pour tout avenir humain où est le plus grand péril ? N'est-ce chez les gens de bien et chez les justes ?

Brisez, me brisez donc les gens de bien et les justes ! — O mes frères, entendîtes-vous aussi cette parole ?

28

Vous me fuyez ? Avec effroi ? Devant cette parole vous tremblez ?

O mes frères, quand je vous adjurai de briser les gens et de bien et les tables des gens de bien, lors seulement sur sa haute mer j'ai lancé l'homme.

Et à présent pour la première fois lui vient la grande peur, le grand regard tout alentour, la grande maladie, la grande nausée, le grand mal de mer.

De faux rivages et de fausses sécurités, voilà ce que vous apprirent les gens de bien ; dans le mensonge des gens de bien vous êtes nés et abrités ** ; jusques au fond les gens de bien ont tout trompé et tout tordu ***.

Mais qui a découvert le pays « Homme » découvrit également le pays « Avenir humain ». Me devez être

---

* « *Den Brecher — den heissen sie Verbrecher.* »
** « *Geboren und verborgen.* »
*** « *Verlogen und verbogen.* »

maintenant navigateurs, pleins de courage, pleins de patience !

Au bon moment, mes frères, avancez droit, d'avancer droit apprenez l'art ! La mer est déchaînée, sur vous beaucoup se veulent appuyer pour à nouveau se tenir droit.

La mer est déchaînée ; tout tombe à l'eau. Courage ! Courage, vieux cœurs marins !

Qu'importe le pays de nos pères ? *Là-bas* veut nous conduire notre gouvernail, là où se trouve *le pays de nos enfants !*[1] Là-bas, ailleurs, plus déchaînée que la mer, se déchaîne notre grande nostalgie. —

29

« Pourquoi si dur ? — dit un jour l'anthracite au diamant. Ne sommes-nous proches parents [2] ? » —

Pourquoi si mous ? Ainsi, mes frères, *moi*, je vous interroge ; car n'êtes-vous — mes frères ?

Pourquoi si mous, si amollis, si concessifs ? En vos cœurs pourquoi tant de négation, de dénégation ? Dans votre regard si peu de destin ?

Et si ne voulez être destins, et des inexorables, comment pourriez-vous avec moi — être vainqueurs ?

Et si votre dureté ne se veut fulgurante, et tranchant et taillant dans le vif, comment pourriez-vous avec moi, un jour — être des créateurs ?

Durs, en effet, sont ceux qui créent. Et béatitude nécessairement vous semblera que sur des millénaires comme sur de la cire vous pressiez votre main [3], —

— béatitude que sur le vouloir de millénaires comme sur du bronze vous écriviez, — plus dur que bronze, plus noble que bronze. Seul est dur parfaitement ce qui est le plus noble.

C'est cette table nouvelle, mes frères, que devant vous je dresse : *devenez durs !* —

30

O mon vouloir, tournant de toutes nécessités, ô *ma* nécessité, de toutes victoires petites bien me garde !

O destinée de mon âme, toi que j'appelle destin! Au-dedans de moi-même! Au-dessus de moi-même! Pour un seul grand destin me garde et me ménage!

Et ta grandeur ultime, ô mon vouloir, te la réserve pour ton ultimité — et c'est qu'*en* ta victoire tu es inexorable! Hélas! à sa victoire qui donc n'a succombé?

De qui, hélas!, en cette ivre pénombre ne s'est obscurci l'œil? De qui n'a trébuché le pied, et qui dans sa victoire n'a désappris — à se tenir debout? —

— Afin qu'un jour je sois prêt et mûr à l'heure du grand midi, prêt et mûr comme bronze en fusion, comme nuées grosses d'éclairs et pis de lait gonflé; —

— prêt pour moi-même et pour mon plus secret vouloir : un arc qui pour sa flèche brûle d'amour, une flèche qui pour son étoile brûle d'amour ; —

— à l'heure de son midi une étoile prête et mûre, ardente, transpercée, sous les flèches destructrices du Soleil une étoile béate ; —

— Un Soleil même et un inexorable vouloir solaire, dans sa victoire prêt à s'anéantir!

O vouloir, tournant de toutes nécessités, ô *ma* nécessité! Pour une seule grande victoire me ménage! — —

Ainsi parlait Zarathoustra.

LE CONVALESCENT [1]

1

Un matin, peu de temps après son retour à la caverne, de sa couche bondit Zarathoustra comme un insensé, cria d'une effrayante voix et fit de grands gestes comme si quelqu'un encore sur sa couche était gisant, qui refusât de se lever ; et de telle manière tonnait la voix de Zarathoustra que vinrent à lui ses bêtes épouvantées et que de toutes cavernes et tanières proches de sa caverne s'échappa toute faune, — volant, voletant, rampant, bondissant selon l'espèce de pied ou d'aile dont elle avait reçu don. Or Zarathoustra dit ces paroles :

Monte, abyssale pensée, depuis ma profondeur ! Je suis ton coq et ton aube, ô sommeillant dragon ! Debout ! Debout ! Ma voix déjà doit t'éveiller comme un clairon !

De tes oreilles débride les entraves, écoute ! Car je te veux ouïr. Debout ! Debout ! Ici est de tonnerre assez pour que même des tombes apprennent à écouter !

Et de tes yeux efface le sommeil et tout ce qui trouble et aveugle ! Avec tes yeux aussi m'écoute ; encore pour des aveugles-nés ma voix est un remède !

Et que seulement t'éveilles, lors éternellement du resteras éveillé. Ce n'est ma façon, à *moi*, que je tire de leur sommeil des aïeules pour leur enjoindre — de redormir [2] !

Tu t'agites, t'étires, grognes [3] ? Debout, Debout !

Grogner ne dois — mais me parler! Zarathoustra t'appelle, le sans-dieu!

Moi, Zarathoustra, le porte-parole de la vie, le porte-parole de la souffrance, le porte-parole du cercle, — c'est toi que j'appelle, ô mon abyssale pensée!

Me viens en aide! Tu arrives — j'entends ta voix! C'est mon abîme qui *discourt*, mon ultime profondeur qu'au jour ai retournée!

Me viens en aide! Courage! Me donne la main — — ah! laisse! ah! ah! — — nausée, nausée, nausée! — — malheur à moi!

2

Mais à peine Zarathoustra avait ainsi parlé qu'il s'écroula tel un mort, et tel un mort longtemps resta. Mais lorsqu'il revint à lui, lors était pâle et tremblant, et demeura couché et longtemps ne voulut manger ni boire. Sept jours ainsi resta et ses bêtes ne le quittaient ni jour ni nuit, sinon que l'aigle s'envolait pour chercher nourriture. Et ce qu'il ramassait et ravissait, sur la couche de Zarathoustra le déposait, en sorte que parmi baies jaunes et rouges, grappes de raisin, pommes roses, herbes odorantes et cônes de pin finalement Zarathoustra gisait. Mais deux agneaux à ses pieds se trouvaient étendus que l'aigle avec effort avait à leurs bergers ravis.

Enfin, après sept jours, Zarathoustra sur sa couche se redressa, prit dans sa main une pomme rose, la huma, en trouva l'odeur aimable. Lors crurent ses bêtes que le temps était venu de converser avec lui.

« O Zarathoustra, dirent-elles, ainsi depuis sept jours déjà tu es couché, les yeux pesants ; enfin ne te veux-tu remettre sur tes pieds ?

Sors donc de ta caverne ; comme un jardin t'attend le monde. La brise joue avec de bonnes pesantes senteurs qui à toi veulent venir ; et tous ruisseaux vers toi voudraient courir.

De toi toutes choses ont nostalgie depuis que sept jours

tu restas seul, — sors donc de ta caverne ! Toutes choses
veulent être tes médecins !

Ne vint à toi nouveau savoir, riche en levain, pesant ?
Telle une pâte ayant reçu levain tu gisais, mais ton âme
a levé et au-delà de toutes ses lisières elle a gonflé » —

— O mes bêtes, répondit Zarathoustra, de la sorte
encore bavardez et me laissez vous écouter ! Que bavar-
diez m'est réconfort ; lorsqu'on bavarde, pour moi
déjà le monde est comme un jardin.

Comme est plaisant qu'il y ait des mots et des sons !
Ne sont-ils, mots et sons, des arcs-en-ciel et, entre des
êtres à jamais séparés, des apparences de ponts ?

A chacune des âmes appartient un autre monde ;
arrière-monde est pour toute âme chacune des autres
âmes.

Entre celles justement qui le plus se ressemblent, de la
plus belle manière l'apparence est menteuse ; car la plus
petite faille est celle qui le plus pesamment se franchit.

Pour moi — comment y aurait-il un hors-de-moi ?
Il n'est pas d'extérieur ! Mais c'est ce qu'on oublie à
chaque son ; et comme il est plaisant d'oublier !

Si noms et sons aux choses l'on prodigue, n'est-ce
point pour que dans les choses l'homme trouve son
réconfort ? Belle folie est le langage : c'est par lui que
danse l'homme sur toutes choses.

Comme plaisants sont tout discours et tout sonore
mensonge ! Sur de multicolores arcs-en-ciel avec des
sons danse notre amour. —

« O Zarathoustra, dirent alors les bêtes, pour qui pense
comme nous, toutes choses mêmes dansent ; viennent
et se tendent la main, et rient et fuient — et reviennent.

Tout part, tout revient ; éternellement roule la roue
de l'être. Tout meurt, tout refleurit, à tout jamais court
l'an de l'être.

Tout se brise, tout se remet en place ; éternellement se
rebâtit la même maison de l'être. Tout se sépare, tout à
nouveau se salue ; éternellement fidèle reste à lui-même
l'anneau de l'être.

A chaque instant l'être commence ; autour de chaque
Ici roule la sphère Là-bas. Le centre est partout. Courbe
est la sente de l'éternité. » —

— O plaisantins que vous êtes, et orgues de Barbarie !, répondit Zarathoustra, et de nouveau il souriait, comme vous savez bien — ce qui en sept jours ne pouvait que s'accomplir ! —

— et comme en ma gorge se glissa ce monstre et m'étouffa ! Mais à la tête le mordis et loin de moi le recrachai [1].

Et vous — déjà en fîtes-vous une rengaine ? Mais en réalité je suis ici gisant, las encore de cette morsure et de ce crachat, malade encore de ma propre rédemption.

Et à tout cela vous assistâtes ? O mes bêtes, cruelles seriez-vous aussi ? A ma grande souffrance voulûtes-vous assister, comme font des hommes ? Car de toutes les bêtes la plus cruelle est l'homme.

A des spectacles de tragédies, à des courses de taureaux, à des crucifiements, sur Terre il s'est toujours le mieux senti ; et lorsque d'un enfer pour lui fit l'invention, voyez ! sur Terre ce fut son Ciel !

Dès que crie le grand homme, sitôt accourt le petit homme ; et lui pend au gosier la langue, de concupiscence. Mais il la nomme sa « compassion ».

Le petit homme, singulièrement le poète — comme avec zèle de la vie il se fait en paroles l'accusateur ! Oyez-le, mais au plaisir que donne toute accusation ne soyez sourds !

Ces accusateurs de la vie, en un clin d'œil la vie a raison d'eux. « Tu m'aimes, dit l'effrontée, attends encore un peu ; de m'occuper de toi encore n'ai le temps. »

Contre lui-même l'homme est la plus cruelle bête ; et chez tout ce qui a nom « pécheur » et « porte-croix » et « pénitent », à la volupté que donnent ces plaintes et ces accusations ne soyez sourds !

Et moi-même — de l'homme veuillé-je ainsi me faire l'accusateur ? Ah ! mes bêtes, ceci jusqu'à ce jour ai seulement appris : pour ce que l'homme a de meilleur est nécessaire ce qu'il a de plus méchant ; —

— ce qu'il a de plus méchant toujours est sa meilleure *force*, et la plus dure pierre pour qui crée le plus haut, et nécessairement l'homme devient *tout à la fois* meilleur et plus méchant [2] ; —

A ce bois de supplice je ne fus cloué, de savoir que

l'homme est méchant — mais j'ai crié comme personne encore ne cria :

« Ah ! que petit est ce qu'il a de plus méchant ! Ah ! que petit est ce qu'il a de meilleur ! »

Le grand dégoût que cause l'homme — *voilà* ce qui m'étouffait et dans ma gorge s'était glissé ; et ce qu'a deviné le devin : « Tout est pareil, rien ne vaut la peine, le savoir étrangle [1]. »

Un long crépuscule se traînait devant moi, une tristesse mortellement lasse, mortellement ivre, qui bouche bée parlait :

« Éternellement revient cet homme dont tu es las, le petit homme [2] ! », ainsi bâillait ma tristesse, et traînait la jambe, et ne pouvait s'endormir.

Caverne pour moi se fit la Terre des hommes, son poitrail s'enfonça, tout ce qui vit devint pour moi pourriture d'hommes et ossements et passé vermoulu.

Mon soupir s'accrochait à toutes tombes humaines et plus ne se pouvait relever ; coassaient mon soupir et mon questionnement, et m'étouffaient et me piquaient, et jour et nuit se lamentaient :

— « Hélas ! l'homme à jamais revient. Toujours revient le petit homme ! »

C'est dans leur nudité que tous deux je les avais vus, le plus grand et le plus petit homme, l'un à l'autre trop pareils, — trop humains, même encore le plus grand !

Bien trop petit le plus grand ! — de l'homme ce fut mon dégoût ! Et même du plus petit le retour éternel ! — De toute existence ce fut mon dégoût !

Ah ! nausée, nausée, nausée ! — — Ainsi parlait Zarathoustra, et soupirait et frissonnait d'effroi ; car de sa maladie il avait souvenance. Mais davantage ses bêtes ne le laissèrent discourir.

« Davantage ne parle, toi le convalescent ! — ainsi lui répondirent ses bêtes, mais va dehors, là où t'attend le monde, pareil à un jardin.

Va dehors vers les roses et les abeilles et les essaims de colombes ! Mais singulièrement vers les oiseaux chanteurs, pour qu'ils t'apprennent à *chanter* !

Car aux convalescents il appartient de chanter ; à

l'homme sain de discourir! Et si l'homme sain veut aussi
des chansons, il veut d'autres chansons que le convalescent [1]. »

— « Plaisantins que vous êtes et orgues de Barbarie,
taisez-vous donc! — répondit Zarathoustra, et à ses
bêtes souriait. Comme vous savez bien quelle consolation
en sept journées me suis moi-même découverte!

Qu'il me faille à nouveau chanter, — c'est *cette* consolation que je me suis découverte et cette guérison ; de
celle-là aussi ferez-vous sitôt une rengaine ? »

— « Davantage ne parle, lui répondirent à nouveau les
bêtes ; plutôt d'abord, toi le convalescent, te refais une
lyre convenable, une nouvelle lyre!

Car vois donc, ô Zarathoustra! Pour tes chansons
nouvelles il est besoin d'une nouvelle lyre! —

Chante et bouillonne, ô Zarathoustra! Avec des chansons neuves te guéris l'âme, afin de supporter ton grand
destin, qui d'aucun homme encore ne fut destin!

Car tes bêtes savent bien, ô Zarathoustra, qui tu es
et qui tu dois devenir ; voici : *tu es celui qui enseigne le
retour éternel*, — tel à présent est *ton* destin!

De cet enseignement qu'il te faille être le premier
enseignant — comment ce grand destin ne serait-il aussi
ton plus grand péril et ta plus grande maladie?

Vois, nous savons ce que tu enseignes : que toutes
choses à jamais reviennent, et nous-mêmes avec elles et
que, déjà un nombre infini de fois, nous avons existé, et
toutes choses avec nous.

Tu enseignes qu'il est une grande année du devenir,
une monstrueuse grande année ; qui, tel un sablier, ne
peut que toujours à nouveau sur elle-même tourner
pour à nouveau courir et s'écouler : —

— en sorte que toutes ces années sont à elles-mêmes
pareilles, dans le plus grand et aussi bien le plus petit,
— en sorte que nous-mêmes en chaque grande année
sommes à nous-mêmes pareils, dans le plus grand et
aussi bien le plus petit.

Et voudrais-tu maintenant mourir, vois-tu, Zarathoustra, nous savons aussi ce qu'à toi-même tu dirais ;
— mais tes bêtes te supplient de ne point encore mourir!

Tu parlerais, et sans trembler, respirant plutôt la béatitude, car d'une grande pesanteur et touffeur lors serais délivré, ô toi le plus patient ! —

« Maintenant, dirais-tu, je meurs et disparais ; et à l'instant ne suis rien. Aussi mortelles sont les âmes que les corps.

Mais reviendra le nœud de causes en lequel je suis imbriqué, — qui à nouveau me créera ! Moi-même j'appartiens aux causes de l'éternel retour.

Je reviendrai, avec ce Soleil et cette Terre, avec cet aigle et ce serpent, — *non* pour une vie nouvelle, ou une meilleure vie, ou une vie pareille ;

— à jamais je reviendrai pour cette même et identique vie, dans le plus grand et aussi bien le plus petit, pour à nouveau de toutes choses enseigner le retour éternel, —

— pour à nouveau dire le dit du grand midi de la Terre et de l'homme, pour faire aux hommes de nouveau l'annonce du surhomme.

J'ai dit mon dit, à mon dit je me brise : ainsi le veut mon sort éternel, — en tant qu'annonciateur je vais à ma perte !

Pour celui qui décline, l'heure est venue maintenant de se bénir lui-même. Ainsi — de Zarathoustra *s'achève* le déclin. » — —

Lorsque les bêtes eurent ainsi parlé, elles se turent, attendant que Zarathoustra leur dît quelque chose, mais n'ouït Zarathoustra qu'elles s'étaient tues. Car il gisait immobile, les yeux clos, pareil à un dormeur, et cependant il ne dormait encore ; car il s'entretenait justement avec son âme [1]. Or l'aigle et le serpent, le trouvant de la sorte taciturne, respectèrent le grand silence autour de lui, et s'en furent discrètement.

DE LA GRANDE NOSTALGIE [1]

O mon âme [2], la leçon que je t'enseignai fut de dire
« ce jour d'hui » comme «jadis» et « autrefois », et par-
delà tout ici et là et ailleurs, d'aller danser ta ronde [3].

O mon âme, de tous recoins t'ai libérée ; poussière,
araignées et pénombre, de toi les écartai [4].

O mon âme, j'ai dissipé ta petite pudeur et ta vertu
des recoins, et je t'ai convaincue de te tenir debout,
toute nue, sous les yeux du Soleil [5].

Avec cette tempête qu'on nomme « esprit », j'ai soufflé
sur ta mer houleuse ; j'en ai chassé toute nuée, j'ai
égorgé aussi cet égorgeur qu'on nomme « péché ».

O mon âme, je t'ai donné le droit de dire Non comme
la tempête, et de dire Oui comme dit Oui le ciel ouvert* ;
paisible comme la lumière, tu te tiens debout et marches
à présent parmi des tempêtes qui nient [6].

O mon âme, sur le créé comme sur l'incréé je t'ai
rendu libre pouvoir et qui connaît, comme tu la connais,
la volupté de l'à venir [7] ?

O mon âme, je t'ai enseigné le mépris qui comme un
ver rongeur ne vient, le grand mépris qui aime, et dont
l'amour est le plus fort quand le plus fort est son mépris[8].

O mon âme, je t'ai appris à si bien convaincre que tu
puisses convaincre même les fondements ; comme le
Soleil qui de s'élever aussi haut que lui convainc jusqu'à
la mer [9].

* Un « offener Himmel » est ce que les peintres appellent une
« gloire ».

O mon âme, de toi j'ai arraché tout obéir, s'agenouiller et dire « Seigneur » ; je t'ai nommée toi-même « tournant de la nécessité » et « destin » [1].

O mon âme, je t'ai donné des noms nouveaux et des
jouets multicolores, je t'ai nommée « destin » et « enceinte
des enceintes » et « ombilic du temps » et « cloche d'azur »[2].

O mon âme, de toute sagesse j'ai abreuvé ton terreau,
de tous les jeunes vins et aussi de tous les vins forts,
immémorialement vieux, de la sagesse.

O mon âme, sur toi j'ai répandu chaque Soleil et
chaque nuit et tout silence et toute nostalgie, — lors
tu as crû pour moi comme croît un cep de vigne.

O mon âme, riche à l'excès et pesante, ici te dresses
à présent, cep aux débordantes mamelles et aux brunes
grappes d'or pressées : —

— pressée et oppressée de ton heur, en attente de
superflu et rougissant encore de ton attente.

O mon âme, il n'est maintenant en aucun lieu âme
plus aimante et plus compréhensive et plus vaste ! Où
seraient avenir et passé l'un de l'autre plus proches que
chez toi ?

O mon âme, il n'est rien que je ne t'aie donné, et tout
entières mes mains pour toi se sont vidées ; — et à
présent ! A présent tu me dis, souriante et pleine de
mélancolie : « Qui de nous deux doit remercier ? —

— celui qui donne n'a-t-il à remercier de ce que celui
qui reçoit ait reçu ? Donner, n'est-ce pressant besoin ?
Recevoir, n'est-ce — prendre en pitié ? » —

O mon âme, de ta mélancolie j'entends bien le sourire ; ton excès de richesse tend lui-même à présent de
désirantes mains !

Ta plénitude regarde au-dessus des mugissantes mers,
et elle cherche et elle attend : dans le ciel rieur de tes
yeux brille la nostalgie de l'excessive richesse !

Et, en vérité, ô mon âme, qui verrait ton sourire et ne
fondrait en larmes ? Les anges mêmes fondent en larmes
devant l'excessive bonté de ton sourire [3].

C'est ta bonté et c'est l'excès de ta bonté qui ne veulent
se plaindre ni pleurer ; et nostalgie de pleurs a pourtant ton
sourire, ô mon âme, et de sanglots ta bouche qui tremble.

« N'est larme toute plainte ? Et toute plainte accusation * ? Ainsi te parles à toi-même et pour quoi, plutôt que d'épancher ta peine, tu préfères sourire ;

— plutôt que d'épancher en des torrents de larmes
toute ta peine d'être comblée, et que le cep ait si pressant besoin de vigneron et de serpette !

Mais si pleurer ne veux, ni laisser fondre en larmes ta
purpurine mélancolie, lors, ô mon âme, il te faudra
chanter ! — En te faisant cette prédiction, vois, je souris
moi-même [1] :

— chanter un chant qui bruisse jusqu'à ce que toutes
mers, pour écouter ta nostalgie, fassent silence, —

— jusqu'à ce que flotte la nacelle sur des mers calmes
et nostalgiques, la merveilleuse nacelle d'or, et qu'autour de son or toutes bonnes vilaines merveilleuses
choses bondissent, —

— aussi mainte grande et petite faune, et tout ce qui
a de merveilleux pieds légers afin de pouvoir courir sur
des sentiers que bleuit la violette, —

— vers la merveille d'or, vers la libre nacelle et son
maître ; mais c'est le vigneron qui, avec sa diamantine
serpette, attend [2], —

— ton grand libérateur, ô mon âme, le sans-nom — —
auquel chants à venir trouveront seuls un nom ! Et des
chants à venir, en vérité, déjà ton souffle a la senteur, —

— déjà brûles et rêves ; à toutes profondes et sonores
fontaines de consolation déjà bois assoiffée, dans la béatitude des chants à venir déjà repose ta mélancolie ! — —

Il n'est rien à présent, ô mon âme, que je ne t'aie
donné, et jusqu'à mon ultime don, et tout entières pour
toi se sont vidées mes mains : — *que de chanter t'aie fait
adjuration*, voilà quel fut mon don ultime !

Que de chanter t'aie fait adjuration, parle à présent,
parle, de nous qui doit à présent — remercier ? — Mais
mieux encore : chante pour moi, chante, ô mon âme !
Et me laisse remercier ! —

Ainsi parlait Zarathoustra.

---

* « *Und alles Klagen nicht ein Anklagen ?* »

LE DEUXIÈME CHANT DE DANSE [1]

1

O vie, naguère j'ai scruté ton œil ; dans la nuit de ton œil je vis scintiller de l'or, — devant cette volupté mon cœur cessa de battre :

— c'est une barque d'or que sur la nuit des eaux je vis scintiller, une balancelle d'or qui s'enfonce, coule, de nouveau fait signe !

Sur mon pied fou de danse tu jetas un regard, un regard de balancelle, qui rit, qui interroge et qui fait fondre.

Deux fois seulement de tes petites mains tu fis mouvoir ta crécelle [2], — déjà se balançait mon pied, dans sa rage de danse. —

Mes talons se cabrèrent, pour écouter se tendirent mes orteils ; son oreille, le danseur ne la porte-t-il — sur ses orteils [3] ?

Vers toi j'ai bondi — lors t'ai vue qui fuyais mon bondissement et contre moi, de ta fuyante, de ta flottante chevelure, dardais la langue !

D'un saut je t'échappai, ainsi qu'à tes serpents ; déjà, à demi tournée, debout tu te tenais, l'œil plein d'attente.

Avec des regards torses — tu m'enseignas de torses voies ; sur des voies torses mon pied apprend — la ruse !

Proche je te crains, je t'aime lointaine ; en me fuyant tu m'attires, en me cherchant tu m'arrêtes : — je souffre, mais pour toi que n'aimai-je souffrir ?

Toi de qui la froideur est brasier, la haine séduction, la fuite lien, le sarcasme — émotion :

— qui ne t'a point haïe, ô grande lieuse, ô enlaceuse, ô tentatrice, ô toi qui cherches et qui trouves ? Qui ne t'a point aimée, innocente pécheresse, impatiente, vive comme le vent, ô pécheresse aux yeux d'enfant ?

Où maintenant m'entraînes-tu, ô toi la prodigieuse et l'intraitable * ? Et de nouveau maintenant tu me fuis, ô toi la douce sauvageonne, la douce ingrate ** !

Derrière toi je danse, à la moindre de tes traces je te suis. Où es-tu. Me donne la main ! Ou un doigt seulement !

Voici grottes et fourrés : nous nous y égarerons ! — Arrête ! Te tiens tranquille ! Ne vois-tu hiboux et chauves-souris [1] battre de l'aile ?

Hibou toi-même ! Chauve-souris ? Me veux narguer ? Où sommes-nous ? Des chiens t'apprirent ce hurlement et ce glapissement.

Avec de blanches petites mains tu me fais de gentilles grimaces, de ta petite crinière bouclée sautent contre moi tes méchants yeux.

C'est une danse à toutes jambes ; je suis le chasseur — veux-tu être mon chien, ou mon chamois ?

A présent près de moi ! Et vite, ô cruelle sauteuse ! En l'air maintenant ! Et plus haut ! — Malheur, en bondis-sant je suis tombé moi-même !

O l'effrontée, tu me regardes qui gis et qui demande grâce ! Bien j'aimerais avec toi — suivre de plus aimables sentes !

— sentes d'amour sous de paisibles bosquets multi-colores ! Ou là-bas près du lac, où nagent et dansent des poissons d'or !

Es-tu lasse à présent ? Là-bas sont des moutons et de rouges crépuscules ; n'est-il beau de dormir quand des bergers jouent du pipeau ?

Es-tu vraiment si lasse ? Je te vais porter, laisse seulement pendre tes bras ! Et as-tu soif, — j'aurais certes boisson, mais ta bouche ne la veut boire ! —

— Oh ! ce maudit serpent, alerte et leste, sorcière insai-

---

* « *Du Ansbund und Unband !* »
** « *Du süsser Wildfang und Undank !* »

sissable! Où es-tu passée ? Sur mon visage je sens de ta
main deux effleurements et deux taches rouges!

Je suis vraiment lassé d'être à la fois toujours ton
pâtre et ta brebis *. Pour toi, sorcière, j'ai jusqu'ici
chanté, pour moi, maintenant, à *toi* — de crier!

Pour moi, au rythme de mes étrivières à toi de danser
et de crier! N'ai-je oublié les étrivières ? — Non! »[1]

2

Lors de la sorte m'a répondu la vie et, ce faisant,
bouchait ses gracieuses oreilles :

« O Zarathoustra! Aussi terriblement ne fais claquer
tes étribières! Tu le sais bien : vacarme est meurtre de
pensée[2], — et à l'instant me viennent de si tendres
pensées.

Nous sommes en vérité, toi et moi, deux bons et deux
méchants vauriens. Par-delà bien et mal avons trouvé
notre île et notre verte prairie — nous deux seulement!
Pour quoi déjà nécessairement devons nous bien
traiter.

Et même si foncièrement ne nous aimons — de ne
s'aimer foncièrement faut-il bien qu'on s'irrite ?

Et que pour toi je suis bonne, et trop bonne souvent,
tu le sais ; et c'est parce que de ta sagesse je suis jalouse. Ah! cette vieille bouffonne de sagesse!

Et si quelque jour te fuyait ta sagesse, oh! comme te
fuirait vite aussi mon amour! » —

La vie alors pensivement regarda derrière elle et
alentour, et dit à voix basse : « O Zarathoustra! assez ne
m'es fidèle!

Tu ne m'aimes, et de loin, autant que tu le dis ; tu
songes, je le sais, à me quitter bientôt.

Il est un vieux pesant, pesant bourdon, dont le bourdonnement monte, la nuit, jusqu'à ta caverne ; —

* « *Dein schafichter Schäfer.*

— et qu'entendes cette cloche sonner l'heure de mi-
nuit, lors entre le premier et le douzième coup tu songes —
— tu songes, ô Zarathoustra, je le sais, que bientôt
me veux quitter! » —

« Oui, répondis-je, hésitant, mais tu le sais aussi ».
— Et à l'oreille je lui dis quelque chose entre les folles
mèches emmêlées de sa chevelure fauve.
« Cela, le *sais*-tu, Zarathoustra? Cela, ne le sait personne. » — —

Et nous nous sommes regardés, et nos yeux ont consi-
déré la verte prairie où la fraîcheur du soir à l'instant
même courait, et l'un sur l'autre nous pleurâmes. — Plus
chère alors me fut la vie que jamais toute ma sagesse. —

Ainsi parlait Zarathoustra.

3[1]
                    Un!
O homme! Prends garde!
                    Deux!
Que dit la profonde mi-nuit?
                    Trois!
« Je dormais, je dormais —
                    Quatre!
« De profond rêve me suis éveillée : —
                    Cinq!
« Le monde est profond,
                    Six!
« Et plus profond que ne pensait le jour.
                    Sept!
« Profonde est sa peine,
                    Huit!
«Plaisir — plus profond encore que souffrance du cœur :
                    Neuf!
« Ainsi parle la peine : Disparais!
                    Dix!
« Mais tout plaisir veut éternité,
                    Onze!
« — veut profonde, profonde éternité!
                    Douze!

LES SEPT SCEAUX [1]

(ou : *Le Chant du Oui et de l'Amen*)

1

Si je suis un devin [2], et plein de cet esprit divinatoire qui sur une haute crête entre deux mers chemine, —

entre passé et avenir, comme pesante nuée chemine, — ennemi des étouffants bas-fonds et de tout ce qui est las, et ne peut ni mourir ni vivre ;

en son ténébreux sein tout prêt à fulgurer, et à rayonner d'une lumière rédemptrice, prégnant d'éclairs qui disent Oui! qui rient en disant Oui! à de divinatoires et fulgurants rayons ; —

— mais bienheureux est tel prégnant! Et, en vérité, longtemps lui faut, lourde tempête, à la montagne pendre, celui qui de l'avenir un jour fera flamber la torche! —

oh! comment de l'éternité n'aurais-je concupiscence, et du nuptial anneau des anneaux, — de l'anneau du retour?

Jamais encore je ne trouvai la femme de qui voulusse enfants, sinon de cette femme que j'aime ; car je t'aime, ô Éternité [3]!

Car je t'aime, ô Éternité [4]!

2

Si ma colère jamais brisa des tombes, renversa des bornes-frontières et fit rouler dans des fonds abrupts de vieilles tables brisées ;

Si jamais le souffle de mon sarcasme dispersa des paroles rongées de moisissures ; si, tel un balai, je vins sur des araignées porte-croix et, tel un ouragan, sur de vieux sépulcres desséchés ;

Si jamais joyeusement je fus assis là où d'antiques dieux gisent ensevelis, bénissant le monde, aimant le monde auprès des mémoriaux de ceux qui jadis ont calomnié le monde ; —

— car me sont chères même les églises et les tombeaux des dieux dès que le ciel, au travers de leurs toits brisés, regarde d'un œil pur ; comme l'herbe et le rouge pavot, sur des ruines d'églises j'aime m'asseoir. —

oh ! comment de l'éternite n'aurais-je concupiscence, et du nuptial anneau des anneaux, — de l'anneau du retour ?

Jamais encore je ne trouvai la femme de qui voulusse enfants, sinon de cette femme que j'aime ; car je t'aime, ô Éternité !

Car je t'aime, ô Éternité !

3

Si jamais quelque souffle me vint du souffle créateur et de cette céleste nécessité qui à danser des rondes d'astres encore force des hasards ;

Si j'ai ri jamais du rire de l'éclair créateur, auquel succède le long tonnerre de l'acte, qui gronde et pourtant obéit ;

Si sur la divine table de la Terre, avec des dieux j'ai jamais joué aux dés, en sorte que tremblait la Terre, et s'ouvrait et crachait des fleuves de feu ; —

— car divine table est bien la Terre, une divine table, et frissonnante de neuves paroles créatrices, et de divins coups de dés ; —

Oh! comment de l'éternité n'aurais-je concupiscence,
et du nuptial anneau des anneaux, — de l'anneau du
retour [1]?

Jamais encore je ne trouvai la femme de qui voulusse
enfants, sinon de cette femme que j'aime ; car je t'aime
ô Éternité!

Car je t'aime, ô Éternité!

4

Si pleine lampée je bus jamais [2] à cette écumante
cruche d'épices et de mixture où sont toutes choses bien
mélangées [3] ;

Si ma main jamais fondit le plus lointain dans le
plus proche, et le feu dans l'esprit et le plaisir dans la
douleur et le plus vilain dans le plus bienveillant;

Si moi-même je suis un grain de ce sel [4] dissolvant
par quoi bien se mélangent toutes choses en la cruche de
mixture ; —

— car il est sel qui lie le bien au mal ; et même la plus
méchante chose mérite d'être épice et la dernière écume;—

Oh! comment de l'éternité n'aurais-je concupiscence,
et du nuptial anneau des anneaux, — de l'anneau du
retour?

Jamais encore je ne trouvai la femme de qui voulusse enfants, sinon de cette femme que j'aime : car je
t'aime, ô Éternité!

Car je t'aime, ô Éternité!

5

Si de la mer je suis épris, et de tout ce qui a façon de
mer, et le plus épris encore lorsque dans sa colère elle me
contredit ;

S'il est en moi cette quêteuse envie qui vers l'inexploré
pousse ma voile, en mon envie s'il est envie de navigateur ;

Si s'écria jamais ma joie : « On ne voit plus la côte,
— est maintenant tombée ma dernière chaîne —

— c'est l'infini qui bruit autour de moi, au loin pour moi splendissent espace et temps, courage! courage! vieux cœur [1]! ». —

Oh! comment de l'éternité n'aurais-je concupiscence, et du nuptial anneau des anneaux, — de l'anneau du retour?

Jamais encore je ne trouvai la femme de qui voulusse enfants, sinon de cette femme que j'aime; car je t'aime, ô Éternité!

Car je t'aime, ô Éternité!

6

Si vertu de danseur est ma vertu, et que souvent, de mes deux pieds, dans une extase d'or et d'émeraude j'aie bondi;

Si riante malice est ma malice, à l'aise sous des tonnelles de roses et des haies de lilas;

— car dans le rire ensemble se mélange tout mal, mais par sa propre béatitude absous et sanctifié [2]; —

Et si j'ai pour alpha et oméga que se fasse léger tout ce qui est pesant, danseur tout corps, oiseau tout esprit, et tel est bien, en vérité, mon alpha et mon oméga [3]! —

Oh! comment de l'éternité n'aurais-je concupiscence, et du nuptial anneau des anneaux, — de l'anneau du retour?

Jamais encore je ne trouvai la femme de qui voulusse enfants, sinon de cette femme que j'aime; car je t'aime, ô Éternité!

Car je t'aime, ô Éternité!

7

Si jamais au-dessus de moi j'ai déployé des Cieux paisibles et de mes propres ailes jusqu'à mon propre Ciel volé;

Si, me jouant, en de profonds et lumineux lointains j'ai nagé, et qu'à ma liberté vînt une sagesse d'oiseau; —

— mais ainsi parle sagesse d'oiseau : « Vois, il n'est ni

haut ni bas! Te jette alentour, au-dehors, en arrière, ô
toi le léger! Chante! Plus ne parle [1] !

— « ne furent faites toutes paroles pour les pesants?
Ne sont au léger toutes paroles mensonge? Chante!
Plus ne parle! » —

Oh! comment de l'éternité n'aurais-je concupiscence,
et du nuptial anneau des anneaux, — de l'anneau du
retour?

Jamais encore je ne trouvai la femme de qui voulusse
enfants, sinon de cette femme que j'aime ; car je t'aime,
ô Éternité!

Car je t'aime, ô Éternité!

Quatrième et dernière partie [1]

« *Hélas ! où dans le monde advin-*
rent plus grandes folies que chez les
compatissants ! Et dans le monde qui
a fait plus souffrir que les folies des
compatissants ?

Malheur à tous ceux qui aiment
et au-dessus de leur compassion encore
n'ont une cime !

Ainsi me dit un jour le diable :
" *Dieu même a son enfer, c'est son*
amour des hommes. "

Et j'ouïs tout récemment de lui cette
parole : " *Dieu est mort ; de sa*
compassion pour les hommes Dieu
est mort. " — »

Ainsi parlait Zarathoustra,
2e partie, « *Des compatissants* ».

(p. 116)

LE SACRIFICE DU MIEL

— Et de nouveau coururent lunes et années sur l'âme de Zarathoustra, et point n'y prenait garde ; mais ses cheveux blanchissaient. Un jour que sur une pierre devant sa caverne il était assis et devant lui en silence regardait — on a vue là-bas sur la mer, et plus loin sur des serpentis d'abîmes, — lors pensivement ses bêtes tournèrent alentour et devant lui finalement prirent place.

« O Zarathoustra, dirent-elles, est-ce ton heur qu'ainsi tu cherches du regard ? » — « Qu'importe l'heur ? répondit-il. Depuis longtemps, je ne songe plus à l'heur, je songe à mon œuvre. » — « O Zarathoustra, reprirent les bêtes, tu dis cela comme celui qui de bien a plus que suffisance. Ne reposes-tu sur un lac d'heur aussi bleu que le ciel ? » — « Plaisantins que vous êtes, répondit Zarathoustra, et il souriait, comme vous avez bien choisi votre image ! Mais vous savez aussi que mon heur est pesant, et non tel qu'une vague fluide ; il me presse et me veut quitter, et il ressemble à de la poix fondue. » —

Lors à nouveau ses bêtes tournèrent alentour, pensivement, puis derechef autour de lui prirent place. « O Zarathoustra, dirent-elles, est-ce *pour cela* que tu jaunis toujours et t'assombris, encore que tes cheveux veuillent paraître blancs et couleur de filasse ? Te voilà donc assis dans de la poix ! » — « Que dites-vous, mes bêtes ? dit

10

Zarathoustra, et, ce disant, riait ; au vrai, en vous parlant de poix j'ai blasphémé. Ce qui m'advient est ce qui advient à tous les fruits qui mûrissent. Le *miel* dans mes veines rend mon sang plus épais et fait aussi mon âme plus silencieuse. » — « Ainsi soit-il, Zarathoustra, répondirent ses bêtes, et se pressaient contre lui ; mais ne veux-tu ce jour d'hui une haute cime gravir ? L'air est pur et du monde l'on voit plus ce jour d'hui que jamais. » — « Oui, mes bêtes, répondit-il, vous me donnez un bon conseil et qui me plaît ; je veux ce jour d'hui une haute cime gravir ! Mais prenez soin que là-haut j'aie sous la main du miel, de jaunes et blancs rayons de bon miel, frais comme glace. Car sachez que là-haut je veux célébrer le sacrifice du miel [1]. » —

Mais lorsque Zarathoustra eut atteint le sommet, il renvoya dans sa caverne les bêtes qui l'avaient accompagné, et se vit seul à présent, — lors rit de tout son cœur, alentour regarda, et de la sorte discourut :

Si j'ai parlé de sacrifice, et d'un sacrifice de miel, ce ne fut là qu'une ruse de ma parole et, en vérité, une utile folie ! Ici, sur les hauteurs, j'ai droit déjà de plus librement parler que devant des grottes d'ermite et des bêtes domestiques d'ermite.

Que sacrifier ? Je prodigue les dons que je reçois, moi le prodigue aux mille mains ; cela, comment oserais-je encore — l'appeler sacrifice ?

Et lorsque j'eus désir de miel, n'eus désir que d'appât, et de cette douce gelée muqueuse dont aussi des ours bruns et de merveilleux oiseaux bourrus et méchants se lèchent les babines :

— du meilleur appât comme il en faut aux chasseurs, et aux pêcheurs. Car, si le monde est comme un sombre bois peuplé de bêtes et pour tous sauvages chasseurs un jardin d'agrément, plus encore il me semble, et mieux je l'aime ainsi, une abyssale et riche mer,

— une mer pleine de multicolores poissons et crustacés, de laquelle même des dieux voudraient avoir envie pour s'y faire pêcheurs et y jeter filet : si riche est le monde en merveilleux, grand et petit !

Singulièrement le monde humain, l'humaine mer — en

laquelle à présent je jette ma ligne d'or, et dis . Ouvre-toi, abîme humain!

Ouvre-toi et me lance tes poissons et tes scintillants crustacés! De mon meilleur appât je m'appâte aujourd'hui les plus merveilleux poissons-hommes!

— c'est mon heur même que je lance à tous les lointains et à tous les prochains, entre levant, midi et ponant, pour voir si à mon heur ne sauront se prendre et frétiller maints poissons-hommes.

Jusqu'à ce que, mordant à la pointe de mon secret hameçon, il leur faille s'élever jusqu'à *ma* cime, les plus multicolores goujons de l'abîme, jusques au plus cruel de tous les pêcheurs d'hommes.

Car bien suis *celui-là* qui, foncièrement et dès l'origine, tire, attire, élève, soulève, entraîne, forme, éduque, qui jadis ne s'est à lui-même dit sans raison : « Deviens qui tu es [1] ! »

Ainsi puissent à présent les hommes jusques à moi *monter*, car encore j'attends les signes que soit venu le temps de ma descente ; et moi-même encore ne descends, comme j'y serai forcé, parmi les hommes.

Ici j'attends ces signes, rusé, narquois, sur de hautes montagnes [2], sans impatience et sans patience, plutôt comme celui qui désapprit la patience, — parce qu'il ne « souffre » plus.

Car mon destin me laisse du temps; m'a-t-il donc oublié? Ou bien s'est-il assis derrière une grosse pierre, à l'ombre, et chasse-t-il les mouches?

Et je remercie, en vérité, mon éternel destin de ne me harceler ni presser, de me laisser du temps pour des farces et des malices, en sorte qu'aujourd'hui pour pêcher je suis monté sur cette cime.

Sur des cimes prit-on jamais poissons? Mais soit même folie ce qu'ici fais et veux, meilleure encore cette folie que, là-bas, me faire solennel à force d'attendre, et vert et jaune —

— quelqu'un qui se rengorge et de colère écume à force d'attendre, une sainte colère hurlant du haut des monts, un impatient qui crie au fond des vallées : « Oyez! ou je vous fouette avec les étrivières de Dieu! »

Non qu'à ces coléreux je tienne rigueur; tout juste

ils me font rire! Impatientes, comment déjà ne le seraient-elles, ces grosses caisses, tapageuses? Si aujourd'hui elles ne se font entendre, le feront-elles jamais?

Mais moi et mon destin — au jour d'hui nous ne faisons discours, ni ne faisons discours non plus à ce qui jamais ne sera ; pour faire discours avons patience et temps, et plus que temps. Car il faut bien qu'il vienne un jour, et il ne saurait passer outre.

Qui ne peut que venir un jour et ne saurait passer outre? Notre grand *Hazar*, c'est-à-dire notre grand et lointain royaume humain, le royaume de Zarathoustra qui durera mille ans [1]. — —

Si loin que puisse être ce « lointain », que m'importe? Pour moi il n'en est pas moins sûr, — des deux pieds je me tiens ferme sur ce fondement,

— sur un éternel fondement, sur une dure pierre d'origine, sur cet originaire massif, le plus haut et le plus dur, où viennent tous les vents comme au partage des tempêtes, et se demandent où ils sont, d'où ils viennent, où ils vont.

Ici ne manque pas de rire, ô ma claire saine * malice! Du haut de ces montagnes lance vers le bas le scintillement de ton rire moqueur! Avec ton scintillant appât m'appâte les plus beaux de tous les poissons-hommes!

Et ce qui est à *moi* en toutes mers, mon en-moi-et-pour-moi en toutes choses, — c'est *cela* que pour moi je pêche en le tirant, c'est *cela* que jusques à moi j'élève, ce que j'attends, de tous pêcheurs le plus cruel.

Plus loin, plus loin, mon hameçon! Au fond, plus bas, ô l'appât de mon heur! Distille ta plus douce rosée, ô miel de mon cœur! Que morde mon hameçon au ventre de tout noir chagrin!

Plus loin, plus loin, mon œil! Oh! que de mers alentours, que d'avenirs humains dont point l'aurore! Et dessus moi — quelle paix aux doigts de rose! De tout nuage délivré, quel silence [2]!

* « *Helle heile.* »

LE CRI DE DÉTRESSE

Le jour suivant Zarathoustra était assis de nouveau sur sa pierre devant la caverne, cependant que les bêtes dans le monde vaguaient pour rapporter neuve provende, ainsi que miel nouveau, car le vieux miel, Zarathoustra l'avait jusqu'à la dernière goutte consommé et prodigué. Mais comme il était assis de la sorte, bâton en main, et dessinait l'ombre de son corps sur le sol, méditant et, à vrai dire, non sur lui-même ni sur son ombre — soudain il eut peur et sursauta, car à côté de son ombre il voyait une autre ombre encore. Et, comme rapidement il regardait autour de lui et se levait, voilà que debout près de lui se tenait le devin, le même qu'il avait une fois à sa table nourri et désaltéré, l'annonciateur de la grande lassitude, qui enseignait : « Tout est pareil, rien ne vaut la peine, le monde n'a aucun sens, savoir étrangle [2]. » Mais sa face depuis lors s'était changée ; et lorsque Zarathoustra l'eut dans les yeux regardé, son cœur à nouveau s'effraya, tant de vilains présages et de cendreux éclairs couraient sur ce visage.

Le devin, ayant perçu ce qui advenait en l'âme de Zarathoustra, de la main s'essuya le visage, comme s'il avait dessein de l'effacer ; de même fit aussi Zarathoustra. Et lorsque tous les deux se furent de la sorte en silence repris et raffermis, ils se donnèrent la main pour signifier qu'ils se voulaient reconnaître.

« Me sois le bienvenu, dit Zarathoustra, toi qui annonces la grande lassitude ; en vain ne fus un jour mon commensal, mon hôte et mon ami. Mange et bois aujourd'hui encore chez moi ; et permets qu'à la même table que toi s'assoie un vieil homme satisfait. » — « Un vieil homme satisfait? répondit le devin, hochant la tête ; mais qui que tu sois ou veuilles être, Zarathoustra, trop longtemps tu fus ici sur les hauteurs, — ta nacelle d'ici peu ne sera plus au sec! » — « Suis-je donc au sec? », demanda Zarathoustra, riant. — « Les vagues autour de la montagne, répondit le devin, ne cessent de monter, les vagues d'une grande détresse et tribulation ; bientôt elles vont soulever ta nacelle aussi et de ce lieu t'arracher. » — Là-dessus Zarathoustra ne dit mot, et s'étonnait. — « Ne perçois-tu rien encore? reprit le devin, ne montent des profondeurs grondement et bruissement? » — Zarathoustra se tut à nouveau et il écoutait ; lors il ouït un très long cri que les abîmes se lançaient et renvoyaient, car aucun ne le voulait garder ; si méchamment il résonnait.

« Vilain annonciateur, dit enfin Zarathoustra, c'est un cri de détresse, et le cri d'un homme qui d'une sombre mer pourrait venir. Mais que m'importe humaine détresse? L'ultime péché qui me fut épargné, — sais-tu bien comme il se nomme? »

— « *Compassion!* répondit le devin d'un cœur qui débordait, et leva les deux mains, — ô Zarathoustra, je viens pour t'entraîner à ton ultime péché! » —

Et à peine furent dits ces mots que résonna de nouveau le cri, et plus long et plus anxieux qu'avant, déjà beaucoup plus proche aussi. « Perçois-tu, Zarathoustra, perçois-tu? s'écria le devin, à toi s'adresse le cri, c'est toi qu'il appelle ; viens, viens, viens, voici le temps, voici le temps suprême! »

Là-dessus Zarathoustra ne dit mot, troublé et bouleversé ; enfin il questionna comme celui qui au fond de lui-même hésite : « Et qui là-bas m'appelle? »

« Certes tu le sais bien, répondit le devin avec vivacité ; que veux-tu te cacher? C'est *l'homme supérieur* qui vers toi crie! »

« L'homme supérieur? cria Zarathoustra saisi d'épouvante ; que veut-il, *celui-là?* Que veut-il, *celui-là?*

L'homme supérieur ? Que veut-il ici ? » — et sa peau se couvrit de sueur.

Or le devin ne répondit à l'angoisse de Zarathoustra, mais vers les fonds ne cessait de tendre l'oreille. Comme le silence pourtant durait là-bas un long moment, il tourna son regard et vit Zarathoustra debout, qui tremblait.

« O Zarathoustra, commença-t-il d'une voix triste, tu es ici debout comme celui à qui son heur donne le tournis ; pour ne tomber à la renverse, il te faudra danser [1] !

Mais même voudrais-tu devant moi danser et de toutes tes cabrioles bondir, personne n'osera me dire : " Voilà que danse ici le dernier homme joyeux [2] ! "

Vainement viendrait sur cette cime homme qui *le* cherchât, il trouverait bien cavernes et arrière-cavernes, cachettes pour cachottiers, mais non mines aurifères et pleins trésors, et d'or et d'heur nouveaux filons [3].

Heur — comment trouverait-on l'heur chez de tels ensevelis et de pareils ermites ? Faut-il que j'aille encore chercher mon heur ultime aux îles Fortunées, et loin parmi des mers immémoriales ?

Mais tout est pareil, rien ne vaut la peine, inutile de chercher, il n'est plus même d'îles Fortunées ! » — —

Ainsi soupirait le devin ; mais lorsqu'il fut à son soupir dernier, Zarathoustra avait repris sérénité et assurance, comme celui qui d'un gouffre profond à la lumière vient. « Non ! Non ! Trois fois non ! cria-t-il d'une voix forte, et se lissait la barbe. — *Cela*, je le sais mieux ! Il est encore des îles Fortunées ! *Là-dessus*, tais-toi, ô soupirant sac-à-tristesse !

Là-dessus cesse de clapoter, ô pluie d'avant-midi ! Ne suis-je ici déjà debout, humide de ta tribulation et trempé comme un chien.

Maintenant je me secoue et cours dehors pour me sécher ; de quoi tu ne saurais être surpris ! Trouverais-tu qu'avec toi je manque de courtoisie ? Mais c'est ici *ma* Cour !

Quant à ton homme supérieur, eh bien ! tout aussitôt le vais chercher dans ces bois, là-bas, *d'où* vint son cri. Peut-être là-bas le serre de près une méchante bête.

Il est dans *mon* domaine : ici je ne veux qu'il souffre dommage. Et véritablement il y a chez moi beaucoup de méchantes bêtes. » —

Avec ces mots Zarathoustra fit demi-tour pour s'en aller. Lors parla le devin : « Zarathoustra, tu es un chenapan !

Je le sais déjà, tu me veux échapper ! Encore tu préfères courir de par les bois et à de méchantes bêtes tendre des pièges !

Mais quel secours y trouveras-tu ? Ce soir tu me retrouveras ; dans ta propre caverne je me vais installer, patient et pesant comme une bûche — et t'y attendre ! »

« Ainsi soit-il ! cria Zarathoustra en s'éloignant. Et ce qui est mien dans cette caverne est à toi également, mon hôte et mon ami !

Si tu devais encore y trouver miel, eh bien, lèche-t'en les babines, ô ours bourru, et adoucis ton âme ! Car ce soir nous voulons être tous les deux de bonne humeur,

— de bonne humeur et joyeux que ce jour ait touché à son terme ! Et toi-même tu danseras au son de mes chants, comme mon ours dansant !

Point n'y crois ? Hoches la tête ? Allons, allons, vieil ours ! Mais moi aussi — suis un devin. »

Ainsi parlait Zarathoustra.

DIALOGUE AVEC LES ROIS [1]

1

Zarathoustra n'avait encore fait route une heure par ses monts et ses bois lorsqu'il vit tout à coup un étrange cortège. Juste sur le chemin où il voulait descendre, venaient en sens inverse deux rois, parés de couronnes et de ceintures de pourpre, et bigarrés comme des flamants [2], et devant eux poussaient un âne bâté. « Que veulent ces rois en mon royaume ? » dit à son cœur Zarathoustra, et derrière un buisson incontinent se cacha. Mais lorsque les rois furent à sa hauteur, lors il dit à mi-voix comme on se parle à soi seul ; « Étrange ! Étrange ! Cela va-t-il ensemble ? Voici deux rois — et un seul âne ! »

Lors firent halte les deux rois, sourirent, regardèrent là d'où venait la voix, et ensuite se dévisagèrent l'un l'autre : « Voilà des choses que chez nous l'on pense bien aussi, dit le roi de droite, mais point on ne les profère. »

Or le roi de gauche haussa les épaules et répondit : « Ce peut bien être un chevrier. Ou un ermite qui trop longtemps vécut entre rochers et arbres. Car vivre sans société gâte également les bonnes manières. »

« Les bonnes manières ! répliqua, irrité et amer, l'autre roi. Que fuyons-nous ? N'est-ce justement les " bonnes manières " ? Notre " bonne société " ?

Mieux vaut, en vérité, vivre parmi des ermites et des chevriers qu'avec notre fausse populace dorée et ma-

quillée, — encore que déjà elle se nomme " bonne
société ",
— encore que déjà elle s'appelle " noblesse ". Mais là
tout est faux et pourri, surtout le sang, à cause de
vieilles et mauvaises maladies et de plus mauvais gué-
risseurs.

Le meilleur et le plus cher m'est aujourd'hui encore un
paysan qui bien se porte, rustaud, matois, têtu, robuste ; c'est de nos jours l'espèce la plus distinguée.

Le paysan est aujourd'hui le meilleur [1], et l'espèce
paysanne devrait être souveraine ! Mais c'est le règne
de la populace, — je ne m'en laisse plus conter. Or
populace, c'est dire salmigondis.

Populacier salmigondis, où tout est pêle-mêle avec
tout, saint et gredin, et hobereau et juif, et tout bétail
sorti de l'arche de Noé.

De bonnes manières ! Tout est chez nous faux et
pourri. Personne ne sait plus respecter ; et *voilà* justement ce que nous fuyons. Ce sont chiens doucereux et
importuns, ils dorent des feuilles de palmier.

Cette nausée m'étrangle, que nous autres rois soyons
nous-mêmes devenus faux, recouverts et déguisés, sous
le vieux faste jauni de nos grands-pères, médailles
d'apparat pour les plus sots et pour les plus malins, et
pour quiconque du pouvoir fait aujourd'hui brocante !

Premiers ne *sommes* — et c'est de quoi pourtant nous
faut faire figure ; de cette tromperie avons enfin soûl
et nausée.

C'est la canaille que nous avons fuie, tous ces braillards et ces mouches à viande scribouillardes, la bouti-
quière puanteur, l'ambitieux frétillement, la fétide
haleine, — parmi la canaille fi donc vivre !

— parmi la canaille fi donc représenter les premiers !
Ah ! Nausée ! Nausée ! Nausée ! Que nous importent
encore des rois ? » —

« Ton vieux mal te reprend, dit lors le roi de gauche,
la nausée t'assaille, mon pauvre frère ! Mais tu sais bien
qu'on nous écoute. »

Sitôt Zarathoustra, qui des yeux et des oreilles avait
épié ces paroles, se leva de son trou, s'avança vers les
rois, et dit :

« Celui qui vous écoute, qui aime vous écouter, vous autres rois, il a pour nom Zarathoustra.

Zarathoustra je suis, qui dit un jour : " Que nous importent encore des rois ? " Pardonnez-moi, me suis éjoui quand l'un à l'autre vous disiez : " Que nous importent des rois ? "

Or voici *mon* royaume et mon domaine ; que voudriez-vous bien chercher en mon royaume ? Mais peut-être vous avez trouvé sur votre route ce que je cherche, *moi*, : l'homme supérieur ! »

Lorsque les rois ouïrent cela, ils se frappèrent la poitrine et d'une seule bouche dirent : « Nous sommes reconnus !

Par le glaive de cette parole tu tranches de notre cœur la plus épaisse ténèbre [1]. Tu as découvert notre détresse ; car voici que nous sommes en chemin pour trouver l'homme supérieur —

— l'homme qui est plus haut que nous, encore que nous soyons rois. A celui-là nous conduisons l'âne que voici. Car l'homme le plus haut doit être aussi sur Terre le plus haut seigneur.

Il n'est plus dur malheur en toute humaine destinée que si les puissants de la Terre aussi ne sont les premiers des hommes. Alors tout devient faux et tors et monstrueux.

Et lorsqu'ils sont tout à fait les derniers, et plutôt bétail qu'homme, lors ne cesse de monter le prix de la populace, et ainsi parle enfin populacière vertu : voici que seule je suis vertu ! » —

Que viens-je d'ouïr ? reprit Zarathoustra ; quelle sagesse chez des rois ! Je suis enchanté, et véritablement l'envie déjà me vient d'écrire à ce propos un couplet —

— même s'il se trouve qu'à toutes les oreilles ne convienne ce couplet. J'ai désappris depuis belle lurette à me soucier des longues oreilles. Courage ! Courage !

(Or il advint ici que l'âne également prit la parole ; mais il disait clairement et de méchant vouloir : Oui-I !)

Un jour — sans doute en l'an de grâce premier —
Dit la sibylle, ivre sans vin :
« Malheur ! Tout à présent va de travers !

« Déchéance! Déchéance! Jamais le monde ne toucha si bas!

« Rome se fit putain et finit au bordel [1];

« Le César romain est tombé au rang de bétail [2], Dieu même — s'est fait juif! »

2

A ce couplet de Zarathoustra se délectèrent les rois. Mais le roi de droite dit : « Zarathoustra! Comme nous fîmes bien de prendre la route pour te voir!

Car tes ennemis dans leur miroir nous montraient ton image; là tu grimaçais comme un diable et sardonique était ton rire, en sorte que de toi nous eûmes peur.

Mais qu'importe! Toujours à nouveau de tes maximes tu nous piquais oreille et cœur. Lors finalement nous sommes dit : " Qu'importe son apparence! "

Il nous faut l'*ouïr*, lui qui enseigne : " Aimez la paix comme moyen de guerres nouvelles, et la paix brève plus que la longue! "

Personne jamais n'a dit de si guerrières paroles : " Qu'est-ce qui est bon? Être vaillant est bon. C'est la bonne guerre qui sanctifie toute cause! " [3]

O Zarathoustra, oyant de telles paroles, le sang de nos pères en nos veines s'est ému : c'était comme discours de printemps à de vieilles barriques!

Lorsque les glaives s'entremêlaient, tels des serpents tachetés de rouge, bonne vie avaient alors nos pères; tout pacifique Soleil leur semblait terne et tiède, mais la longue paix leur faisait honte [4].

Comme soupiraient nos pères lorsqu'ils voyaient au mur des glaives fourbis où le sang avait séché! Autant que ces glaives ils avaient soif de guerre! Car un glaive veut boire du sang et il fulgure de désir. » — —

— Tandis que les rois, ainsi, de l'heur de leurs pères chaudement parlaient et babillaient, Zarathoustra eut envie non petite de brocarder leur ardeur, car c'étaient visiblement de très pacifiques rois qu'il voyait devant lui, des rois aux vieux et fins visages. Mais il se contint.

« Courage! dit-il, là où mène ce chemin est la caverne

de Zarathoustra ; et doit ce jour avoir long soir! Mais loin de vous à présent m'appelle en toute hâte un cri de détresse.

C'est un honneur pour ma caverne lorsque des rois s'y veulent asseoir et m'y attendre ; mais certes il vous faudra longtemps attendre.

Après tout, qu'importe! De nos jours où apprend-on mieux à attendre que dans les Cours ? Et la seule vertu qui soit restée aux rois — ne se nomme-t-elle aujourd'hui : *pouvoir* — attendre ? »

Ainsi parlait Zarathoustra

LA SANGSUE

Et Zarathoustra pensivement reprit sa marche et descendit à travers bois jusqu'à des fonds marécageux ; mais, comme il advient à tous ceux qui sur des choses difficiles réfléchissent, par mégarde il heurta un homme. Et voici qu'au visage lui éclatèrent d'un coup cri de douleur et deux jurons et vingt laides injures, en sorte que, dans sa frayeur, il leva son bâton et, après avoir marché sur l'homme, encore le frappa. Mais tout aussitôt reprit son sang-froid ; et son cœur rit de la sottise qu'il avait faite.

« Pardonne, dit-il au piétiné, lequel, furieux, s'était redressé et assis, pardonne et avant tout reçois d'abord une parabole.

De même qu'un voyageur, qui rêve de choses lointaines, par mégarde, sur une route isolée, se heurte à un chien dormant, à un chien couché sous le Soleil,

— de même que lors tous deux se dressent et l'un vers l'autre avancent, tels de mortels ennemis, tous deux ayant mortelle frayeur, ainsi nous advint-il.

Et pourtant! Et pourtant — comme de peu s'en fallait qu'ils se fissent caresse, ce chien et cet homme solitaire! Ne sont-ils tous deux — des solitaires? »

— « Qui que tu sois, dit le piétiné, furieux encore, avec ta parabole aussi tu me serres de trop près, et non avec ton pied seulement !

Ainsi, je suis donc un chien? » — et lors se releva l'homme qui était assis et du marais tira son bras nu.

Car, au début, sur le sol il était étendu, caché, invisible, comme ceux qui guettent des gibiers d'eau.

« Mais que fais-tu là ? s'écria Zarathoustra, effrayé, car il voyait que du bras nu coulait beaucoup de sang, — à quoi t'es-tu heurté, ô malheureux ? Est-ce morsure d'une vilaine bête ? »

Le saignant rit, encore toujours irrité. « Que t'importe ? dit-il, et voulut passer outre. Ici je suis chez moi et dans mon domaine. Me questionne qui veut, mais à un butor je répondrai malaisément. »

« Tu fais erreur, dit Zarathoustra, compatissant, et le tenait ferme. Ici tu n'es chez toi, mais bien en mon royaume, et là personne ne doit souffrir dommage.

Tu me peux appeler comme tu veux, — je suis celui qu'il me faut être. Moi-même me nomme Zarathoustra.

Allons ! voici le chemin qui monte vers la caverne de Zarathoustra ; elle n'est pas loin. Ne veux-tu chez moi veiller sur tes blessures ?

Point n'eus de chance, ô malheureux, dans cette vie ; d'abord la bête te mordit et ensuite — l'homme t'a piétiné ! » — —

Mais quand le piétiné eut entendu le nom de Zarathoustra, il changea de manière : « Que m'advient-il donc ? s'écria-t-il ; *qui* me soucie encore de moi dans cette vie, sinon cet homme seul, Zarathoustra, et cette seule bête qui vit de sang, la sangsue ?

Pour la sangsue, j'étais ici couché, au bord de ce marais, comme un pêcheur, et déjà mon bras tendu avait souffert de dix morsures ; mais voici que me mord plus beau piqueur encore, Zarathoustra lui-même !

O bonheur ! O merveille ! Loué soit ce jour qui vers ce marais m'attira ! Loué soit la meilleure, la plus vivace ventouse qui soit aujourd'hui vivante, louée soit la grande sangsue de la conscience, Zarathoustra ! » — —

Ainsi parla le piétiné ; et de ses paroles s'éjouit Zarathoustra, et de sa délicate et respectueuse manière. « Qui es-tu ?, demanda-t-il, et lui tendit la main. Entre nous bien des choses se devront encore éclaircir et élucider, mais déjà, ce me semble, plus pur, plus clair devient le jour. »

« Je suis *le scrupuleux de l'esprit*, répondit l'interrogé, et dans les choses de l'esprit, difficile de trouver qui procède avec plus de fermeté et de rigueur, plus durement que moi, sinon celui qui me l'a enseigné, Zarathoustra lui-même.

Plutôt ne rien savoir que beaucoup savoir à demi! Plutôt bouffon à sa propre manière que sage au gré des autres! — Moi, je vais au fondement ;

— grand ou petit, que m'importe! Et qu'il se nomme marais ou ciel! Me suffit une main de fondement, s'il est en vérité fondement et ferme sol!

— une main de fondement, là-dessus on peut se tenir droit. Dans la vraie science, celle qui sait, il n'est rien de grand et rien de petit. »

« Ainsi, tu es peut-être le connaisseur de la sangsue ?, demanda Zarathoustra ; et tu scrutes la sangsue jusqu'en ses ultimes fondements, toi le scrupuleux ? »

« O Zarathoustra, répondit le piétiné, ce serait une tâche énorme, comment l'oserais-je entreprendre ?

Mais ce dont je suis maître et connaisseur, c'est le *cerveau* de la sangsue : — voilà *mon* univers!

Et c'est aussi un univers! Mais pardonne qu'ici prenne la parole mon orgueil, car ici je n'ai point d'égal. Pour quoi j'ai dit : " Ici je suis chez moi ". »

Comme voici longtemps que je m'attache à cette unique chose, le cerveau de la sangsue, de peur que la glissante vérité encore ne me glisse des doigts! Ceci est *mon* royaume!

— pour quoi j'ai rejeté toute autre chose, pour quoi me suis fait à toute autre chose indifférent ; et dense auprès de mon savoir s'étale ma noire ignorance [1].

La conscience de mon esprit veut que je sache une seule chose et que de tout le reste je ne sache rien ; m'écœurent toutes demi-portions d'esprit, tout ce qui est vaporeux, flottant, exalté.

Où cesse ma probité, là suis aveugle, et aussi bien veux être aveugle [2]. Mais où je veux savoir, là veux aussi être probe, c'est-à-dire être dur, strict, sévère, cruel, implacable.

Que tu aies dit un jour, ô *toi*, Zarathoustra, : " Esprit est la vie qui dans la vie elle-même tranche [3], " voilà qui vers ton enseignement m'a conduit et séduit.

Et avec mon propre sang, en vérité, j'ai augmenté mon savoir propre! »

— « Comme l'enseigne l'évidence », interrompit, Zarathoustra ; car encore toujours coulait le sang sur le bras nu du scrupuleux. Dix sangsues, en effet, l'avaient profondément mordu.

« O merveilleux compagnon! que d'enseignements pour moi en pareille évidence, c'est-à-dire en toi-même! Et je n'oserais peut-être tout déverser en tes oreilles sévères!

Allons! Ici séparons-nous! Pourtant j'aimerais te retrouver. Ce chemin qui monte conduit à ma caverne ; cette nuit tu dois être là-bas mon hôte cher!

J'aimerais aussi de ton corps réparer la blessure qu'y fit de ses pieds Zarathoustra ; j'y songerai. Mais loin de toi pour l'instant m'appelle en toute hâte un cri de détresse. »

Ainsi parlait Zarathoustra.

L'ILLUSIONNISTE [1]

1

Or, comme Zarathoustra contournait un rocher, voilà
que, non loin au-dessous de lui, sur le même chemin, il
vit un homme qui agitait les membres comme un fré-
nétique et qui finalement sur le sol à plat ventre s'écroula.
Parlant à son cœur, « Halte!, dit alors Zarathoustra,
celui-là ne peut être que l'homme supérieur ; de lui
est venu ce vilain cri de détresse, — je veux voir s'il
se doit là porter secours. » Mais lorsqu'il eut couru jusqu'à l'endroit où sur le sol cet homme gisait, il trouva
un tremblant vieillard aux yeux fixes ; et quelque
effort que fît Zarathoustra pour le relever et le remettre
sur ses jambes, c'était en vain. Le malheureux ne semblait même remarquer que quelqu'un fût près de lui,
mais ne cessait de regarder alentour, avec des gestes
touchants, comme celui que tout le monde abandonna
et délaissa. Enfin pourtant, après force tremblements,
spasmes et soubresauts, ainsi commença de se lamenter! [2] :

Qui me réchauffe, qui m'aime encore?
Donnez de chaudes mains!
Donnez chaudière du cœur!
Étendu, frissonnant de peur,
Pareil au demi-mort dont on réchauffe les pieds, —
Secoué, hélas! de fièvres inconnues,

Tremblant sous les flèches aiguës du gel,
Par toi pourchassé, ô pensée!
Innommable! Celée! Détestable pensée!
Chasseresse au-delà des nuées!
Terrassé par ta foudre,
O toi, œil sarcastique, qui des ténèbres me regardes!
— ainsi je suis gisant,
Me tords, me roule, torturé
De tous éternels martyres,
Blessé
Par toi, le plus cruel chasseur
Toi le *dieu* — inconnu!

Frappe plus profond!
Frappe une fois encore!
Perce, brise ce cœur!
A quoi bon ce martyre
Avec des flèches aux dents émoussées!
Pourquoi me regarder encore,
Toi qui d'humain tourment n'as lassitude,
Avec des yeux où divinement fulgure la joie de faire
    souffrir?
N'est-ce tuer que veux,
Mais seulement martyriser, martyriser?
A quoi bon — *moi*, me martyriser,
Toi qui t'éjouis de faire souffrir, dieu inconnu? —

Ah! Ah! Vers moi tu te glisses?
En telle mi-nuit
Que veux-tu? Parle!
Tu me presses, m'oppresses —
Ah! déjà de bien trop près!
Hors d'ici! Hors d'ici!
Tu écoutes mon souffle,
Tu épies mon cœur, —
O toi l'envieux —
Mais de quoi donc envieux?
Hors d'ici! Hors d'ici! Pourquoi cette échelle?
Veux-tu *dedans*
Mon cœur
Monter, mes plus intimes

Pensées gravir?
Impudent! Inconnu -   ravisseur!
Que veux-tu ravir,
Que veux-tu épier,
Que veux-tu torturer,
O   tortionnaire?
O toi — dieu bourreau!
Ou dois-je, comme le chien,
Faire devant toi le beau?
M'abandonnant, hors-de-moi-ravi,
Par amour de toi — frétiller de la queue?

En vain! Perce plus profondément,
O toi le plus cruel aiguillon! Non,
Je ne suis chien — ne suis que ton gibier,
O toi le plus cruel chasseur!
Ton plus fier captif,
O toi, prédateur au-delà des nuées!
Parle enfin,
Voleur de grand chemin, de *moi* que veux-tu?
Toi le masqué d'éclairs! Toi, l'inconnu! Parle,
Que *veux*-tu, dieu inconnu? — —

Comment? Une rançon?
D'une rançon que veux-tu faire?
Sois exigeant — ainsi conseille mon orgueil!
Et parle bref — ainsi conseille mon autre orgueil!
Ah! Ah!

C'est moi — que tu veux? Moi?
Moi — tout entier?
Ah! Ah!

Et tu me martyrises, ô bouffon que tu es,
Tu brises et martyrises mon orgueil?
Me donne *amour* — qui encore me réchauffe?
Qui encore m'aime? — donne de chaudes mains,
Donne chaudière du cœur.
Me donne, à moi le plus solitaire,
Que glace, hélas! septuple glace,

D'ennemis mêmes,
D'ennemis fait languir,
Me donne, oui bien, me livre,
O mon plus cruel ennemi,
Me donne — *toi-même!* — —

Parti!
Lui-même s'est enfui
Mon ultime, mon seul compagnon,
Mon grand ennemi,
Mon inconnu,
Mon dieu-bourreau! — —

— Non! Reviens
Avec toutes tes tortures!
Vers le dernier de tous les solitaires
Oh! reviens!
Tous mes torrents de larmes courent
Vers toi leur cours!
Et la dernière flamme de mon cœur —
Vers *toi* monte en brûlant!
Oh! reviens,
Mon dieu inconnu! Ma souffrance! Mon dernier —
heur!

2

— Mais plus longtemps ici Zarathoustra ne se put
contenir, prit son bâton et frappa de toutes ses forces le
lamentant. « Assez, lui cria-t-il avec un ricanement
féroce. Assez! ô comédien, faux-monnayeur, fieffé menteur! Je te reconnais bien maintenant!

Déjà te veux chauffer les jambes, vilain illusionniste ;
gens de ta sorte, bien je m'entends — à les chauffer! »

— « Suffit, dit le vieillard, et d'un bond se releva,
plus ne me frappe, Zarathoustra! Je jouais seulement!

Tours de la sorte relèvent de mon art ; toi-même je
t'ai voulu mettre à l'épreuve en t'offrant cette épreuve.
Et véritablement tu m'as bien percé à jour!

Mais toi aussi — tu m'as fourni de toi-même une

épreuve non-petite : tu es *dur*, ô toi Zarathoustra le
sage! Durement tu m'assènes tes " vérités " ; de force
ton gourdin m'arrache — *cette* vérité! »

— « Trêve de flatteries, reprit Zarathoustra, encore
coléreux et l'œil sombre, ô fieffé comédien! Tu es faux,
que parles-tu — de vérité ?

Toi, paon des paons, toi mer de vanité, *quel* est le jeu
que devant moi tu as joué, vilain illusionniste ? A *qui*
devais-je croire lorsque, sous telle figure, tu fis tes jéré-
miades ? »

« *Le pénitent de l'esprit*, dit le vieillard, — voilà le
rôle que je jouais ; toi-même un jour inventas cette
formule [1] —

— le poète et l'illusionniste, qui finalement contre
lui-même se retourne l'esprit, le métamorphosé que
transissent de froid et sa méchante science et sa méchante conscience.

Et avoue-le, Zarathoustra, longtemps il te fallut
avant que de percer à jour mon art et mon mensonge!
Tu *crus* à ma détresse quand des deux mains tu me
tenais la tête, —

— je t'oyais te lamenter :" il a reçu trop peu d'amour,
trop peu d'amour! " De t'avoir si fort berné, en moi-
même s'éjouissait ma malice. »

« Tu peux avoir berné plus fins que moi, dit Zarathoustra, durement. Je ne me garde des imposteurs ; il
me *faut* être sans précautions, ainsi le veut mon sort [2].

Mais toi — *tu ne peux* que berner ; suffisamment je te
connais. Jamais tu ne peux être qu'à deux, à trois, à
quatre et à cinq sens! Même ce que tu viens de confesser
ne me fut, de beaucoup, ni vrai ni faux suffisamment!

O vilain faux-monnayeur, comment pourrais-tu faire
autrement ? Tes maladies encore, tu les maquillerais si
au médecin tout nu tu te montrais [3]!

Ainsi, devant moi, tu. viens de maquiller ton mensonge lorsque tu as dit : " Je jouais *seulement*! " Il y
avait là aussi du *sérieux* ; d'un pénitent de l'esprit tu
es quelque chose!

Je te décèle bien : à tout le monde tu fis illusion, mais
contre toi il ne te reste ni mensonge ni ruse, — toi-
même de toi-même t'es désillusionné!

Tu récoltas le dégoût comme ton unique vérité. Aucune parole en toi n'est authentique, sinon ta bouche même, je veux dire ce dégoût qui te colle à la bouche. » — —

— « Qui donc es-tu ? cria le vieil illusionniste sur un ton de bravade, qui m'ose ainsi parler, *moi* le plus grand qui vive ce jour d'hui ? » — et de son œil partit un glauque éclair en direction de Zarathoustra. Mais sitôt il changea de manière et dit avec tristesse :

« O Zarathoustra, j'ai lassitude, de mes tours de magie suis écœuré, je ne suis *grand*, à quoi bon feindre ? Mais tu le sais bien — de grandeur je fus en quête !

De grand homme voulais faire figure, et nombreuses furent mes dupes. Or ce mensonge a dépassé mes forces. Contre lui je me brise.

A Zarathoustra, tout est mensonge en moi, mais que je sois brisé — cette brisure en moi est *authentique* ! » —

« C'est ton honneur, dit Zarathoustra, sombre et regardant de côté vers le bas, c'est ton honneur d'avoir cherché ce qui est grand, mais c'est aussi ce qui te trahit. Tu n'es grand.

Vieil et vilain illusionniste — *voici* ce que tu as de meilleur et de plus probe, ce qu'en toi j'honore : de toi-même tu t'es lassé et tu as dit : " Je ne suis grand ! "

De cela je t'honore comme un pénitent de l'esprit ; et ne serait-ce que pour le temps d'un souffle et d'un soupir, en cet instant seul tu fus — authentique.

Mais, dis, que cherches-tu ici dans *mes* bois et *mes* rochers ? Et lorsque sur *mon* chemin tu gisais, à quelle épreuve me voulais-tu soumettre ? —

— en quelle tentation m'induire, *moi* ? » —

Ainsi parlait Zarathoustra, et ses yeux fulguraient. Un moment le vieil illusionniste se tut, puis il dit : « T'ai-je tenté ? Je — cherche seulement *.

O Zarathoustra, je cherche un authentique, droit, simple, non ambigu, un homme de toute probité, un vase de sagesse, un saint de la connaissance, un grand homme !

Ne le sais-tu, Zarathoustra ? *Je cherche Zarathoustra !* »

---

* « *Versuchte ich dich ? Ich — suche nur.*

— Et lors se fit un long silence entre les deux ; mais Zarathoustra fut en lui-même si profondément absorbé que ses yeux se fermèrent. Ensuite, revenant à son interlocuteur, il saisit la main de l'illusionniste et dit, en pleine gentillesse et perfidie * :

« Courage ! Là-bas où mène ce chemin qui monte est la caverne de Zarathoustra. Tu auras le droit d'y chercher qui tu voudrais trouver.

Et de mes bêtes prends conseils, de mon aigle et de mon serpent ; à chercher t'aideront. Mais grande est ma caverne.

Moi-même assurément — encore ne vis grand homme. Pour discerner ce qui est grand l'œil même des plus subtils est aujourd'hui grossier. C'est le règne de la populace.

Ainsi j'en ai trouvé déjà plus d'un qui s'allongeait et s'enflait, et le peuple de crier : " Voici un grand homme ! " Mais à quoi servent toutes outres gonflées ? Il n'en sort à la fin que du vent !

Qui trop longtemps s'enfla, grenouille à la fin crève ; il n'en sort que du vent [1]. Crever le ventre d'un enflé, c'est ce que je nomme un bon passe-temps. Oyez cela, vous autres jeunes garçons !

C'est à la populace qu'appartient ce jour d'hui ; qui *sait* encore ici ce qui est grand, ce qui est petit ? Qui de grandeur ici fit une chanceuse quête ? Rien qu'un bouffon ; aux bouffons la chance !

Tu cherches de grands hommes, ô merveilleux bouffon ? Qui te l'*apprit* ? Est-ce aujourd'hui le temps ? O toi, vilain chercheur, — en quelle tentation m'induis-tu ? »

Ainsi parlait Zarathoustra, le cœur soulagé, et reprit en riant son chemin.

* « *Voller Artigkeit und Arglist.* »

HORS SERVICE [1]

Mais peu après que de l'illusionniste Zarathoustra se fut délivré, il vit à nouveau quelqu'un assis sur le chemin qu'il suivait, un long homme noir au maigre visage pâle, lequel lui fit grand-peine. « Malédiction! dit-il à son cœur, ci siège tribulation masquée qui me semble d'espèce sacerdotale : que veulent ces gens en mon royaume ?

Comment ? A peine à cet illusionniste ai-je échappé qu'un autre nécromant doit courir sur ma route, —

— un quelconque sorcier qui impose les mains, un sombre thaumaturge par la grâce de Dieu, un oint calomniateur du monde, que puisse emporter le diable!

Mais le diable n'est jamais là où serait sa place ; toujours il vient trop tard, ce maudit nain et ce maudit pied-bot! » —

Ainsi jurait Zarathoustra, impatient, en son cœur et songeait de quelle façon, l'œil détourné, le long de l'homme noir s'allait glisser ; mais voici qu'il en fut d'autre façon. Car au même instant déjà l'avait aperçu l'homme assis et, non sans quelque ressemblance avec celui que comble un heur inopiné, d'un bond se levait et vers Zarathoustra courut.

« Qui que tu sois, ô voyageur, dit-il, secours un égaré, un chercheur, un vieil homme qui aisément ici subirait quelque dommage!

Ce monde ici m'est étranger et lointain ; j'ouïs même hurler des bêtes sauvages ; et qui m'aurait pu protéger, celui-là même n'est plus.

J'étais en quête du dernier homme pieux, d'un saint ermite qui seul dans la forêt encore n'avait rien ouï dire de ce que sait aujourd'hui tout le monde. »

« *Que* sait aujourd'hui tout le monde ? demanda Zarathoustra. Sans doute que ne vit plus le dieu ancien, en qui tout le monde jadis a cru [1] ? »

« Tu le dis, répondit le vieillard chagriné. Et j'ai servi cet ancien dieu jusqu'à son heure dernière.

Mais à présent me voici hors service, sans maître et non libre pourtant, et il n'est plus d'heure où je m'éjouisse, sinon en souvenirs.

Si j'ai gravi ces monts, c'est pour enfin de nouveau célébrer une fête, comme il convient à un vieux pape et père de l'Église ; car, sache-le, je suis le dernier pape ! — une fête de pieux souvenirs et d'offices divins.

Mais à présent lui-même est mort aussi le plus pieux des hommes, ce saint dans la forêt, qui louait son dieu sans cesse par des cantiques et des grognements [2].

Lui-même, je ne l'ai plus trouvé lorsque je découvris sa hutte, — mais bien là-dedans deux loups qui à sa mort hurlaient — car toutes bêtes l'aimaient. Lors je m'enfuis de là.

Suis-je donc en vain venu dans ces forêts et ces montagnes ? Lors résolut mon cœur de chercher un autre homme, le plus pieux de ceux qui en Dieu ne croient point, — de chercher Zarathoustra ! »

Ainsi dit le vieillard, et d'un œil perçant fixa celui qui devant lui se tenait debout ; mais du vieux pape Zarathoustra saisit la main et la considéra longuement avec admiration.

« Que voici, ô révérend, dit-il ensuite, une belle et longue main ! C'est la main de celui qui toujours a distribué bénédictions. Mais à présent elle tient serré celui que tu cherches, moi, Zarathoustra.

C'est moi, Zarathoustra le sans-dieu, qui ainsi parle : Qui donc est plus que moi sans-dieu, qu'à sa leçon m'éjouisse [3] ? » —

Ainsi parlait Zarathoustra et du regard perçait les
pensées et les arrière-pensées du vieux pape. Enfin
commença ce dernier :

« Qui le mieux l'aima et posséda le mieux aussi l'a
maintenant perdu. —

— voici n'est-ce pas ?, que de nous deux moi maintenant suis le plus sans-dieu! Mais de cela qui se pourrait
éjouir ? » —

— « Tu le servis jusqu'à la fin, demanda Zarathoustra, pensivement, après un long silence, sais-tu
comme il est mort ? — Est-il vrai, comme on le dit, que
la compassion l'étouffa,

— de voir de quelle façon pendait *l'homme* à la Croix,
et ne point souffrir que son amour de l'homme pour lui
devînt enfer et finalement mort ? » — —

Or le vieux pape ne répondit, mais détourna son regard,
timide, avec une expression douloureuse et sombre.

« Le laisse aller, dit Zarathoustra après une longue
réflexion, cependant qu'il regardait toujours le vieillard
droit dans les yeux.

Le laisse aller, il est parti! C'est certes à ton honneur
de ne dire aucun mal de ce mort [1], mais aussi bien
que moi tu sais *quel* il était ; et qu'il suivit d'étranges
voies. »

« Soit dit entre trois yeux, reprit plus sereinement le
vieux pape (car il ne voyait que d'un œil), sur les choses
de Dieu je suis plus éclairé que Zarathoustra lui-même
— et j'ai le droit de l'être.

Mon amour le servit durant de longues années, mon
vouloir se plia à son entier vouloir. Or un bon serviteur
n'ignore rien, et maintes choses non plus que son maître
à lui-même se cache.

C'était un dieu caché, riche en mystères. Au vrai il
n'eut un fils aussi que par des voies obliques. Au seuil
de sa foi se dresse l'adultère [2].

Qui comme un dieu d'amour le loue, celui-là de
l'amour même se fait trop basse idée. Ne voulut-il, ce
dieu, être justicier aussi ? Mais aimer, c'est aimer au-
delà du salaire et de la rémunération.

En sa jeunesse il fut, ce dieu du Levant, dur et vindicatif, et se bâtit un enfer pour le plaisir de ses favoris.

Mais à la fin il se fit vieux et mou et blet et compatissant, à un grand-père plus qu'à un père ressemblant, et davantage encore à une vieille grand-mère qui flageole.

Lors se tenait assis, fané, au coin de son poêle, se plaignait de ses mauvaises jambes, las du monde, las de vouloir, et s'étouffa un jour de sa trop grande compassion. » — —

« Toi, ô vieux pape, dit alors Zarathoustra, l'interrompant, vis-tu *cela* de tes yeux ? Bien se pourrait que de la sorte les choses se soient passées : de la sorte *et* d'autre sorte aussi. Lorsque meurent les dieux, toujours ils meurent de maintes sortes de morts.

Mais qu'importe ? d'une manière ou d'une autre, ainsi ou autrement — il est parti ! A mes oreilles et à mes yeux il répugnait ; de lui après sa mort je ne voudrais rien dire de plus vilain.

J'aime tout ce qui regarde limpidement et parle de façon loyale. Mais lui — tu le sais bien, ô vieux prêtre, il y avait en lui quelque chose de ta manière, de la manière des prêtres — il était ambigu.

Il était obscur aussi. Comme il s'est courroucé contre nous, ce renifleur coléreux, de ce que mal nous l'entendions! Mais que ne parlait-il plus clairement ?

Et si la faute était à nos oreilles, pourquoi nous pourvut-il d'oreilles qui mal entendaient ? S'il était cire en nos oreilles, qui donc l'y avait mise ?

De maintes façons il manqua son ouvrage, ce potier qui ne savait qu'à demi son métier. Mais se venger sur ses pots mêmes et sur ses créatures de les avoir manquées, — ce fut un péché contre le *bon goût*.

Car même dans la piété, il est aussi bon goût ; lequel enfin parla et dit : « Assez d'un *pareil* dieu! Mieux vaut qu'il n'y ait aucun dieu ; mieux vaut qu'à la force de son propre poignet l'on fasse son destin ; mieux vaut être bouffon, être soi-même dieu! »

— « Qu'ois-je ?, dit ici le vieux pape en pointant les oreilles ; ô Zarathoustra, avec telle incroyance tu es plus pieux que tu ne crois! c'est quelque dieu qui, te convertissant, fit de toi ce sans-dieu.

N'est-ce ta piété même qui en un dieu plus ne te

laisse croire? Et ton immense loyauté encore t'entraî-
nera par-delà bien et mal!

Vois donc, que restait-il qui te fût ménagé? Tu as des
yeux et une main et une bouche, à la bénédiction de
toute éternité prédestinés. On ne bénit avec la main
seulement.

Tout près de toi, encore que tu veuilles être de
tous le plus sans-dieu, je flaire un secret parfum consécratoire de longues bénédictions ; là je me sens et bien
et mal à l'aise.

Me permets, ô Zarathoustra, d'être ton hôte pour une
seule nuit! En aucun lieu sur terre je ne serai maintenant mieux que chez toi! » —

« Amen! Ainsi soit-il! dit Zarathoustra grandement étonné, là-bas où mène ce chemin qui monte
est la caverne de Zarathoustra.

Il me plairait vraiment de t'y conduire moi-même,
ô vénérable, car j'aime tous hommes pieux. Mais à
présent loin de toi m'appelle en toute hâte un cri de
détresse.

En mon domaine personne ne doit subir dommage ;
ma caverne est un bon havre. Et plus que tout, quiconque est triste, je le voudrais remettre sur une terre
ferme et sur de fermes jambes.

Mais *ta* mélancolie, de tes épaules qui l'arracherait?
Pour quoi je suis trop faible. Longtemps, en vérité,
pourrions attendre que quelqu'un de nouveau ressus-
citât ton dieu.

Car plus ne vit cet ancien dieu : il est mort pour de
bon. » —

Ainsi parlait Zarathoustra.

LE PLUS HIDEUX DES HOMMES [1]

— Et à nouveau coururent les pieds de Zarathoustra à travers monts et bois, et ses yeux cherchaient et cherchaient, mais en aucun lieu ne se pouvait voir celui qu'ils voulaient voir, l'homme à la grande détresse et au grand cri de détresse. Tout au long de sa route pourtant il s'éjouissait en son cœur et rendait grâce : « Que de bonnes choses, disait-il, m'a octroyées ce jour en récompense d'un si mauvais début! Quels étranges interlocuteurs ai-je trouvés!

Leurs paroles maintenant comme bons grains veux longuement mâcher ; que fin ma dent les broie et moule jusqu'à ce qu'en mon âme comme du lait elles coulent! » —

Mais lorsque le chemin de nouveau contourna un rocher, voici que changea d'un coup le paysage, et dans un royaume de mort Zarathoustra fit son entrée. Là se dressaient des roches noires et rouges ; ni herbe, ni arbre, ni chant d'oiseau. Car c'était là un val que fuyaient toutes bêtes, même de proie, sauf qu'une sorte de serpents hideux, épais et verts, quand ils se faisaient vieux, venaient là pour mourir. Pour quoi les pâtres nommaient ce val : Mort-aux-serpents.

Or Zarathoustra fut plongé dans une noire remémoration, car en ce val lui paraissait s'être une fois déjà trouvé. Et d'un grand poids fut accablé, en sorte qu'il allait lentement, et plus lentement toujours, et enfin s'arrêta. Mais lors, ouvrant les yeux, il vit au bord du chemin une chose assise qui avait figure d'homme, et à peine figure d'homme, une chose indicible. Et d'un coup Zarathoustra se sentit grande honte d'avoir ainsi dévisagé cette chose ; jusqu'à sa blanche chevelure rougissant, il détourna le regard et leva le pied afin de quitter ce vilain lieu. Mais lors devint bruyant le mort désert ; car s'élevaient du sol gargouillement et râle, comme la nuit, lorsque s'engorgent les conduits, gargouille et râle l'eau ; et à la fin sortit de là une voix humaine et un discours humain — de la sorte parlant :

« Zarathoustra ! Zarathoustra ! Devine mon énigme ! Parle ! Parle ! Qu'est-ce *la vengeance sur le témoin ?*

Recule, je t'en adjure, c'est ici glace lisse ! Prends garde, prends garde que ton orgueil ici ne se brise les jambes !

Sagace tu te crois, ô fier Zarathoustra ! Devine donc l'énigme, ô dur casseur de noix, — l'énigme que je suis. Parle donc, qui suis-je, *moi ?* »

— Or, dès que Zarathoustra eut ouï ces paroles, — que croyez-vous donc qu'il advint alors en son âme ? *La compassion le terrassa ;* et d'un seul coup il s'écroula, pareil au chêne qui longtemps à maints bûcherons sut résister — pesamment, brusquement, à l'effroi même de ceux qui de l'abattre avaient vouloir. Mais déjà il s'était remis debout, et sa face se durcit.

« Je te reconnais bien, dit-il d'une voix d'airain, tu es *le meurtrier de Dieu !* Me laisse aller !

Tu n'as *souffert* celui qui te voyait, *toi*, — qui te voyait toujours et tout entier, ô toi le plus hideux des hommes ! Sur ce témoin tu t'es vengé ! »

Ainsi parlait Zarathoustra, et voulut s'éloigner ; mais l'indicible saisit un pan de son manteau et derechef se mit à gargouiller et à chercher ses mots. « Reste ! », dit-il enfin —

— reste ! Ne passe ton chemin ! J'ai deviné quelle hache te terrassa. Honneur à toi, Zarathoustra, que de nouveau debout te tiennes !

Tu as deviné, je le sais bien, de quelle humeur est qui le tua, — le meurtrier de Dieu. Reste ! Près de moi t'assieds ; la chose en vaut la peine.

Qui voulais-je rencontrer, sinon toi ? Reste, assieds-toi! Mais sans me regarder! Honore ainsi — ma hideur!

Ils me poursuivent ; c'est *toi* qui es à présent mon ultime refuge. *Non* point contre leur haine, *non* point contre leurs sbires ; — oh! de pareilles poursuites je me rirais, fier et joyeux serais!

Jusqu'ici tout succès ne fut-il pour les bien-poursuivis ? * Et bon poursuivant se fait sans peine *suivant* [1] : — n'est-il déjà — *derrière* ? Mais c'est leur *compassion* —

— c'est leur compassion que je fuis et contre laquelle près de toi je cherche refuge. O Zarathoustra, me protège, toi mon refuge ultime, toi qui seul m'as décelé, — qui as décelé de quelle humeur est qui *le* tua! Reste! Et, si tu veux partir, toi l'impatient, ne suis le chemin par lequel je suis venu. *Ce* chemin est mauvais.

M'en veux-tu que trop longuement déjà je radote et j'écorche mes mots ** ? Que déjà je te conseille? Mais, sache-le, c'est moi, le plus hideux des hommes, —

— qui aussi ai les pieds les plus grands, les plus pesants. Là où je passe, *moi*, mauvais est le chemin. Pour tous chemins mes pas ne sont que mort et dévastation.

Mais parce que devant moi tu es passé en silence, parce que tu as rougi, je le voyais bien : à cela j'ai reconnu que tu étais Zarathoustra.

Tout autre m'eût jeté son aumône, sa compassion, du regard et de la voix. Mais pour cela — je ne suis assez mendiant, tu l'as bien décelé, —

— pour cela je suis trop *riche*, riche de choses grandes, terribles, les plus hideuses, les plus indicibles! Ta pudeur, ô Zarathoustra, m'a *honoré*!

Avec peine j'ai échappé à la foule des compatissants, — pour trouver le seul être qui aujourd'hui enseigne « compatir est importun », — pour te trouver, Zarathoustra!

— Soit compassion d'un dieu, soit compassion des hommes, la compassion est impudique. Et plus que cette vertu qui s'empresse peut être de bon ton le non-vouloir-aider.

Mais ce qui aujourd'hui chez toutes les petites gens

* « *War nicht aller Erfolg bisher bei den Gut-Erfolgen ?* »
** « *Rede-radebreche.* »

passe pour vertu même, c'est la compassion : — pour grande malchance, pour grande hideur, pour grand ratage, ceux-là sont sans respect.

De tous ceux-là je détourne mon regard, comme un chien se refuse à regarder les dos de grouillants troupeaux moutonniers. Ce sont petites gens bénévolentes, bienveillantes, grisâtres.

Comme un héron, tête en arrière, de plats étangs détourne son regard, ainsi du grouillement de grisâtres vaguelettes, de petits vouloirs et de petites âmes je détourne mon regard.

Trop longtemps on leur a donné raison, à ces petites gens ; de la sorte à la fin c'est la puissance aussi qu'on leur donna — ils disent à présent : « N'est bon que ce que petites gens appellent bon. »

Et passe aujourd'hui pour " vérité " ce qu'a dit le prêcheur qui lui-même venait d'entre ceux-là, cet étrange saint et porte-parole des petites gens, lequel parlant de lui, disait : " Je — suis la vérité [1]. »

Depuis longtemps déjà ce présomptueux incite petites gens à se dresser sur leurs ergots — lui qui point n'enseignait une petite erreur en enseignant : " Je — suis la vérité! "

A présomptueux fit-on jamais plus courtoise réponse ? [2] — Mais toi, Zarathoustra, tu es passé outre et tu as dit : " Non! Non! Trois fois non! "

Tu mis en garde contre son erreur, le premier tu mis en garde contre la compassion — ni tout le monde ni personne [3], mais toi et ton espèce.

Te fait honte la honte du grand souffrant ; et, en vérité, lorsque tu dis : " De la compassion vient une grande nuée, prenez garde, vous autres hommes! "

— lorsque tu enseignes : " Tous ceux qui créent sont durs, tout grand amour est au-dessus de sa compassion " [4], ô Zarathoustra, à reconnaître les signes de la tempête tu me parais expert!

Mais de ta propre compassion toi-même aussi te garde! Car beaucoup sont en chemin vers toi, beaucoup de souffrants, de doutants, de désespérés, de naufragés, de transis! —

Et contre moi je te mets en garde aussi. Tu as décelé

ma meilleure, ma plus vilaine énigme : moi-même et ce que j'ai fait. Je sais la hache qui t'abattra.

Mais lui — *ne pouvait que* mourir : il voyait avec des yeux qui voyaient *tout*, — il voyait de l'homme les fonds et fondements, toute son ignominie et sa hideur cachées [1].

Sa compassion ne connaissait aucune pudeur ; il se glissa dans mes plus sales recoins. De tous le plus curieux, le trop indiscret, le trop compatissant, celui-là ne pouvait que mourir.

Il *me* voyait toujours : sur ce témoin j'ai voulu me venger — ou bien moi-même ne pas vivre.

Le dieu qui voyait tout *même l'homme*, ce dieu ne pouvait que mourir ! Point ne *tolère* l'homme que vive pareil témoin. »

Ainsi parlait le plus hideux des hommes. Or Zarathoustra se leva et entreprit de passer son chemin, car il frissonnait jusqu'aux entrailles.

« Toi l'indicible, dit-il, contre ta route m'a mis en garde. Comme remerciement, de la mienne je te fais l'éloge. Vois, c'est là-haut qu'est la caverne de Zarathoustra.

Grande et profonde est ma caverne, et elle a force recoins ; le plus grand cachottier y trouve sa cachette. Et tout près d'elle sont cent refuges et secrètes galeries pour rampante, pour volante et pour sautante faune.

O toi le rejeté, qui toi-même te rejettes, parmi des hommes et dans l'humaine compassion tu ne veux plus habiter ? Courage ! fais comme moi. Ainsi tu apprendras aussi de moi ; n'apprend que celui qui agit [2].

Et d'abord parle, et sans tarder, avec mes bêtes ! La bête la plus fière et la plus prudente bête — bien se pourrait que pour nous deux elles fussent les bonnes conseillères ! » — —

Ainsi parlait Zarathoustra, et il suivit son chemin, encore plus méditatif et à plus lente allure, car il se questionnait beaucoup et ne pouvait aisément se répondre.

« Que pauvre est pourtant l'homme ! songeait-il en son

cœur, et comme il est hideux et gargouillant et plein de
secrète honte !

On me dit que l'homme s'aime lui-même ; hélas !
comme il lui faut être grand, cet amour de soi-même !
Que de mépris y fait obstacle !

Même celui-là ici ne s'est pas moins aimé que méprisé,
— un homme de grand amour, voilà ce qu'il est pour
moi, et un homme de grand mépris.

Personne encore ne trouvai qui plus profondément
se méprisât ; *cela* aussi est hauteur. Malédiction !
N'était-ce peut-être *celui-là*, l'homme supérieur que
j'entendis crier ?

J'aime les grands contempteurs. Mais l'homme est
quelque chose qui ne se peut que surmonter [1]. » — —

LE MENDIANT VOLONTAIRE [1]

Lorsque Zarathoustra eut quitté le plus hideux des hommes, il fut glacé et se sentit solitaire ; car mainte froidure et solitude lui transit les sens, au point que même ses membres se refroidissaient. Or, cependant qu'il avançait toujours plus loin, montant, descendant, longeant parfois de vertes prairies, mais aussi traversant de sauvages pierrailles où sans douce autrefois quelque impétueux torrent avait tracé son lit, lors tout à coup il se sentit plus chaud et plus cordial.

« Que m'advint-il donc ? se demandait-il ; du chaud et du vivant me réconforte, qui ne peut être que tout proche.

Déjà je suis moins seul ; des compagnons et des frères inconnus rôdent autour de moi ; leur souffle chaud me touche l'âme. »

Mais, comme il épiait autour de lui et des consolateurs de sa solitude était en quête, voilà que c'étaient des vaches qui sur une éminence côte à côte debout se tenaient et dont la proche présence et l'odeur avaient réchauffé son cœur. Or ces vaches semblaient écouter avec empressement quelque orateur, et ne prirent garde à celui qui s'approchait. Lorsque Zarathoustra fut tout près d'elles il ouït distinctement que du milieu des vaches une voix d'homme s'élevait ; et il était visible que vers l'orateur elles avaient ensemble tourné la tête.

Lors bondit Zarathoustra avec empressement sur l'éminence et il écarta les bêtes, car il craignait qu'ici quelqu'un eût subi quelque peine que la bovine compassion ne pouvait aisément secourir. En quoi pourtant il se trompait, car voilà qu'un homme était assis par terre, qui semblait exhorter les bêtes à n'avoir crainte de lui, un homme pacifique, un sermonnaire sur la montagne [1], et par les yeux de qui la bonté même prêchait. « Ici que cherches-tu ? » cria, tout étonné, Zarathoustra.

« Ce que je cherche ici ? répondit l'homme. Cela même que tu cherches, toi le troubleur de paix ! L'heur sur la terre !

Mais pour ce faire, de ces vaches j'aimerais recevoir leçon. Car, sache-le bien, déjà depuis une mi-matinée je leur parle et, à l'instant même, elles me voulaient répondre. Pourquoi les déranges-tu ?

A moins de nous convertir et que nous ne devenions comme les vaches, au royaume des cieux point n'entrerons. Car d'elles ne devrions apprendre qu'une chose : à ruminer [2].

Et l'homme, en vérité, gagnerait-il tout l'univers et n'apprît-il cette unique chose, ruminer : que lui servirait-il ? De sa tribulation il ne serait quitte [3],

— de sa grande tribulation ; mais aujourd'hui elle s'appelle *nausée*. Qui de nausée n'a aujourd'hui plein le cœur, et la bouche et les yeux ? Toi aussi ! Toi aussi ! Mais regarde donc ces vaches ! »

Ainsi parlait le sermonnaire sur la montagne, et tourna ensuite son propre regard vers Zarathoustra, — car jusqu'alors il le fixait avec amour sur les vaches, — mais lors il se métamorphosa : « Qui est celui avec lequel je parle ? s'écria-t-il effrayé, et se leva d'un bond.

Voici l'homme sans nausée, Zarathoustra lui-même, le vainqueur de la grande nausée, voici l'œil, voici la bouche, voici le cœur de Zarathoustra lui-même ! »

Et en parlant de la sorte il baisait les mains de celui auquel il parlait, avec des yeux débordants de larmes, et ses gestes étaient tout à fait ceux d'un homme à qui précieux don et joyau du ciel inopinément tombe. Or les vaches considéraient tout cela, et s'étonnaient.

« De moi ne parle, ô toi l'étrange, ô toi l'aimable ! dit Zarathoustra, et de sa gentillesse se défendait ; de *toi* me parle d'abord! N'es-tu ce mendiant volontaire qui autrefois d'une grande richesse se dépouilla [1], —

— qui de sa richesse prit honte, et des riches, et chez les plus pauvres s'enfuit, pour de son opulence et de son cœur leur faire don? Mais point ne le reçurent. »

« Mais point ne me reçurent, dit le mendiant volontaire, tu le sais bien. Lors je vins finalement chez les bêtes, et chez ces vaches. »

« Là tu appris, dit Zarathoustra, interrompant celui qui parlait, comme il est plus pesant de bien donner que de bien recevoir, et que bien donner est un *art*, et l'ultime, le plus rusé des arts magistraux de la bonté. »

« Singulièrement à l'heure qu'il est, répondit le mendiant volontaire, car aujourd'hui tout ce qui est bas s'est fait subversif et timide et arrogant à sa façon, qui est façon de populace.

Car l'heure est venue, tu le sais bien, pour la grande, la vilaine, la longue, la lente subversion de la populace et des esclaves ; laquelle croît et croît !

S'indignent à présent les petits de toute bienfaisance et de tous les cadeaux qu'on fait pour se débarrasser ; et les trop riches peuvent être sur leurs gardes !

Qui aujourd'hui, comme flacons pansus, verse goutte à goutte par trop étroits goulots, — à de pareils flacons on aime aujourd'hui briser le col !

Concupiscente avidité, fielleuse envie, aigre rancune, orgueil populacier, tout cela m'a sauté au visage. Il n'est plus vrai que bienheureux soient les pauvres. Mais le royaume des Cieux est chez les vaches [2]. »

« Et pourquoi n'est-il pas chez les riches ? » demanda Zarathoustra pour le tenter, cependant qu'il écartait les vaches qui familièrement flairaient le pacifique.

« A quoi bon me tenter ? répondit l'autre. Tu le sais toi-même mieux encore que moi. Quelle force me poussa vers les plus pauvres, ô Zarathoustra ? Ne fut-ce ma nausée devant nos plus riches ?

— devant ces forçats de la richesse [3] qui de toute poubelle tirent leur avantage, l'œil froid et la pensée avide, devant cette canaille dont vers le Ciel monte la puanteur,

— devant cette fausse populace dorée, dont les pères

furent grippe-sous ou charognards ou chiffonniers, avec
les femmes accommodants, lubriques, oublieux ; — car
ces gens-là ne sont pas loin de la putain, —

— populace en haut, populace en bas : Qu'est-ce
encore aujourd'hui que " pauvre " et " riche " ? Cette
différence, l'ai désapprise, — alors j'ai fui, plus loin,
toujours plus loin, jusqu'à ce que chez ces vaches je
sois venu. »

Ainsi parla le pacifique, et il soufflait lui-même et
suait en parlant, de sorte que les vaches à nouveau
s'étonnèrent. Mais Zarathoustra le regardait toujours
en face, souriant, alors que l'autre tenait un si âpre
discours, et ensuite, sans mot dire, il hocha la tête.

« Tu te fais à toi-même violence, ô toi prêcheur sur la
montagne, lorsque tu uses de mots si durs. Pour telle
dureté ne furent faits ni ta bouche ni ton œil.

Ni, ce me semble, ton estomac lui-même : *auquel*
répugnent toute cette ire et cette haine et cette débordante écume. C'est plus suave provende que veut ton
estomac ; point n'es boucher.

D'un amateur de plantes et de racines tu m'as l'air
bien plutôt. Peut-être tu mâches grains. Mais à coup
sûr les joies de la viande te répugnent, et tu aimes le
miel. »

« Tu m'as bien deviné, répondit le mendiant volontaire d'un cœur plus léger. J'aime le miel, je mâche
aussi des graines, car j'ai cherché ce qui plaît à la bouche
et rend l'haleine pure,

— ce qui réclame aussi long temps, pour de suaves
oisifs et fainéants œuvre du jour, œuvre du mufle.

Au plus haut point assurément les vaches poussèrent
un pareil art, elles qui s'inventèrent la rumination et la
sieste au soleil. Elles s'épargnent aussi toutes pesantes
pensées qui rendent le cœur flatulent. »

— « Allons! dit Zarathoustra, tu devrais voir aussi
mes bêtes, mon aigle et mon serpent — non pareilles
sont aujourd'hui sur Terre.

Vois, ce chemin là-bas conduit à ma caverne ; sois-en
cette nuit l'hôte. Et parle avec mes bêtes de l'heur des
bêtes, —

— jusqu'à ce que moi-même je revienne au logis. Car

à présent loin de toi un cri de détresse m'appelle en toute hâte. Tu trouveras aussi chez moi du miel nouveau, du miel d'or en rayons, frais comme glace : mange-le !

Mais à présent prends vite congé de ces vaches, ô toi l'étonnant, ô toi l'aimable, si pesant que te soit cet adieu. Car elles sont tes plus chaleureuses amies et préceptrices ! » —

— « A l'exception d'un seul, que je préfère encore, répondit le mendiant volontaire. Toi-même es bon, meilleur encore qu'une vache, ô Zarathoustra ! »

« Déguerpis ! Loin de moi, méchant flatteur ! cria Zarathoustra méchamment, à quoi bon me gâter avec telle louange et tel miel de flatterie ? »

« Déguerpis ! Loin de moi ! » cria-t-il une seconde fois, et il agitait son bâton vers le tendre mendiant ; mais à toutes jambes l'autre s'enfuit.

L'OMBRE [1]

Or à peine s'était enfui le mendiant volontaire, et Zarathoustra de nouveau avec lui-même seul, lors entendit derrière lui une nouvelle voix qui criait : « Halte! Zarathoustra! Attends donc! Oui, c'est moi, Zarathoustra, moi, ton ombre! » Mais n'attendit Zarathoustra, car un soudain dégoût l'accablait de cette grande foule et presse en ses montagnes. « Où est passée, dit-il, ma solitude?

Pour moi c'est vraiment trop ; grouillant est ce massif, plus de *ce* monde n'est mon royaume [2], c'est de montagnes neuves que j'ai besoin.

Mon ombre m'appelle? Que m'importe mon ombre? Elle peut bien courir derrière moi! *Moi* — loin d'elle je cours! »

Ainsi parlait à son cœur Zarathoustra, et prit sa course. Mais celle qui était derrière lui le poursuivit ; en sorte que bientôt ils furent trois qui à la file couraient, en tête le mendiant volontaire, ensuite Zarathoustra et, troisième et dernière, l'ombre de Zarathoustra. Longtemps ils n'avaient ainsi couru que de sa sottise Zarathoustra fit réflexion et d'un seul coup secoua toute lassitude et satiété.

« Comment? dit-il. Ne nous advinrent depuis toujours les plus risibles aventures, à nous qui sommes de vieux ermites et de vieux saints?

En vérité dans ces montagnes bien haut crût ma sot-

tise ! A la file cliqueter j'ois à présent six vieilles jambes
de bouffons !

Mais est-il bien permis que d'une ombre Zarathoustra
s'effraye ? Il me paraît, au demeurant, qu'elle a plus
longues jambes que moi. »

Ainsi parlait Zarathoustra, riant des yeux et du ventre,
s'arrêta et fit demi-tour — et voici qu'il manqua renverser l'ombre qui le poursuivait, de si près déjà elle le
talonnait et tant aussi elle était faible. Lorsque des
yeux, en effet, il la mesura, il fut épouvanté comme
devant un spectre soudain, si mince, noirâtre, creuse
et usée semblait cette poursuivante.

« Qui es-tu, demanda vivement Zarathoustra, que
fais-tu ici ? Et de mon ombre pourquoi te donnes-tu
le nom ? Point ne me plais. »

« Pardonne-moi, répondit l'ombre, d'être ce que je dis,
et si je ne te plais, eh bien ! sois-en loué, Zarathoustra,
ainsi que ton bon goût.

Une voyageuse suis, qui déjà sur tes talons ai beaucoup cheminé ; toujours pérégrinante, mais sans but
et sans chez moi non plus, en sorte que peu s'en faut
vraiment que je ne sois la Juive errante, sinon que ne
suis éternelle et juive non plus !

Comment ? A tout jamais me faudra-t-il cheminer ?
A tous vents roulée, mue, poussée ? O Terre, tu es
devenue pour moi trop ronde !

Sur toute surface déjà me suis assise, sur des miroirs
et sur des vitres comme lasse poussière j'ai dormi ;
tout me prend quelque chose, et rien ne me donne rien ;
je mincis — je ressemble presque à une ombre.

Mais derrière toi, Zarathoustra, le plus longtemps j'ai
volé et couru, et si déjà de toi me suis cachée, je fus
pourtant ta meilleure ombre ; en tous lieux où t'assis,
là également me suis assise.

Avec toi j'ai parcouru les mondes les plus lointains,
les plus froids, pareille à un spectre qui sur des toits
d'hiver et sur la neige aime courir.

Avec toi j'ai voulu pénétrer en tout ce qui est défendu,
le plus vilain, le plus lointain ; et s'il est en moi quelque
vertu, c'est que d'aucun interdit jamais n'eus crainte.

Avec toi je brisai tout ce que mon cœur a jamais

vénéré ; je renversai toutes bornes frontières et toutes images, vers les plus périlleux désirs j'ai derrière toi couru ; — en vérité il ne fut crime aucun qu'à la course n'aie dépassé.

Avec toi je désappris de croire aux mots et aux valeurs et aux grands noms. Quand le diable perd sa peau, ne perd-il aussi son nom ? Car c'est aussi une peau. Et le diable lui-même est peut-être — une peau.

" Rien n'est vrai, tout est permis " [1], ainsi je me parlais. Dans les eaux les plus froides me suis jetée, tête et cœur. Ah ! que de fois, pour avoir ainsi fait, me tins debout et nue, comme une rouge écrevisse !

Hélas ! que sont pour moi devenues toute bonté et toute honte et toute foi dans les gens de bien ? Hélas ! où s'en est donc allée cette menteuse innocence qui jadis m'appartint, l'innocence des gens de bien et de leurs nobles menteries ?

Trop souvent, à vrai dire, je suivis la vérité en collant à ses pieds ; alors elle me heurta la tête [2]. Maintes fois je crus mentir et voilà ! lors seulement touchai — la vérité.

Trop de choses pour moi devinrent claires ; maintenant rien ne m'importe plus. Rien ne vit plus de ce que j'aime, — comment moi-même me devrais-je encore aimer ?

" Vivre comme j'en ai envie, ou ne vivre du tout ", ainsi je veux, ainsi le veut aussi le plus saint. Mais malheur ! Comment ai-je encore, *moi* — quelque envie ?

Ai-je, *moi* — quelque but encore ? Un havre vers lequel puisse courir ma voile ?

Bon vent ? Hélas ! Qui ne sait *où* il va ne sait non plus ce qu'est bon vent, et son vent propice.

Que m'est-il encore demeuré ? Un cœur las et insolent ; un instable vouloir ; des ailes de papillon ; une échine brisée.

Cette quête de *mon* chez moi, ô Zarathoustra, tu le sais bien, cette quête fut *mon* épreuve * et ma dévoratrice.

Où est — *mon* chez moi ? Voilà ce que je demande et

---

* « *Heimsuchung* » (épreuve, mais aussi, en langage chrétien, Visitation) est lié ici à *heim* (chez soi).

cherche, et ce que j'ai cherché et point ne trouvai.
O éternel Partout, ô éternelle Nulle part, ô éternel —
En vain! »

Ainsi parlait l'ombre, et cependant qu'elle disait ces
mots, plus long se faisait le visage de Zarathoustra.
« Tu es mon ombre, dit-il enfin avec tristesse.

Petit n'est ton péril, ô libre esprit, ô libre voyageuse!
Tu as eu un vilain jour ; prends garde que ne t'advienne
encore plus vilain soir!

A des vagabondes comme toi-même une geôle finalement paraît béatitude. Vis-tu jamais comment dorment
des criminels captifs? Ils dorment paisiblement, ils
jouissent de leur neuve sûreté.

Prends garde qu'à la fin encore te tienne captive une
étroite croyance, un dur, un strict délire! Car te séduit
et tente à présent tout ce qui est strict et ferme.

Tu as perdu le but, hélas! comment de cette perte
vas-tu rire et pleurer? Pour quoi — tu as aussi perdu
la route!

O pauvre errante, pauvre exaltée, ô toi pauvre
papillon las! Veux-tu pour cette nuit trouver repos et
gîte? Lors monte à ma caverne.

Là-bas ce chemin conduit à ma caverne. Et à présent
je veux sans tarder courir à nouveau loin de toi. Voici
déjà comme une ombre sur moi.

Je veux courir tout seul, jusqu'à ce que de nouveau
il fasse clair autour de moi. Pour quoi me faut encore
longtemps avec joie cheminer. Mais ce soir chez moi
l'on — dansera! » — —

Ainsi parlait Zarathoustra.

A L'HEURE DE MIDI[1]

— Et Zarathoustra courut et courut et plus ne trouva personne et fut seul et se retrouva toujours lui-même et goûta et savoura sa solitude et songea à de bonnes choses — des heures durant. Mais à l'heure de midi, comme le Soleil se tenait droit sur la tête de Zarathoustra, il passa devant un vieil arbre tordu et noueux qu'embrassait le riche amour d'un pied de vigne et qui à lui-même se dissimulait ; s'y suspendaient des raisins jaunes profusément offerts au voyageur. Lors eut envie Zarathoustra d'apaiser une légère soif et de cueillir une grappe ; mais comme pour ce faire il tendait déjà le bras, lors eut envie bien plus encore d'autre chose : de s'allonger près de l'arbre, à l'heure du plein midi, et de dormir.

Ce que fit Zarathoustra ; et sitôt que sur le sol fut allongé, dans la paix et l'intimité de l'arbre multicolore, il avait oublié déjà sa petite soif et s'endormit. Comme dit, en effet, la maxime de Zarathoustra, « une chose est plus que l'autre nécessaire »[2]. Ses yeux pourtant restaient ouverts, — car ils ne se rassasiaient de voir et glorifier l'arbre et l'amour du pied de vigne. Mais dans son assoupissement de la sorte à son cœur parlait Zarathoustra :

Silence! Silence! Le monde à l'instant même n'est-il devenu parfait[3] ? Que m'advient-il donc ?

De même qu'une légère brise, invisible, sur une mer

étale danse, légère, d'une légèreté de plume, ainsi —
danse sur moi le sommeil.

Il ne me ferme les yeux, laisse éveillée mon âme.
Léger, en vérité, léger comme la plume!

Il me persuade, ne sais comment, à l'intérieur de moi
me touche d'une main caressante, il me force. Oui
certes, il me force pour que mon âme s'étende ; —

— comme pour moi elle se fait longue et lasse mon
âme merveilleuse! Pour elle, d'un septième jour le
soir est-il venu à l'heure même de midi [1] ? Chemina-t-elle
trop longtemps déjà, bienheureuse, parmi des choses
bonnes et mûres?

Elle s'étend longuement, longuement — plus longuement! Elle gît en silence, mon âme merveilleuse. A trop
de biens elle a déjà goûté, cette tristesse d'or pèse sur
elle, elle plisse les lèvres.

— Comme un vaisseau qui en son havre le plus paisible est arrivé : — à la Terre maintenant il s'appuie,
des longs voyages lassé, et des mers incertaines. La
Terre n'est-elle plus fidèle?

Comme un pareil vaisseau à la Terre s'accroche,
contre elle se blottit : — et lors suffit que jusqu'à lui
depuis la rive une araignée tisse son fil. D'une plus
forte amarre ne lui est ici besoin.

Comme un pareil vaisseau lassé en son havre le plus
paisible : ainsi maintenant je repose, moi aussi, près de
la Terre, fidèle, confiant, attentif, et par les fils les plus
ténus à elle suis accroché.

O heur! O heur! Veux-tu chanter, mon âme? Tu es
étendu sur l'herbe. Mais voici l'heure intime et solennelle où aucun pâtre ne souffle dans sa flûte.

Te blottis! Te blottis! Sur la campagne sommeille le
brûlant midi. Ne chante! Silence! Le monde est parfait.

Ne chante, oiseau des prés, ô mon âme! Même ne
chuchote! Vois donc! — Silence! Le vieux midi sommeille, il remue la bouche ; ne boit-il à l'instant même
une goutte d'heur? —

— une vieille, une brune goutte d'heur doré, de vin
doré? Sur lui court un frisson, rit son heur. Ainsi —
rit un dieu. Silence! —

« Heureusement à l'heur comme peu déjà suffit! »

Ainsi disais-je un jour et me croyais prudent. Or c'était calomnie, *voilà* ce que j'ai maintenant appris. Mieux parlent de prudents bouffons.

La moindre chose justement, la plus ténue, la plus légère, un frôlement de lézard, une haleine, un souffle, un clin d'œil, — de *bien peu* seulement est fait le mode du *meilleur* heur. Silence !

— Que m'advint-il ? Écoute ! Le temps s'est-il bien envolé ? N'est-il vrai que je chois ? Que je chus — écoute ! dans le puits d'éternité ?

— Que m'advient-il ? Silence ! On me pique — malédiction ! — en plein cœur ! En plein cœur ! Oh ! te brise, mon cœur, te brise, après un pareil heur, après une telle piqûre !

— Comment ? Le monde à l'instant même n'est-il devenu parfait ? Rond et mûr ? Oh ! ce cercle * d'or bien arrondi — vers où s'envole-t-il bien ? Vais-je après lui courir ? Ah bah !

Silence ! — — (et lors s'étirait Zarathoustra, et sentit qu'il dormait).

Debout ! se dit-il à lui-même, ô toi dormeur ! ô toi dormeur de midi ! Allons ! Courage, ô vieilles jambes ! Il est temps et plus que temps [1], un bon bout de chemin encore vous est resté. —

D'un bon sommeil avez maintenant dormi, mais combien de temps ? La moitié d'une éternité ! Allons ! Courage à présent, ô mon vieux cœur ! Combien de temps te faudra-t-il, après un tel sommeil pour que tu oses — te réveiller ?

(Mais derechef il s'endormait déjà, et son âme contre lui parlait et se défendait, et de nouveau il se coucha) — Me laisse donc ! Silence ! Le monde à l'instant même n'est-il devenu parfait ? Oh ! la ronde balle d'or ! » —

« Debout ! dit Zarathoustra, ô toi petite voleuse, ô fainéante ! Comment ? Toujours t'étirer, bâiller, soupirer, tomber en des puits profonds ?

Qui es-tu donc, ô mon âme ? » (et lors fut effrayé car un rais de soleil tombait sur son visage).

« O Ciel par-dessus moi, dit-il en soupirant, et il se

---

* Jeu verbal sur « *reif* » (mûr) et « Reif » (*cercle*).

redressa et s'assit, tu me regardes? Tu épies mon âme
merveilleuse?

Quand boiras-tu cette goutte de rosée qui sur toutes
choses terrestres tomba? — Quand boiras-tu cette âme
merveilleuse —

— quand donc, ô puits d'éternité!, ô serein, ô terrible abîme de midi!, quand boiras-tu mon âme afin
qu'en toi elle retourne? »

Ainsi parlait Zarathoustra, et se leva de sa couche
auprès de l'arbre comme sortant d'une étrangère ivresse ;
et voici que le Soleil était toujours encore droit dessus
sa tête. Mais à bon droit l'on pourrait en conclure que
lors Zarathoustra longtemps n'avait dormi.

LA SALUTATION [1]

Tard seulement dans l'après-midi, après longue et vaine quête et errance, Zarathoustra revint chez lui dans sa caverne. Mais comme il s'en approchait, à moins de vingt pas d'elle, il lui advint ce qu'à présent il attendait le moins : derechef il entendit le grand *cri de détresse*. Et, chose surprenante, de sa propre caverne cette fois venait le cri. Or c'était un étrange cri complexe, et Zarathoustra discerna clairement que de voix multiples il était fait, encore que, de loin entendu, il ressemblât au cri d'une seule bouche.

Lors bondit Zarathoustra jusqu'à sa caverne, et voici quel spectacle l'attendait après ce concert! Car là tous ensemble étaient assis, côte à côte, ceux qui dans la journée devant lui avaient passé : le roi de droite et le roi de gauche, le vieil illusionniste, le pape, le mendiant volontaire, l'ombre, le scrupuleux de l'esprit, le morose devin et l'âne ; mais le plus hideux des hommes s'était coiffé d'une couronne et ceint de deux écharpes de pourpre, car il aimait, comme tous les hideux, se travestir et faire le beau. Or, au milieu de cette chagrine compagnie se dressait l'aigle de Zarathoustra, ébouriffé et mal à l'aise, car il devait répondre à trop de questions auxquelles n'avait réponse son orgueil ; mais à son cou pendait le serpent plein de prudence.

Tout cela, Zarathoustra le considérait avec grande surprise, mais ensuite il scruta isolément chacun de ses hôtes avec une affable curiosité, lut dans leurs âmes et de nouveau s'étonna. Cependant ceux qui étaient là réunis s'étaient levés de leur siège et attendaient avec respect que Zarathoustra prît la parole. Or Zarathoustra parla ainsi :

« Vous les désespérés, vous les surprenants! C'est donc *votre* cri de détresse que j'oyais! Et à présent je sais aussi où se doit quérir celui que vainement aujourd'hui j'ai cherché : l'*homme supérieur* : —

— dans ma propre caverne il est assis, cet homme supérieur! Mais pourquoi m'étonner? Ne l'ai-je moi-même attiré par une offrande de miel et les rusés appeaux de mon heur?

Et pourtant il me semble que s'accorde mal votre société; de l'un à l'autre ne vous fait-il le cœur maussade, vous qui criez votre détresse, ici de vous trouver côte à côte siégeant? Il faut que d'abord vienne quelqu'un,

— quelqu'un qui de nouveau vous fasse rire, un bon joyeux pantin, un danseur, et un vent, et un ouragan, un quelconque vieux bouffon : — que vous en semble?

Me pardonnez, vous les désespérés, que devant vous je parle avec de si petits mots, indignes en vérité de pareils hôtes! Mais vous ne devinez *ce qui* me met le cœur à l'aise : —

— c'est vous-mêmes et votre mine, excusez-moi! Car en considérant quelque désespéré chacun reprend courage. Pour consoler qui désespère — chacun se croit robuste assez.

Moi-même, de cette force me fîtes don, — un beau cadeau, mes nobles hôtes! Un présent d'hospitalité fort bien choisi! Allons, ne vous fâchez maintenant si je vous offre aussi quelque chose de mes biens!

C'est ici mon royaume, ici je suis souverain; tout ce qui est mien, ce soir et cette nuit, doit être vôtre. Mes bêtes vous serviront; soit ma caverne votre asile!

Chez moi, dans ma demeure, ne doit personne désespérer; dans mon district je protège chacun contre ses fauves. Et c'est le premier bien que je vous offre : sûreté!

Mais voici le second : mon petit doigt! Et si vous *le* tenez, prenez encore la main entière, allons! et le cœur par surcroît! Bienvenue ici, bienvenue, mes hôtes et amis! »

Ainsi parlait Zarathoustra, et riait d'amour et de malice. Après cette salutation ses hôtes s'inclinèrent une seconde fois et se turent, respectueux, mais en leur nom le roi de droite lui répondit :

« A la façon, Zarathoustra, dont nous offris ta main et ton salut, nous te reconnaissons comme Zarathoustra. Devant nous tu t'abaissas, tu fis presque souffrir notre respect : —

— mais qui saurait comme toi si fièrement s'abaisser? *Voilà* qui nous redresse nous-mêmes, réconforte nos yeux et notre cœur.

Pour cet unique spectacle nous aimerions gravir de plus hautes montagnes que n'est cette montagne. Car en curieux sommes venus ; nous voulions voir ce qui rend clairs de troubles yeux.

Et voilà que c'en est fini déjà de tous nos cris de détresse. Déjà s'ouvrent nos sens et notre cœur, et sont ravis. Peu s'en faut que notre courage se fasse témérité.

Rien de plus éjouissant ne croît, Zarathoustra, sur Terre qu'un haut et vigoureux vouloir ; lequel est sa plus belle pousse. Un paysage entier se réconforte à pareil arbre.

Au pin je compare celui qui, comme toi, Zarathoustra, grandit, long, taciturne, dur, solitaire, du meilleur bois le plus flexible, majestueux, —

— mais à la fin s'élevant par vigoureuses et vertes branches vers *sa* souveraineté, posant de robustes questions aux vents et aux tempêtes et à tout ce qui sur des cimes est chez soi, —

— donnant de plus robustes réponses, impérieux, vainqueur. Oh! qui, ne devrait, pour contempler de telles pousses, gravir de hautes cimes?

A ton arbre, Zarathoustra, trouve ici ses délices même le lugubre, le raté ; à ta contemplation trouve sûreté même l'instable, et son cœur est guéri.

Et, en vérité, vers ta montagne et ton arbre bien des yeux aujourd'hui se dirigent! Une grande nostalgie s'est levée, et plus d'un apprit à demander : qui est Zarathoustra?

Et à l'oreille de qui jamais tu instillas et ton chant et ton miel, tous les reclus, les ermites, les solitaires dans leur cœur à deux se sont dit tout à coup :

« Est-il encore vivant, Zarathoustra ? Plus ne vaut la peine de vivre ; tout est pareil ; tout est vain ; ou alors — avec Zarathoustra il nous faut vivre ! "

" Que ne vient-il, celui qui depuis si longtemps s'est annoncé ?, ainsi questionnent beaucoup, fut-il avalé par la solitude [1] ? Ou bien devons-nous aller vers lui ? "

Il advient à présent que la solitude même se fait trop mûre, qu'elle éclate, pareille à une tombe qui éclate et ne peut plus retenir ses morts. Partout l'on voit des ressuscités [2].

A présent montent et montent les vagues autour de ta montagne, ô Zarathoustra ! Et si haut que soit ta hauteur, il faut que vers toi beaucoup montent ; au sec longtemps plus ne sera ta nacelle.

Et que nous, les désespérés, maintenant à ta caverne soyons venŭs, et déjà plus ne désespérions, c'est un présage seulement et un signe annonciateur que vers toi de meilleurs sont en chemin, —

— car lui-même vers toi est en chemin l'ultime résidu de Dieu parmi les hommes ; c'est-à-dire tous les hommes de la grande nostalgie, de la grande nausée, du grand dégoût,

— tous ceux qui ne veulent vivre, à moins de réapprendre à *espérer*, à moins que tu ne leur enseignes, Zarathoustra, le *grand* espoir ! »

Ainsi parla le roi de droite, et saisit la main de Zarathoustra pour la baiser ; mais de sa vénération Zarathoustra se défendit et recula, effrayé, silencieux et comme vers de vastes lointains soudain fuyant. Or après un bref moment il fut à nouveau parmi ses hôtes, les regarda de ses yeux clairs et scrutateurs et dit :

« Mes hôtes, ô vous les hommes supérieurs, avec vous je veux parler à l'allemande et sans ambages [3] : ce n'est *vous* que j'attendais sur ces montagnes. »

(« A l'allemande et sans ambages ? Que Dieu nous ait en sa miséricorde ! dit à part lui le roi de gauche ;

on le voit bien, il ne connaît pas les chers Allemands, ce sage du Levant!

Mais il veut dire : à l'allemande et sans finesse, — ma foi, par le temps qui court, il est plus mauvais goût! »)

« Il se pourrait bien, reprit Zarathoustra, qu'en vérité, tous ensemble, fussiez des hommes supérieurs, mais pour moi — vous n'êtes ni hauts ni forts suffisamment.

Pour moi, je veux dire pour cet impitoyable qui en moi-même se tait, mais toujours ne se taira. Et si vous m'appartenez, ce n'est pourtant comme mon bras droit.

Car qui lui-même, comme vous, sur jambes malades et frêles se tient, celui-là, soit qu'il le sache soit qu'il se le dissimule, veut avant tout être *ménagé*.

Or mes bras et mes jambes, point ne les ménage, *je ne ménage mes guerriers* ; à *ma* guerre comment seriez-vous bons ?

Avec vous je gâcherais encore chacune de mes victoires. Et plus d'un parmi vous tomberait rien qu'en oyant le clair écho de mes tambours!

Non plus n'êtes pour moi assez beaux et bien nés. Pour mes leçons j'ai besoin de purs et lisses miroirs ; sur votre surface grimace encore ma propre image.

Sur vos épaules pèsent plus d'un faix, plus d'un souvenir ; maint vilain gnome s'accagne en vos recoins. Chez vous aussi il est secrète populace.

Et si haut que vous soyez, et de plus haute race, il est en vous beaucoup de tors et de difforme. Il n'est au monde forgeron qui vous puisse pour moi redresser et remettre droits.

Vous n'êtes que des ponts ; puissent de plus hauts par-dessus vous passer! Vous représentez des marches ; point n'en veuillez à qui vous escalade jusqu'à *sa propre hauteur*!

A partir de votre semence il se peut aussi que pour moi un jour croisse un vrai fils et parfait héritier, mais c'est chose lointaine. Vous-mêmes n'êtes ceux à qui reviennent et mon hoir et mon nom.

Ce n'est vous qu'ici j'attends sur ces montagnes, ce n'est avec vous qu'il me sera permis une dernière fois de descendre. Seulement comme signes annoncia-

teurs vers moi vous êtes venus, comme signes annonciateurs que de plus hauts déjà vers moi sont en chemin, —

— *non* les hommes de la grande nostalgie, de la
grande nausée, du grand dégoût et ce que vous nom-
mâtes le résidu de Dieu.

— Non, non, trois fois non! C'est d'*autres* que j'attends ici sur ces montagnes, et sans eux d'ici ne veux
lever le pied,

— de plus hauts, de plus forts, de plus victorieux,
de plus enjoués, de ceux qui sont carrés de corps et
d'âme : il faut que viennent des *lions rieurs*!

O vous, mes hôtes et amis, ô vous les surprenants,
— n'ouïtes-vous encore rien dire de mes enfants? Et
que vers moi sont en chemin?

Parlez-moi donc de mes jardins, de mes îles Fortunées, de ma neuve et belle race, — pourquoi ne m'en
parlez-vous?

Le présent d'hospitalité que je demande à votre
amour, c'est que vous parliez de mes enfants. Pour
eux je suis riche, pour eux me suis fait pauvre ; que
n'ai-je donné,

— que ne donnerais-je pour posséder une seule
chose : *ces* enfants-*là*, *cette* vivante pépinière, ces arbres
vifs de mon vouloir et de ma plus haute espérance [1]? »

Ainsi parlait Zarathoustra, et se tut brusquement au
milieu de son discours car retomba sur lui sa nostalgie,
et sous l'émotion de son cœur il tenait clos ses yeux et
sa bouche. Et de même tous ses hôtes se turent et restèrent immobiles et troublés, sauf que le vieux devin,
avec mains et gesticulations, faisait des signes.

LA CÈNE [1]

A cet endroit, en effet, le devin interrompit la salutation de Zarathoustra et de ses hôtes ; il se jeta en avant
comme qui n'a temps à perdre, saisit la main de Zarathoustra et il criait : « Voyons, Zarathoustra !

Une chose est plus que l'autre nécessaire, c'est ce que
tu dis toi-même [2]. Or çà, pour le moment, une chose
m'est, *à moi*, plus nécessaire que toute autre.

Une parole au bon moment : ne m'as-tu convié à
dîner ? Et sont ici nombreux qui firent de longues
routes. Est-ce de discours que tu nous veux pourtant
rassasier ?

Aussi vous ne m'avez, tous tant que vous êtes, que
trop évoqué déjà gelées, noyades, étouffement et autres
détresses du corps ; mais personne n'a évoqué ma détresse *à moi*, c'est-à-dire l'*inanition* — »

(Ainsi parla le devin, mais lorsque les bêtes de Zarathoustra ouïrent ces paroles, elles s'enfuirent épouvantées.
Car voyaient bien que toute leur provende en ce jour
amassée ne suffirait à rassasier même le seul devin.)

« Sans oublier, reprit le devin, que je meurs de soif.
Et encore que déjà j'entende ici clapotis d'eau pareil à
des discours de sagesse, c'est-à-dire copieux, inépuisable,
quant à moi — je veux du *vin* !

Point n'est chacun, comme Zarathoustra, né buveur
d'eau. Pour des lassés et des flétris l'eau est au reste
mauvais régime ; à *nous* il faut du vin — *lequel* seulement donne soudaine guérison et rapide santé ! »

Sur ces entrefaites, comme de vin l'homme de divination se languissait, il arriva que le roi de gauche, le taciturne, lui aussi, pour une fois prit la parole : « Au vin, dit-il, nous pourvûmes *nous autres*, le roi de droite et moi ; du vin, nous en avons en suffisance, — une pleine ânée. Ainsi ne manque que du pain. »

« Du pain ? repartit Zarathoustra, et là-dessus riait. C'est justement le pain qui aux ermites seul fait défaut. Mais l'homme ne vit seulement de pain [1], il vit aussi de la viande de bons agneaux, et j'en ai deux ici ; —

— Qu'incontinent *ceux-là* soient abattus et apprêtés, avec assaisonnement de sauge : ainsi je les aime. Et de racines non plus et de fruits point ne manque, assez bons même pour régaler gourmets et délicats, ni de noix et d'autres énigmes à décortiquer.

Nous voulons de la sorte faire sans tarder un bon festin. Mais qui veut avec nous manger, sans excepter les rois, qu'à la pâte lui aussi mette la main ! Car chez Zarathoustra même le roi peut être cuisinier [2]. »

A cette proposition tous agréèrent de bon cœur, sinon que le mendiant volontaire contre la viande et le vin regimba, et contre les épices.

« Oyez-moi maintenant ce viveur de Zarathoustra ! dit-il en manière de plaisanterie. Va-t-on dans des cavernes et sur la cime des monts pour faire de telles ripailles ?

A présent certes j'entends ce qu'un jour il nous enseigna : louange à la petite pauvreté ! et pourquoi avec les mendiants il veut qu'on en finisse [3] ! »

« Prends bien la chose, lui répondit Zarathoustra, comme bien la prends moi-même. Garde tes habitudes, mon excellent ami, mâche tes graines, bois ton eau, loue ta cuisine, pourvu seulement qu'elle te rende joyeux !

Je ne suis loi que pour les miens, pour tous je ne suis loi. Mais qui m'appartient ne peut avoir que des os robustes et également des pieds légers —

— être d'attaque pour guerroyer et festoyer, non hypocondre et songe-creux, mais prêt au plus pesant comme à sa fête, sain et valide !

Le meilleur nous appartient, aux miens et à moi-

même ; et quand on nous le refuse, alors nous le prenons :
— la meilleure chère, le ciel le plus pur, les plus robustes
pensées, les plus belles femmes. » —

Ainsi parlait Zarathoustra ; mais le roi de droite
répliqua : « Étrange ! Ouït-on jamais paroles si avisées
de la bouche d'un sage ?

Et à vrai dire c'est le plus étrange chez un sage qu'il
reste néanmoins avisé, et ne soit âne [1]. »

Ainsi parla le roi de droite et s'étonnait ; mais l'âne à
son discours fit réponse par un méchant Ou-I. Or tel
fut le début de ce long festin qui dans les livres d'histoire est appelé « la Cène ». Mais il n'y fut parlé que de
l'homme supérieur

DE L'HOMME SUPÉRIEUR [1]

1

La première fois que je vins chez les hommes, fis la folie d'ermite, la grande folie : c'est sur la place publique que m'installai.

Et lorsqu'à tous je parlai, à aucun ne parlai. Mais j'eus, le soir, pour compagnons funambules et cadavres, et presque fus moi-même cadavre.

Or avec le matin neuf me vint une neuve vérité : lors j'appris à dire : « Que m'importent place publique et populace et vacarme populacier et longues oreilles de populace [2] ? »

Vous, les hommes supérieurs, voici ma leçon : sur la place publique personne n'accorde créance aux hommes supérieurs. Et voulez-vous y parler, grand bien vous fasse! Mais la populace cligne de l'œil, disant : « Nous sommes tous égaux! »

« Vous, les hommes supérieurs, — ainsi parle la populace, clignant de l'œil — il n'est pas d'hommes supérieurs, nous sommes tous égaux, un homme est un homme, devant Dieu — nous sommes tous égaux ! »

Devant Dieu! — Mais il est mort à présent, ce dieu. Or devant la populace point ne voulons être égaux. Vous, les hommes supérieurs, fuyez la place publique!

2

Devant Dieu! — Mais il est mort à présent, ce dieu! Pour vous, les hommes supérieurs, ce dieu fut votre plus grand péril.

Seulement depuis que dans sa tombe il gît, vous êtes ressuscités. Voici seulement qu'arrive le grand midi, voici seulement que l'homme supérieur devient — le maître!

Entendîtes-vous cette parole, ô mes frères? Vous êtes effrayés. Ne sont vos cœurs pris de vertige? Ne bée ici pour vous l'abîme? Pour vous ne glapit * ici le chien d'enfer?

Allons! Courage! Vous, les hommes supérieurs! Pour la première fois maintenant la montagne pousse le cri de la parturiente, car elle enfante l'avenir humain. Dieu mourut, à présent nous voulons, *nous*, — qui vive le sur-homme [1]!

3

Les plus soucieux demandent aujourd'hui : « Comment l'homme subsistera-t-il? » Mais Zarathoustra, le seul et le premier, demande : « Comment l'homme sera-t-il *surmonté*? »

C'est le surhomme qui me tient à cœur, *lequel* est mon premier, mon unique souci — et *non* l'homme ; non le prochain, non le plus pauvre, non le plus souffrant, non le meilleur. —

O mes frères, ce que je puis aimer chez l'homme, c'est qu'il est un passage et un déclin. Et en vous aussi il est bien des choses qui me donnent amour et espoir.

Que vous ayez méprisé, vous les hommes supérieurs, voilà qui me donne espoir. Car ceux qui méprisent sont ceux qui grandement vénèrent.

Que vous ayez désespéré, en cela il est beaucoup à

---

* Jeu verbal sur « *klappen* » (béer) et « *kläppen* » (glapir).

honorer. Car point n'apprîtes de quelle manière vous
dévouer, point n'apprîtes les petites prudences.

Car aujourd'hui les petites gens sont devenus les
maîtres : c'est dévouement qu'ils prêchent tous, et modestie et prudence et zèle et considération, et des
petites vertus le long et cœtera.

Ce qui est de féminine sorte, ce qui est né de servile
race, singulièrement le populacier salmigondis, *voilà*
ce qui se veut à présent le maître de toute humaine destinée, — ô nausée, nausée, nausée !

Voilà qui demande et demande, et jamais ne se lasse :
« comment se va conserver l'homme de la meilleure façon,
la plus longue, la plus agréable ? » Par là — ils sont les
maîtres du jour d'hui.

Ces maîtres du jour d'hui, les surmontez, ô mes
frères, — ces petites gens : *ceux-là* pour le surhomme sont
le plus grand péril !

O vous, les hommes supérieurs, me surmontez les
petites vertus, les petites prudences, les considérations
de grain de sable, les grouillements de fourmilière, le
pitoyable agrément, l' « heur des plus nombreux» ! —

Et plutôt désespérez que de vous dévouer à eux. Et, en
vérité, si je vous aime, c'est parce qu'en ce jour d'hui
vous ne savez vivre, vous, les hommes supérieurs ! Car
ainsi vous vivez, *vous* — de la meilleure façon !

4

Avez-vous du courage, ô mes frères ? Du cœur ? Non
du courage devant témoins, mais un courage d'ermite
et d'aigle, auquel n'assiste plus même un dieu ?

Des âmes froides, des mulets, des aveugles, des
ivrognes, ceux-là pour moi n'ont pas de cœur. A du cœur
celui qui connaît la crainte et cependant *force* la crainte,
celui qui voit l'abîme, mais avec *fierté*.

Celui qui voit l'abîme, mais avec des yeux d'aigle, qui
avec des serres d'aigle *se saisit* de l'abîme, c'est lui qui
a du courage. — —

5

« Méchant est l'homme » — ainsi, pour ma consolation, m'ont dit tous les plus sages. Ah! fût-ce encore vrai
en ce jour d'hui! Le mal est, en effet, pour l'homme
la meilleure de ses forces [1].

« L'homme ne peut que devenir meilleur et plus
méchant », — voilà ce que j'enseigne, *moi*. Au plus
grand bien du surhomme le plus grand mal est nécessaire [2].

Pour le prêcheur des petites gens ce pouvait être
bonne chose de souffrir et porter son fardeau de l'humain
péché [3]. Or je m'éjouis du grand péché [4] comme de ma
grande *consolation*. —

Mais pour de longues oreilles ne sont dites ces choses.
A toute gueule ne convient toute parole. Ce sont là
choses fines et lointaines, que ne doivent saisir des sabots
de mouton [5]!

6

Vous, les hommes supérieurs, croyez-vous que je soi§
ici pour réparer ce que vous fîtes vilainement?

Ou que je veuille, vous qui souffrez, vous faire lit plus
confortable? Ou qu'à vous, les nomades, les égarés, à
vous qui avez manqué votre ascension, je veuille montrer des sentes neuves et plus faciles?

Non, non, trois fois non! Toujours plus nombreux,
toujours meilleurs, ceux de votre sorte doivent périr —
— car vous aurez toujours vie plus vilaine et dure. Ainsi
seulement —

— ainsi seulement peut croître l'homme jusqu'à
cette hauteur où le frappe l'éclair et le brise, assez haut
pour l'éclair [6].

C'est vers chose rare, chose longue, chose lointaine
que va mon sens, que va ma nostalgie ; que m'importe-
rait votre petite, votre nombreuse, votre courte misère [7]?

Pour moi vous n'avez encore assez mal! Car à vous-mêmes seulement avez mal, mais n'eûtes encore mal *à l'homme!* Vous mentiriez en parlant autrement. Aucun de vous n'a mal là où, *moi*, j'ai eu mal. — —

7

Point n'est assez pour moi que cesse de nuire l'éclair. Ne veux le détourner ; que pour moi il apprenne — à œuvrer!

Ma sagesse depuis longtemps déjà comme une nuée s'amasse, elle devient plus tranquille et plus sombre Ainsi fait toute sagesse qui *un jour* enfantera — des éclairs.

Pour les hommes du jour d'hui je ne veux être *lumière*, ni être appelé lumière. *Ceux-là* — je les veux rendre aveugles ; éclair de ma sagesse, oh! leur crève les yeux [1]!

8

Au-delà de votre pouvoir n'ayez vouloir ; chez ceux qui veulent plus qu'ils ne peuvent, il est vilaine fausseté.

Singulièrement si c'est grandes choses qu'ils veulent! Car à l'égard de grandes choses ils éveillent méfiance, ces raffinés faux-monnayeurs et comédiens ; —

— au point que finalement devant eux-mêmes ils sont faux, louchant de l'œil, bois vermoulu et recrépit, sous un manteau de vigoureuses paroles, de vertus pour la montre, de brillantes et fausses œuvres.

Ici prenez bien garde, ô vous, les hommes supérieurs! Car rien pour moi n'est aujourd'hui chose plus précieuse et rare que loyauté.

N'est ce jour d'hui jour de la populace? Or populace ignore ce qui est grand, ce qui est petit, ce qui est droit et loyal ; elle est innocemment retorse, elle ne cesse de mentir.

9

Ayez en ce jour d'hui bonne méfiance, ô vous, les hommes supérieurs, vous qui êtes courageux! Vous qui avez le cœur ouvert! Et tenez vos raisons secrètes! Car ce jour d'hui est jour de la populace.

Ce que sans raisons un jour la populace apprit à croire, qui le pourrait par des raisons pour elle — renverser?

Et sur la place publique, c'est par des gesticulations que l'on persuade. Mais des raisons la populace se méfie.

Et si le vrai là-bas fut parfois victorieux, demandez-vous avec bonne méfiance quelle vigoureuse erreur a pour lui combattu!

Et gardez-vous aussi des érudits! Ils vous haïssent, car ils sont inféconds! Froids et secs sont leurs yeux; pour eux il n'est oiseau que déplumé!

Ces gens se targuent de ne mentir ; mais impuissance à mentir n'est encore, et de loin, amour de la vérité. Prenez garde!

Être libre de fièvre n'est encore, et de loin, connaître! A des esprits refroidis point je ne crois. Qui ne sait mentir ignore ce qu'est vérité.

10

Voulez-vous haut monter, usez de vos propres jambes! Ne vous faites là-haut *porter*, ne vous juchez sur des épaules ou des têtes étrangères!

Mais tu es monté sur ton cheval? Tu galopes à présent vers ta destination? Bonne chance, mon ami! Mais c'est aussi ton pied paralysé qui avec toi chevauche.

Quand tu arriveras à ta destination, quand sauteras de ton cheval, à ta *hauteur* exactement, ô toi, l'homme supérieur! — tu broncheras!

11

O vous qui créez, ô vous, les hommes supérieurs! On
ne porte en son sein que pour son propre enfant.

Que rien ne vous en conte ni ne vous endoctrine! Car
qui est donc *votre* prochain? Et même si vous œuvrez
« pour le prochain », — pour lui vous ne créez.

Désapprenez-moi donc ce « pour », vous qui créez;
votre vertu précisément vous interdit de faire aucune
chose avec un « pour.» et un « à cause de » et un « parce
que ». Contre ces faux petits mots bouchez-vous les
oreilles.

Le « pour le prochain » n'est la vertu que de petites
gens ; là on dit : « qui se ressemble s'assemble » et « une
main lave l'autre » ; — ils n'ont encore ni droit ni force
d'être égoïstes *comme vous l'êtes.*

Votre égoïsme, ô vous qui créez, a d'une parturiente
prudence et prévoyance! Ce que personne encore ne vit
de ses yeux, le fruit, voilà ce qu'abrite et protège et
nourrit votre amour tout entier [1].

Où tout entier est votre amour, auprès de votre enfant,
là tout entière est aussi votre vertu! Votre œuvre, votre
vouloir, voilà votre « prochain ». Que ne vous endoctrine
aucune fausse valeur!

12

Vous qui créez, ô vous, les hommes supérieurs!
Malade est qui doit enfanter, mais impur est qui
enfanta [2].

Interrogez les femmes ; on n'enfante point pour son
plaisir. De souffrance caquettent et poules et poètes.

Vous qui créez, il est en vous mainte impureté. C'est
qu'il vous fallait être mères.

Un nouveau-né, oh! que de saleté nouvellement née
aussi! Détournez-vous! Et celui qui enfanta se doit
purifier l'âme!

13

Point ne soyez vertueux au-delà de vos forces! Et rien ne veuillez de vous contre la vraisemblance!

Là où déjà marchait la vertu de vos pères, suivez sa trace. Haut monter, comment le voudriez-vous si avec vous ne monte le vouloir de vos pères?

Mais qui veut être le premier-né, qu'il prenne garde aussi à ne devenir le dernier-né! Et là où de vos pères sont les vices, de saints ne veuillez faire figure!

De qui les pères eurent commerce avec des femmes et avec des vins forts et avec des sangliers, que serait-ce si celui-là se voulait chaste?

Ce serait bouffonnerie! C'est beaucoup en vérité, ce me semble, si quelqu'un de la sorte est l'homme d'une seule femme, ou de deux ou de trois!

Et fonderait-il des monastères, inscrirait-il sur le portail : « chemin de la vertu », — je dirais cependant : à quoi bon? C'est bouffonnerie nouvelle!

Il a fondé pour lui-même une maison de pénitence et un asile ; grand bien lui fasse! Mais je n'y crois.

Dans la solitude ne pousse que ce que chacun y apporte, même le bétail intérieur. Ainsi se déconseille à beaucoup la solitude.

Y eut-il sur Terre rien de plus sale jusqu'à présent que les saints du désert? *A leur entour* non seulement se déchaînait le diable, — mais aussi le pourceau.

14

Timides, honteux, maladroits, comme un tigre qui a manqué son bond [1], ainsi, vous les hommes supérieurs, je vous ai vus trop souvent à l'écart vous glisser. Un *coup* aviez manqué!

Mais vous, les joueurs de dés, qu'à cela ne tienne! Point n'apprîtes à jouer et à railler comme jouer et railler se doivent. Ne sommes-nous assis toujours à une grande table de raillerie et de jeu?

Mais si vous avez manqué quelque chose de grand, vous-mêmes pour autant vous êtes-vous — manqués?

Et si manqués vous vous êtes vous-mêmes, avez-vous
pour autant manqué — l'homme? Mais si vous avez
manqué l'homme, allons! courage [1]!

15

De plus haute sorte est une chose, plus rarement elle
réussit. O vous ici, les hommes supérieurs, n'êtes-vous
tous — manqués?

Qu'importe? Soyez de bon courage! Comme beaucoup
encore reste possible! De vous-mêmes apprenez donc à
rire, comme rire se doit.

Quoi d'étonnant aussi que vous soyez manqués et à
demi réussis, vous qui êtes à demi disloqués? Ce qui en
vous se presse et pousse, — n'est-ce de l'homme *l'avenir*?

De l'homme ce qui est le plus lointain, le plus profond,
le plus hautement stellaire, sa force immense ; tout cela,
s'entrechoquant, n'écume-t-il dans votre pot?

Quoi d'étonnant si plus d'un pot éclate? De vous-
mêmes apprenez à rire comme rire se doit! O vous, les
hommes supérieurs, comme beaucoup encore reste possible!

Et comme, en vérité, beaucoup a réussi déjà! Comme
elle est riche, cette Terre, en petites bonnes choses
parfaites, en bien réussi!

Placez autour de vous de petites bonnes choses parfaites, vous les hommes supérieurs! De leur maturité
l'or est le baume du cœur. Ce qui est parfait enseigne
l'espérance.

16

Que fut ici sur Terre, jusqu'à ce jour, le péché le plus
grand? Ne fut-ce la parole de qui disait : « Malheur à
ceux qui ici-bas rient [2] ?

Ne trouva-t-il lui-même sur Terre aucune raison de

rire ? C'est seulement qu'il avait mal cherché! Même un enfant trouve ici des raisons.

Celui-là — n'avait assez d'amour ; sinon il nous aurait aimés aussi, nous qui rions! Mais il n'avait pour nous que haine et sarcasme. C'est pleurs et grincements de dents [1] qu'il nous promit.

Faut-il sitôt maudire ce que l'on aime? Cela — me semble de mauvais goût. Or c'est ce que fit cet inconditionnel. Il venait de la populace.

Et lui-même seulement n'avait assez d'amour ; sinon il se fût moins courroucé qu'on ne l'aimât. Jamais un grand amour ne *veut* qu'on l'aime : — il veut davantage.

De tous les inconditionnels de cette sorte détournez-vous! C'est une pauvre race malade, une race populacière : ils regardent vilainement cette vie, ont pour la Terre un œil méchant.

De tous les inconditionnels de cette sorte détournez-vous! Ils ont des pieds pesants et leurs cœurs sont de plomb, — ils ne savent danser. Comment se pourrait-il qu'à pareils gens la Terre ne fût pesante?

17

De manière torse vont toutes bonnes choses à leur destination. Comme des chattes elles font le gros dos, ronronnent intérieurement à leur heur qui s'approche, — toutes bonnes choses rient.

Son pas trahit déjà qui sur *sa* route avance ; voyez comme je marche, moi! Mais qui approche de sa destination, celui-là danse.

Et, en vérité, statue ne me suis fait, ni ne me tiens debout ici, roide, hébété, pétrifié, colonne ; j'aime rapide course.

Et encore qu'il y ait sur Terre marais et dense tribulation, qui a le pied léger, encore dessus la boue celui-là court et danse comme sur une glace bien polie.

Haut les cœurs, mes frères! Haut, toujours plus haut! Et ne m'oubliez non plus les jambes! Haut les jambes aussi, ô vous qui dansez bien, et, mieux encore, vous tenez debout, même sur la tête!

18

Cette couronne du rieur, cette couronne de roses, moi-même je l'ai ceinte, moi-même ai sanctifié mon éclat de rire. Parmi les autres je n'ai trouvé pour cela aujourd'hui personne d'assez robuste [1].

Zarathoustra le danseur, Zarathoustra le léger, qui des ailes fait signe, quelqu'un qui sait l'art de voler, qui à tous les oiseaux fait signe, prêt et dispos, béatement espiègle : —

Zarathoustra le vrai-disant, Zarathoustra le vrai-dansant, le non-impatient, le non-inconditionnel, quelqu'un qui aime sauts et entrechats ; moi-même sur ma tête ai mis cette couronne!

19

Haut les cœurs, mes frères! Haut, toujours plus haut! Et ne m'oubliez non plus les jambes! Haut les jambes aussi, ô vous qui dansez bien, et, mieux encore : vous tenez debout, même sur la tête!

Dans l'heur aussi il est pesante brutalité, des pieds-bots de naissance. Curieusement s'efforcent, comme fait un éléphant qui sur la tête cherche à tenir debout.

Mais mieux encore bouffonner d'heur que de malheur, mieux encore danser comme un balourd que marcher comme un paralytique! Ainsi m'enseigne ma sagesse : la chose la plus vilaine a, elle aussi, deux bons côtés, —

— la chose la plus vilaine a, elle aussi, deux bonnes jambes pour danser ; ô vous, les hommes supérieurs, m'apprenez donc à vous tenir vous-mêmes droit sur vos jambes!

Ainsi me désapprenez donc chagrine boursouflure et toute populacière tristesse! Oh, que tristes aujourd'hui me semblent même les polichinelles de la populace! Mais ce jour d'hui est jour de la populace.

20

Pour moi faites comme le vent qu hors de ses cavernes montagneuses se précipite : sur son propre pipeau il veut danser, au rythme de ses pieds les mers frémissent et bondissent.

Qui aux ânes donne des ailes, qui trait les lionnes, louange à ce bon esprit indomptable, qui sur tout aujourd'hui et toute populace comme une bourrasque vient, —

— qui des têtes de chardon et des têtes fêlées est l'ennemi et de toutes feuilles fanées et de toutes mauvaises herbes : louange à ce sauvage, à ce bon, à ce libre esprit des tempêtes qui, comme sur des prairies danse sur des marais et des tribulations !

Qui hait les chiens crevés de la populace et toute sombre engeance manquée ; louange à cet esprit de tous les libres esprits, la rieuse tempête qui à tous les broyeurs de noir, à tous les purulents, souffle sa poussière dans les yeux !

O vous, les hommes supérieurs, votre plus vilain est qu'à danser comme il se doit aucun de vous n'apprit, — au-dessus et au-delà de vous-mêmes à danser ! Qu'importe votre échec !

Comme beaucoup encore reste possible ! A rire au-dessus et au-delà de vous-mêmes *apprenez* donc encore ! Haut les cœurs, ô vous qui dansez bien ! Haut, toujours plus haut ! Et ne m'oubliez non plus de bien rire !

Cette couronne du rieur, cette couronne de roses, à vous, mes frères, je lance cette couronne ! J'ai sanctifié le rire : ô vous, les hommes supérieurs, *apprenez*-donc — à rire !

LE CHANT DE LA MÉLANCOLIE [1]

1

Lorsque Zarathoustra discourut de la sorte, il se tenait debout près de l'entrée de sa caverne ; mais aux derniers mots quitta brusquement ses hôtes et pour un court moment il s'enfuit à l'air libre.

« O pures senteurs autour de moi, s'écria-t-il, ô bienheureux silence autour de moi ! Mais où sont mes bêtes ? Venez, venez, mon aigle et mon serpent !

Dites-moi donc, ô mes bêtes, ces hommes supérieurs, tous ensemble, — peut-être n'ont-ils bonne *odeur* ? O pures senteurs autour de moi ! Pour la première fois je sais et sens maintenant, ô mes bêtes, à quel point je vous aime ! »

— Et Zarathoustra dit à nouveau : « Je vous aime, ô mes bêtes ! » Mais, comme il parlait de la sorte, autour de lui l'aigle et le serpent se pressèrent et d'en bas le regardaient. Ainsi furent tous trois ensemble, silencieux, et ils humaient entre eux et aspiraient le bon air. Car l'air était meilleur ici, dehors, qu'auprès des hommes supérieurs.

2

Mais à peine Zarathoustra eut quitté sa caverne que se levait le vieil illusionniste, d'un air rusé alentour regarda, et dit : « Il est sorti !

Et déjà, ô vous, les hommes supérieurs — de ce titre
de louange et de flatterie que je vous chatouille comme
il le fit lui-même! — déjà tombe sur moi mon vieil
esprit de mensonge et de sorcellerie, mon diable mélancolique,

— lequel de ce Zarathoustra est le foncier adversaire [1], pardonnez-lui! Devant vous maintenant il veut
faire l. orcier, c'est justement *son* heure ; contre cet
esprit méchant en vain je lutte.

Vous tous, quelques honneurs qu'en mots vous vous
donniez, que " les libres esprits " vous vous nommiez,
ou " les véridiques ", ou " les pénitents de l'esprit ", ou
" les affranchis " ou " les grands nostalgiques ", —

— vous tous qui, comme moi, de la *grande nausée*
souffrez, ô vous pour qui mourut l'ancien dieu et pour
lesquels aucun dieu nouveau ne gît encore dans son
berceau et dans ses langes, — vous tous, de mon esprit
méchant et de mon diable-sorcier recevez les faveurs.

Je vous connais, ô vous, les hommes supérieurs, je le
connais, — je connais aussi ce maudit que j'aime malgré
moi, ce Zarathoustra ; lui-même souvent me fait songer
à un beau masque de saint,

— à un nouveau bastion d'étranges masques, qui
plaît à mon esprit méchant, au diable mélancolique ;
si j'aime Zarathoustra, souvent il me paraît que c'est
à cause de mon esprit méchant. —

Mais *il* m'assaille déjà et me contraint, cet esprit de
mélancolie, ce diable qui aime le crépuscule du soir et,
en vérité, ô vous, les hommes supérieurs, lui vient envie —

— ouvrez seulement l'œil — lui vient envie d'arriver
nu, mâle ou femelle, encore ne sais ; mais il arrive, il me
contraint, hélas! ouvrez vos sens!

Le jour s'éteint ; pour toutes choses vient maintenant le soir, même pour les meilleures choses ; oyez
maintenant et voyez, ô vous, les hommes supérieurs,
quel diable, mâle ou femelle, est cet esprit de vespé-
rale mélancolie! »

Ainsi parla le vieil illusionniste, d'un air rusé autour
de lui jeta les yeux et prit ensuite sa harpe.

3¹

Dans l'air clarifié,
Lorsque déjà la consolante rosée
A terre s'égoutte,
Sans qu'on la voie, ni qu'on l'entende ; —
Car délicate chaussure porte
La consolante rosée comme tous suaves consolateurs : —
Il te souvient, il te souvient, ô cœur brûlant,
Comme tu fus quelque jour assoiffé,
De larmes célestes et d'un ruissellement de rosée,
Roussi et las comme tu fus assoiffé,
Cependant que, sur de jaunes sentes herbeuses,
Rais de soleil cruellement vespéraux
Au travers d'arbres noirs autour de toi couraient,
Aveuglants feux solaires, joyeux de nuire.

« De la *vérité* le prétendant ? Toi ? — de la sorte ils
    raillaient —
Nenni ! Rien qu'un poète !
Une bête, une bête rusée, rapace, furtive,
Qui ne peut que mentir,
Sciemment, volontairement, ne peut que mentir,
De proie ayant concupiscence,
Portant masque multicolore,
Pour elle-même masque,
Pour elle-même proie —
Cela — de la vérité le prétendant ?
Nenni ! Rien que bouffon ! Rien que poète !
Ne tenant que multicolores discours,
Derrière des masques de bouffon poussant clameurs
    multicolores,
Escaladant des ponts de menteuses paroles,
Des arcs-en-ciel multicolores,
Entre faux Cieux
Et Terres fausses,
Tout alentour errant, planant,
Rien que bouffon, *rien que* poète !

Cela — de la vérité le prétendant?
Non point silencieux, roide, glacé, froid,
En image changé,
En statue de dieu,
Non point dressé devant des temples,
D'un dieu gardant la porte,
Nenni! De telles statues de vérité mortel ennemi,
En tout désert chez lui plutôt qu'au seuil des temples,
Plein de féline pétulance,
Par toute fenêtre bondissant,
Hep! en tout hasard,
En toute forêt vierge reniflant
D'une maladive, d'une nostalgique envie reniflant,
Au sein des forêts vierges,
Parmi des fauves aux taches bariolées,
Pécheur et sain, multicolore et beau, puisses-tu
    courir,
Babines concupiscentes,
Béatement sarcastique, béatement infernal, béate-
    ment sanguinaire,
Ravissant, glissant, trompant, puisses-tu courir! —

Ou, comme l'aigle qui longuement,
Longuement immobile, regarde dans les abîmes,
Dans *ses* abîmes : — —
Oh! Comme ici, vers le bas
Descendant, vers le dedans,
En des fonds toujours plus creux ils enroulent leurs
    spirales! —
Et puis d'un trait, tout droit[1],
D'un vol tendu
Piquent sur des agneaux,
D'un coup, brûlant de faim,
D'agneaux ayant concupiscence,
Contre toutes âmes d'agneaux ayant rancune,
Furieux et rancuniers contre tout ce qui a regard
De mouton, œil d'agnelet, laine frisottante,
Grise toison, avec un bon vouloir d'agneau et de
    mouton!

Ainsi
D'aigles et de panthères
Sont du poète les nostalgies,
Tes nostalgies sous mille masques,
O bouffon, ô poète !

O toi qui considéras l'homme
Aussi dieu que mouton : —
En l'homme déchirer le dieu
Comme en l'homme le mouton,
Et, tout en déchirant, *rire* —

Voilà, voilà bien ta béatitude !
De panthère et d'aigle béatitude !
De poète et de bouffon béatitude !

Dans l'air clarifié,
Lorsque déjà la faucille lunaire,
Verte dans les rougeurs de pourpre,
Envieusement se glisse,
— ennemie du jour,
A chaque pas sournoisement
Fauchant les hamacs roses
Jusqu'à ce qu'ils s'écroulent,
Que, dans la nuit tombante, pâlis, ils sombrent : —

Ainsi ai-je sombré moi-même un jour,
De mon délire de vérité,
De mes diurnes nostalgies,
Lassé du jour, malade de lumière,
— je sombrai dans le fond, dans le soir et dans l'ombre ;
D'une seule vérité
Brûlant et assoiffé ;
— te souvient-il encore, te souvient-il, ô cœur brû-
    lant,
Alors quelle fut ta soif ? —
D'être banni
De *toute* vérité,
Rien que bouffon !
Rien que poète !

DE LA SCIENCE

Ainsi chanta l'illusionniste ; et tous ceux qui étaient assemblés se prirent, tels des oiseaux, insensiblement, aux rets de son insidieuse et mélancolique volupté. Seul ne fut captivé le scrupuleux de l'esprit ; à l'illusionniste d'un coup il arracha sa harpe et cria : « De l'air ! Faites entrer de l'air pur ! Faites revenir Zarathoustra ! Tu rends cette caverne étouffante et délétère, ô toi, le vilain, le vieil illusionniste !

Tu entraînes, ô toi le faux, toi le subtil, vers d'inconnus désirs et d'inconnus déserts. Et malheur quand des gens comme toi font de la *vérité* force bruit et grand cas !

Malheur à tous les esprits libres qui de *pareils* illusionnistes point ne se gardent ! C'en est fini de leur liberté : tu leur enseignes, ô séducteur, à retourner dans leurs prisons, —

— ô toi, vieux diable mélancolique, comme un appeau sonne ta lamentation [1], tu es semblable à ceux qui, dans leur louange de la chasteté, secrètement aux voluptés invitent ! »

Ainsi parla le scrupuleux ; mais le vieil illusionniste alentour regardait, jouissait de sa victoire et ainsi ravala le déplaisir que lui faisait le scrupuleux. « Tais-toi, dit-il alors d'un ton modeste ; bons chants veulent bons échos ; après bons chants l'on doit longtemps se taire.

Ainsi font tous ceux-là, les hommes supérieurs. Mais

de mon chant tu as, n'est-ce pas ?, peu entendu! D'un esprit enchanteur il est en toi bien peu! »

— « Or çà, c'est faire mon éloge, répliqua le scrupuleux, qu'ainsi me séparer de toi! Mais vous autres, que vois-je? Vous voici tous assis encore avec des yeux concupiscents! —

O vous, les âmes libres, où est passée votre liberté? Presque vous ressemblez, je crois bien, à ceux qui longuement ont regardé danser de vilaines filles nues: vos âmes mêmes dansent!

En vous, hommes supérieurs, il faut qu'il y ait plus grande part de ce que l'illusionniste appelle son méchant esprit de sorcellerie et de duperie: — il faut que nous soyons bien différents.

Et, en vérité, ensemble assez parlâmes et pensâmes, avant que Zarathoustra revînt à sa caverne, pour que je le sache bien : nous *sommes* différents.

Même sur ces hauteurs, c'est autre chose ici que vous et moi *cherchons.* Car ce que je cherche est plus de *sécurité,* pour quoi vins chez Zarathoustra. Lequel encore est, en effet, la tour et volonté de toutes la plus ferme —

— en ce jour d'hui où tout chancelle, où toute terre tremble. Mais vous, lorsque je vois vos yeux, presque me semble que vous cherchez *plus d'insécurité* [1],

— plus d'effroi, plus de péril, plus de séisme. Ce qui vous fait envie, presque je le croirais, excusez ma présomption, vous les hommes supérieurs, —

— ce qui vous fait envie, c'est la plus vilaine vie, la plus périlleuse, celle qui, *moi,* me fait le plus peur, la vie des bêtes sauvages, forêts, cavernes, abruptes cimes et gouffres où l'on s'égare.

Et ce qui le mieux vous plaît, ce ne sont les guides qui vous *écartent* du péril, mais ceux qui vous séduisent hors de toutes voies. Mais si réellement telles sont vos convoitises, il me semble pourtant que c'est chose *impossible.*

Car la crainte — est de l'homme l'héréditaire et foncier sentiment; la crainte explique tout, péché héréditaire, héréditaire vertu. De la crainte naquit aussi *ma* vertu, laquelle se nomme : science.

Car la crainte des bêtes sauvages — en l'homme fut de très longue date inculquée, sans excepter celle de la bête qu'en lui-même il recèle et qu'il craint : — Zarathoustra la nomme le " bétail intérieur " [1].

Une telle longue et vieille crainte, finalement affinée, spirituelle, spiritueuse * — aujourd'hui, ce me semble, elle s'appelle *science*. » —

Ainsi parla le scrupuleux ; or Zarathoustra, qui justement rentrait dans sa caverne et avait ouï ou deviné ce dernier discours, lança au scrupuleux une pleine poignée de roses, et rit de ses « vérités ». Quoi! cria-t-il, que viens-je donc d'ouïr? En vérité, ce me semble, tu es un bouffon, ou c'est moi qui le suis. Ta « vérité », d'un coup je la vais mettre tête en bas.

Car la *crainte* — n'est que notre exception. Mais le courage et l'aventure, et l'envie de l'incertain, du non encore osé, — le *courage*, voilà de l'homme, ce me semble, toute la préhistoire.

Les bêtes les plus sauvages et les plus courageuses, il fut jaloux de leurs vertus et de force les leur prit ; ainsi seulement il devint — homme.

Ce courage, finalement affiné, spirituel, spiritueux, ce courage d'homme avec des ailes d'aigle et une prudence de serpent, *celui-là*, ce me semble, s'appelle —

« *Zarathoustra!* » crièrent tous ceux qui étaient ensemble assis, comme d'une voix, et lors éclatèrent d'un grand rire ; mais d'eux s'éleva comme une lourde nuée. Même l'illusionniste riait, et dit avec prudence : « Allons! Il est parti, mon esprit méchant!

Et moi-même ne vous ai-je mis en garde contre lui quand je vous disais qu'il est un imposteur, un esprit de mensonge et de tromperie?

Singulièrement lorsqu'il se montre à nu. Mais à ses tours, que puis-je, *moi*? L'ai-je créé, *moi*, ai-je créé le monde?

Courage! A nouveau soyons bons et d'humeur bonne! Et encore que Zarathoustra nous regarde méchamment — voyez donc, il me fait grise mine : —

— avant que la nuit vienne, il saura de nouveau

* *Geistlich, geistig* »

m'aimer et me louer, longtemps il ne peut vivre sans faire de telles folies.

Celui-là — aime ses ennemis [1] ; de tous ceux que je vis le mieux entend cet art. Mais de cela tire vengeance — sur ses amis ! »

Ainsi parla le vieil illusionniste, et les hommes supérieurs lui payèrent tribut d'applaudissements ; en sorte qu'à la ronde, avec amour et malice, de ses amis Zarathoustra serra la main, — comme celui, pour ainsi dire, qui à chacun doit une réparation et se doit faire pardonner quelque chose. Mais lorsqu'il fut arrivé près de la porte de sa caverne, voilà que de nouveau déjà l'envie lui vint de l'air pur, au-dehors, et de ses bêtes — et il se voulut esquiver.

PARMI LES FILLES DU DÉSERT

1

« Point ne t'en va! dit lors le voyageur qui de Zarathoustra se nommait l'ombre, reste avec nous [1], sans
quoi la vieille morne tribulation nous pourrait derechef
assaillir.

Déjà ce vieil illusionniste pour le meilleur nous a
donné son plus vilain, et voici que le bon vieux pape a
les yeux pleins de larmes et tout entier sur la mer de
la mélancolie s'est derechef embarqué.

Ces rois assurément devant nous peuvent encore faire
bon visage, car de nous tous c'est eux qui ce jour d'hui le
mieux apprirent. Mais seraient-ils sans témoins, je
gage que pour eux aussi recommencerait le méchant
jeu —

— le méchant jeu des nuées errantes, de la moite
mélancolie, des ciels voilés, des Soleils volés, des vents
d'automne qui hurlent [2],

— le méchant jeu de notre hurlement et de notre cri
de détresse ; reste avec nous, Zarathoustra ! Il est ici
mainte misère cachée qui veut discourir, que de soir,
que de nuées, que d'air pesant!

De forte et virile provende nous as nourris, Zarathoustra, et de robustes maximes ; ne permets qu'au
désert nous assaillent les esprits mous et féminins [*]!

---

[*] « *Die weichlichen weiblichen Geister.* »

Toi seul autour de toi rends l'air robuste et lumineux!
Ai-je jamais trouvé sur Terre un air si bon que chez toi,
dans ta caverne?

Bien des pays j'ai vus pourtant, de maintes sortes
d'air mon nez apprit à faire épreuve et estimation, mais
c'est chez toi que mes narines goûtent leur plus grand
plaisir!

A moins que — à moins que — oh! pardonne un vieux
souvenir! Me pardonne une ancienne chanson de dessert
que parmi les filles du désert un jour ai composée;

— car bon et lumineux était chez elles aussi l'air du
Levant; là-bas je fus le plus loin de l'embrumée, de la
moite, de la mélancolique et vieille Europe!

En ce temps-là j'aimais pareilles filles du Levant,
et l'azur d'un autre royaume terrestre sur qui ne
flottent nuages ni pensées.

Ne pouvez croire de quelle façon gracieuse elles
étaient assises quand elles ne dansaient, profondes mais
sans pensées, comme de petits mystères, comme des
énigmes enrubannées, comme des noix de dessert, —

multicolores et étrangères assurément, mais sans nuées,
énigmes qui se laissent deviner; pour l'amour de ces
filles lors inventai un psaume de dessert. »

Ainsi parla le voyageur et l'ombre, et avant que personne lui répondît, avait déjà saisi la harpe du vieil
illusionniste, croisé les jambes et, calme et sage, alentour
regardait; — mais des narines, lentement et interroga-
tif, il humait l'air comme celui qui goûte en des pays
nouveaux un nouvel air étranger. Avec une sorte de
rugissement lors se mit à chanter.

2 [1]

Le désert croît, malheur à qui recèle des déserts!

— Ah! Solennel!
En effet solennel!
Digne exorde!
D'africaine solennité!
Digne d'un lion [2]

Ou d'un moralisant singe hurleur —
— mais rien pour vous,
Mes très chères amies ;
Aux pieds desquelles
Pour la première fois,
A moi l'Européen, sous des palmiers
Il fut donné de prendre siège. Sela.

Merveille en vérité!
Ici je siège maintenant
Près du désert, et déjà
Si loin du désert,
Et nullement encore déserté ;
Mais englouti
Par cette minuscule oasis : —
— elle vient d'ouvrir en bâillant
Son petit museau mignon.
Le mieux odorant de tous les petits museaux :
Lors y tombai
Dedans, au travers — parmi vous,
Mes très chères amies! Sela.

Santé, santé à l'illustre baleine
Si à son hôte elle sut faire
Pareil accueil! — entendez-vous
Ma pédante allusion [1]?
Santé à son ventre
S'il fut de la sorte
Aussi mignon ventre d'oasis
Que celui-ci, ce dont pourtant je doute,
— car je viens de l'Europe
Qui de doute est plus enragée que toutes
Vieilles petites épouses.
Puisse Dieu l'amender!
Amen!

Ici je siège maintenant
En cette minuscule oasis,
Pareille à une datte,
Brune, sucrée, dorée, concupiscente
D'une ronde bouche de fille,

Mais plus encore de dents de filles,
Glacées et blanches comme neige et coupantes
Et mordantes, de celles dont se
Languit le cœur de toutes chaudes dattes. Sela.

A ces fruits dits du Sud
Pareil, trop pareil,
Ici suis étendu ; autour de moi
De petits insectes
Rôdent et jouent,
Et, comme eux, plus petites encore,
De plus folles et malignes
Envies et lubies, —
Par vous suis investi,
O vous muettes et mystérieuses
Filles-chattes,
Doudou et Souleika,
— suis *ensphynxé*, pour en un terme unique
Maints sentiments fourrer ;
(Dieu me pardonne
Ce péché contre la langue !)
— ici je siège, humant le meilleur air,
Paradisiaque en vérité,
Léger, lumineux, strié d'or,
Si bon air jamais
De la Lune seulement tomba —
Fut-ce par accident,
Ou par exubérance que la chose est advenue,
Comme le content les poètes anciens ?
Mais moi, douteur, la mets
En doute, car je viens
De l'Europe
Qui de doute est plus enragée que toutes
Vieilles petites épouses.
Puisse Dieu l'amender !
Amen !

Buvant cet air le plus beau,
Narines gonflées comme des coupes,
Sans avenir, sans souvenances,
Ici je siège, ô vous,

Mes plus chères amies,
Et regarde la palme,
Comme, telle une danseuse,
Elle se plie et ploie et sur la hanche se balance,
— bientôt l'imite qui longuement l'observe!
Telle une danseuse qui, ce me semble,
Trop longtemps déjà, et périlleusement,
Toujours, toujours, sur une seule jambe s'est tenue!
— elle en oublia, ce me semble,
L'autre jambe!
Vainement, du moins,
Cherchai l'absente
Et précieuse jumelle
— je veux dire l'autre jambe —
Dans le saint voisinage
De son très cher et très orné jupon,
Éventail pailleté qui flotte au vent.
Oui-da, belles amies,
Si m'en croyez vraiment,
L'a bien perdue!
Elle est partie!
A tout jamais partie!
L'autre jambe!
Oh! dommage pour cette autre jambe chérie!
Où — peut-elle bien être et, délaissée, dire son afflic-.
    tion?
La jambe solitaire?
Apeurée peut-être devant
Quelque terrible et monstrueux lion
Aux boucles d'or? Ou bien déjà
Mordue, grignotée —
Piteusement, las! las!, grignotée! Sela.

Oh! Point ne pleurez,
Faibles cœurs,
Point ne pleurez, vous
Cœurs de dattes! Seins de lait!
Pour des cœurs de réglisse
Petites bourses,
Plus ne pleure,
Pâle Doudou!

Sois virile, Souleika! Courage! courage!
— Ou bien faudrait-il que peut-être
Un tonique, un cordial
Eût ici place?
Un maxime bien huilée?
Une solennelle exhortation? —

Ah! debout, dignité!
Vertueuse dignité, européenne dignité!
Souffle, souffle à nouveau,
Soufflet de la vertu!
Ah!
Une fois encore rugir,
Moralement rugir!
Comme un lion moral
Devant les filles du désert rugir!
— Car hurlement de vertu,
O vous très chères filles,
Est plus que tout
Européenne ferveur, européenne fringale!
Et me voici déjà debout,
En tant qu'Européen,
Je ne puis autrement, que Dieu me vienne en aide!
Amen!

Le désert croît ; malheur à qui recèle des déserts [1]*!*

LE RÉVEIL

1

Après le chant du voyageur et de l'ombre, la caverne tout à coup se fit pleine de vacarme et de rire ; et comme les hôtes ici assemblés tous à la fois parlaient et que l'âne lui-même, ainsi encouragé, plus ne gardait silence Zarathoustra fut pris de quelque railleuse mauvaise humeur contre ses visiteurs, encore que de leur enjouement s'éjouît. Car il lui paraissait un signe de guérison. Lors se glissa jusqu'à l'air libre et à ses bêtes fit discours [1].

« Où est maintenant leur détresse ? dit-il, et de son petit dégoût déjà se sentit soulagé, — chez moi ils désapprirent, ce me semble, à crier de détresse !

— mais non encore, hélas ! à crier ! » Et Zarathoustra de se boucher les oreilles car à l'instant se mélangeaient de façon étrange les Ou-I de l'âne avec le joyeux tapage de ces hommes supérieurs.

« Ils s'amusent, reprit-il, et qui sait ? peut-être aux dépens de leur hôte ; et, si je leur appris à rire, ce n'est pourtant *mon* rire qu'ils apprirent.

Mais qu'importe ? Ce sont de vieilles gens ; ils guérissent à leur façon, ils rient à leur façon. Plus vilain déjà souffrirent mes oreilles et n'en devinrent maussades.

Ce jour est une victoire ; déjà faiblit, déjà s'enfuit *l'esprit de pesanteur*, mon vieil ennemi héréditaire. Comme veut bien finir ce jour qui si vilainement si pesamment commença !

Et c'est finir qu'il *veut*. Déjà le soir arrive ; il chevauche la mer, ce bon cavalier ! Comme il se balance, le bienheureux, chez lui s'en revenant, sur ses arçons de pourpre !

Lumineusement le ciel regarde, profond gît le monde ; ô vous tous, les surprenants qui jusques à moi êtes venus, c'est déjà récompense que de vivre chez moi ! »

Ainsi parlait Zarathoustra. Et à nouveau de la caverne vinrent clameurs et éclats de rire d'hommes supérieurs ; lors il reprit :

« Ils mordent à l'hameçon, mon appât réussit ; pour eux aussi faiblit leur adversaire, l'esprit de pesanteur. Les voici qui déjà apprennent à rire d'eux-mêmes, dois-je en croire mes oreilles ?

Ma virile provende est efficace, de mes maximes suc et vigueur : et certes je ne les ai nourris de flatulentes herbes ! Mais d'une provende de guerriers, de conqué-rants : nouveaux désirs en eux j'ai suscités.

En leurs bras, en leurs jambes sont de nouveaux espoirs, leur cœur devient plus vaste. Ils trouvent des mots neufs, bientôt c'est pétulance que va respirer leur esprit.

Pareille nourriture peut n'être faite, sans doute, pour des enfants et pour de vieilles et jeunes petites femmes. Ceux-là, c'est autrement qu'on leur circonvient les entrailles mais de ceux-là je ne suis médecin ni précepteur.

Ces hommes supérieurs déjà cède leur *nausée*, courage ! C'est ma victoire ! En ce royaume ils prennent assurance, toute leur sotte honte s'enfuit, ils se secouent.

Ils secouent leur cœur ; retrouvent de bonnes heures ; à nouveau ils célèbrent des fêtes et ruminent, — ils deviennent *reconnaissants*.

Voici ce que je prends pour le signe le meilleur : ils deviennent reconnaissants. Encore peu de temps, et ils inventeront des fêtes et à leurs vieilles joies dresseront des stèles commémoratives.

Sont des *convalescents !* » Ainsi parlait Zarathoustra, joyeusement, à son cœur, et au loin regardait ; or se pressaient autour de lui ses bêtes, et respectaient son heur et son silence.

2 [1]

Mais brusquement s'effraya l'oreille de Zarathoustra, car, pleine jusqu'alors de tumulte et de rire, la caverne d'un coup tomba dans un silence de mort ; — or sentait la narine de Zarathoustra une odorante vapeur et fumée consécratoire, comme de brûlantes pommes de pin.

« Qu'advient-il ? Que font-ils ? » se demandait Zarathoustra, et vers le seuil se glissa pour observer ses hôtes sans être vu. Mais, prodige des prodiges, que de ses propres yeux ne lui fallut-il voir ?

« Ils sont tous redevenus *pieux*, ils *prient*, ils sont fous !» — dit-il, et sans limite était son étonnement. Et à dire vrai tous ces hommes supérieurs, les deux rois, le pape hors service, le vilain illusionniste, le mendiant volontaire, le voyageur et l'ombre, le vieux devin, le scrupuleux de l'esprit et le plus hideux des hommes, ils étaient tous agenouillés comme des enfants et de vieilles dévotes, et ils adoraient l'âne. Et justement commençait le plus hideux des hommes à gargouiller et à baver comme s'il voulait faire sortir de lui quelque chose d'inexprimable ; et voici que ce fut une étrange et pieuse litanie à la gloire de l'âne prié et encensé. Or telle fut cette litanie [1] :

Amen! Et louange et honneur et sagesse et merci et gloire et force à notre dieu, dans les siècles des siècles [3]!

— Or à ces mots l'âne cria : Ou-I!

Il porte notre faix, il assuma forme servile, il est patient de cœur et jamais ne dit Non ; et qui aime son dieu bien le châtie [4].

— Or à ces mots l'âne cria : Ou-I!

Il ne discourt, sinon pour dire toujours Oui au monde qu'il créa ; de la sorte loue son monde [5]. Sa ruse est de ne discourir ; de la sorte rarement se trompe.

— Or à ces mots l'âne cria : Ou-I!

Discrètement il va de par le monde. Grise est la couleur de son corps, en laquelle il voile sa vertu. A-t-il de l'esprit, bien il le cache ; mais tout un chacun croit à ses longues oreilles.

— Or à ces mots l'âne cria : Ou-I!

Quelle secrète sagesse que de porter de longues oreilles et de toujours dire Oui, et ne jamais dire Non! A son image n'a-t-il créé le monde [1], aussi sot que possible?

— Or à ces mots l'âne cria : Ou-I!

Tu vas par chemins droits et courbes, peu te soucie ce que nous autres hommes jugeons ou droit ou courbe. Par-delà bien et mal est ton royaume. Ton innocence est de ne savoir ce qu'est innocence.

— Or à ces mots l'âne cria : Ou-I!

Vois donc comme personne ne rejettes, ni les mendiants ni davantage les rois. Les petits enfants à toi laisses venir [2], et si t'appellent à eux les méchants garnements, dans ta simplesse tu dis : Ou-I!

— Or à ces mots l'âne cria : Ou-I!

Tu aimes ânesses et figues fraîches, tu ne fais la fine bouche. Un chardon te chatouille le cœur, pour peu que justement tu aies faim. D'un dieu c'est bien sagesse.

— Or à ces mots, l'âne cria : Ou-I!

LA FÊTE DE L'ÂNE[1]

1

Mais à ce point de la litanie davantage ne put se maîtriser Zarathoustra, plus fort même que l'âne il cria : Ou-I! et il bondit parmi ses hôtes délirants. « Mais que faites-vous là, enfants d'hommes? cria-t-il en arrachant du sol ceux qui priaient, malheur à vous si d'autres vous voyaient que Zarathoustra!

Tout un chacun jugerait qu'avec votre nouvelle foi vous êtes les plus abominables sacrilèges ou les plus insensés de toutes les petites vieilles!

Et toi-même, vieux pape, avec ce que tu es comment concilier que de la sorte un âne ici comme Dieu tu adores? » —

« Zarathoustra, répondit le pape, mille pardons, mais dans les choses de Dieu plus encore que toi suis éclairé. Et tout est bien ainsi.

Mieux vaut adorer Dieu sous cette figure que de ne l'adorer sous aucune figure. Médite cette maxime, mon noble ami ; et vite déceleras que pareille maxime recèle de la sagesse.

Celui qui a dit : " Dieu est esprit ", — celui-là jusqu'ici a provoqué sur cette Terre le plus grand pas, le plus grand bond vers l'incroyance ; et telle parole sur Terre malaisément se répare!

Saute et bondit mon vieux cœur qu'il y ait encore sur

Terre quelque chose d'adorable Pardonne, Zarathoustra, à un vieux cœur dévot de pape! » —

— « Et toi, dit Zarathoustra au voyageur et à l'ombre, libre esprit te nommes et te crois! Et tu pratiques ici pareille idolâtrie et cagote liturgie!

Plus vilainement encore tu te conduis ici, en vérité, qu'avec tes vilaines filles brunes, ô vilain néophyte! »

« Assez vilainement, répondit le voyageur et l'ombre, tu as raison, mais qu'y puis-je? Tu as beau dire, Zarathoustra, de nouveau vit l'ancien dieu.

Du plus hideux des hommes tout cela est la faute ; c'est lui qui l'a ressuscité. Et s'il prétend que jadis il le tua, *mort* chez les dieux jamais n'est rien que préjugé. »

— « Et toi, dit Zarathoustra, ô vilain vieil illusionniste, qu'as-tu fait? En cette libre époque, qui doit dorénavant te prêter foi si *toi*, à telles divines âneries tu prêtes foi?

C'est une sottise que tu fis ; comment as-tu pu faire, toi le prudent, pareille sottise? »

« O Zarathoustra, répondit le prudent illusionniste, tu as raison, ce fut une sottise, — moi aussi, elle me pèse maintenant assez lourd [1]. »

— « Et toi surtout, dit Zarathoustra au scrupuleux de l'esprit, réfléchis donc et te bouche le nez! N'est-il rien donc ici qui heurte ta conscience? N'as-tu l'esprit trop propre pour ces prières et pour l'odeur de ces frères orants? »

« Il est là quelque chose, répondit le scrupuleux de l'esprit, et se boucha le nez, dans ce spectacle il est aussi pour ma conscience quelque chose de bienfaisant.

Peut-être en Dieu je n'ose croire, mais c'est encore sous cette figure qu'assurément Dieu me paraît le plus croyable.

Éternel serait Dieu, au témoignage des plus pieux ; qui d'un tel temps dispose peut bien prendre son temps. Aussi lent, aussi sot que possible, *ainsi* pourtant très loin il peut porter sa charge !

Et qui a trop d'esprit, dans la sottise et la bouffonnerie il pourrait bien lui-même bouffonner. Rentre en toi-même, Zarathoustra!

Toi-même — en vérité! Toi-même, par ton débordement et ta sagesse, tu pourrais bien devenir un âne!

N'aime cheminer un parfait sage sur les plus torses voies? C'est l'évidence qui l'enseigne, Zarathoustra, — *ton* évidence [1]! »

— « Et toi-même, enfin, dit Zarathoustra, et lors se tourna vers le plus hideux des hommes qui sur le sol était encore étendu, vers l'âne levant le bras (car l'abreuvait de vin). Parle donc, ô toi l'indicible, qu'as-tu fait là?

Tu me sembles changé, ton œil flamboie, le manteau du sublime enveloppe ta hideur ; qu'as-tu fait là?

Serait-il vrai, comme ils le disent, que l'as ressuscité? Et pourquoi donc? Était-ce sans raison qu'on l'avait mis à mort, qu'on en avait fini avec lui?

Toi-même me sembles ressuscité ; qu'as-tu fait? que signifie chez *toi* cette inversion? que signifie chez *toi* cette conversion? Parle, ô toi l'indicible! »

« O Zarathoustra, répondit le plus hideux des hommes, tu es un chenapan!

Si l'*autre* vit encore, ou s'il revit, ou s'il est foncièrement mort, — qui de nous deux en a meilleur savoir? Je te le demande.

Mais sûre est une chose — de toi l'appris un jour, Zarathoustra : " Qui veut tuer le plus foncièrement, celui-là *rit*.

Ce n'est par ire, c'est par rire qu'on tue ", ainsi tu parlais jadis [2]. O Zarathoustra, toi le secret, toi le négateur qui ne s'irrite, toi le périlleux saint, — tu es un chenapan. »

2

Lors il advint que Zarathoustra, surpris par de telles réponses de purs chenapans, jusqu'au seuil de sa caverne en arrière bondit, et face à tous ses hôtes, d'une voix forte cria :

« Fieffés bouffons, tous tant que vous êtes, fieffés pantins! Pourquoi vous dérober et devant moi vous travestir?

Comme pourtant, à chacun de vous, de plaisir et de malignité votre cœur a tressailli parce qu'une fois enfin comme de petits enfants êtes redevenus, c'est-à-dire pieux ! —

— parce que enfin de nouveau faisiez comme de petits enfants, c'est-à-dire priiez, joigniez les mains et parliez du " bon Dieu " [1] !

Mais à présent quittez *cette* chambre d'enfants, ma propre caverne où tout enfantillage est aujourd'hui chez lui. Rafraîchissez dehors votre enfantine exubérance et le tapage de vos cœurs !

Oui certes, si vous ne devenez comme les petits enfants, ainsi vous n'entrerez dans *ce* royaume des Cieux [2] (et Zarathoustra montrait des mains le Ciel).

Mais nous, en ce royaume des Cieux, d'aucune manière ne voulons entrer ; hommes virils sommes devenus : — *ainsi c'est le royaume de la Terre que nous voulons.* ».

3

Et une fois encore Zarathoustra se mit à discourir : « O mes nouveaux amis, dit-il, — ô vous les étonnants, vous les hommes supérieurs, comme à présent vous me plaisez —

— depuis que joyeux êtes redevenus ! En vérité, vous êtes tous épanouis ; pour les fleurs que vous êtes il est besoin, ce me semble, de *fêtes nouvelles*,

— d'une brave petite insanité, d'une quelconque liturgie et fête de l'âne, d'un quelconque vieux bouffon en liesse comme est Zarathoustra; d'une bourrasque qui, pour les rendre claires, souffle sur vos âmes.

Cette nuit, n'oubliez, ni cette fête de l'âne, ô vous les hommes supérieurs. *Ce* que chez moi vous inventâtes, comme un bon signe je le reçois ; — pareilles inventions, ne les trouvent que des convalescents !

Et si de nouveau la célébrez, cette fête de l'âne, le faites par amour de vous, le faites aussi par amour de moi ! Et en mémoire *de moi* [3] ! »

Ainsi parlait Zarathoustra.

LE CHANT DU MARCHEUR DE NUIT [1]

1

Mais cependant, l'un après l'autre, ils étaient sortis à l'air libre et dans la fraîche nuit pensive ; Zarathoustra lui-même conduisit par la main le plus hideux des hommes pour lui montrer le monde de sa nuit et la grande Lune ronde et les cascades argentées proches de sa caverne. Lors finalement, les uns à côté des autres, furent tous assis en silence, rien que de vieilles gens, mais avec un cœur vaillant et consolé, et chacun s'étonnant à part soi d'être si bien sur Terre, mais l'intimité de la nuit devenait de leur cœur toujours plus proche. Et de nouveau à part lui songeait Zarathoustra : « Oh! comme à présent me plaisent bien ces hommes supérieurs! » — mais ne le dit tout haut car de leur heur et de leur silence avait respect. —

Lors il advint ce qui, en cette longue surprenante journée, fut le plus surprenant : le plus hideux des hommes, une fois encore et la dernière, se mit à gargouiller et à baver et, lorsqu'il put enfin parler, de sa bouche sortit une ronde et nette question, une bonne, profonde, claire question qui de tous ceux qui l'ouïrent remua en vérité le cœur.

« O mes amis tous tant que vous êtes, ainsi parla le plus hideux des hommes, que vous en semble? Par la vertu de cette journée — pour la première fois, d'avoir vécu toute ma vie *me* voici satisfait.

Et de tant attester encore ne me suffit. Il vaut la peine de vivre sur cette Terre ; une seule journée avec Zarathoustra, une seule fête avec Zarathoustra m'ont enseigné l'amour de la Terre!

" C'était donc *cela*, — la vie! Ainsi dirai-je à la mort : Courage, encore une fois [1] "!

Mes amis, que vous en semble? A la mort, comme moi, ne voulez-vous dire : " C'était donc *cela* — la vie! Pour l'amour de Zarathoustra, courage, encore une fois! "? » — —

Ainsi parla le plus hideux des hommes, mais on n'était pas loin de la mi-nuit. Et que croyez-vous donc que lors il se passa? Sitôt qu'ouïrent sa question, les hommes supérieurs d'un coup prirent conscience de leur changement et de leur guérison, et de celui dont ils avaient reçu ce don ; lors ils bondirent vers Zarathoustra, le remerciant, le vénérant, le caressant, lui baisant les mains, chacun à sa manière en sorte que riaient quelques-uns, que quelques-uns pleuraient. Or de plaisir dansait le vieux devin ; et s'il est vrai, comme le pensent plusieurs narrateurs, que de vin doux lors était ivre [2], assurément plus ivre était encore de douce vie, et toute lassitude il avait abjurée. Certains content aussi qu'alors l'âne dansa, car ne fut sans effet le vin que lui avait fait boire auparavant le plus hideux des hommes. Il se peut bien qu'ainsi se soient passées les choses, ou encore d'autre manière ; et si, en vérité, ce soir ne dansa l'âne, pourtant advinrent plus grandes et rares merveilles que ne fût danse d'âne. Bref, selon la formule de Zarathoustra, « qu'importe! ».

2

Or Zarathoustra, tandis que pour le plus hideux des hommes ainsi allaient les choses, se tenait là comme un homme ivre ; son regard s'était éteint, sa langue balbutiait, ses jambes titubaient. Et qui aurait pu déceler quelles pensées alors sur l'âme de Zarathoustra couraient? On voyait bien que son esprit cédait et fuyait et qu'il était en de vastes lointains et, en quelque manière, ainsi qu'il est écrit [1], « sur une crête, entre deux mers,

— entre passé et avenir, comme pesante nuée cheminant ». Mais progressivement, tandis que le tenaient entre leurs bras les hommes supérieurs, un peu revint à lui et, contre la presse de ceux qui le vénéraient et soignaient, avec les mains se défendit ; pourtant point ne parlait. Or tout à coup vivement tourna la tête, car lui semblait ouïr quelque chose ; lors il mit le doigt sur sa bouche et dit : « *Venez !* »

Et tout aussitôt se fit alentour silence intime ; mais lentement des profondeurs montait le son d'une cloche. Zarathoustra tendit l'oreille, de même que les hommes supérieurs ; lors une seconde fois il mit le doigt sur sa bouche et dit à nouveau : « *Venez ! Venez ! C'est bientôt la mi-nuit !* » — et sa voix s'était changée. Mais toujours il restait immobile ; lors se fit un silence encore plus intime, et tous tendaient l'oreille, y compris l'âne, et les bêtes qui de Zarathoustra formaient la garde d'honneur, l'aigle et le serpent, et aussi la caverne de Zarathoustra et la grande Lune froide et la nuit même. Or pour la troisième fois Zarathoustra mit le doigt sur sa bouche et dit :

Venez ! Venez ! Venez ! Avançons maintenant ! C'est l'heure ! Dans la nuit avançons !

3

O vous, les hommes supérieurs, c'est bientôt la mi-nuit ; lors à l'oreille vous veux dire une chose telle qu'à l'oreille me la dit cette vieille cloche, —

— de manière aussi intime, aussi terrible, aussi cordiale que celle dont me la dit cette cloche de la mi-nuit, laquelle vécut plus d'expériences qu'un seul homme ;

— laquelle de vos pères, un à un, déjà compta les battements de cœur et de souffrance, — hélas ! hélas ! comme elle soupire, comme elle rit en son rêve, la vieille, la profonde mi-nuit !

Silence ! Silence ! Lors se fait ouïr mainte voix à qui le jour il n'est permis de parler haut ; mais maintenant, à l'air frais, lorsque tout le tumulte de vos cœurs lui aussi s'est tu, —

— maintenant elle discourt, maintenant se fait ouïr, maintenant elle se glisse dans des âmes nocturnes et qui ne dorment : hélas! hélas! comme elle soupire! comme en son rêve elle rit!

— ne perçois-tu comme de manière intime, effrayante, cordiale, elle *te* parle, la vieille, la profonde mi-nuit?

O homme, prends garde!

4

Malheur à moi! Où donc a fui le temps? En des puits profonds n'ai-je sombré? Le monde dort. —

Hélas! hélas! Hurle le chien, brille la Lune. Plutôt la mort, plutôt la mort que de vous dire quelle pensée vient justement à mon cœur de la mi-nuit!

Déjà me voilà mort. C'en est fini. O araignée, autour de moi que files-tu? Veux-tu du sang? Hélas! hélas! tombe la rosée, arrive l'heure —

— l'heure où je gèle et me glace, qui me questionne et me questionne et me questionne : « Qui a du cœur assez pour cette épreuve?

— qui de la Terre doit être maître? qui veut dire : *ainsi* devez courir, ô fleuves grands et petits! »

— proche est l'heure; ô homme, ô toi l'homme supérieur, prends garde! S'adresse ce discours à de fines oreilles, à tes oreilles — *que dit la profonde mi-nuit?*

5

Là-bas suis emporté, mon âme danse. Tâche du jour! Tâche du jour! Qui de la Terre doit être maître?

Fraîche est la Lune, le vent se tait. Hélas! hélas! à suffisante hauteur voliez-vous déjà? Dansiez, mais jambe n'est pas aile.

O vous les bons danseurs, maintenant de tout plaisir c'en est fini, le vin n'est plus que lie, toute coupe a pourri, bégayent les tombeaux.

A suffisante hauteur vous ne voliez ; maintenant bégayent les tombeaux : « Libérez donc les morts ! Pourquoi si longue nuit ? N'est-ce la Lune qui nous enivre ? »

O vous les hommes supérieurs, libérez donc les tombeaux, ressuscitez les cadavres ! Hélas ! que fouille encore le ver ? Elle approche, elle approche, l'heure, —

— bourdonne la cloche, encore râle le cœur, encore fouille le ver du bois, le ver du cœur. Hélas ! hélas ! *le monde est profond !*

6

Douce lyre ! Douce lyre ! J'aime ta sonorité, ton ivre sonorité de crapaud ! — que de longtemps, que de loin vient ta sonorité, de très loin, des étangs de l'amour !

O vieille cloche, ô douce lyre ! Toute souffrance te déchire le cœur, souffrance du père, souffrance des pères, souffrance des aïeux ; ton discours a mûri, —

— mûri comme un automne d'or et comme un après-midi, comme mon cœur d'ermite, — à présent tu discours : le monde lui-même a mûri, la grappe devient brune,

— maintenant il veut mourir, c'est d'heur qu'il veut mourir. O vous les hommes supérieurs, ne le sentez vous ? Intimement monte un parfum,

— une odeur et un parfum d'éternité, un brun parfum de vin doré, d'une béatitude de rose, un parfum d'heur ancien,

— d'heur ivre de mourir à la mi-nuit, et qui chante : le monde est profond, *et plus profond que ne l'a pensé le jour !*

7

Me laisse ! me laisse ! Pour toi je suis trop pur. Ne me touche ! Pour moi le monde ne s'est-il à l'insta nt même parfait ?

Trop pure est ma peau pour tes mains. Me laisse, ô

jour stupide, sot et pesant ! N'est la mi-nuit plus lumineuse ?

Les plus purs doivent être les maîtres de la Terre, les plus inconnus, les plus robustes, les âmes de la mi-nuit qui sont plus qu'aucun jour claires et profondes !

O jour, à pas pesants tu marches derrière moi ? A pas pesants tu marches derrière mon heur ? Pour toi je suis riche, solitaire, mine précieuse, chambre aux trésors ?

O monde, c'est *moi* que tu veux ? Suis-je pour toi du monde ? Suis-je pour toi d'église ? Suis-je pour toi divin ? Mais, jour et monde, vous êtes trop lourdauds, —

— ayez mains plus prudentes, vous saisissez d'heur plus profond, de plus profond malheur, vous saisissez d'un dieu quelconque, de moi ne vous saisissez :

— profond est mon malheur, profond mon heur, ô merveilleuse journée, mais dieu pourtant ne suis, enfer divin non plus : *profonde est la peine du monde.*

8

Peine de dieu est plus profonde, ô toi merveilleux monde ! D'une peine de dieu te saisis, non de moi ! Que suis-je ? Une ivre et douce lyre, —

une lyre de la mi-nuit, un crapaud-cloche que personne n'entend mais il lui *faut* parler devant des sourds, devant vous autres, les hommes supérieurs ! Car vous ne m'entendez !

Vous m'avez quitté ! vous m'avez quitté, ô jeunesse, ô midi, ô après-midi ! Maintenant sont venus soir et nuit et mi-nuit, — le chien hurle, le vent ;

— le vent n'est-il un chien ? Il gémit, il jappe, il hurle. Hélas ! hélas ! comme elle rit, comme elle râle et halète, la mi-nuit !

Comme elle parle maintenant avec sobriété, cette ivre poétesse ! Dans une ivresse plus grande a-t-elle noyé son ivresse ? S'est-elle faite trop lucide ? Qu'est-elle en train de ruminer ?

— c'est sa peine qu'elle rumine dans son rêve, la vieille, la profonde mi-nuit, et plus encore son plaisir. Car le plaisir, si déjà la peine est profonde, *le plaisir est plus profond que la souffrance du cœur*!

9

O vigne, pourquoi me louer ? Je t'ai taillée pourtant ! Je suis cruel, tu saignes, — que veut ta louange à mon ivre cruauté ?

« Ce qui s'est parfait, tout ce qui a mûri — tout cela veut mourir », ainsi tu discours. Bénie, bénie soit la serpette du vigneron [1] ! Mais ce qui n'a mûri, tout cela veut vivre, hélas !

Ainsi parle la peine : « Disparais, passe ton chemin, ô peine ! » Mais ce qui souffre, tout cela veut vivre pour devenir mûr et joyeux et nostalgique,

— nostalgique de ce qui est plus loin, plus haut, plus clair. « Je veux des héritiers, ainsi parle tout ce qui souffre, je veux des enfants, *moi-même* je ne me veux » ; —

Mais le plaisir ne veut héritiers, ne veut enfants, — c'est lui-même que veut le plaisir, il veut éternité, il veut retour, il veut tout-éternellement-à-soi-pareil.

Ainsi parle la peine : « Éclate, saigne, ô cœur ! Marche, ô jambe ! O aile, vole ! En avant ! Plus haut, douleur ! » Courage, monte ! O mon vieux cœur, *ainsi parle la peine* : « *Disparais !* »

10

O vous les hommes supérieurs, que vous en semble ? Suis-je un devin ? Un homme qui rêve ? Un homme ivre ? Un déchiffreur de songes ? Une cloche de la mi-nuit ?

Une goutte de rosée ? Une odeur, un parfum d'éternité ? Ne l'oy z-vous ? Ne le sentez-vous ? Pour moi, à l'instant même le monde s'est parfait, minuit est aussi midi, —

Souffrance est aussi un plaisir, malédiction est aussi une bénédiction, la nuit est aussi un Soleil, — ou me quittez ou apprenez ceci : un sage est aussi un bouffon.

Fut-il un seul plaisir auquel jamais vous dîtes Oui ?
De la sorte, ô mes amis, à *toute* peine aussi vous disiez
Oui ! Toutes choses sont enchaînées, enchevêtrées,
éprises, —

— jamais voulûtes-vous que fût deux fois une fois,
jamais avez-vous dit : « Tu me plais, heur ! instant !
clignement d'œil ! », ainsi vouliez que *tout* revînt !

— tout à nouveau, tout éternel, tout enchaîné,
enchevêtré, épris, oh ! c'est ainsi que vous *aimiez* le
monde,

— ô vous les éternels, vous l'aimez éternel et pour
toujours ; et à la peine aussi vous dites : Disparais, mais
reviens ! *Car tout plaisir veut — éternité !*

11

Pour toutes choses veut tout plaisir éternité, veut
miel, veut lie, veut ébriété de la mi-nuit, veut tombeaux,
veut larmes consolatrices de tombeaux, veut rouge
crépuscule d'or —

— *que* ne *veut* le plaisir ? Il est plus assoiffé, plus cordial, plus affamé, plus effrayant, plus intime qu'aucune
peine, se veut *lui-même, lui-même* se mord, en lui c'est
de l'anneau que lutte le vouloir *, —

— il veut amour, il veut haine, il est trop riche, il
prodigue, il rejette, il mendie pour qu'on le prenne,
remercie qui le prend, aimerait bien qu'on le haït, —

— si riche est le plaisir que de peine il a soif, d'enfer,
de haine, d'ignominie, de l'estropié, de *monde*, — car
ce monde, oui certes vous le connaissez !

Vous, hommes supérieurs, de vous il se languit,
le plaisir, l'effréné, le béat, — de votre peine, vous les
manqués ! De manqué se languit tout éternel plaisir [1].

Car c'est lui-même que veut tout plaisir, pour quoi il
veut aussi souffrance du cœur ! O heur, ô douleur !
Brise-toi, ô mon cœur ! Vous, hommes supérieurs,
apprenez donc ceci : plaisir veut éternité,

---

* Jeu verbal sur « *Ring* » (anneau) et « *ringen* » (lutter).

— plaisir veut de *toutes* choses éternité, *veut profonde, profonde éternité*!

12

Mon chant, l'apprîtes-vous maintenant? Avez-vous
décelé ce qu'il veut? Courage! Courage! O vous les
hommes supérieurs, me chantez maintenant ma ronde!
Me chantez maintenant le chant qui a pour nom
« Encore une fois » et qui veut dire « A tout jamais »,
chantez, ô vous les hommes supérieurs, la ronde de
Zarathoustra!

> *O homme, prends garde!*
> *Que dit la profonde mi-nuit?*
> « *Je dormais, je dormais —*
> « *De profond rêve me suis éveillé : —*
> « *Le monde est profond*
> « *Et plus profond que ne l'a pensé le jour.*
> « *Profonde est sa peine —*
> « *Le plaisir — plus profond encore que souffrance du*
>   *cœur :*
> « *Ainsi parle la peine : Disparais!*
> « *Mais tout plaisir veut éternité —*
> « — *veut profonde, profonde éternité* [1] *!* »

LE SIGNE [1]

Or le matin après cette nuit, bondit Zarathoustra de sa couche, se ceignit les reins [2] et quitta sa caverne, ardent et vigoureux comme un Soleil matinal qui de sombres montagnes vient [3].

« O toi, grand astre, dit-il, parlant comme il avait une fois parlé [4], ô œil profond et riche d'heur, n'aurais-tu ceux que tu éclaires, lors que serait ton heur?

Et si dans leurs chambres ils demeuraient cependant que déjà tu es éveillé et que tu viens et te prodigues et distribues, comme ta fière pudeur s'en irriterait!

Courage! Ils dorment encore, ces hommes supérieurs, tandis que *moi* suis éveillé : *ce* ne sont mes vrais compagnons! Ce n'est eux que j'attends ici, sur mes montagnes!

A ma besogne je veux aller, à ma journée : mais point n'entendent ce que sont les signes de mon matin, mon pas pour eux n'est — un réveil!

Dans ma caverne ils dorment encore, leur rêve encore rumine mes mi-nuits [5]. Mais l'oreille qui m'écoute, *moi*, — l'oreille qui *obéit* *, voilà ce qui manque à leur corps. »

— Ainsi Zarathoustra avait dit à son cœur quand le Soleil se leva ; lors, questionnant, il regarda vers le haut, car il oyait au-dessus de lui le cri perçant de son aigle. « Courage, cria-t-il, voilà ce qui me plaît et ce qui

---

* Jeu verbal sur « *horchen* » (écouter) et « *gehorchen* » (obéir).

m'est dû! Sont éveillées mes bêtes, car je suis éveillé.

Mon aigle est éveillé et comme moi honore le Soleil.
Avec ses serres d'aigle il se saisit de la lumière neuve.
Vous êtes mes vraies bêtes ; je vous aime.

Mais encore me manquent mes vrais hommes! » —

Ainsi parlait Zarathoustra ; mais lors advint que
brusquement comme d'innombrables oiseaux qui vole-
taient et de l'aile battaient fut assiégée son ouïe — mais
tels furent le bruissement de tant d'ailes et la presse
autour de sa tête, qu'il dut fermer les yeux. Et, en
vérité, ce fut comme une nuée sur lui tombant, une nuée
de flèches qui sur un ennemi nouveau se déverse. Mais
voilà que c'était une nuée d'amour sur un nouvel ami.

« Que m'advient-il ? » pensait Zarathoustra en son
cœur étonné, et lentement s'assit sur la grosse pierre
qui était devant le seuil de sa caverne. Or cependant
qu'il tendait les mains alentour, au-dessus et au-dessous
de lui, et des tendres oiseaux se défendait, voilà que
lui advint chose plus étrange encore, car ce faisant il
saisissait sans y prendre garde une épaisse et chaude
toison, mais au même moment éclata devant lui un
rugissement, — un suave, un long rugissement de lion [1].

« *Le signe vient* », dit Zarathoustra, et son cœur se
changeait. Et, en vérité, lorsqu'il fit clair devant lui, là
gisait à ses pieds un puissant fauve jaune et sur le
genou de Zarathoustra avait incliné sa tête et par amour
ne le voulait quitter, et faisait comme un chien qui
retrouve son ancien maître. Or les colombes en leur
amour n'étaient moins empressées que le lion ; et chaque
fois que du lion une colombe effleurait le naseau, le lion
secouait la tête et s'étonnait et riait.

A tout cela Zarathoustra dit un seul mot : « *Mes
enfants sont proches, mes enfants* », — ensuite devint
tout à fait muet. Mais son cœur était libéré et de ses
yeux gouttaient des larmes et sur ses mains tombaient.
Et plus ne prit garde à rien et demeurait assis, immobile, et sans plus se défendre des bêtes. Lors descen-
dirent en volant les colombes et se posèrent sur ses
épaules, caressaient ses cheveux blancs et de tendresse et d'exultation ne se lassaient. Mais le robuste

lion toujours léchait les larmes qui sur les mains
de Zarathoustra tombaient et, ce faisant, rugissait
et timidement grondait. Ainsi se comportaient ces
bêtes [1]. —

Tout cela dura un long temps, ou un temps bref,
car à dire vrai, il n'est sur Terre pour de telles choses
aucun temps. — Or cependant en la caverne de Zarathoustra s'étaient éveillés les hommes supérieurs, et
en cortège s'ordonnèrent afin d'aller vers lui et de lui
présenter leur matinale salutation ; car ils avaient
trouvé en s'éveillant que déjà n'était plus avec eux.
Mais dès qu'ils furent au seuil de la caverne et que les
devançait le bruissement de leurs pas, le lion eut un
puissant sursaut et, de Zarathoustra tout à coup détourné, avec un rugissement sauvage, vers la caverne
bondit ; or les hommes supérieurs, oyant le lion rugir,
tous d'une seule bouche crièrent et refluèrent et, en
un seul instant, ils eurent disparu.

Mais Zarathoustra lui-même, étourdi, étranger, se
leva de son siège, autour de lui regarda, debout se tint,
étonné, interrogea son cœur, reprit conscience, et
seul il était ! « Qu'ai-je donc ouï ? dit-il enfin avec len-
teur, que m'est-il advenu à l'instant même ?»

Et déjà lui revenait le souvenir, et il saisit d'un seul
regard tout ce qui, entre le jour d'hier et le jour d'hui,
lui était advenu. « Oui bien, dit-il et se lissait la barbe,
là est la pierre *où* hier matin j'étais assis, et là vint à
moi le devin et là pour la première fois je perçus le cri
que de nouveau je viens d'ouïr, le grand cri de détresse.

O vous les hommes supérieurs, c'est bien *votre* détresse
que pour moi hier matin a devinée ce vieux devin, —

— c'est vers votre détresse qu'il me voulut entraîner
et tenter ; ô Zarathoustra, ainsi me parlait-il, vers ton
ultime péché je viens pour t'entraîner.

Vers mon ultime péché ? criait Zarathoustra, et de
son propre mot avec colère il rit. En réserve, comme
mon ultime péché *qu'*est-*ce* donc qui me resta ? »

— Et une fois encore, en lui-même rentrant, de nouveau sur la grosse pierre Zarathoustra s'assit. Soudain,
d'un bond se releva, —

« *Compassion ! La compassion pour l'homme supé-*

rieur!, s'écria-t-il, et de bronze devint sa face. Courage! *Voilà* — qui eut son temps!

Ma passion et ma compassion — qu'ai-je à en faire? Est-ce donc à l'*heur* que j'aspire? J'aspire à mon *ouvrage*!

Courage! Le lion est venu, proches sont mes enfants, Zarathoustra maintenant est mûr, mon heure est venue; —

Ceci est *mon* matin, c'est *mon* jour qui se lève; *debout maintenant, debout, ô toi le grand midi!* » — —

Ainsi parlait Zarathoustra, et quitta sa caverne, ardent et vigoureux comme un Soleil matinal qui de sombres montagnes vient.

1882, novembre-décembre, Rapallo.

Après quelques jours passés à Santa Margherita (« Ma chambre glaciale », N. à Overbeck, 23 novembre) N. part pour Rapallo : « Mon royaume s'étend maintenant de Portofino à Zoagli ; j'habite au milieu, c'est-à-dire à Rapallo, cependant mes promenades me conduisent chaque jour à ces frontières de mon royaume. Le mont qui domine cette région, s'élevant à partir de ma demeure, s'appelle Monte Allegro : un bon présage — j'espère » (à Gast, 3 décembre). En décembre crise grave dans les relations avec Lou von Salomé et Paul Rée. L'information sur cette crise présente beaucoup de lacunes : tous les documents à ce sujet sont publiés dans l'édition de la correspondance. Idées de suicide, abus de narcotiques. Échange de lettres avec Heinrich von Stein qui, en réponse au Gai Savoir, lui envoie les épreuves de son œuvre Les Héros et le Monde. A Hans von Bülow : « ... la manière nouvelle de penser et de sentir que depuis six ans j'ai aussi exprimée dans mes écrits, m'a conservé en vie et presque rendu à la santé. Que m'importe si mes amis affirment que cette ' liberté d'esprit ' qui maintenant est la mienne est une décision excentrique tenue par les dents et arrachée et imposée à mon inclination ? Bon, cela peut être une ' seconde nature ' : mais je veux encore démontrer que ce n'est qu'avec cette seconde nature que je suis entré en possession de ma ' première nature » (Décembre). N. interrompt ses relations épistolaires avec sa mère ; le motif de cette rupture — comme déjà avec sa sœur, est la profonde incompréhension de sa mère pour tout l'épisode Lou. Élisabeth Nietzsche fait des tentatives pressantes après des amis de N. pour pouvoir intervenir à nouveau dans la vie de son frère (cf. en particulier ses longues lettres ridicules à Ida Overbeck et à Peter Gast). « Cette dernière bouchée de vie a été la plus dure que j'aie matisquée jusqu'à ce

*jour et il est encore possible que j'en sois étouffé. J'ai souffert
des souvenirs infamants et torturants de cet été comme d'un
délire... C'est une faille entre des sentiments contradictoires
que je ne réussis pas à surmonter... Si je ne découvre pas
l'art alchimiste de transformer cette boue en or, je suis perdu...* »
(*à Overbeck, le jour de Noël*).

1883, janvier-23 février, Rapallo.

Vers la fin de janvier, favorisé par « *toute une série de jour
nées parfaitement pures* », *Nietzsche écrit la mise au net d'*Ains
parlait Zarathoustra (*première partie*). « *Entre-temps, au fond
en très peu de jours, j'ai écrit mon meilleur livre, et, ce qui est
plus significatif, accompli ce pas décisif pour lequel l'année
dernière encore le courage me manquait* » (*à Overbeck, 3 février*).
*Malwida von Meysenbug invite N. à Rome, elle lui présente,
entre autres, une demoiselle Cécile Horner comme une* « *secré-
taire de bonne volonté* » *en perspective, Malwida, qui à ce moment-
là correspondait avec Élisabeth, avait ainsi l'intention de réconcilier N. avec sa sœur. N. ne peut* « *se décider* » (*à Overbeck,
11 février*) ; *il reste finalement en Ligurie et écrit lui-même la
copie du Zarathoustra destinée à l'impression. A Gênes —
d'où il envoie probablement le manuscrit à Schmeitzner — il
apprend le 14 février la mort de Wagner (13 février). Sa lettre
à Cosima Wagner. Le 23 février, il s'installe à Gênes.*

23 février-3 mai, Gênes.

*Relations avec le compositeur allemand August Bungert qui
appartient au cercle étroit des familiers de la reine de Roumanie
(Carmen Sylva). Paul Deussen lui envoie son ouvrage sur la
doctrine du Vedânta :* « *C'est pour moi un grand plaisir de
connaître enfin l'expression classique de la pensée qui m'est
la plus étrangère : ce que me permet ton livre* » (*à Deussen,
16 mars*). *Il prie Paul Rée de ne pas lui dédier La Naissance
de la conscience (qui ne paraîtra qu'en 1885), rompant ainsi
ses relations avec Rée (et Lou),* « *desquelles a résulté mainte
funeste confusion* » (*à Overbeck, mars*). « *La séparation des
miens commence à se présenter à moi comme un véritable bienfait ; ah ! si tu savais quelles victoires sur ce chapitre j'ai eu à
remporter (depuis ma naissance) ! Je ne puis supporter ma mère,
et il m'est désagréable d'entendre la voix de ma sœur ; je suis
toujours tombé malade quand j'étais avec elle* » (*même lettre à
Overbeck*). *L'état d'âme et la santé de Nietzsche demeurent pré-
caires :* « *Je ne comprends plus du tout à quoi bon je devrais
vivre, ne fût-ce que six mois de plus, tout est ennuyeux, doulou-*

reusement dégoûtant * » (*à Overbeck 24 mars*). « *Profession de
foi* » *de Peter Gast après la lecture des premières épreuves
d'*Ainsi parlait Zarathoustra *: « A ce livre il faut souhaiter
la diffusion de la Bible, son prestige canonique, la série de ses
commentaires, sur laquelle repose en partie ce prestige. Mais
hélas — que cela mettra longtemps ! Cela m'attriste déjà de
savoir que le prochain passage de Vénus aura lieu le 2 juin
2004 ; comme je serais triste d'apprendre quand votre livre
aura la diffusion et le prestige de la Bible ! » (à N., 2 avril).
Réponse de N. : « ... à la lecture de votre dernière lettre j'ai été
saisi d'un frisson. En supposant que vous ayez raison — alors
ma vie ne serait pas ratée ? Et moins que jamais au moment où
je l'ai cru le plus ? » (à Gast, 6 avril). A Overbeck : « Le temps
est splendide, ma santé et mon courage toujours en hausse...
Il y a de nombreuses périodes d'angoisse pour moi que je surmonte difficilement ; alors je doute même de la valeur de mes
réflexions et de mes décisions. Mais dès que la santé et le temps
deviennent sereins, je m'avoue toujours que, malgré une vie
extrêmement douloureuse, je me dirige vers une fin pour l'amour
de laquelle il vaut déjà la peine de vivre durement et difficilement » (19 avril). Dans cette nouvelle disposition d'esprit N.
reprend ses relations épistolaires avec sa mère, et il se décide à
se rendre à Rome et à y rencontrer sa sœur.*

4 mai-16 juin, Rome.

*Réconciliation avec sa sœur. « Rome n'est pas un endroit
pour moi — tant de choses tiennent ferme. Je prends ce mois
comme une récréation humaine et un repos. Jamais encore je
n'ai été si bien logé ; pour la première fois, on a manifesté et
ressenti comme un honneur de me recevoir : et naturellement
c'était une famille suisse qui me soignait de cette sorte... »
« Je suis très touché et passe beaucoup de temps en compagnie
agréable ; dès que je suis seul, je me sens secoué comme jamais
encore de ma vie... » (à Gast, 10 et 20 mai). Il habite chez le
peintre suisse Max Müller, place Barberini.*

18 juin-5 septembre, Sils-Maria.

*Voyage de Rome en Suisse avec sa sœur. Second séjour de
N. à Sils-Maria. En juillet rédaction d'*Ainsi parlait Zarathoustra, *deuxième partie. Travail pour une « morale pour moralis-
tes ». Excité par sa sœur avec de prétendues révélations sur le
comportement de Lou et de Rée à son égard, N. écrit une série*

---

* « Dégoûtant » en français dans l'original.

*de lettres violentes à Lou, Rée et leurs proches. Ici également la
correspondance conservée est très incomplète. Le bilan de toute
cette affaire, N. le tire dans une lettre à Ida Overbeck ; « Certes,
je ne me suis pas plaint auprès de vous de ma sœur, mais de
la fatalité avec laquelle tout ce qu'elle a fait dans cette histoire
se tourne contre moi... Et maintenant encore un mot sur Made-
moiselle Salomé. Abstraction faite de l'éclairage idéaliste sous
lequel on [N. fait allusion à Malwida von Meysenbug] me l'a
présentée (comme une martyre de la connaissance, presque dès
la plus tendre enfance, et même comme une héroïne plus
encore que comme une martyre), elle est et reste pour moi un être
de premier ordre,* qui est éternellement à plaindre. *Avec
l'énergie de sa volonté et l'originalité de son esprit elle était faite
pour quelque chose de grand : avec sa réelle moralité, il se pourrait bien que sa place fût plutôt au pénitencier ou dans une maison de fous. Elle me manque, même avec ses défauts : nous
étions assez différents pour que, de nos entretiens, il dût toujours
résulter quelque chose d'utile, je n'ai rencontré personne d'aussi
libre de préjugés, d'aussi sensé et d'aussi préparé à mon genre
de problèmes. Maintenant c'est comme si j'étais condamné au
silence ou à une sorte d'hypocrisie humanitaire dans mes
rapports avec tous les hommes » (vers la fin août). Il rencontre
Overbeck à Schuls près de Tarasp : avec son ami il discute,
entre autres, le projet de donner des cours à l'université de Leipzig : « ... L'idée des cours à Leipzig était une idée de désespoir...
Mais elle a déjà été écartée : et Heinze, le recteur actuel de l'université [et ami de N.], a éclairé ma lanterne à ce sujet en me faisant savoir que ma candidature à Leipzig échouerait (et aussi
bien dans toutes les universités allemandes) ; la Faculté ne se
hasarderait pas à me proposer au ministère — à cause de ma
position à l'endroit du christianisme et des* représentations
*de Dieu. Bravo ! Ce point de vue m'a rendu mon courage ! »
(à Gast, 26 août).*

Septembre-début octobre, Naumburg.

*Le 5 septembre N. part pour Naumburg où il reste cinq
semaines ; nouveaux conflits avec les siens. Fiançailles d'Élisabeth N. avec l'antisémite notoire Bernhard Förster.*

Octobre-fin novembre, Bâle, Gênes, La Spezia, Gênes.

*Début octobre N. à Bâle chez le couple Overbeck (trois jours).
A Gênes, puis à La Spezia, dans l'espoir de rencontrer la Meysenbug : de nouveau à Gênes. Mauvais état de santé. « Ne pas
vivre en Allemagne ni avec ma famille m'est assurément aussi*

important que le martyre de la diète » (à Overbeck, 27 octobre). »
*Cela va, il me faut, hélas ! te l'annoncer, de façon assez affli-
geante. Attaques sur attaques, chaque jour une histoire de
malade, et bien des heures où je me dis : ' je ne peux plus me
tirer d'affaire '. A présent seulement je prends tout à fait conscience de la manière combien pauvre et coupée de faveurs
extérieures ma vie s'est déroulée depuis bien des années — maintenant que le silencieux espoir m'a quitté, que ces allègements
et ces faveurs me viendraient nécessairement. Je ne cesse
d'enrager aussitôt que j'y songe, de ce que je n'aie personne
avec qui je puisse réfléchir à l'avenir de l'homme — en fait je
suis intérieurement tout à fait malade et blessé de la longue
privation d'une compagnie qui soit faite pour moi. Rien ne me
vient en aide, personne n'invente quelque chose qui pourrait
me rasséréner et m'élever, rien ne se présente entre-temps qui
me libère de toutes les impressions outrageantes dont les dernières années m'ont accablé. Mes yeux sont beaucoup plus
affaiblis que jamais, si souvent la solitude me pèse. En outre
cela n'ira plus du tout avec Gênes, la ville est trop bruyante
et ses promenades sont trop éloignées. Je remarque qu'on ne
peut rien faire deux fois. Pour guérir j'ai besoin de nouvelles impressions premières* » (à Overbeck, 11 novembre).*

Fin novembre-décembre, Villefranche, Nice.

*Après une semaine à Villefranche, Nietzsche séjourne à
Nice : il y passera l'hiver les années suivantes (jusqu'en 1887-
1888). Premières visites de Joseph Paneth, jeune érudit vien-
nois (ami intime de Siegmund Freud, « mon ami Joseph »
de L'interprétation des rêves). Lettres de Paul Lanzky envoyées
de Vallombrosa (près de Florence) « C'est le premier à m'avoir
appelé dans une lettre : ' Très honoré maître ! ' (ce qui a remué
en moi les sensations et les souvenirs les plus divers) « (à Overbeck, 26 décembre). « Malade, malade, malade ! Que peut-il
résulter du mode de vie le plus raisonnable dès lors de la véhé-
mence du sentiment éclate entre-temps comme un éclair et
renverse l'ordre des fonctions naturelles (je crois notamment
qu'elle modifie la circulation du sang) » (à Overbeck, dans la
même lettre).*

1884, janvier-20 avril, Nice.

*En janvier, fin de la troisième partie d'Ainsi parlait Zara-
thoustra. Gast à N. : « Ce Zarathoustra ! On a l'impression qu'il
faudrait faire dater de lui une ère nouvelle. Un jour on vous
honorera et devra vous honorer comme on honore les fondateurs*

*des religions asiatiques, et d'une manière moins asiatique,
espérons-le !* » (*29 février*). *N. à Overbeck sur cette lettre de Gast :*
« *Le début de sa lettre traite de mon Zarathoustra, d'une manière
qui t'inquiétera plutôt qu'elle ne te satisfera. Ciel ! qui sait ce
qui m'incombe et de quelle force j'ai besoin pour me supporter
moi-même ! Je ne sais comment j'en arrive là — mais il se
peut que pour la première fois me soit venue la pensée qui
coupe en deux l'histoire de l'humanité. Ce Zarathoustra n'est
qu'une préface, un vestibule, — il m'a fallu me donner courage
moi-même, car de toutes parts ne me venait que le découragement : le courage de supporter cette pensée ! Car je suis encore
loin de pouvoir l'énoncer et la représenter. Est-elle vraie ou
plutôt sera-t-elle crue vraie — c'est ainsi que tout changera et
se renversera et que* toutes *les valeurs traditionnelles seront
dévaluées. — De* cette réalité *Köselitz a un pressentiment,
un avant-goût* » (*10 mars*). *Après des visites et des entretiens
répétés Paneth prend congé de N. Nouvelle rupture de N. avec
sa sœur :* « *Ce maudit antisémitisme... est la cause d'une rupture radicale entre ma sœur et moi...* » (*à Overbeck, 2 avril*).
*Resa von Schirnhofer, une étudiante autrichienne, lui rend
visite sur le conseil de Malwida von Meysenbug.*

21 avril-12 juin, Venise.

A Venise avec Peter Gast. « *J'exige tellement de moi que je
suis ingrat envers le meilleur de ce que j'ai déjà fait ; et si je
ne réussis pas à ce que des millénaires entiers prononcent leurs
vœux suprêmes sur mon nom, à mes yeux je n'aurai rien
obtenu. En attendant — je n'ai encore aucun disciple* » (*à Overbeck, 21 mai*) « *Qui sait combien de générations devront passer
avant de produire quelques hommes qui sympathiseront dans
toute sa profondeur avec* ce *que j'ai fait ! Et même alors je
frémis à la pensée de tout l'injuste et l'inadéquat qui un jour
ou l'autre se réclamera de mon autorité. Mais tel est le tourment
de tout grand maître de l'humanité : il sait que, dans certaines
circonstances et à la faveur de certains accidents, il peut devenir
la fatalité de l'humanité, aussi bien que sa bénédiction. Quant
à moi, je veux tout au moins ne pas favoriser un trop grossier
malentendu ; et maintenant que je me suis construit ce vestibule
de ma philosophie, il me faut y remettre la main et ne pas fai-
blir jusqu'à ce que se dresse devant moi l'édifice principal...* »
(*à Malwida von Meysenbug, juin ; cette lettre qui contient des
reproches violents contre sa sœur aussi bien que des phrases qui
rendent justice à Lou von Salomé et à Paul Rée, fut falsifiée —
comme Karl Schlechta l'a prouvé — par Élisabeth Förster-
Nietzsche et publiée comme adressée à elle-même*).

Juin-juillet, Bâle, Val Piora, Zurich.

De la mi-juin jusqu'au 2 juillet, N. à Bâle avec le couple Overbeck.

Bâle, ou plutôt ma tentative pour renouer mes anciennes manières d'être avec les Bâlois et l'université — m'a profondément épuisé. Un tel rôle et un tel déguisement coûtent maintenant beaucoup trop à mon orgueil » (à Overbeck, de Piora). *Après quelques jours passés à Val Piora près d'Airolo, N. est à Zurich (12-15 juillet). Visite de Resa von Schirnhofer, connaissance de Meta von Salis.*

16 juillet-25 septembre, Sils-Maria.

Troisième séjour de N. à Sils-Maria. « Je suis plongé dans mes problèmes ; ma théorie selon laquelle le monde du bien et du mal n'est qu'un monde d'apparence et de perspective est si neuve que j'en perds parfois l'ouïe et la vue... Il devrait y avoir quelqu'un qui, comme on dit, ‘ vivrait ’ pour moi... Les soirs où je suis tout seul, assis dans l'étroite petite chambre sont de durs morceaux à mâcher » (à Overbeck, 25 juillet). *Du 26 au 28 août, visite de Heinrich von Stein.*

Fin septembre-fin octobre, Zurich.

Nouvelle réconciliation avec sa sœur à Zurich. Connaissance personnelle de Gottfried Keller. Friedrich Hegar, directeur de la musique à Zurich, joue avec son orchestre pour N. comme seul auditeur l'ouverture de l'opéra de Peter Gast, Le Lion de Venise. Nombreux essais de composition poétique : « J'ai la tête pleine des chants les plus effrénés qui traversèrent jamais la tête d'un poète lyrique » (à Gast, 30 septembre). *Connaissance d'Hélène Druscowicz. Mort de Karl Hillebrand, « le seul qui jusqu'à présent ait travaillé à me faire connaître »* (à sa mère et à sa sœur, 30 octobre).

Novembre-décembre, Menton, Nice.

Après un mois de séjour à Menton, N. de nouveau à Nice. Fréquentation de Paul Lanzky : « Un homme plein d'attentions et qui m'est très dévoué, mais rien pour une longue compagnie. Plutôt un pantin.... » (à Overbeck, janvier 1885).

1885, janvier-début avril, Nice.

Rédaction d'Ainsi parlait Zarathoustra, quatrième partie. N. demande à Carl von Gersdorff une aide financière, car depuis sa rupture — il y a un an — avec son éditeur Schmeitzner il est en difficulté pour ses publications ultérieures. Gersdorff ne peut l'aider. Entre la mi-mars et la mi-avril N. fait paraître à ses frais un tirage limité de Za IV ; tirage : 40 exemplaires.

*Seule la publication des fragments posthumes des années
1882-1885 présentera dans toute sa complexité la genèse d'Ainsi
parlait Zarathoustra. Que soient ici seulement indiquées quelques dates générales, ainsi qu'une vue d'ensemble des manuscrits qui constituent le matériel à partir duquel N. a rédigé son
œuvre.*

*Bien que la structure de chaque partie du Zarathoustra ait
ses propres particularités, dans chaque partie on peut distinguer :
1) un cadre de narration, 2) des discours de caractère didacti-
que, souvent des suites de maximes, 3) des « chants », et des
poèmes, des allégories poétiques, etc. Dans les manuscrits de
N. avant la rédaction de la première partie, on trouve des notes
de caractère épique, proverbial, ou poétique. La masse consi-
dérable de ces matériaux n'a été utilisée qu'en partie dans la
rédaction définitive, le reste a été tantôt laissé dans les manuscrits
définitivement inutilisés, tantôt recopié sur de nouveaux cahiers
(très souvent avec des variantes) ; en même temps N. grossit
ses matériaux de nouvelles idées de récit, de nouvelles maximes
et formules théoriques, de nouvelles images et d' « expressions
heureuses » (lui-même a désigné ainsi une série de petites notes),
d'essais poétiques, etc. Il arrive souvent que N. couche par écrit
de nombreux plans aussi bien pour la partie à laquelle il est
en train de travailler que pour la partie suivante. C'est ce qui
se produit la plupart du temps après l'achèvement d'une partie :
ainsi après le deuxième Zarathoustra on trouve dans les cahiers
des esquisses pour une troisième, quatrième, cinquième et
sixième partie ; ces esquisses peuvent parfois être très étendues.
Après le quatrième Zarathoustra on trouve encore des plans
pour de nouveaux textes de Zarathoustra, avec de nouveaux
titres, dont le plus fréquent est Midi et éternité. Ce titre vient*

1881, moment où N. eut pour la première fois son intui-
l' « Éternel retour » et conçut la figure de Zarathoustra.
...i les œuvres ultérieures de N. issues des matériaux inutilisés de Zarathoustra, on trouve la quatrième partie : « Maximes
et interludes » de Par-delà bien et mal, et la plus grande partie
des Dithyrambes de Dionysos.

La première partie d'Ainsi parlait Zarathoustra fut — selon
le propre témoignage de N. — écrite en dix jours. Il a affirmé la
même chose pour les autres parties. N. se rapporte sûrement
en cela à la rédaction de la copie au net. Celle-ci fut pour la
première partie écrite dans la seconde moitié de janvier 1883.
N. dit dans Ecce homo : « La conclusion [du premier Zara-
thoustra]... a été écrite exactement à l'heure sainte où Richard
Wagner mourait à Venise. » Cette déclaration est digne de foi.
N. envoya la copie destinée à l'imprimeur — c'est-à-dire une
copie du manuscrit qui était déjà achevé depuis la fin janvier —
du premier Zarathoustra le 14 février, de Rapallo (ou de Gênes ?)
à Chemnitz. Wagner était mort le 13 à 14 h 30 : il n'y a aucune
raison de douter que N. ait écrit les dernières lignes de son
manuscrit le 13 février. Les travaux préparatoires au premier
Zarathoustra ne nous sont parvenus que pleins de lacunes.
La copie au net n'existe que pour une partie du prologue ; de
nombreuses ébauches concernant les autres chapitres se trouvent
dans les cahiers N V 8, N V 9, N VI 1, que N. avait déjà
utilisés au début de 1882 et à la fin de l'été de cette même année,
ainsi que dans deux amples recueils de maximes, Z I 1 et Z I 2,
qui datent de l'automne 1882. N. a détruit lui-même la copie
destinée à l'imprimeur du premier Zarathoustra — en même
temps que celles du second et du troisième. L'impression a
duré du 31 mars au 26 avril 1883. Gast a aidé N. pour les corrections de cette partie et de toutes les parties suivantes. Ce que
nous nommons la « première partie » d'Ainsi parlait Zarathoustra (en abrégé : Za I) ne fut pas publiée sous cette désignation.
La page du titre portait : Ainsi parlait Zarathoustra. Un livre
qui est pour tous et qui n'est pour personne. Par Friedrich
Nietzsche. Chemnitz, 1883. Seules les trois parties suivantes
furent désignées comme telles.
La tradition des manuscrits de la deuxième partie (Za II)
— abstraction faite, comme nous l'avons dit, de la copie destinée à l'imprimeur — est pour ainsi dire complète. Nous possé-
dons : les carnets de notes contenant les premières ébauches
N VI 2, N VI 3, N VI 4, qu'on peut dater des printemps-été
1883 ; les cahiers Z I 3 et Z I 4 dans lesquels N. a effectué les
copies au net de tous les chapitres — tout d'abord sans plan
rigoureux — dans les dix premiers jours de juillet 1883. Tout

de suite après, Nietzsche effectua la copie du manuscrit et l'envoya à l'imprimerie à la mi-juillet. *Les copies au net de Z I 3 et Z I 4 permettent de reconstituer le texte manuscrit et sans lacune du deuxième Zarathoustra*. Beaucoup de matériaux des deux cahiers restèrent inutilisés. *En Z I 3 notamment,* N. *avait rassemblé un recueil de maximes de ses œuvres antérieures sous le titre* : Méchante sagesse *avec l'évidente intention de l'utiliser dans le Zarathoustra. L'impression du deuxième* Zarathoustra *dura de fin juillet à fin août.*

Les manuscrits de la troisième partie sont eux aussi presque complets. N VI 5, N VI 6, N VI 7, N VI 8 *contiennent d'abord les plans et esquisses déjà cités en vue d'une suite allant jusqu'à une sixième partie, ensuite les ébauches de la troisième partie. Dans les cahiers Z II 1 et Z II 2,* Nietzsche *transposa une grande partie de ces plans et esquisses ainsi que d'autres matériaux : le tout resta pour la majeure partie inutilisé. En Z II 3 et Z II 4, au contraire, se trouvent toutes les copies au net des chapitres du troisième Zarathoustra, de sorte que pour cette partie une reconstitution sans lacune des manuscrits est également possible. Les manuscrits du troisième Zarathoustra doivent être datés de la fin de l'été 1883 au début de 1884. L'impression de la troisième partie d'*Ainsi parlait Zarathoustra *dura de fin février à fin mars 1884.*

Entre la troisième et la quatrième partie du Zarathoustra s'écoule à peu près une année. Le travail principal de N. *pendant cette période se reflète dans deux grands cahiers d'études,* W I 1 *et* W I 2, *qui contiennent principalement des notes de caractère historico-philosophique et de nombreuses citations de livres qu'il avait lus. Quelques plans particuliers et esquisses des écrits du Zarathoustra se trouvent cependant dans ces deux cahiers. En automne 1884* N. *écrivit quelques poèmes ; trois d'entre eux devaient être repris dans les quatre Zarathoustra. Pendant l'hiver 1884-1885* N. *voulait composer un nouveau* Zarathoustra, *car il considérait* Ainsi parlait Zarathoustra *comme terminé avec la troisième partie. La nouvelle œuvre, sous le titre de* Midi et éternité, *aurait eu elle aussi trois parties. La première était achevée et avait pour titre « La tentation de Zarathoustra ». Elle devint la quatrième et dernière partie d'*Ainsi parlait Zarathoustra. N. *fut en effet détourné de son nouveau projet par ses difficultés financières* (vide supra). *Depuis le gros cahier* N VI 9, *en passant par les carnets d'ébauches ont été conservés tous les manuscrits de Z II 6, Z II 7, Z II 8, Z II 9, Z II 10, et jusqu'à la copie destinée à l'imprimeur (D 17). A l'exception des poèmes, les notes de ces manuscrits doivent être datées de la fin de l'automne 1884 et de l'hiver 1884-1885. L'impression dura de la mi-mars à la mi-avril*

*1885 : N. fit imprimer à ses frais la dernière partie d'*Ainsi
parlait Zarathoustra, *à un tirage de 40 exemplaires seulement.
Lorsque N. revint à son premier éditeur, E. W. Fritzsch à
Leipzig, il lui fit relier les trois premières parties en un volume,
qui parut sous le titre :* Ainsi parlait Zarathoustra. Un livre
qui est pour tous et qui n'est pour personne. De Friedrich
Nietzsche. En trois parties. Leipzig o. J. *(1886). La quatrième
partie ne fut pas rendue publique, sans doute parce que N. avait
l'intention de revenir à son projet de donner une suite au Zarathoustra, suite dont ce texte eût constitué la première partie,
comme en témoignent divers projets notés jusqu'à la fin de 1888.
La première édition complète d'*Ainsi parlait Zarathoustra
*parut en 1892, après que cette quatrième partie eut été publiée
séparément en 1890.*

*A Weimar — dans la Bibliothèque centrale des classiques
allemands — on conserve incomplètes les épreuves d'imprimerie
d'*Ainsi parlait Zarathoustra *avec de nombreuses corrections
de N., ainsi que son exemplaire personnel. Ce matériel a été
utilisé pour l'établissement de notre texte.*

Notes et variantes

Traduction d'Angèle Kremer-Marietti
et de Maurice de Gandillac

PREMIÈRE PARTIE

PROLOGUE DE ZARATHOUSTRA

1

P. 19.

1. Comme Jésus, cf. *Luc*, 3, 23.

P. 20.

1. Tout le paragraphe 1 du « Prologue de Zarathoustra » correspond à GS 342.

2

2. Cf. Za II : *Le Devin*, p. 171 sq.

3. Z I 2, 228 : « Voyez s'il a un œil pur et une bouche sans mépris. Voyez s'il marche comme un danseur. »

4. Comme Bouddha, cf. H. Oldenberg, *Buddha, Sein Leben, seine Lehre, seine Gemeinde*, Berlin 1881, p. 113 (BN).

5. Cf. V 23 [52] ; Z I 1, 9 : « Ainsi parlait un saint : j'aime [l'homme] Dieu — car [mais] l'homme [l'individu] est une chose si imparfaite. L'amour d'un être humain me détruirait. »

Z I 2, 245 : « Dans l'homme il y a beaucoup à aimer : mais l'homme n'est pas à aimer. L'homme est une chose trop imparfaite : l'amour d'un être humain me tuerait. »

P. 21.

1. N VI 1, 7 : « Ne va chez les hommes, plutôt va chez les bêtes. Enseigne aux bêtes que la nature est plus cruelle que l'homme. »

2. N VI 1, 13-14 contient ce schéma : « Dernier entretien avec l'ermite. / — Je te loue de n'avoir été mon élève. / L'ermite : je méprise trop les hommes, je les aime trop — je ne les supporte — des deux façons il faut que trop je me *dissimule* — / Je leur apporte un nouvel amour et un nouveau mépris — le surhomme et le dernier homme. / — Point ne t'entends — ce que tu leur apportes, ils ne l'acceptent. Que d'abord ils mendient une aumône ! / — Z<arathoustra> --- / <L'ermite > : Mais ils n'ont besoin que d'aumônes, ils ne sont riches assez pour pouvoir utiliser tes trésors / Je fais des chants et les chante / Je ris et pleure quand je fais mes chants. — A cet homme je n'ai plus rien à apprendre. »

3

P. 22.

1. N VI 1, 6 : « L'homme est quelque chose qui se doit dépasser : qu'as-tu fait pour cela ? Que m'importent vos gens de bien et vos méchants ? »

2. N VI 1, 29 : « Ce que le singe est pour nous, l'objet d'une *honte* qui fait mal — cela nous devons l'être, *nous*, pour le sur-homme. »

3. N VI 1, 46 : « Comme du ver de terre à l'homme vous avez cheminé ! Et grandement encore avez en vous du ver de terre et un souvenir de votre chemin. »

4. N VI 1, 82 : « L'homme doit être le milieu entre la plante et le spectre. »

P. 23.

1. Z I 2, 36 : « Vous voilez votre âme : la nudité serait un scandale pour votre âme. Oh ! que n'apprenez-vous pourquoi un dieu est nu ! Il ne doit pas avoir honte. Nu, il est puissant ! / Le corps est quelque chose de méchant, la beauté est une diablerie : émacié, affreux, famélique, sale, ainsi doit apparaître le corps. / Attenter à la vie du corps, c'est comme attenter à la Terre et au sens de la Terre. Malheur au misérable auquel le corps paraît méchant et diabolique la beauté ! »

Pour le « dieu nu » cf. V II [142] avec la citation de Sénèque (*Ep.* XXXI) : « *Deus nudus est* » ; cf. aussi Za I, « Des contempteurs du corps ».

2. N V 8, 24 : « Je vous enseigne le surhomme : il faut que vous vous enseigniez à vous-mêmes le grand mépris. »

3. N VI 1, 36 : « Vous n'avez jamais vécu l'instant qui vous dit " nous sommes pitoyables ". »

4. Z I 2, 168 : « La compassion est un sentiment infernal :

la *compassion* est elle-même la Croix à laquelle est cloué celui
qui aime les hommes. »
    5. Z I 2, 125 : « sobriété ».

P. 24.

    1. D'après *Gen.*, 4, 10.
    2. N VI 1, 139 : « Je vous inocule le délire. »

                                    4

    3. Z I 2, 66 : « Il est des natures qui de se supporter ne
trouvent moyen qu'en s'efforçant à leur déclin. »
    4. N V 8, 45 : « Je vis pour connaître : je veux connaître
pour que vive le surhomme. »
    5. N V 8, 50 : « et qui est compatissant, de sa compassion
se doit faire devoir et destin, et qui est fidèle, que sa fidélité
devienne son devoir et son destin — et tu ne peux avoir assez
d'esprit pour ta vertu » / Z I 2, 47 : « J'aime celui qui n'attend
pas de récompense pour sa vertu, mais punition et déclin. »

P. 25.

    1. Z I 2, 46 : « Vous ne devez avoir trop de vertus. Une seule
vertu est déjà beaucoup de vertus : et il faut être riche assez
même pour une seule vertu. Pour qu'elle vive, il vous faut
aller à votre perte. »
    2. Cf. *Luc*, 17, 33.
    3. Z I 1, 35 : « Avant toute action je me demande tour-
mente de n'être qu'un joueur de dés — je ne sais plus rien
de la liberté du vouloir. Et après toute action je me tourmente
que les dés tombent en ma faveur : suis-je donc un tricheur ?
Scrupule d'un homme de la connaissance. »
    4. Z I 1, 49 : « Par-devant tes actes lance tes paroles :
toi-même oblige-toi par la honte d'avoir manqué de parole. »
Cf. aussi V 23 [39] (fragments posthumes du GS).
    5. N V 9, 34 ; Z I 1, 22 : « Qui aime Dieu le châtie. » In-
version de *Héb.*, 12, 6 : « Car le Seigneur châtie celui qu'il
aime. »
    6. Z I 2, 253 : « Vous êtes trop grossiers pour moi : vous ne
savez dans une petite expérience vécue à votre perte aller. »
    7. Z I 2, 238 : « Je suis trop plein : en sorte que moi-même
m'oublie, et en moi sont toutes choses, et il n'est en moi plus
rien que toutes choses. *Où suis-je passé ?* »
    8. Z I 1, 38 : « " Le cœur appartient aux entrailles ", disait
Napoléon. [La tête est l'entraille du cœur.] Les entrailles de
la tête sont dans le cœur. » Z I 2, 166 : « J'aime les esprits
libres, quand ils sont aussi des cœurs libres. Pour moi la
tête est comme l'estomac du cœur — mais il faut avoir un

bon estomac. Ce que le cœur reçoit, il faut que la tête le digère. » Cf. aussi Za III. D'anciennes et de nouvelles tables 16 : « En vérité, mes frères, l'esprit *est* bien un estomac! »

5

P. 26.

1. Cf. *Matth.*, 13, 13.

2. N V 8, 13 : « Suis-je fait pour être prêcheur de carême ? Suis-je fait pour cliqueter comme prêtre et timbale ? » Z I 1, 136 : « Il a appris à s'exprimer — mais depuis lors on ne croit plus en lui. On ne croit qu'en celui qui bégaie. »

3. N VI 1, 1 : « Le dernier homme : une sorte de chinois. » N VI 1, 5 : « Le dernier homme : il toussote et jouit de son bonheur. » N VI 1, 5 : « L'homme décide de rester à titre de supersinge. Image du dernier homme qui est l'homme éternel. » N VI 1, 16 : « Le contraire du *surhomme* est le *dernier homme* : j'ai créé celui-ci en même temps que celui-là. »

4. Z I 2, 120 : « Vous devez garder un chaos en vous : tous ceux qui viennent ne peuvent qu'avoir assez d'étoffe pour se former eux-mêmes. »

P. 27.

1. Cf. *Jo.*, 10, 16 : « ... et il y aura un seul troupeau et un seul pasteur. »

6

P. 29.

1. Z I 2, 43, première version : « qu'à danser l'on dressa, je ne mérite compassion. »

2. Z I 2, 43, première version : « C'est dommage pour lui, du péril il a fait son métier, cela je l'ai appris d'un homme. »

7

3. Z I 2, 43 ajoute : « Je le veux maintenant avec moi emporter et ainsi quitter cette ville. Obscure était la nuit, sur un obscur chemin marchait Zarathoustra de par la nuit : et lent était son voyage, car il portait le cadavre sur son dos [du sang coulait sur lui] un froid et rigide cadavre, sur lequel le sang n'avait pas encore séché. Enfin, lorsque Zarathoustra eut marché maintes heures et [— — —] que les bêtes de proie lui [— — —] il fit halte au pied d'un grand arbre et s'endormit. » Version définitive en Z I 2, 38 (premières ébauches en N V 8 66, 74, 75).

P. 30.

1. Cf. *Prov.*, 4, 19 : « Mais le chemin sans Dieu est comme les ténèbres. »

8

P. 31.

1. Cf. *Ps.*, 146, 5, 7.

2. Z I 2, 38 : « Or Zarathoustra marcha de nouveau pendant deux heures et fit confiance au chemin et à la lumière des étoiles, comme un homme accoutumé aux cheminements nocturnes et un ami de ceux qui dorment. Mais lorsque parut l'aube, il se trouvait en une profonde forêt et plus aucun chemin ne se montrait. Alors il s'étendit sous un arbre et s'endormit : et à côté de lui gisait le mort. »

9

P. 32.

1. Comme Moïse, cf. *Ex.*, 32, 19.

2. Cf. *Matth.*, 9, 37 : « La moisson est grande, mais peu nombreux sont les ouvriers. » Z I 1, 156 : « Chez lui tout est mûr pour la moisson : mais il lui manque la faucille — de la sorte mains nues il arrache les épis et [se sent] se courrouce. »

10

p. 34

1. N V 9, 26 : « Serpent, dit Zarathoustra [à ses b<êtes>], tu es la bête la plus prudente [sur Terre] sous le Soleil — tu ne peux que savoir ce qui fortifie un cœur mon [cœur prudent] point ne le sais. [Non et toi] Et toi, aigle, [la meilleure] la bête la plus fière [sur Terre] sous le Soleil, prends ce cœur prudent et le porte là où l'on se languit de lui le [cœur fier] — point ne le sais. » N V 8, 58 : « Parfois je veux de toi : que tu sois foncièrement prudent et que tu sois foncièrement fier et que ta fierté toujours aille avec ta prudence ; lors ta fierté avec ta prudence ira toujours de conserve. [Tu marcheras sur le sentier de la folie] mais je conjure aussi ta folie que toujours elle prenne la fierté pour compagne. Mais veux-tu être insensé---. »

LES DISCOURS DE ZARATHOUSTRA

Des trois métamorphoses

P. 35.

1. Pour ce chapitre : N V 8, 66-67 : « Oui, pesamment chargé je me pressais vers mon désert : mais là seulement je découvris ce qui me fut le plus pesant / de sa propre vertu être [?] forgeron et enclume, [de sa propre loi vengeur et bourreau ⌈juge⌉] de sa propre valeur [mesure et pierre de touche] et pierre de touche et fondateur. / Il est bien du pesant et, lorsque j'étais jeune, je cherchais beaucoup ce qui est le plus pesant. / [Mais seulement dans] ⌈Oui, je courais dans le désert — et là seulement⌉ <dans> le plus solitaire désert je découvris ce qui me fut le plus pesant. / Ce plus pesant me devint le plus aimé, comme un dieu j'appris à honorer mon plus pesant. » N V 8, 76 : « Oui, j'ai porté toute cette charge ! Je m'agenouillai et sur moi chargeai toute cette charge, comme ⌈un⌉ le chameau ⌈je courbai la tête et me pressai vers le désert⌉, qui vers le désert se presse, ainsi je me pressai, chargé, vers mon désert. / Mais là je trouvai / - - - Où sont les vérités qui font souffrir ? criai-je. / Le premier fut le dragon et dit : " non-valeur est de toutes choses valeur ", " contradiction est au cœur de toutes valeurs " / Là je connus l'origine du bien et du mal ; et qu'à l'humanité manque sa fin. » N V 8, 77 : « Ne donner le droit de nommer les choses avec de nouveaux noms et de nouvelles valeurs — fut le plus pesant. Je broutai toutes les plantes — je broutai aussi tous les fantômes. / Briser avec les *valeurs supérieures* les tables des biens / je posai ma propre table à côté des autres — quel courage et quel effroi ce fut là ! » N V 8, 95 : Cha<pitre> Qu'est-ce qui fut pour Zarathoustra LE PLUS PESANT DE TOUT ? *Se détacher de l'ancienne morale.* / Une horrible légion de serpents, telles furent toutes les [anciennes] vertus des choses, entrelacées : écailles d'or éclatant, elles brillaient sur un dragon ⌈annelé⌉. ! Oui, ce fut le lion en moi qui écrasa ce dr<agon> : et ce fut en moi l'enfant qui aussi vainquit encore le lion. »

2. [Cf. *Job*, 6, 21 sq. (M. de G.).]

3. Cf. *Matth.*, 4, 1, 8.

P. 36.

1. Z I 2, 162 : « Qu'est pour l'homme de plus pesant à faire ? Aimer ceux qui nous méprisent ; abandonner notre cause quand elle fête sa victoire ; par amour de la vérité contredire au respect ; être malade et repousser le consola-

teur ; dans une eau froide et sale descendre ; avec des colombes nouer amitié ; au spectre tendre la main, lorsqu'il
nous a fait peur : — tout cela, dit Zarathoustra, je l'ai fait
et sur moi je le porte : et tout cela je l'abandonne aujourd'hui
pour peu de chose — pour le sourire d'un enfant. »

P. 37.

1. Z I 2, 178 : « Tel est l'homme : une nouvelle force, un
mouvement premier : une roue qui d'elle-même tourne ;
serait-il assez fort, autour de lui-même il ferait tourner les
étoiles. » [Cf. Angelus Silesius, *Le Pèlerin chérubique* 1, 37 :
« Il n'est rien qui te meuve, toi-même tu es la roue, / qui
d'elle-même court et n'a pas de repos. » (M. de G.)]

Des chaires de vertu

p. 38.

1. Cf. « le sommeil du juste » : *Ps.*, 4, 9 ; *Prov.*, 3, 24 ;
Eccli., 5, 11 ; *Eccli.*, 31, 1 ; 23, 24. N V 8 contient presque
toutes les ébauches successives de ce chapitre. N V 8, 104 :
« Autrefois j'appelais cela " christianisme " — et aujourd'hui
je l'appelle le " moyen de bien dormir ". » N V 8, 105 : « As-tu
toutes vertus dans ta maison, lors vient à toi aussi la dernière des vertus, le bon sommeil. »

P. 39.

1. Cf. *Ex.*, 20, 16, 14, 17.
2. Cf. GS 5 ; Z I 1, 33 : « On doit aussi de temps en temps
laisser dormir ses vertus. »
3. Cf. *Ps.*, 23, 1, 2 ; *Jo.* 10, 11, 59 ; N V 8, 107 : « J'aime de
bons bergers, verte est la pâture où broutent leurs moutons. »
4. N V 8, 195 : « Honneurs ne veux, ni richesses : une petite
société m'est plus chère qu'une méchante. »
5. NV 8, 106 : « Me plaisent beaucoup [pour compagnie]
les pauvres en esprit, au cas où ils sont bienheureux [et non
d'insupportables blasphémateurs et, querelleurs] et me donnent toujours raison. » Pour « pauvre en esprit » cf. *Matth.*, 5, 3.

P. 40.

1. N V 8, 118 : « Et si la vie n'avait aucun sens, bien-dormir
[et sans rêves] serait en vérité le plus beau non-sens / j'aimerais alors louer aussi les vertus comme de rouges coquelicots. »
2. N V 8, 115 : « Dites, où sont-ils passés, ces sages chers ?
Leurs yeux ne se ferment-ils ? Ici et là, il en reste quelques-
uns autour de toi : qui prêchent d'une voix suave sur le bien
et le mal. / Bienheureux ces somnolents. »

De ceux des arrière-mondes

P. 41.

1. N V 8, contient aussi la plupart des ébauches de ce chapitre. Quelques variantes en N V 8, 138 : « Contre les arrière-mondes ». Et N V 8, 139 : « C'est un *sacrifice d'abandonner* cet arrière-monde. Virilité! » « Ne nous suffit le terrestre — par consé<quent> le céleste — paralogisme. » N V 8, 164 : « Débarrassez-vous donc de cette fausse manière de lorgner les étoiles! Le ventre des [choses] de l'être jamais ne vous fera discours! » Cf. OS 17, où l'expression « arrière-monde » apparaît pour la première fois.

P. 42.

1. N. ici fait allusion à sa phase schopenhauerienne.
2. Cf. *supra* « Prologue », 2.

P. 43.

1. N V 8, 147 : « Dans le sable le plus fin plus d'une autruche s'est caché la tête. »
2. Cf. par exemple, I *Petr.*, 1, 19.
3. Cf. *Matth.*, 26, 27.
4. Cf. A 456.

P. 44.

1. Cf. Aristote, *Rhét.*, 1411 *b*, 26-27.

Des contempteurs du corps

P. 45.

1. Cf. *Jo.*, 10, 16.

P. 46.

1. Z I 2, 34 : « Derrière tes pensées et tes sentiments se tient ton corps et ton soi dans le corps : *la terra incognita. Pourquoi* as-tu *ces* pensées et ces sentiments ? Ton soi dans le corps *veut* par là quelque chose. »

Des affections de joie et de souffrance

P. 49.

1. Z I 2, 126 : « Qui me croirait, disait Zarathoustra, si je disais que j'appartiens à la race des irascibles, et à celle des voluptueux, des fanatiques, des vindicatifs ? Mais la guerre m'a guéri. »

2. Z I 2, 141 : « J'ai encore près de moi tous ces chiens sauvages, mais dans la cave. Pas même ne veux les entendre aboyer. »

3. Cf. H T H 292.

4. N V 8, 12 : « L'homme est hanté d'esprits aussi nombreux que les poissons dans la mer — qui combattent entre eux pour l'esprit " je " : ils l'aiment, ils veulent qu'il s'installe sur leur dos, ils se haïssent les uns les autres au nom de cet amour. »

P. 50.

5. Z I 1, 345 : « La jalousie est la passion la plus riche en esprit et cependant encore la plus grande folie. » 346 : « Dans la flamme de la jalousie comme le scorpion on tourne contre soi-même le dard empoisonné — mais sans le succès du scorpion. »

Du blême criminel

P. 51.

1. N V 9, 107 : « Erreur dans le crime. » Z I 1, 183 : « [Si nous] Point ne suffit [d'avoir puni] de punir [les] le criminel [devrions] nous devrions encore aussi avec nous le réconcilier et [lui donner notre bénédiction et notre main] le bénir : ou bien ne l'aimions-nous quand nous lui faisions mal ? Ne souffrions-nous d'avoir *été forcés* d'user de lui comme outil d'intimidation ? » / « [Tous les hommes sont] Même le coupable est innocent : [mais il me faut pourtant le juger et punir » — c'est ce sentiment d'injustice dans la justice] - - -. / « [Cet homme innocent, il me faut] / [La volonté du juge] / [Je ne fais aucun cas de la justice : car vous devez toujours encore le noble - - - / Je te sacrifie, toi que l'on dit coupable, à la communauté - - - /. Jusqu'à présent fut la justice un substitut public de la vengeance privée : mais elle devrait aussi être le substitut public de la réparation privée]. » N VI 1, 148 : « Le blême criminel au cachot et *Prométhée* en face ! Abâtardissement ! »

2. Z I 1, 16 : « " Ennemi " je veux dire, non " criminel " : " vermine " je veux dire, non " coquin " ; " malade " je veux dire, non " monstre " ; " fou " je veux dire, non " pécheur ". »

3. Z I 1, 10 : « [Le meilleur de nous fait dans ses pensées et ses rêves des choses] [Chacun fait des choses en pensée, qui, son voisin les fît-il réellement, le pousseraient à crier : " hors d'ici cette vermine, cette ordure, elle nous déshonore "]. Si tu voulais dire à haute voix ce que tu as déjà fait en pensée, lors chacun s'écrierait : " hors d'ici cette écœurante vermine, elle déshonora la Terre " — et chacun aurait oublié que dans

14

ses pensées, il a fait exactement la même chose. — Ainsi nous rend moraux ta façon de parler à cœur ouvert. »

P. 52.

1. Z I 1, 37 : « On est souvent, il est vrai, à la hauteur de son fait, mais non de l'*image* du fait accompli. »

2. Z I 1, 39 : « Les hommes moraux traitent le criminel comme un accessoire nécessaire pour l'incarnation d'un unique fait accompli — et ils se traitent eux-mêmes comme si cet unique fait était l'exception de leur essence : il agit comme le trait de craie autour de la poule. — Dans le monde moral, il y a beaucoup d'hypnotisme. »

3. Z I 2, 6 : « Avec ses intentions l'on rationalise ses instincts inintelligibles : comme fait, par exemple le meurtrier qui, pour justifier rationnellement sa véritable inclination, celle qui le pousse au meurtre, décide d'en faire un vol ou une vengeance. »

4. Z I 2, 185 : « Qu'est-ce que l'homme ? Un monceau de passions, qui par l'esprit et les sens s'attaquent au monde : alors regardez dans le monde pour y faire votre butin. »

P. 53.

1. Z I 1, 32 : « Il est beaucoup chez le méchant.qui me donne la nausée. Mais beaucoup aussi chez l'homme de bien : et, en vérité justement ce qu'il a de " méchant " ! »

Du lire et de l'écrire

P. 54.

1. Z I 1, 33 : « Qui connaît le " lecteur ", n'écrit certainement plus pour des lecteurs — mais pour lui-même, l'auteur. » Cf. OS 167. Z I 1, 31 : « Encore un siècle de gazettes et la morale est bannie du monde, assassinée par les discours. »

2. N VI 1, 158 : « Que tout un chacun ait le droit de lire et lise, à la longue cela ne ruine pas seulement les écrivains mais aussi les esprits en général: »

3. Z I 1, 33 : « Les sentences sont des cimes. »

P. 55.

1. Z I 1, 41 : « Quand on s'est élevé au-dessus du bon et du méchant, même dans la tragédie on ne voit qu'une comédie involontaire. [et on est loin de placer les natures tragiques au premier rang.] » Z I 1, 34 : « *Aux sceptiques.* — Qui gravit de hautes montagnes, se rit de tous gestes tragiques. »

2. N VI 1, 153 : « La vie est pesante à porter : pour cela

sont nécessaires avant midi le défi et après midi la soumission. »

3. N VI 1, 152 : « Tantôt tendre sereinement la nuque, comme si le poids de monde sur nous devait tout entier reposer — et tantôt trembler comme un bouton de rose, pour qui déjà trop lourd pèse une goutte de rosée. Mes frères et sœurs, ne soyez donc si délicats! Tous ensemble sommes de jolis ânes et ânesses aux reins solides qui portent une charge, et nullement des boutons de rose qui tremblent. » Cf. *Matth.*, 21, 5, *Zach.*, 9, 9 et V 10 [D 80].

4. Cf. Shakespeare, *Hamlet*, II, 2.

5. Z I 1, 48 : « " As-tu vu [le] ton diable ? " — ," Oui, pesamment sérieux, profond, appliqué, pathétique : il se tenait là, tout droit [tel le génie de la gravitation] comme le *genius gravitationis*, par lequel tous êtres et toutes choses — tombent ". » Pour l'*esprit de pesanteur*, cf. le chapitre portant ce titre en Za III, p. 240 sq.

6. Z I 1, 17 : « J'ai marche et manière de marcher. J'ai appris à marcher : de moi-même, depuis, je cours. / *L'esprit libre*. Qui sait voler, sait que pour s'envoler il ne faut d'abord se faire *pousser* ; comme vous autres, tous les esprits bien établis, en avez besoin, tout simplement pour " avancer ". »

De l'arbre sur la montagne

P. 57.

1. Pour les motifs bibliques de ce chapitre cf. *Jo.*, 1, 48 mais surtout l'entretien de Jésus avec le jeune « homme riche », *Matth.*, 19, 16 sq.

2. Cf. *Jo.*, 3, 8.

P. 58.

1. Cf. GS 26 et V 12 [100], 15 [10].

2. Cf. en Z I 1, 43 le poème : *Pin et éclair :* « Haut j'ai crû par-dessus homme et bête ; / Et si je parle — personne ne parle avec moi. / Trop solitaire je crûs et trop haut, / J'attends : qu'est-ce donc que j'attends? / Du siège des nuages trop proche est ma demeure, — j'attends le premier éclair. »

3. Cf. *Matth.*, 26-25.

P. 59.

1. Cf. *supra*, *Des affections de joie et de souffrance*, p. 49.

2. [Sur le thème mystique de l' « homme noble », cf. notamment, dans la tradition allemande, le sermon de Maître Eckhart qui porte ce titre (M. de G.).]

3. Z I 1, 42 : « Un homme noble se met toujours en travers du chemin d'un homme de bien : [mais ils sont trop lâches] ils se débarrassent de lui en disant qu'il est bon. »

Des prêcheurs de mort

P. 61.

1. N V 8, 144 : « État, Église et tout ce qui se fonde sur des mensonges sert aux prêcheurs de mort. »

P. 62.

1. Z I 2, Nº 170 : « Dans cette mélancolie confiné, ma vie dépend de petits hasards. — L'ermite. »

2. N VI 1, 194 : « Il est des prêcheurs qui enseignent la souffrance. Ils vous servent, encore qu'ils vous haïssent. » Allusion à Schopenhauer.

P. 63.

1. Au sens biblique, cf. par ex. *Ps.*, 90, 10.

De la guerre et des guerriers

P. 64.

1. Z I 1, 4 : « Force soldats et peu d'hommes virils pourtant! Force uniforme et d'uniformité bien davantage encore. » Z I 2, Nº 94 : « C'est uni-forme qu'ils appellent ce qu'ils portent : c'est uniformité, qu'ils veulent dire. »

2. Z I 1, 3 : « Il est chez quelques hommes un profond besoin de *leur* ennemi : chez eux tous, il est aussi une haine dès le premier regard. »

P. 65.

1. Z I 1, 3 : « Qu'est-ce qui est bon ? — " Ce qui est à la fois joli et touchant " — répondit une fillette. »

2. Z I 1, 24 : « Il est des hommes foncièrement différents : ceux qui du reflux de leur sentiment (en amitié ou en amour) ont la *pudeur* et ceux qui de son flux ont la pudeur. »

3. Z I 1, 12 : « La rébellion est pour l'esclave la plus digne attitude. »

De la nouvelle idole

P. 66.

1. N V 8 contient la plupart des premières ébauches de ce chapitre. N V 8, 88 : « Ils se nomment les légitimes ou les

amis du peuple ou les gens de bien et les justes ou bien les indépendants [?] — mais tous ensemble ils puent. » N V 8, 90 : « Ont-ils la puissance, lors ils mentent avec bonne conscience, la puissance leur manque-t-elle, lors maintenant avec mauvaise conscience et encore mieux. » N V 8, 100 : « Amis, je hais l'État : il dit " je suis le sens " qui [?] déshonore [?] la foi dans la vie. »

2. Cf. par ex., *Is.*, 66, 19

P. 67.

1. Cf. *Matth.*, 4, 9.

2. Cf. la variante de N V 8, 144 au chapitre « Des prêcheurs de mort ».

P. 69.

1. Cf. l'épigraphe de Richard Wagner, *L'Art et la Révolution* (1849) : « Où maintenant finit le politicien et le philosophe, là commence l'artiste. »

Des mouches de la place publique

P. 70.

1. N V 8, 59 : « (Emouchoir) contre les petites *contrariétés* de chaque jour. » N V 8, 108 : « Les *petits*. Fuyez dans la solitude, vous ne pouvez supporter le *petit dégoût* (Chap<itre>). » Z I 2, N° 260 : « Êtes-vous trop mous et dégoûtés pour tuer mouches et moucherons, allez dans la solitude et à l'air frais, où il n'est mouches et moucherons : et soyez vous-mêmes solitude et air frais ! »

2. N VI 1, 140 : « Vos meilleures choses ne valent rien sans un spectacle. »

P. 71.

1. Sur les secondes épreuves d'imprimerie : « tapageurs. »

P. 72.

1. Z I 1, 42 : « Qu'importe si vous flattez un dieu ou un diable, si vous pleurnichez devant un dieu ou un diable ? Vous n'êtes que flatteurs et pleurnicheurs ! »

2. Z I 1, 42 : « Qui de [nature] foncièrement est [devant le voisin] lâche, est d'habitude assez prudent [pour devenir aimable] pour s'approprier ce qu'on appelle l'amabilité. »

3. Z I 1, 46 : « Tout ce à qui l'on pense longuement, enfin donne à penser. »

4. Z I 2, 47 : « J'aime qui à son adversaire ne pardonne ses seuls échecs mais aussi sa victoire. »

De la chasteté

P. 74.

1. Z I 2, N° 267 ajoute : « Que savent-ils de l'heur! »

2. N VI 1, 114 : « Comme bête il faut être parfait lorsqu'on veut, comme homme, devenir parfait. » Z I 2, N° 164 : « Comme bête aussi on doit être parfait — disait Zarathoustra. »

3. N V 9, 33 : « La sensualité se présente comme une chienne qui veut avoir une morceau de viande — même dans le commerce le plus spirituel entre les deux sexes. La chienne Sensualité qui veut obtenir un morceau de viande [longtemps demande aussi] sait mendier fort gentiment un morceau d'esprit. »

P. 75.

1. Cf. *Matth.*, 8, 28-32.

2. *Cor.*, 7, 2. 7.

3. N VI 1, 160 : « N'est-ce folie d'être autrement que ne sont tous ? »

De l'ami

P. 76.

1. N V 8, 26-27 : « L'ami comme le meilleur contempteur et le meilleur ennemi. / Combien peu sont dignes! / Être la *conscience morale* de l'ami. Remarquer chaque humiliation. Ne prendre seulement la conscience du point de vue moral : également goût, également comme manière de ne pas sortir de ses limites. — / L'ami comme ange et démon. Ils ont l'un pour l'autre la serrure de la chaîne. Dans leur voisinage tombe une chaîne. Ils s'élèvent l'un l'autre. Et comme un je fait de deux je ils s'approchent du surhomme et célèbrent avec des cris de joie la possession de l'ennemi, parce qu'elle leur donne la seconde aile sans laquelle la première ne sert de rien. »

2. Z I 1, 51 : « Le tiers est toujours le flotteur qui empêche le dialogue de sombrer par le fond : ce qui, dans certaines circonstances, est un avantage. »

3. Z I 1, 37 : « Compte les hommes en lesquels tu as cru! leur somme te révèle ta croyance en toi-même. »

P. 77.

1. Z I 1, 40 : « [Nous exigeons de nous] " Se donner ainsi tout entier tel qu'on est " : [doit être un privilège] cela peut

bien rester la marque que nous réservons à l'ami — avec le résultat qu'au diable alors il nous souhaite. »

2. Cf. VO 8.

3. [Cf. Aristote, *Eth. Nic.*, viii, 13, 1061 *a-b*. (M. de G.).]

P. 78.

1. Première version, Z I 1, Nᵒ 91 = « Il est camaraderie, qu'il y ait aussi amitié est affaire de croyance, d'amour et d'espoir. » Cf. 1 *Cor.*, 13, 13.

De mille et une fins

P. 80.

1. N. pense aux Iraniens.
2. N. pense aux Hébreux.
3. N. pense aux Allemands.

P. 81.

1. N V 9, 77 : « Aimer et dans l'amour obéir, c'est ce que veut le je : régner, et dans l'amour régner, c'est ce que veut le je : ainsi le je dans le troupeau ne se veut que pour le troupeau. Mais cet autre je, le rusé, [malade] le je froid, qui sert à beaucoup pour se servir lui-même au mieux — il est écume et dernier déclin, et il est maladie. »

2. N V 9, 85 : « Ce fut amour pour le [berger et le] troupeau qui créa l'utilité comme bonne et sainte. / Ce fut l'amour pour l'enfant et l'espèce qui... / cet amour [créa] était la colère contre la joie [?] qu'on prend à l'amour de tous — et faute était la joie qu'on prend à l'amour de tous. » N V 8, 86 : « Avec l'amour ils se créèrent le bien et le mal : et non avec la ruse : car plus ancien fut l'amour que la ruse. — Utile n'était ce que l'amour de tous ordonnait : et celui de qui l'amour était le plus puissant, celui-là, le troupeau se le créa comme berger. — Petit était l'amour du prochain, méprisé le je : et au-dessus de tout était le troupeau. »

De l'amour du prochain

P. 82.

1. N V 8 : « Vous vous fuyez vous-mêmes : et toujours, pour échapper au Charybde de soi-même, vous tombez dans la Scylla de l'amour du prochain. »

P. 83.

1. Z I 1, 30 : « On se plaît à inviter un témoin quand on veut parler de soi : c'est ce qu'on appelle " commerce des hommes ". »

2. Z I 1, 29 : « Ne ment pas seulement celui qui parle contre ce qu'il sait, mais à plus forte raison celui qui parle contre ce qu'il ignore. — La seconde manière de mentir est si courante que sur elle on ne trébuche plus : c'est sur elle que se fonde l'échange entre les hommes. »

3. Z I 1, 33 : « Celui-ci voyage parce qu'il se cherche, et celui-là parce qu'il voudrait se perdre. »

4. Z I 1, 51 : « Dès que cinq hommes ensemble parlent, il faut toujours que meure un sixième. » Cf. V 23 [85]. Z I 1, 16 : « On aime le prochain [toujours] aux frais du lointain. »

5. Z I 1, 3 : « Dans les fêtes patriotiques les spectateurs sont aussi des acteurs. » Cf. aussi *Amos*, 5, 21.

6. Z I 2, N° 266 : « Le monde ici se tient achevé — une coquille d'or du bien. Mais l'esprit créateur veut même créer encore l'achevé : lors inventa le temps — et à présent le monde s'est déroulé et dans de grands anneaux en lui-même derechef il s'enroule, comme le bien se faisant par le mal, le but à partir du hasard. »

De la voie du créateur

P. 84.

1. N V 9, 131 : « Veux-tu avoir la vie facile, reste toujours dans le troupeau. Que le troupeau te fasse t'oublier toi-même ! Aime le berger et honore [le ventre] la morsure de son chien ! »

2. Z I 1, 3 : « La morale de toute société enseigne que la solitude est une faute. »

3. Cf. la note 1 de la page 37.

4. Z I 1, 39 : « " Sensations élevées ", " sublime disposition d'esprit ", ainsi nommez cela : je ne vois rien de plus que concupiscence de l'altitude et crampes d'une avarice morale. »

P. 85.

1. Cf. Za IV, : *L'Ombre*, p. 293 sq.

2. Z I 1, 31 : « [Toute sensation qui ne nous tue pas, nous la tuons.] Il est des sentiments qui nous veulent tuer ; s'ils n'y réussissent, il faut qu'eux-mêmes meurent. »

P. 86.

1. Cf. HTH 67.

2. Z I 1, 28 : « L'héroïque connaisseur déifie son diable : et en chemin passe par la condition d'hérétique, de sorcier, de devin, de sceptique, de [croyant et] sage, d'inspiré et de vaincu, et [meurt] se noie finalement dans son propre océan. »

3. Cf. Prologue, p. 20.

4. N V 8, 70 : « Et tu crois que la justice déjà va te suivre en boitant ? ».

De petites jeunes et de petites vieilles

P. 87.

1. Z I 1, 38 : « La solution de l'énigme " Femme " n'est pas l'amour mais la grossesse. »

P. 88.

1. N VI 1, 164 : « L'homme est, tant qu'il y aura des hommes, exercé à la guerre et à la chasse : c'est pourquoi il aime maintenant la connaissance comme la [dernière et] la plus vaste occasion de guerre et de chasse. Ce qu'une femme *pourrait* aimer surtout dans la connaissance ne pourrait qu'être autre chose — — —. »

2. Z I 1, 4 : « La tâche de la femme est de découvrir l'enfant dans l'homme et de le conserver. »

3. Z I 2. Nᵒ 146 : « Ainsi je veux vivre, rayonnant des vertus d'un monde qui point encore n'existe. »

4. N VI 1, 105 : « Mes frères, je ne sais aucune consolation pour la femme sinon de lui dire : « Du surhomme tu peux aussi être la mère ". »

5. Z I 1, 40 : « Les femmes avec l'arme de leur amour courent sus à celui que de la crainte leur instille : c'est leur espèce de [courage] vaillance. »

6. N VI 1, 181 : « Pour la femme, il est un seul point d'honneur ; croire nécessairement qu'elle aime plus qu'elle n'est aimée [sous cette] [dans cette croyance permettre l'amour en retour]. Au-delà de ce point commence aussitôt la prostitution. »

7. Z I 2, Nᵒ 118 : « En son tréfonds le meilleur homme lui-même est méchant : en son tréfonds la meilleure femme elle-même est mauvaise. »

8. Z I 1, 29 : « Le fer a de la haine pour l'aimant, lorsque l'aimant ne peut pas totalement tirer le fer jusqu'à lui — et pourtant l'*attire*. »

P. 89.

1. N VI 1, 5 : « Il est beau, à propos d'une femme [d'avoir tort] de dire quelque chose de faux : aux femmes il n'est rien d'impossible — répondit Zarathoustra. » Cf. *Luc*, I, 37 : « Car à Dieu, il n'est rien d'impossible. »

De la morsure de vipère

P. 90.

1. N VI 1, 114 : « Lors dit tout le peuple : nous devons anéantir le négateur de la morale. » Cette adjonction n'est développée dans aucun des manuscrits de N. que nous possédions de la même époque.

2. Z I 2, Nº 151 : « Ne vous faites pas connaître! Et si vous y êtes forcés, irritez-vous mais ne faites honte! »

3. Z I 1, 22 : « Il est peut-être chrétien mais non très humain de bénir ceux qui maudissent. Il est inhumain de bénir lorsqu'on a été maudit. Mieux vaut un peu maudire! » Au contraire de *Matth.* 5, 44 : « Bénissez ceux qui vous maudissent. »

P. 91.

1. N V 8, 68 : « Et si quelqu'un vous fait une grande injustice, prenez soin qu'à celui qui la fit vous en fassiez aussi une petite : ainsi est humain. »

2. Z I 1, 27 : « L'injustice, que la prenne sur lui celui qui la peut supporter : ainsi veut l'humanité. »

3. Z I 1, 25 : « Une petite vengeance est en général plus humaine que ne se point venger du tout. »

4. Z I 1, 41 : « [Sous tous] [Dans l'œil de tous] les juges [se tient] [regarde] le bourreau. »

5. Z I 1, 51 : « A : Que signifie la justice ? B : Ma justice est amour aux yeux lucides. A : Mais songe à ce que tu dis : cette justice acquitte tout le monde, à l'exception du juge! Cet amour souffre non seulement toute peine mais toute faute aussi. B : Ainsi soit-il! »

6. Z I 1, 31 : « Le mensonge *peut* être la philanthropie de celui qui connaît. »

7. Z I 1, 37 : « Tu veux être juste ? Infortuné, comment veux-tu à *chacun donner sa part?* — Non, je ne veux cela. *A chacun je donne ma propre part* : c'est suffisant pour qui n'est le plus riche. »

D'enfant et de mariage

P. 92.

1. N V 8, 80 : « " Une pudique impudicité " — ainsi je nomme vos mariages, encore que vous disiez qu'au Ciel, ils sont conclus. — / Stérile, je veux ce mariage encore qu'un dieu ait dit que vous devez vous multiplier. — / Deux bêtes se cherchaient et se trouvèrent l'une l'autre : et avec des cordes

et des chaînes invisibles [un dieu vous lia ferme et bénit votre couche] un dieu vint en boitant. » N V 8, 81 : « Deux bêtes se cherchent l'une l'autre — elles cherchent communauté dans la pauvreté, la saleté et un pitoyable agrément! C'est ce qu'on nomme mariage. — / Deux bêtes se trouvent l'une l'autre : à la hâte viennent les voisins et [crient] les lient avec des chaînes invisibles : à la hâte aussi vint en boitant le bon Dieu. » N V 8, 82 : « J'ai une question qui à toi seul s'adresse : comme un glaive que ma question perce l'âme. — / Tu es jeune et souhaites enfant et mariage. / Mais je te demande : es-tu l'homme qui [d'avoir] de vouloir un enfant ait le droit? — / Que m'est ton amour pour la femme s'il n'est pas compassion pour une divinité souffrante et voilée? » N V 8, 83 : « Je n'aime pas non plus le dieu qui vient en boitant pour bénir les bêtes unies. — / C'est un corps supérieur que vous devez créer, un mouvement premier, une roue qui d'elle-même roule. C'est un créateur que vous devez créer. — / Je ne puis souffrir votre impudicité honteuse qui se nomme mariage. » N V 8, 84 : « Je ne puis non plus souffrir votre loi du mariage, me répugne son doigt lourd qui montre le droit de l'homme. — [Il y a un droit *au* mariage — un droit rare] Je voudrais que vous parliez du droit *au* mariage et il y a un droit : mais *dans* le mariage il n'est que des devoirs et aucun droit. Vous ne devez pas seulement vous reproduire, mais vous dépasser. Que vous aide pour ce faire le jardin du mariage! » La loi du mariage à laquelle N. fait allusion est la loi chrétienne, cf. 1 *Cor.*, 7.

2. Z I 2, N° 53 : « L'enfant comme mémorial de la passion de deux personnes ; vouloir d'unité à deux. »

3. Cf. *supra* p. 37, n. 1.

4. N V 8, 54 : « Sens du mariage : un enfant qui représente un type *supérieur* à celui des *parents*. »

P. 93.

1. Cf. le mythe grec d'Héphaïstos, d'Arès et d'Aphrodite.

2. Cf. *Matth.*, 19, 6.

3. Z I 1, 45 : Amour pour la femme! Quand ce n'est compas-sion pour un dieu souffrant, c'est l'instinct qui cherche dans la femme des bêtes cachées. » Z I 2, 47, originairement des-tiné au § 4 du *Prologue* : « J'aime celui qui dans le prochain voit le dieu souffrant qui en lui est caché et a honte de la bête qui en lui devient visible. »

P. 94.

1. N V 8, 151 : « L'amour est encore chez le plus sage un délire : seulement lorsque votre amitié sonne clair comme une

cloche d'or - - - - — / L'amour est une image ravie de ce qui
est rarement vu, l'image de l'a<mitié>. »

De la libre mort

P. 95.

1. Z I 2, No 137 : « On doit en venir au point où les plus
hautes fêtes de l'homme soient la procréation et la mort. »

2. N V 9, 112 : « Beaucoup meurent trop tard, et quelques-
uns trop tôt. Mais qui n'a pas vécu au bon moment ne meurt
pas non plus au bon moment — ainsi font tous les superflus.
Plus d'un mourut trop tôt — et pour beaucoup il y eut fatalité dans la mort prématurée d'un seul. »

P. 96.

1. N V 9, 120 : « Si vous aimiez la Terre et pour le corps
étiez bon, n'auraient vos bouches perdu leurs dents. / Par
respect de [la vie] <de la> jeunesse vous auriez quitté [votre
vie] <l'>âge : et vos rameaux secs [encore à l'autel] vous les
auriez suspendus dans le sanctuaire [de la vie]. »

2. Z I 2, No 28 : « L'homme de science a un lot commun
avec les cordiers : il tire son fil toujours plus long, mais ce
faisant va lui-même — à reculons. »

3. Z I 1, 11 : « Tous ceux qui réussissent s'entendent à cet
art difficile : au bon moment — déguerpir. »

4. Z I 1, 12 : « C'est quand on est le plus savoureux qu'on
doit cesser de se faire manger — c'est le secret des femmes qui
sont longtemps aimées. »

5. Z I 1, 51 : « Qui tardivement est jeune longtemps demeure jeune : et l'on ne doit pas chercher la jeunesse chez les
jeunes. » Cf. aussi V 23 [13].

P. 97.

1. N VI 1, 35 : « Ce vieil homme - dieu ne savait rire. Un
Hébreu du nom de Jésus fut jusqu'ici celui qui le mieux
aima. »

2. Cf. *Luc*, 6, 25 : « Malheur à vous qui riez ! » ; Cf. aussi Za
IV « De l'homme supérieur », § 16, p. 354 sq.

De la prodigue vertu

P. 99.

1. N V 9, 156 : « Il est une autre vertu, une vertu intéressée
et elle veut être bien payée, ici ou dans un non-ici, et nomme
cela " justice ". O vous les amis de la prodigue vertu, dansons

notre dérision de toute vertu intéressée. Mais cela, encore ne l'apprîtes de moi : comment on danse la dérision. »

1

2. N V 8 : « Un soleil autour duquel s'enlace le serpent de la connaissance. » Cf. *Gen.* 3,5.

3. N VI 1, 106 : « Qu' [ont les bêtes de proie et les chats avec vous] avez-vous en commun avec les loups et les chats, qui ne font jamais que recevoir et jamais ne donnent et encore préfèrent voler plutôt que recevoir ? / Vous êtes ceux qui toujours prodiguent. »

P. 100.

1. Cf. Héraclite, fragm. 93 : « Le prince dont l'oracle est à Delphes ne dit ni ne cache, il fait signe seulement » (M. de G.).

2

P. 102.

1. Z I 2, 40 : « J'étais dans le désert, je ne vivais que comme connaissant. Du connaissant l'âme se purifiait, et la soif de puissance et tous désirs pour lui devinrent bienheureux [?]. Comme connaissant, je m'élevai loin au-dessus de moi-même dans la sainteté et la vertu. »

2. Cf. *Luc*, 4, 23.

3

P. 103.

1. Cf. *Matth.*, 5, 43-44.

2. N VI 1, 89 : « Suis-je en vérité celui que je vénère ? Et si je le suis — gardez-vous qu'une statue ne vous écrase. » Cf. Ralph Waldo Emerson, *Essais* (tr. all., 1858, p. 351) : « Nous avons trouvé beaucoup de fausse grandeur, mais la croyance dans les grands hommes nous est maintenant naturelle... Nous exigeons qu'un homme se tienne dans le paysage si grand et si semblable à une statue qu'il vaille d'être rapporté à quel moment il se lève et se ceint les reins et se hâte vers un autre lieu. » (BN) Note de N. : « C'est cela ! »

3. Au contraire de Jésus, cf. *Matth.*, 10, 33.

DEUXIÈME PARTIE

L'Enfant au miroir

P. 107.

1. Titre primitif en Z I 4, 71 : « La deuxième aurore ».

2. Z I 4, 71 : première version : « Comme un semeur qui a lancé sa poignée de grains pour éprouver la force du royaume terrestre. » Cf. *Matth.*, 13, 3.

3. Cf. *Le Chant de nuit*, p. 136 sq.

4. N VI 3, 77 : « Ma leçon est en péril, mes plus chers ont besoin de leur maître et se fourvoient. Eh bien! Ainsi je vais pour la seconde fois : il me faut leur - - - / Eh bien, je vais [les chercher, mes perdus : et je veux leur donner plus [et mieux] que j'aie jamais donné] mes perdus, il me les faut d'abord chercher : et leur donner cette fois ce que je [— [mon premier don] retiens, ce que pour la première [fois] - - - / et c'est plus d'amour qu'il me faut leur donner cette fois : car de mon premier don ils se sont rebutés. »

5. Cf. *Matth.*, 13, 25.

P. 108.

1. Cf. l'épigraphe de cette partie ; à propos de la recherche des « perdus », cf. *Luc*, 15, 4.

2. Z I 4, 69 : première version : « Mais comme si lui advenait un grand heur. Surpris le regardaient son aigle et son serpent ; et justement la rouge brillance de l'aurore courait sur l'heur de sa face : et ses paroles étaient celles d'un voyant et d'un chantre. »

3. Cf. Chez R. Wagner, *Siegfried*, 3ᵉ acte : « Il m'a blessée, celui qui m'éveilla » ; cf. aussi IV 28 [23].

4. Cf. *Ps.*, 50, 21.

5. Première version en Z I 4, 67 : « C'est de nouvelles langues que j'ai parlé, comme tous les créateurs : j'étais las. »

P. 109.

1. Première version en Z I 4, 67 : « A qui ne veux-je prodiguer ma richesse ! »

2. Z I 4, 65 : « Éclair et tonnerre. »

3. Z I 14, 66 : « Mais avec mon pipeau je ne veux rappeler mes ouailles à mon amour. / Ah! Comme a grandi ma faim de vous dans mon exil! Et maintenant je crains fort que mon amour avec sa faim ne vous fasse peur encore! » Première version : « Mais vous devez me revenir ; et avec mes tendres

chants je veux vous gagner à ma sagesse. / Et maintenant je crains que mon amour même [me fasse plus étranger de vous et plus épouvantable] ne vous effraie avec sa [folie] faim. » Sur la même page la variante non retenue : « En vérité, ce n'est pas avec des pipeaux que je ramènerai mes ouailles à mon amour. / Une fringale de vous : ah! que mon amour avec sa faim encore ne vous effraie! »

Aux îles Fortunées

P. 110.

1. Titre en Z I 3, 156 : « Des dieux ».
2. Cf. N. à Rohde, 7 octobre 1869.
3. Z I 3, 154, première version : « Ni toi ni moi, mon frère, mais ta volonté peut nous transformer, toi et moi-même, en pères et aïeux du surhomme — telle soit la béatitude de ta volonté! »

P. 111.

1. Z I 2, Nº 188 : « Je veux vous contraindre à penser humainement : une nécessité pour ceux qui comme des hommes peuvent penser. Pour vous une nécessité de dieux ne serait *vraie*. »
2. Z I 2, Nº 212 : « Le vide, l'un, l'immobile, le plein, la satiété, le non-vouloir — voilà qui serait *mon* mal : bref, le sommeil sans rêve. »
3. Gœthe, *Faust II*, 12104-12105 ; cf. aussi GS 84.

P. 112.

1. Z I 2, Nº 226 : « Créer est rédemption de la souffrance. Mais souffrir est nécessaire pour le créateur. Souffrir, c'est se transformer, en tout naître est un mourir. Il ne faut pas être seulement l'enfant, mais aussi la parturiente : comme le créateur. » N VI 3, 80 : « Toute création est re-création — et là où des mains créatrices opèrent, là est beaucoup de mort et de déclin. / Et cela n'est que mourir et se briser : sans pitié, le sculpteur frappe sur le marbre. / Pour délivrer de la pierre l'image qui dort en elle, pour cela il lui faut être sans pitié : — ainsi [il vous faut] il nous faut tous [mourir] souffrir et mourir et devenir poussière. »
2. Z I 3, 148 : « [Connaître : ainsi je nommai tout mon] [et aussi dans le désir je sens] Aussi dans le connaître je sens encore le plaisir de mon vouloir lorsqu'il engendre et crée et devient! [Et si de mon connaître] Et s'il est innocence en mon savoir, je veux l'appeler : " volonté de procréation! " Mon connaître : que ce ne soit que soif et désir et estimation et

combat des valeurs! Et que l'innocence de celui qui sait ne soit que sa " volonté de procréation "! »

P. 113.

1. Z I 4, 177 : « Comment l'aurais-je supporté si je n'aimais le surhomme plus que vous ? / Pourquoi vous ai-je donc donné le miroir aux cent faces ? Et les vues éternelles ? / J'ai dépassé même mon amour pour vous par mon amour du surhomme. / Vous êtes pour moi la pierre dans laquelle dort la plus sublime de toutes les œuvres d'art : il n'est d'autre pierre. / Et comme mon marteau frappe sur vous, vous devez pour moi-même sur vous-mêmes frapper! Le bruit du marteau doit réveiller l'image qui dort! » Z I 3, 146 ajoute ces phrases, ensuite biffées : « Ils ne me concernent en rien : maintenant vous me dites que je suis injuste contre tous les dieux. / Et peut-être avez-vous raison : car le plus injuste, nous ne le sommes avec ce qui nous est hostile : mais avec ce qui ne nous concerne aucunement. / Mais — comment pourrais-je être autrement, mes amis ? » « Ils ne me concernent aucunement [et je suis passé devant eux. Mais], ces dieux. Mais peut-être suis-je injuste envers eux. / Ne sommes-nous tous le plus injuste non avec ce qui nous est hostile, mais avec ce qui ne nous concerne aucunement. Mais — comment pourrais-je être autrement, mes amis ? » Z I 3, 147 : « Ils ne me concernent aucunement, ces dieux. Et peut-être suis-je injuste envers eux. / Car ainsi nous sommes tous : [non pas avec ce qui nous est étranger et contraire est notre plus grande injustice, mais avec ce qui ne nous concerne aucunement] injustes non pas tant avec ce qui nous est hostile qu'avec ce qui ne nous concerne en rien. / Mais comment, pourrais-je être autrement! [moi] Homme, moi pierre, moi la plus hideuse et la plus dure des pierres, dans laquelle — *mon* image dort! » Cf. *Des compatissants.*

Des compatissants

P. 114.

1. Z I 1, 42 : « Quand les compatissants perdent toute pudeur et nous disent que compassion serait [une] la vertu même : ainsi [provoquent la nausée] d'eux l'on a compassion. »

2. Z I 3, 280 : « Le connaissant vit parmi les hommes non comme parmi des bêtes, mais — comme parmi des bêtes. »

3. Z I 1, 7 : « L'homme est la bête aux rouges joues : de lui-même bien trop souvent il dut avoir honte. »

4. Cf. *Matth.*, 5, 7.

P. 115.

1. Z I 1, 30 : « Grandes obligations ne nous rendent reconnaissants, mais rancuniers. »

P. 116.

1. Z I 3, 262 : « Si on ne laisse grandir son diable, la petite diablerie rend — petit. »

2. Z I 1, 13 : « De tout un chacun l'on sait toujours quelque chose de trop. »

3. Z I 3, 262 : « Pour son ami on doit être un lieu de repos, mais une dure couche, un lit de camp. »

4. Z I 3, 258 : « " Je te pardonne ce que tu me fis : mais *qu*'à toi-même tu te le sois fait, comment [te] le pourrais-je pardonner ? " — ainsi parlait un amant. »

5. Z I 1, 19 : « " L'amour de Dieu pour les hommes voilà *son* enfer ! " — disait le diable. " Mais aussi bien comment peut-on s'amouracher des hommes ? " »

Des prêtres

P. 118.

1. N VI 2, 121 : « Qu'on se rachète des rédempteurs, voilà ce qu'enseigne Zarathoustra. »

P. 119.

1. Cf. *Matth.*, 17, 4.

2. N VI 2 : « *Église* : fausse lumière, gravité sucrée de l'encens, séduction de fausses angoisses, je ne puis sentir l'âme qui s'agenouille devant son dieu. »

3. Cf. N. à Franz Overbeck, Rome, 22 mai 1883 : « ... et hier j'ai vu bien des gens gravir à genoux la *sancta scala* ! »

4. Z I 4, 147 : « Si votre beauté ne prêche la pénitence : comment le pourra votre parole ? »

5. Z I 3, 230 : « Ah, me désolent ces [prêtres] captifs, ces non-rachetés, En face d'eux [je vis] Zarathoustra vit au septième ciel de la liberté ! »

P. 120.

1. [Réminiscence de Hölderlin, dans l'Ode *Timidité*, Pléiade, p. 789. (M. de G.)]

2. Z I 3, 231, première version : « Bien trop de trous avait leur esprit : et dans chaque trou ils s'empressèrent d'installer leur délire, et le nommèrent Dieu — le plus pauvre bouche-trou » !

3. Z I 3, 230 portait ensuite ces mots raturés : « Beaucoup trop court était le souffle de leur compassion. »

4. N V 9, 84 : « Point n'est fondement le sang ; point n'est rachat le sang. Je ne puis sentir ces lassés de la vie, - - - . » N V 8, 104 : « Le sang fonde les Églises : qu'a donc à faire le sang avec la vérité ? Et voulez-vous avoir raison de moi, lors avec des raisons me le prouvez, et non avec du sang. » Z I 2, Nº 175 : « Le sang est un mauvais témoin de la vérité : le sang infecte une doctrine au point d'en faire une haine. »

Des vertueux

P. 121.

1. N VI 2, 100 : « Voulez-vous donc être payés ? » N V 8, 100 : « Chap<itre>. Voulez-vous un salaire ? Pour moi c'est la mesure de votre vertu, *ce que* vous voulez comme salaire ! »

P. 122.

1. N VI 2, 24 : « La soif qu'éprouve l'anneau de revenir à lui-même — voilà ce que j'éprouve. »

2. N VI 2, 105 : « Une étoile tomba et disparut — mais sa lumière encore chemine. Et quand cessera-t-elle de cheminer ? / Es-tu une étoile ? Lors il faut que tu erres aussi et que tu sois sans patrie. »

P. 123.

1. Cf. *Matth.*, 23, 12.

2. Z I 1, 11 : « Vous croyez, comme vous dites, à la nécessité de la religion ? Soyez sincères ! Vous ne croyez qu'à la nécessité de la police, et vous craignez brigands et voleurs pour votre argent et pour votre repos ! »

3. Cf. V 23 [87] ; *id.* en Z I 3, 278 ; cf. aussi Z I 1, 51 : « Qui n'est capable de voir la grandeur d'un homme a par là même des yeux de lynx pour sa bassesse. » Cf. PBM 275.

De la canaille

P. 126.

1. Z I 3, 54, première version : « Me fallait-il la canaille pour que ma nausée me donnât des ailes ? Me fallait-il ma nausée pour que [je cherchasse des sources] je cherchasse la plus haute cime et des sources pures ? »

P. 127.

1. Z I 3, 52 : « Jetez vos yeux purs dans cette source : comment se pourrait-il qu'elle en fût troublée ? En vérité, c'est [seulement] par le rire de sa pureté qu'elle vous ré-

pondra ! » Première version en Z I 3, 52 : « Jetez vos yeux les plus purs dans ce puits : [à ce présent doit rire son miroir] pour que votre pureté rie de ses yeux bienheureux. » « Le pur jeta ses yeux dans ce puits : dans l'eau bienheureuse et transparente. »

2. Comme les corbeaux firent à Élie, *II Reg.*, 17, 6.

Des tarentules

P. 128.

1. N VI 3, 9 : « Noir et noircissant est l'art de la tarentule : mais j'appelle tarentules les maîtres du " plus vilain des mondes ". »

2. Z I 3, 20 : « à l'âme du peuple ».

3. N VI 2, 97 : « Purification de la vengeance — est *ma* morale. »

P. 130.

1. Allusion à E. Dühring.

2. Z I 3, 43 : « Il prêche la vie pour faire souffrir ceux qui, eux-mêmes, se détournent de la vie, car ils sont plus puissants que lui, et de cœur plus pur. / Mais, détourné de la vie, lui-même se tapit dans son trou ; et je n'appelle pas vie de tisser des toiles comme l'araignée et d'avaler des mouches. »

3. Z I 3, 17, première version : « De la sorte ils veulent faire du mal à ceux qui ont peur de la vie parce qu'ils ont des cœurs plus tendres ; et, avec du tumulte, ils s'imaginent l'emporter sur de plus silencieux. »

4. Ensuite, biffé : « Des lumières matinales de la beauté elle veut être irradiée : pour quoi elle regarde avec désir vers les lointains ! »

P. 131.

1. Comme Ulysse.

Des illustres sages

P. 134.

1. Cf. *I Cor.*, 13, 3.

2. N VI 1, 55 : « Vous autres, les froids et les sobres, point ne savez les ravissements de la froidure. » Z I 3, 268 : « Seuls les ardents savent les ravissements de la froidure ; ainsi parlait un esprit libre. »

3. Z I 3, 212 : « les affres dans l'heur. »

4. Cf. *Apoc.*, 3, 16.

Le Chant de nuit

P. 136.

1. Titre en Z I 3, 107 : « Chant de la solitude », ensuite remplacé par : « Je suis lumière. » Z I 4, 195 : « Je croyais être le plus riche et le crois encore : mais personne ne reçoit rien de moi. Ainsi je souffre du délire de celui qui donne. / Je ne touche à leur âme et bientôt n'atteindrai même plus leur peau. La dernière, la plus petite faille est la plus difficile à franchir. Ne vous fis-je le plus souffrir lorsque je me suis le plus aimé ? — / Mon amour et la faim ardente que j'ai d'eux croissent avec mon exil, et mon délire d'amour lui-même me rend pour eux encore plus lointain et plus incompréhensible. »

2. Cf. *Act.*, 20, 35 : « Il y a plus de béatitude à donner qu'à recevoir. » — Z I 3, 272 : « Il y a souvent plus de béatitude à ravir qu'a recevoir. ». Cf. Z A III : *Le Retour au pays*, p. 229.

P. 137.

1. N VI, 3, 109 : « Entre toi et moi la faille est la plus petite ; mais qui jeta jamais un pont sur la faille la plus petite ? »

2. Z I 3, 102 : « Pareille malice sourd de ma satiété. [Ah ! si je pouvais] Et ne pussé-je une fois appeler mon bien-aimé le [ravissant] brigand, le nocturne oiseau [de proie] ! Comme alors je voudrais rembourser votre crainte avec de l'amour ! / [Ah ! que] Et pussé-je une fois devant vous dans un sombre nuage disparaître et me faire nuage ! Comme je voudrais sur vous déverser de mon nuage un heur doré ! » Z I 3, 102 : « Ah ! pussé-je appeler [une heure durant] mon bien-aimé un [ravissant] brigand et [un] oiseau de proie ! Ah ! pussé-je [devant eux] disparaître dans un sombre orage et [pour un instant] être tout ensemble nuage et homme ! »

3. Z I 3, 100 : « Pareils à une tempête, nous volons sur nos chemins : c'est notre manière de voyager ; nous ne nous saluons pas quand nous nous rencontrons. »

4. Z I 3, 100, première version : « [indiciblement mon cœur a soif] De votre soif [j'ai soif indiciblement] : je languirai encore d'amour pour votre amour : je me brûlerai encore à de glacés - - -. » N. avait d'abord écrit : « De votre soif j'ai soif : mon âme se languit d'amour pour l'amour : je me brûlerai encore à de glacés - - -. »

Le Chant de danse

P. 140.

1. N VI 3, 103 : « [Et si le diable s'appelle le maître du monde : sur la terre l'esprit de pesanteur ne doit s'appeler

maître] / Mais de l'esprit de pesanteur je suis le contradicteur. Au visage je lui ris de mon rire des cimes. » Sur le « Seigneur du monde » cf. *Jo.*, 12, 31.

2. N VI 3, 103-104 : « Variable est ta volonté et facilement changeante et elle se défie elle-même : ainsi tu es seule insondable. / En ton œil j'ai regardé vie, dans sa profondeur insondable il me sembla me noyer. / Mais de ta ligne dorée, tu me repêchas à la lumière, sinon je serais <noyé> dans ta profondeur. / Tu as ri lorsque insondable je te nommai : changeante je suis et fausse et entêtée — ainsi disais-tu. / Mais qui veut me sonder, alors que je ne cesse de me contredire ? / Et même contre le vouloir de mes cheveux mon défi conduit le peigne ! / Je ne suis qu'une femme, et non une femme vertueuse ! »

3. N VI 3, 95-96 : « De leurs propres vertus sans cesse les hommes nous font cadeau. / Ainsi je m'appelle la profonde et la mystérieuse et la fidèle et l'éternelle. / Mais ce que j'ai de fidèle et d'éternel c'est d'être éphémère. / Et ainsi [je veux m'appeler] du dois m'apprécier <en tant> qu'éphémère : mon défi le veut (qui pourra me croire ?). Je t'entends bien, car devant les femmes les hommes ont toujours dit ce qu'ils ont de plus insensé. »

4. En Z I 4, 139, suivait ce passage que N. a supprimé : « A vrai dire, ce que je *ne* loue, c'est : ne-plus-vouloir, ne-plus-aimer, ne-plus-vivre ! / Le plein, l'un, l'immobile, [le vide], le rassasié, [le lourd] — cela veut dire pour moi méchant. / Le sommeil sans rêve — ce me serait le plus pénible cauchemar : et tout savoir ultime, je l'appelle mon plus grand péril. / Et comme la vie me demandait un jour : Qu'est-ce donc que connaître ?, je dis, plein d'amour : connaître ? C'est être assoiffé et [évaluation et création et combat des valeurs] boire goutte à goutte et être encore plus assoiffé. / Connaître, c'est regarder à travers [sur] le voile, comme à travers des filets ornés du doigt attrapés. / Ah, la sagesse ! Elle nous appâte, nous les connaissants — qui connaissons — un peu de beauté appâte toujours encore les carpes les plus sages ! / Chose changeante est la sagesse, chose têtue : trop souvent je l'ai vue qui peignait à contre-poil sa chevelure rebelle ! / Elle a une manière de dire du mal d'elle-même, qui séduit. »

P. 141.

1. Z I 4, 235 : « Vois, comme la femme se résiste à elle-même et comme son défi conduit le peigne contre le défi et le vouloir de ses cheveux d'or. »

2. N V 8 : « Il fait frais, dans l'ombre s'étend la prairie, le Soleil est couché. / N'est-il pas saugrenu de vivre ? Ne nous

faudrait-il avoir plus de raison pour de la vie faire une raison ?
Mes frères, à l'âme de Zarathoustra pardonnez que le soir
tombe. »

Le Chant des tombes

P. 142.

1. Titre en Z I 4, 89 : « La fête des morts ». N VI 3, 108 :
« De ma jeunesse j'eus souvenir ce jour d'hui ; j'allais sur la
route de mes tombes. Sur des ruines j'étais assis entre le
pavot rouge et l'herbe — sur mes propres ruines. / Vers l'île
des morts allant sur des mers endormies, / Tu vis encore,
vieux cœur de fer patient : et en toi vit encore aussi de mon
enfance l'irrésolu et l'inexprimé. »

2. N VI 2 : « " Comme un doux parfum " — mais il fallait qu'ils mourussent. »

3. Z I 4, 89 : « Délivre les larmes : comme d'îles Fortunées
disparues [il souffle vers moi de vastes mers] il vient à moi. »

P. 143.

1. Z I 4, 87 : « Envoûtement, délire le plus doré de ma
vérité. »

2. Cf. V 16 [15] et l'épigraphe de la première édition du
GS, tirée d'Emerson.

P. 144.

1. Z I 4, 85-86 ajoutait ces phrases ensuite biffées : « Compassion avec mes ennemis, voilà ce que je fus autrefois tout
entier et silence dans la forêt de la résignation : des bêtes des
bois me frôlaient avec amour par de verts crépuscules. Mais
je trouvai là ma bête la plus aimée ensanglantée du fer de
mes ennemis : hélas! où s'est envolé mon amour pour mes
ennemis! » Première version en Z I 4, 85 : « Oubli, voilà ce que
je suis un jour devenu et silence de la forêt de l'âme : des
bêtes des bois me frôlaient avec amour par de verts crépuscules. Alors vous inventâtes cette nouvelle méchanceté : à
mon ami vous persuadâtes de commettre la pire ignominie
— hélas! où s'est envolée ma chienne Oubli! »

2. Z I 4, 83 ajoute ces phrases, ensuite biffées : « blessées.
Les vertus mêmes, vous les vertueux, vous me les avez
changées en gouttes de vipérin poison ; et ce fut votre justice, vous les justes, qui toujours a crié : crucifiez-le. »

3. Z I 4, 81 ajoute ces phrases, ensuite biffées : « à mes
oreilles. Que m'advint-il alors ? Mon cœur, tel un orteil, eut
un pincement ; car le danseur porte son oreille à l'orteil!

Et plus jamais ne voulut danser mon vouloir ! » — Cf. Za III :
Le Deuxième Chant de danse, p. 277.

4. Z I 4, 81 : « Danse de toutes les danses pour le supercéleste. »

P. 145.

1. Cf. R. Wagner, *Tristan et Iseut*, II, 2.
2. Z I 4, 83 : « ces cent tombes ».
3. A l'inverse d'Achille.
4. Z I 4, 84 : « Au vrai, là où se trouvent mes tombes, [furent] sont encore toujours aussi mes résurrections ! »

De la domination de soi

P. 146.

1. Titre en Z I 3, 130 : « Du bon et du méchant ».

P. 147.

1. Z I 3, 129 : « fécond éternel ».
2. Z I 3, 266 : « Apprendre à commander est plus pesant que d'apprendre à obéir. »

P. 148.

1. Z I 3, 126 : « Ses volontés les plus cachées. » — « La volonté de ses viscères. »

P. 149.

1. Première version en Z I 3, 120 : « Ainsi il n'est non plus bien et mal qui seraient immuables ; à partir de soi-même, il se faut toujours dépasser. / Avec vos valeurs vous faites violence, ô vous qui évaluez : et c'est là votre volonté-de-créer par amour caché [le plus enfoui]. / Mais une violence plus forte croît à partir de vos valeurs : là se brise la coquille d'œuf. Voilà, mes amis, ce que m'enseigne la vie elle-même sur son mystère : pour quoi il m'a fallu devenir le négateur de votre bien et de votre mal. / [Ce qui s'appelait pour vous juste et bon] Disons franchement cette vérité ! [Qu'importe si sur la vérité nous nous brisons nous-mêmes !], cette effroyable [même si elle] même si la vérité nous brise ! Que nous importe ? Le monde peut bien se briser sur la vérité [et tomber en morceaux !] — [pour qu'un jour la vérité se] pour qu'un nouveau monde se bâtisse, — le monde de la vérité ! » Variante à la marge inférieure de la p. 120 : « Qu'importe que le monde se brise sur nos vérités ! — Il y aura ainsi un monde que l'on pourra créer à neuf ! / Car, [mes amis] si la

vérité ne veut se construire le monde à neuf — qu'importe
aussi la vérité ? »

2. Z I 4 : « Ni la raison ni le but ne rendirent bonne ton
action, mais le fait qu'en elle ton âme tremble et resplendisse
et déborde. »

3. Z I 3, 121 : « [Tous vos secrets, il faut que je les mette à
la lumière : je veux déshabiller vos v<aleurs> masquées]
Laissez-moi seulement vous dédommager d'avoir arraché
le manteau de vos secrets. / A vrai dire, je vous vis nus : qu'est-
ce encore pour moi que votre bien et votre mal ? / Que la
vérité vous soit utile ou qu'elle vous nuise — que m'importe ?
/ Créons à neuf un monde auquel la vérité soit utile. / Qu'importe que le monde se brise sur mes vérités - - -. »

Des sublimes

P. 150.

1. Cf. N V 8, 52 : « L'érudit doit être un *pénitent de l'esprit.* »
N V 8, 138 : « Pénitents de l'esprit — les créateurs. » N V 8,
148 : « Votre dignité, c'est ce que je veux maintenant : vous
devez être les *pénitents de l'esprit*! »

2. Cf. OS 170 ; cf. aussi *La Philosophie à l'ère tragique des
Grecs* (1873) : « Le mot grec qui désigne le " sage " dépend
étymologiquement de *sapio* je goûte, *sapiens* celui qui goûte,
sisyphos l'homme dont le goût est le plus aigu ; un sens aigu
de la saveur et de la connaissance, une importante capacité
de distinction constituent ainsi, selon la conscience du peuple,
l'art spécifique du philosophe. » Thème analogue dans le
cours sur *Les Philosophes préplatoniciens* (1872).

P. 151.

1. N VI 2, 16 : « C'est un taureau blanc que je veux être
et tirer le soc de la charrue : là où je m'étends il doit y avoir
repos et la terre doit avoir senteur de terre. »

P. 152.

1. Cf. WB 7.

2. N VI 3, 115 : « Et si je me soulevais contre ma charge,
je me compléterais : et tandis que précisément je deviendrais
au-dedans plus dur, j'apprendrais la grâce. »

Du pays de la culture

P. 153.

1. Titre en Z I 3, 144 : « Des contemporains ».

P. 154.

1. Cf. les paroles d'Achille, *Od.*, 11, 489-491.

P. 155.

1. Cf. Méphistophélès dans le *Faust* de Gœthe I, 1339-1340.
2. Cf. *Gen.*, 2, 22.

De l'immaculée connaissance

P. 156.

1. Titre en Z I 4, 79 : « Aux contemplatifs ».

P. 158.

1. Z I 4, 77 : « Pleutres [qui sans douleur voulez amour] ».
2. Z I 4, 77, première version : « Tâter avec des yeux sans convoitise veut être baptisé art ? »
3. Z I 4, 77 continuait par ces phrases ensuite biffées : « [Vous les purs connaissants, vous vous donnez comme ceux qui sans macule conçoivent :] " Pure connaissance " — ainsi vous nommez le cheminement de la Lune sur les toits, le lubrique, le stérile : mais jamais pareille " pureté " ne doit enfanter [un Soleil] une étoile ! » Cf. Za I, « Prologue », § 5.
4. Cf. *I Cor.*, 2, 1 ; *Luc*, 16-21.
5. Z I 4, 233 : « *Silence*. Modestie sur la cime, Parure je veux me faire avec ce qui tombe de la table de la vie : et avec des arêtes, des coquilles et des barbes je veux être plus paré que vous ! »

Des érudits

P. 160.

1. Cf. N VI 3, 97 : « Doux et fades comme l'odeur des vieilles filles, vous les érudits ! »
2. Z I 3, 112 : « Souvent me viennent des pensées qui me coupent le souffle. Mais aux érudits ne viennent que des pensées que les autres ont eues. » Formule analogue chez Schopenhauer.

P. 161.

1. Z I 4, 179 : « Qui ne veut être que spectateur de la vie, celui-là, s'il ne veut devenir aveugle, doit se garder de s'asseoir où le Soleil brûle les degrés. »
2. Z I 4, 187 : « Des heures entières, ils se tiennent plantés dans la rue et regardent les passants : et d'autres de leur espèce sont assis dans leur chambre et regardent les pensées

qui passent en eux. Je ris de ces contemplatifs. » Cf. Schopenhauer, notamment *Parerga*, 2, § 51.

3. N VI 2, 74 : « Vos sentences — petites vérités proches
du marais : et s'y tient une quelconque grenouille. »

4. Z I 3, 286 : « Érudits : ainsi l'on nomme aujourd'hui
aussi bien les soldats de l'esprit que — malheureusement
— aussi ceux qui tricotent des chaussettes pour l'esprit. »
Ibid. en Z I 1, 4.

5. Z I 3, 256-257 : « Ils veulent jouer aux dés avec les plus
petits dés ou voir danser ce qui est pesant à voir : les nains
de l'existence, les joyeux corpuscules originaires : mais ils
nomment cela science et ils en ont des transpirations. Mais
pour moi ce sont des enfants qui veulent leur jeu : et s'il
y avait de quoi rire à leur jeu, je voudrais approuver leur
" gai savoir " .»

6. Z I 3, 110 : « Leurs vertus de petits bourgeois ».

Des poètes

P. 163.

1. Cf. les ébauches suivantes pour OS 32 en P II 13 c,
117 : « *Le poète comme trompeur : il fait semblant d'être quelqu'un qui sait* (général / cordonnier / marin), cela lui réussit
devant ceux qui point ne savent : à la fin, il y croit lui-même.
C'est ainsi qu'il acquiert le sentiment d'être loyal. — Les
hommes sensibles viennent à lui et disent aussi qu'il possède
la vérité *supérieure* : de la vérité par moments ils les sont.
Sommeil et rêve pour la tête — tel est l'artiste pour les hommes. Il donne *plus de valeur* aux choses : *alors* les hommes
croient que ce qui semble avoir plus de valeur est ce qui est
plus vrai, plus réel. — Même encore maintenant les hommes
qui ont un talent créateur (par ex. Emerson, Lipiner) cherchent les frontières de la connaissance, voire de préférence
le doute, afin d'échapper au charme de la logique. Ils veulent
incertitude parce que alors l'enchanteur, le pressentiment,
et les grands effets spirituels redeviennent possibles. » Cf.
en outre en Za IV les chapitres : *L'Illusionniste, Le Chant
de la mélancolie, De la science.*

2. N VI 3, 57 : « Vous êtes d'esprit affamé : aussi pour colla-
tion vous me prenez au vol cette vérité : l'impérissable —
cela n'est qu'une image. »

3. Cf. Za II, *Sur : Aux îles Fortunées*, p. 111.

P. 164.

1. Cf. *Marc*, 16, 16, et plusieurs textes analogues dans le
Nouveau Testament.

2. Cf *I Cor.*, 13, 9.

3. Cf. Gœthe, *Faust II*, 12108-12109.

4. Cf. Gœthe, *Faust II*, 12110.

5. Cf. les ébauches pour OS 32 citées plus haut.

6. Cf. peut-être Gœthe, *Faust II*, 1ʳᵉ scène.

7. N VI 3, 86 : « Ils croient tous que la nature, d'eux, s'est amourachée et qu'elle épie toujours les discours flatteurs qu'ils lui adressent. »

8. Cf. Shakespeare, *Hamlet*, I, 5.

9. Cf. dans *Les chants du prince Hors-la-loi*, le poème *A Gœthe*.

10. Cf. Gœthe, *Faust II*, 12111.

P. 165.

1. Cf. Gœthe, *Faust II*, 12106-12107. Ainsi N. a commenté tout le « chœur mystique ».

2. Z I 3, 94 première version : « Et Zarathoustra [répondit] tourna son œil vers l'intérieur et plus ne savait qu'il parlait à un disciple. Et comme vers de vastes horizons il regardait et longtemps ne dit mot. »

3. Peut-être allusion au « conciliant » de Gœthe. Cf. VO 124 et IV 29 [1. 15].

4. Cf. *Matth.*, 7, 9 : « Parmi vous quel est celui qui à son fils lui demandant du pain donnerait une pierre? »

5. Z I 3, 92 : « Ils sont nés de la mer, des sirènes sont peut-être leurs mères. »

6. N VI 2, 98 : « La mer qui comme un paon aime faire la roue sur la molle arène. »

P. 166.

1. N VI 2, 138 : « Semblable au buffle, je vis près de la mer et plus près encore de la forêt. »

2. Z I 3, 90 : « des buffles! — Ainsi parlait Zarathoustra. »

3. Voir plus haut, p. 440, la note 1 de la page 150.

De grands événements

P. 167.

1. Titre en Z I 3, 72 : « Du chien de feu ». Cf. N VI 3, 36 : « Sarcasme contre révolutions et Vésuve. Quelque chose à la surface. » N VI 3, 44 : « Dialogue avec le *chien de feu*. Sarcasmes envers ses discours pathétiques contre la Révolution. » N VI, 3, 109 : « Dialogue avec le *chien de feu*, (volcan). » N VI 4, 91 : « Lorsque la maison brûle, on oublie même de déjeuner, dit le chien de feu. Oui, et l'on se rattrape ensuite sur les cendres. » (Cf. PBM 83.)

2. Z I 3, 72 : « virent dans les airs un homme qui d'eux s'approchait, et lorsque près d'eux il volait — et dans la direction du volcan, — ils reconnurent tous, avec la plus vive émotion, que [c'était Zarathoustra] de Zarathoustra il portait les vêtements ; car tous [l'avaient vu] avaient déjà vu Zarathoustra, sauf le capitaine même, et ils savaient que de tous les hommes déjà par [son vêtement il se distinguait] son habillement il se distinguait fort ». — Tout cet épisode est repris d'un journal de bord du navire anglais le Sphinx (1686), que N. avait lu dans les *Feuillets* où Justin Kerner rapporte les visions de l'illuminée Prevorst (*Blätter aus Prevorst* IV, 57). A ce sujet, cf. Charles Andler, *Nietzsche, sa vie et sa pensée*, rééd. Paris 1958, tome 3, p. 258.

P. 168.

1. Cf. VO 14.

2. Z I 3, 71 : « ta faconde trop salée ». Version primitive : « ton sel. Mais la mer n'est pas encore la peau de la Terre ; ainsi c'est d'une peau de peau que tu te nourris... ».

3. Z I 3, 71 : « Surface [, comme si je te pouvais prendre pour le chien de l'enfer [un profond et de la profondeur]]. »

P. 169.

1. N. avait écrit d'abord « rois » puis « États » pour revenir ensuite à la première version (Z I 3, 39).

2. Z I 3, 274 : « Qu'est-ce que l'Église ? — Une espèce d'État foncièrement menteuse. »

3. Z I 3, 66 : « Et si l'État même est un chien hypocrite, à plus forte raison que doit être l'Église ? »

P. 170.

1. Z I 3, 64 : « réputation ; et lors Zarathoustra se tut brusquement, et, déconcerté, considéra ses disciples ».

Le Devin

P. 171.

1. Cf. *Apoc.*, 1, 6 ; 10, 1 ; 13, 1 ; 14, 1 ; etc.

2. Z I 3, 270 : « Où est-il encore une mer où l'on se puisse noyer ? — ce cri traverse notre temps. »

P. 172.

1. Cf. par ex., *Jo.*, 14, 19.

P. 173.

1. [Le vieux mot germanique « *Alp* » (apparenté à « elfe ») qui désigne une apparition effrayante, est resté dans le moderne « *Alpdrück* » (« cauchemar »). [M. de G.)]

2. Pour le rêve de Zarathoustra, cf. les ébauches suivantes en N VI 2, 9-10 : « La clarté de minuit m'entourait, [elle] Solitude me considérait, les yeux ivres de lassitude. / Cria ma voix. / Mortel Silence dormait et, en dormant, râlait ; / là gisaient l'insomnie et la mi-nuit, l'œil ivre ; / là gisait la solitude et auprès d'elle le mortel silence : tous deux dormaient et râlaient. » N VI 3, 98 : « Mais aucune voix ne répondit. Ah! vous ne savez combien, moi solitaire, je suis bon pour les voix que de la part des hommes m'apporte vent ou oiseau [?] même des voix hideuses je me sais encore enivré. / Alpa! criai-je qu'ainsi parle donc une voix! Alpa! criaient ma crainte et mon désir. » Les premières allusions à un rêve de ce genre se trouvent en IV 23 [197], c'est-à-dire dans un fragment de l'été 1877, puis en V 10 [B 26]. Pendant l'été 1877, selon son ami Reinhart von Seydlitz, Nietzsche raconta en riant qu'il lui avait fallu en rêve gravir un chemin de montagne sans fin ; tout en haut, sous le sommet de la montagne, il avait voulu passer sans s'arrêter devant une caverne, tandis que de la profondeur ténébreuse une voix lui criait : « Alpa, Alpa, — à la montagne qui porte ses cendres ? » Cf. R. v. Seydlitz, *Quand, pourquoi, qu'est-ce que etc omment j'écrivis ce que j'ai écrit* (Gotha 1900, 36).

3. Cf. *Jo.*, 20, 2.

P. 174.

1. En N VI 3, 101, Zarathoustra explique ainsi son rêve : « Ainsi m'advint-il une fois : je rêvais mon rêve le plus pesant et je composais en rêvant ma plus sombre énigme. Mais voici que ma vie même a interprété ce rêve. Voici que mon jourd'hui a libéré mon autrefois et le sens captif en lui. / Et ainsi m'advint-il aussi finalement : trois fois le tonnerre retentit pour moi à t<ravers> la nuit : trois fois les nuages hurlèrent. / Alpa, criai-je, Alpa, Alpa. Q<ui> p<orte s<a> <cendre> (à la) m<ontagne> ? Quelle vie vaincue vient à moi, le <veilleur> de nuit et de tombes ? / Lorsque je *vous* ai rêvés, j'ai r<êvé> mon rêve le plus pesant. / Ainsi je veux être votre effroi — votre impuissance et votre éveil. »

Variantes en Z I 3, 165 : « Et même si vient le long crépuscule, de leur ciel je ne veux décliner. / A l'horizon je veux pour eux m'étendre, un Soleil-de-minuit : il faut qu'il y ait du sang dans la splendeur de ma lumière, " la foi dans la vie " ainsi je veux qu'ils me nomment. »

De la rédemption

P. 175.

1. Cf. *Matth.*, 15, 30 : « Et beaucoup vinrent à lui, ayant avec eux des boiteux, des estropiés, des aveugles, des muets et bien d'autres encore... »

P. 177.

1. Z I 3, 62 : « Car que je [ne sois pas un tout, mais une pluralité, et tout ensemble un trop et un trop peu —] sois plusieurs et encore l'ombre d'une pluralité voulante — c'est ce que souvent je vous fis soupçonner à partir de vos paroles et de vos questions sur moi. / Qu'est pour nous Zarathoustra ? ainsi demandez-vous souvent. Comment devons-nous l'appeler ? Un [voyant] prometteur ? Ou un accomplisseur ? Un conquérant ? Ou un acquéreur ? Un automne ? Ou un soc de charrue ? Un poète ? Ou un devin ? Un libérateur ? Ou un dompteur ? Un bon ? Ou un méchant ? Un médecin ? Ou un convalescent ? » Cf. la question analogue de Jésus en *Matth.*, 16, 13-15.

P. 178.

1. N VI 4, 27 : « L'irritation de savoir que d'airain est la nécessité et que vouloir en arrière, cela nous est interdit : / Colère de ce que vers l'avenir coule le temps et qu'on ne peut lui imposer de revenir au moulin du passé. »

2. D'après Gœthe, *Faust I*, 1339-1340 : Cf. aussi *Du pays de la culture*.

3. Comme le Kronos du mythe grec [volontairement confondu, comme chez Hegel, avec Chronos. (M. de G.)]

P. 179.

1. Allusion à Schopenhauer.

2. Cf. Za II : *Aux îles Fortunées*, p. 102.

3. Z I 3, 61 ajoutait : « Jusqu'à ce que la volonté créatrice ajoute : " Et c'est moi-même que je veux, et je me veux dans le temps. " »

4. Cf. Za II : *Des compatissants*, p. 104.

5. Zarathoustra arrête son discours, car il recule devant l'annonce de l'éternel retour.

De la prudence avec les hommes

P. 183.

1. Cf. Za IV : *De l'homme supérieur.* § 5, p. 349.

2. Cf. Gustav Naumann, *Commentaire de Zarathoustra* II, 165 : « L'expression douze pieds se rapporte vraisemblablement à quelque ancienne détermination juridique ; et la peine de prison de moins de trois mois distingue selon le Droit allemand en vigueur les délits relevant du tribunal des échevins de crimes qu'il faut renvoyer devant la Cour d'assises. »

3. Z I 4, 35 : « Je ne vous connais pas, vous les hommes : mais ce que je connais et dont je me suis lassé, ce sont les hommes les plus hauts. »

L'Heure du plus grand silence

P. 185.

1. Expression biblique. Cf. par ex. *Deuter.*, 15, 7.

P. 186.

1. Z I 3, 176 : « Épargne-moi ceci! / Ceci passe mes forces [de dire encore ceci] pour ceci ne suis la bouche. Pour ceci ne suis la voix. Ce mot unique me colle au palais : je ne puis le dire. »

2. Cf. *Matth.*, 3, 11.

3. Z I 3, 258 : « Un solitaire disait : " Certes je vins vers les hommes, mais jamais ne les atteignis. " »

P. 187.

1. Z I 4, 165 : « Rare est la volonté qui exige l'immense : plus facilement tu trouves celle qui l'accomplit. »

2. Cf. *Ex.*, 4, 10.

3. Z I 3, 270 : « Il faut aussi dominer sa jeunesse si l'on veut à nouveau devenir enfant . » Cf. aussi Za I : *De la libre mort*, p. 87.

4. Z I 3, 170, première version : « alors se fit autour de moi silence, ce fut un double et terrible silence ».

5. Z I 3, 171, première version : « Mais ceci encore ouïtes de moi, que toujours encore de tous les hommes je suis le plus taciturne. »

P. 188.

1. Cf. *Jo.*, 16, 12.

2. Z I 3, 171, première version : « " Ah! mes amis, suis-je donc avaricieux. Encore j'ai à tout vous donner! " Ainsi parlait Zarathoustra. »

TROISIÈME PARTIE

Le Voyageur

P. 191.

1. Z II 4, 142, première version : « pour venir à l'autre rive :
là-bas était en effet une bonne rade, où des vaisseaux étrangers venaient aussi jeter l'ancre. Gravissant ainsi la montagne,
habitué à chaque pas qu'il faisait, et même familiarisé avec
les obstacles du sentier — lors il lui souvint... »

2. Cf. PBM 70.

3. Z II 3 : « Vous parlez faussement d'événements et de
hasards! Il ne vous adviendra rien d'autre que vous-mêmes!
Et ce qui a nom votre hasard — vous êtes vous-mêmes ce
qui vous arrive et tombe sur vous! »

P. 192.

1. Z II 4, 142 : « Je me trouve devant mes plus durs destins et devant ma dureté la plus propre! Hélas! il me faut
gravir ma plus haute montagne, hélas! j'ai commencé mon
ultime migration. »

2. Cf. *Exod.*, 3, 8.

3. Z I 3, N° 118 : « Ne pas se voir est nécessaire pour —
bien voir. »

4. Z I 1, 51 : « Il est aussi une indiscrétion de celui qui sait :
elle est condamnée à ne voir de toutes choses que le premier plan. »

P. 193.

1. Z II 4, 138, première version : « tristement, et je le
choisis. Je le lis à partir de cet œil ouvert, juste je viens d'y
voir un regard pour moi. » — Deuxième version : « tristement ;
allons! je suis prêt. Dans l'œil ouvert de la mer, juste je viens
de le lire écrit. »

2. Z II 3 : « Là s'étend la noire et triste mer — sur elle
aussi tu dois aller! Zarathoustra! »

3. Z II 4, 138 : « Étranger est pour moi son œil, pour moi
le plus solitaire. »

P. 194.

1. Z II 4, 136 : « Es-tu devenu de ton propre avenir spectateur et consolateur? »

2. Cf. *Matth.*, 26, 75.

De la vision et de l'énigme

P. 195.

1. Titre en Z II 4, 88 : « Du visage du plus solitaire ». Cf.
N VI 7, 100 : « Le chemin à travers toutes les sept vérités :
enfin le serpent. / Toi gâcheur ! voulais-tu fracasser les étoiles ?
Haut tu jetas la pierre, mais il n'est pierre — qui ne doive
retomber. » Les premières lignes n'ont été ajoutées par N. que
lors de la dernière rédaction, peut-être pour relier ce chapitre
au premier : d'après le début abandonné de Z II 4, 89, une relation originale semble avoir existé entre ce chapitre et le chapitre *Le Convalescent*, qui semble aussi apparenté du point de
vue du contenu. Début abandonné de Z II 4, 89 : « Qu'ai-je
donc rêvé tout récemment, lorsque malade je gisais ? En vérité,
je ne saurais raconter tout ce que j'ai rêvé et contemplé. »

1

2. Allusion au mythe d'Ariane : la figure d'Ariane (et
Dionysos) est explicitée dans les ébauches préparatoires
(« Du grand désir » et « Les Sept sceaux »).

P. 196.

1. Ici s'interrompt la copie au net dans Z II 4. Variantes
en Z II 4, 88, 86 : « Oh Zarathoustra, — murmura-t-il sarcastiquement syllabe après syllabe — toi meurtrier de Dieu,
toi pierre de sagesse ! [Tu te lèves mais] il n'est pierre lancée
— qui ne retombe ! » « Toi meurtrier de Dieu, toi le surmonté,
tu n'as pas encore surmonté ton meurtre. La pierre retombe,
que tu jetas — il n'est pierre qui ne retombe ! / A toi-même
condamné et à toi-même lentement te lapider, oh Zarathoustra, loin tu jetas la pierre — lentement [et tard] elle doit te
[revenir] retomber. / Toi le frondeur, le fracasseur d'étoiles,
lentement broyé par des éclats d'étoile, [réduit en esquilles
et en étincelles] — tu dois encore tomber ! / Tu cherches
quelqu'un que tu puisses aimer et ne le trouves plus ? Tu
chercheras encore en vain quelqu'un que tu puisses maudire.
/ Ton œil ardent toutefois — et de nouveau perçera l'espace
désert — mais *où* tu cherches aussi, [sera désormais éternellement le désert] tu trouveras le désert éternel. / Là, il n'er-
rera même plus d'ombre, plus de fantôme, plus de mi-rien ! :
toi-même et ton œil ardent — vous avez vidé l'espace vide ! /
Garde-toi de moi — répondis-je durement, sors du cadavé-
reux crépuscule de mon âme — prends garde, nain et abomi-
nation ! car je suis en colère ! garde-toi qu'un jour je ne te
chatouille à mourir avec mes éclats de rire ! Garde-toi que je

ne te piétine à mort en dansant! / Toute pierre que j'ai jetée
— avant qu'elle ne retombe sur moi, sur ton visage, nain que
tu es, je la veux réduire en sable! / Il me reste encore peu de
volupté : si pourtant, je vais sur toi presser mes mains comme
sur de la cire — que cela me soit volupté! / Que j'écrive ma
volonté sur ta contre-volonté, que je l'inscrive avec un ardent
airain — que ce me soit ma dernière volupté! » En Z II 4, 87
commencement d'une autre version écrite au crayon : — oh
Zarathoustra [tu me fais désapprendre encore toute ta danse
et tout ton rire!] à présent tu désappris déjà toute ta danse et
tout ton éclat de rire en dansant! / Suis-je - - -. » N V 7, 90-85
apporte les ébauches préparatoires de la plus longue variante
citée ci-dessus. En N VI, 7, 85, conclusion des ébauches préparatoires non recopiée en Z II 4 : « Le dit et se tut. En réponse
le nain me souffla un air glacé dans le dos : [mais alors mon
pied voulut que je glissasse et trébuchasse. Mais je trébuchai
vers le haut]. Jusqu'aux orteils je pris peur là-bas, si bien que
je [glissai] trébuchai. Mais je trébuchai vers le haut. »

P. 197.

   1. Cf. *Matth.*, 11, 15.

2

P. 198.

   1. Cf. GS 341.

De la béatitude malgré soi

P. 201.

   1. D'après les ébauches préparatoires en N VI 6, ce chapitre continuait immédiatement le premier, ce que montrent
aussi les transformations que fit subir N. à la première copie
dans Z II 4, pour adapter le chapitre au nouveau contexte
(après l'intercalation du deuxième). Le titre dans N VI 6,
104 était : « En haute mer ».

   2. Première version en Z II 4, 150 : « Amertumes au cœur,
Zarathoustra quitta ses amis ; lorsqu'il fut à deux jours déjà
des îles Fortunées et en pleine mer. »

   3. Cf. HTH 638.

   4. N VI 6, 94 : « L'après-midi où [la lumière même devient
plus paisible] tout ce qui frappe l'oreille avance à pas feutrés, les cloches et les voix claires des jeunes filles — l'après-
midi, où même toute lumière devient plus paisible. » N VI
6, 84 : « — et les sons des cloches courent à pas feutrés — ».
Cf. HTH 628 ; IV 22 [45] ; Za IV, « Le Chant de nostalgie. »

   5. Cf. PBM, Postlude : *O midi de la vie!*

P. 202.

1. Désormais Zarathoustra parle de « ses enfants » et non plus d' « amis » : ce changement a été préparé par l'addition des trois versets qui précèdent et où N. reprend le thème du *Prologue*, § 9, p. 33.

2. Z II 4, 151 : « par les mêmes vents caressés ».

3. Cf. Za I : *Prologue*, § 9, p. 33.

4. Cf. Za II : *Des grands événements*, p. 163, et *L'Heure du plus grand silence*, p. 185 sq.

P. 203.

1. Z II 4, 148 : « à l'amour [de vous, mes amis] et à la haine de mon âme ».

2. En Z II 4, 148 suivait : « Sur ma petite île j'avais mes amis chez l'un et l'autre et mes ennemis parmi eux! Qu'il est doux à l'ermite d'aimer des hommes et de haïr des hommes! »

3. Z II 4, 148 : « En cette certitude tout désir devrait être [enterré] noyé. »

4. Cf. le dithyrambe *De la pauvreté du plus riche*.

5. N VI 6, 36 : « Mes tombes s'ouvrirent : ma souffrance enterrée vive se releva, pour s'éveiller sous les linceuls avait assez dormi. »

6. N VI 6, 102 : « Hélas! le voici qui se meut et me ronge, mon nigaud [?] ver de terre et mon abîme de pensée! »

7. N VI 6, 110 : « Jusqu'à la gorge mon cœur bat, [et tout mon sang déborde de honte], ma faiblesse — faible est Zarathoustra à cause d'une parole] lorsque je t'ouis creuser ta sape — et plus encore — lors que je t'ouis te taire! Ris, ô abyssal silence! »

8. N VI 6, 103 : « Jamais encore je n'osai te contempler : [mais je dois une fois être fort jusqu'à l'outrecuidance, qui la caverne même - - -] je fermai à clef la caverne dans laquelle tu dors et rampes — assez d'épouvante est pour moi ta sourde marche furtive et ton tremblement de terre / Craindre cette marche furtive, voilà ma faiblesse et mon épouvante : et ce sera d'abord ma vigueur d'ouvrir moi-même la caverne et de t'appeler. »

9. N VI 6, 115 : « Si un jour je me vaincs moi-même, qui donc encore me vaincra? Ainsi [doit un jour le sceau de la perfection] cette victoire sera de ma perfection le sceau. »

P. 204.

1. N VI 6, 117, ajoute ici : « en m'interrogeant ».

2. N VI 6, 118-122 : « [Oh! méfiance de cette béatitude!] / Combien de vous tous je me méfie! En vérité je me méfie de

[ma béatitude] cette heure de béatitude! [Ainsi je ressemble
à l'amant qui dans son soupçon regarde les yeux rieurs] /
je ressemble à l'amant qui se méfie de sa bien-aimée à cause
de sa beauté. Tendrement il la presse sur lui, et il craint et-
il aime, et malgré lui sa tendresse s'oppose à la suspecte. /
Comme il la presse contre lui, encore tendre en sa dureté,
le jaloux / [je suis... je fus toujours à la fois dur et tendre à
l'égard de tout heur] /, [suis-je fait pour faire des heureux?
L'homme n'est-il quelque chose qui se doit dépasser < ? >,
— aussi doit être dépassé tout heur humain] /, ainsi je presse
contre moi ces [plus belles] heures — /. En vérité ce m'est
une béatitude malgré moi. Consentant à ma plus grande douleur — ainsi je me tiens ici debout ; dans le grand large. / Les
pieds fermes je me tiens debout face à mon destin [soir et
nuit et étoile et naufrage] consentant à des jours sol<itaires>
et sombres et aux périls du naufrage! / Arrière, heure de
béatitude! Avec toi c'est malgré moi que m'est venue la béatitude [consentant] à des jours solitaires et sombres et aux
périls du naufrage!] Consentant à ma plus grande douleur
je suis ici debout ; tu vins à contretemps! Alors seulement
lorsque Zarathoustra de sa plus grande douleur se sera rendu
maître, pour le vaincre il luttera contre son plus grand dragon. / [Seul le naufragé sera le conquérant. Ce furent des
fugitifs et des naufragés qui découvrirent les terres nouvelles :
les demi-anéantis, ainsi furent toujours les conquérants] /.
Mais le pilote, qui venait d'entendre parler Zarathoustra,
se découvrit et dit respectueusement : / Zarathoustra, si
nous périssons à cause de toi, à cause de toi aussi [nous serons
sauvés] nous nous tirerons d'affaire. Si vilaine chose jamais
encore ne vis, mais le pire est *derrière nous*. » Élaboration
partielle de cette variante en N VI 6, 123-125, d'où viennent
les variantes suivantes : N VI 6, 123-124 : « Les pieds fermes,
je me tiens ici debout, face à mon destin, consentant à des
jours sombres et à tous les périls du naufrage. / Lors se fait
entendre à moi la promesse : aux naufragés [et aux perdus]
seulement s'ouvrent les yeux [sur de nouvelles terres],
au brisé seulement... / Arrière, et cherche-toi vite une autre
âme! Déjà vient le soir [et sa fraîcheur] pour mes amis, fuis ;
avant le soir bénis encore mes amis! » En mettant ces ébauches au net, en Z II 4, 144, N. a d'abord conservé les paroles
du pilote, sous cette forme : « Ainsi parla Zarathoustra. Mais
le pilote, [qui venait de l'entendre] qui l'avait entendu parler,
se découvrit et dit respectueusement : " O Zarathoustra,
ce qui doit arriver arrive ; et si nous périssons à cause de
toi, à cause de toi aussi nous serons sauvés. " » Dans la
version finale, N. a supprimé les paroles du pilote, mais en

conservant l'allusion à un naufrage prochain (cf. les variantes ci-dessous, de Z II 4, 145) ; il la supprima cependant sur la copie destinée à l'impression, comme on le voit d'après les épreuves.

3. Z II 4, 145 : « nuit ; car il ne pensait rien d'autre que ceci : qu'à tout le moins [il viendrait nécessairement une tempête] il viendrait un ouragan, et de grands dégâts pour le navire, et qu'un naufrage le jetterait sur le rivage ». Cf. *Matth.*, 8 23-27.

4. Z II, 3 : « Le plaisir est femme, il court après celui qui le méprise. »

Avant que se lève le Soleil

P. 205.

1. Z II 4 : « Oh Ciel au-dessus de moi, Ciel pur, Ciel profond! Toi abîme de lumière! Toi vers qui mon âme gronde en s'élevant! / Ah, est-il temps de se quitter? " Le Soleil vient " — me dis-tu en rougissant. »

P. 206.

1. Z II 4, 101 : « ils nous privent tous deux de notre force commune, l'immense et sans limite pouvoir de dire Oui ; oui certes nous sommes de ceux qui disent Oui ».

P. 207.

1. Z II 4, 100 : « bénir ; et c'est par l'amour du dire Oui que j'ai longtemps dit Non ».

2. Z II 3, 92 : « Par accident — non pas bonne noblesse, même si c'est la plus ancienne. » Cf. *Sap.* 2,2 : « Par accident nous sommes nés. »

3. Cf. *Matth.*, 19, 26.

4. Z II 3, 100 : « Nous, les semences de la vie, jetées d'étoile en étoile? »

P. 208.

1. Cf. Za III : *Le Deuxième Chant de danse*, § 3, p. 280.

De la rapetissante vertu

1

P. 209.

1. Titre en Z II 4, 75 : « Du rapetissement de soi » : ce chapitre n'était pas à l'origine divisé en paragraphes. Le § 1 a été ajouté par N. à la dernière rédaction pour l'adapter

au chapitre du retour de Zarathoustra, Z II 3 : « Maisons pressés, bêtes comme un jouet d'enfant : qu'un enfant les remette dans leur boîte! — Ames pressées. / Confiantes et ouvertes, mais basses comme portes qui ne laissent entrer que ce qui est petit. » / « Comment passer à travers la porte de la ville? J'ai désappris de vivre parmi les nains. »

2

P. 210.

1. Z II 3, 150 : « Les petites vertus sont utiles aux petites gens, mais qui me convaincra que soient utiles les petites gens? »

2. N VI 2, 63 : « Un coq étranger que mordent les poules. »

3. Z II 3 : « Mon cœur était courtois aussi envers de perfides hasards : contre le destin se hérisser me semblait une sagesse de hérisson. »

4. Z II 4, 74 ajoutait : « — ils ne devinaient rien de mon bonheur ».

5. Cf. en sens inverse, *Matth.*, 19, 13.

P. 211.

1. Z I 1, 5 : « qui loue se pose en général comme s'il rendait son dû : en vérité, il donne, pour recevoir un présent, un peu de ta richesse. »

2. Les quatre derniers mots manquent en Z II 4, 73, qui porte, barré : « seuls les plus rares parmi les authentiques — — valent quelque chose »!

P. 212.

1. Cf. le mot de Frédéric le Grand : « Un prince est le premier serviteur et le premier magistrat de l'État. »

2. Sentence isolée en Z II 3 : « Des pourceaux repus ou des gladiateurs mourants — n'avez-vous d'autre choix? »

3

P. 213.

1. Cf. par ex. *Matth.*, 9, 13 ; 10, 34.

2. Z II 4, 70 : « contre piqueurs de poches et fainéants les mettre en garde ; pour quoi ils disent : " Zarathoustra est un ennemi de la vertu ". »

3. Cf. Za III ; *Des renégats*, § 2, p. 225 sq.

4. Cf. en sens inverse *Matth.*, 12, 50.

5. Z II 3 : « " Hasard " l'appellent les faibles. Mais je vous dis : que pourrait-il tomber sur moi que je ne tire à moi? que ma pesanteur ne force et à elle ne tire? — Voyez donc

comme tout hasard, je me le cuis d'abord dans mon suc :
et quand il est à point, je le nomme " ma volonté et mon
destin ". — Ce qui dans mon hasard est étranger à mon corps
et à ma volonté, comment pourrais-je lui offrir mon amicale
hospitalité ? Voyez donc, seuls les amis vont aux amis —. »

6. N VI 2, 6 : « Impérieuse, l'expérience vécue vint à moi :
mais, à peine vécue, déjà elle est à genoux. »

P. 214.

1. Cf. *Matth.*, 22, 39.
2. Cf. *Isaïe*, 5, 24 ; *Nahum*, 1, 10.

P. 215.

1. Z II 4, 69 : « Ainsi vous parle Zarathoustra. »

Sur la montagne des oliviers

P. 216.

1. Titre en Z II 4, 123 : « Le chant d'hiver » ; cf. la conclusion : « Ainsi chanta Zarathoustra. » Sur le « mont des oliviers » cf. par ex. *Matth.*, 24, 3. Z I 4, 217 : « C'est l'hiver,
aujourd'hui je veux danser. J'ai assez d'ardeur pour cette
neige ; je veux monter sur la montagne, là mon ardeur est
capable de lutter avec le vent froid. »

P. 218.

1. Z II 3 : « On t'éventrera, Zarathoustra : tu as l'air d'un
homme qui a avalé de l'or. » Cf. aussi le dithyrambe *De la
pauvreté du plus riche*.
2. Z II 3 : « Vous appelez cela des échasses — mais ce sont
les pieds robustes de la fierté — de grands pieds ! » Cf. aussi
le dithyrambe *Parmi les oiseaux de proie*.
3. Z II 4, 118 : « ils [détestent] ne supportent pas qui est
souverain et libre, ils haïssent la montagne qui bouche autour
d'elle toutes ceintures de soleil / — que tous les vents viennent à moi et à mon changement de temps, que [avec les
vents j'avance sur la mer] j'envoie tous vents sur la mer de
ma volonté : / qu'encore je parle au hasard. »
4. Cf. *Matth.*, 19, 14.
5. Z II 4, 118 : « ... emmailloter. / Ainsi je chantais naguère
dans le coin où brille le soleil sur ma montagne d'oliviers ;
ainsi chantant de mon âme fis exsuder l'hiver. »

P. 219.

1. Z II 4, 116 : « Mon heur de santé... / Mais on me dit
malade et *eux* en bonne santé, tous ces pauvres [pitoyables]

louches gredins autour de moi : avec cette gredine exubérance
j'ai échappé à leur maladie. / A présent ils s'apitoient sur
moi à cause de mes engelures : ils déplorent : " il nous gèle
encore à ses hivers de la connaissance ". »

De passer outre

P. 220.

1. N VI 7 : « Ils battent leur fer-blanc et appellent cela
" sagesse " : ils font cliqueter leur or : de quoi rient les putains.
/ Ici tu n'as rien à chercher et tu as beaucoup à perdre. Ici
est la grand-ville, pourquoi veux-tu dans ce marais patauger ? / Aie compassion de tes pieds, crache sur la porte de
la ville et en arrière retourne. / Ainsi parlant, Zarathoustra
cracha sur la porte de la ville et en arrière retourna. » Cf.
Z II 3 : Si la grand-ville se porte elle-même à la campagne,
elle n'apporte pas de l'engrais à la campagne, mais de la
pourriture et de l'horreur. »

P. 221.

1. Z II 4, 108 : « ils s'échauffent du matin au soir et ne
savent pourquoi ? — c'est ce que leur sagesse appelle l' " in-
conscient " [Allusion à E. v. Hartmann]. Ils font sonner
leur fer-blanc et appellent cela " sagesse " ; ils font sonner
leur or : de quoi rient les putains et les sages de la ville. /
Ils croient aux putains et aux eaux-de-vie, ils se baptisent
avec de la petite eau-de-vie de l'esprit ; ils sont tous malades d'opinions publiques. / Il y a ici aussi des vertueux, il
y a ici beaucoup de vertu habile et installée ; et l'on a grand
soin aussi de la " convenance ". »

2. Z II 3 : « malades d'opinions publiques comme des
putains. Et ce sont justement vos maladies les plus secrètes. »

3. Z II 4, 106 : « piété à moustaches ».

4. Cf. *Psalm.*, 103, 21.

5. *De la rapetissante vertu* ; les variantes suivantes assurent
d'une corrélation entre les deux chapitres ; peut-être en for-
maient-ils à l'origine un seul.

P. 222.

1. Z II 4, 106 : « La ville des âmes écrasées : avec des maisons bêtes comme un jouet d'enfant. Qu'un enfant les remette
de nouveau dans leur boîte ! / La ville des yeux lubriques
et des doigts visqueux, des scribouillards et des braillards,
des œufs de marais pourris, des ambitieux étouffants ! /
Gloutons les uns, gourmets les autres, tous dédaigneux !
Putride et baveux coule leur sang : qui voudrait le purifier ? »

Z II 3, 128, comme titre d'un chapitre particulier : « Des scribouillards et des braillards. Des instituteurs d'un jour. »

P. 223.

1. Cf. *Luc.*, 19, 41.

2. Z II 4, 104 : « Me désole. » — Cf. *Jonas*, 4, 11.

3. Z II 4, 104-105 : « cette grand-ville ; et je voudrais [être le bûcher sur lequel elle serait brûlée! Je me lamente encore sur toi! / Ici on ne peut rien améliorer et on peut rendre pires bien des choses : ainsi je veux votre déclin] voir déjà les colonnes de feu où elle se consumerait. Car de telles colonnes de feu ne peuvent que précéder le grand midi. Mais cette chose a son temps et son destin. Je ne veux pas soulever tous les voiles : ainsi je vais donc. » Cf. *Exod.*, 1, 3, 21.

Des renégats

1

P. 224.

1. Z II 4, 52 : « dévoués à Dieu ».

2. Z II 4, 52 : « comme si un dieu le ravissait jusqu'à la danse ».

3. N VI 7 : « " L'homme est quelque chose qui ne se peut que dépasser " ; cela sonne à mes oreilles comme une sagesse qui rit et danse. Mais ils pensent que je les appelle — pour ramper vers une Croix! / Assurément, avant d'apprendre à danser, il faut d'abord apprendre à marcher. »

4. Z II 4, 52 : « Ils apprenaient une autre vérité : " dans l'obscurité il est mieux — de chuchoter! " »

5. Cf. *Jonas*, 2, 1.

P. 225.

1. Z II 4, 52 : « L'homme est lâche ; ils sont hommes. »

2. En Z II 4, 52, suivaient ces lignes, ensuite barrées : « Je ne dis cela pour me consoler : même si c'est pour beaucoup déjà une consolation de mépriser là où ils ne vénèrent plus : mais j'ai désappris de me consoler ainsi. / Comment ne seraient-ils lâches et craintifs! Être seul, n'est-ce pas épouvantable? L'isolement n'est-il pas folie? / Et qui, semblable à moi, brisa des tables et dévalua des valeurs : il ne s'est pas pour autant brisé lui-même et - - -. »

3. Mp XV, 3 contenait ensuite ces mots barrés : « Ceux-là ne s'étaient pas encore cherchés : alors ils me trouvèrent. »

4. Mp XV, 3 contenait ensuite ces mots barrés : « [Un été bref : et déjà tout est devenu gris et fané : et] Récemment je

cherchai des yeux mes fidèles et les prairies colorées du printemps — et, en vérité, de là je portai autrefois beaucoup du miel de l'espérance jusqu'à ma ruche. »

5. Première version en Z II 4, 48 : « Les laisse tomber et partir, oh Zarathoustra, et ne te plains! D'autre manière pourraient-ils, voudraient aussi d'autre manière. Gens de demi-mesure gâtent toujours l'entier. / Les laisse tomber et partir, ô Zarathoustra et ne te plains / Mieux encore, avec des vents violents souffle sur eux, afin que plus vite ils courent loin de toi! Mais mieux encore, oh Zarathoustra, ne souffle ni ne disperse! Mais oublie et bénis, comme l'automne que tu es! / Et va aussi devant les feuilles fanées comme le doux soleil d'automne — dorant, bénissant! — / Mais va bénissant aussi dessus ces feuilles fanées — avec une douceur d'or, comme automne et Soleil! »

2

P. 226.

1. Cf. le passage suivant d'une lettre inédite à Schmeitzner sur l'obscurantisme : « Ses expériences sont amères, mais non véritables, nous deux ne voulons-nous honnêtement nous efforcer de rester en cela même " doux ", comme de bons fruits, auxquels de mauvaises nuits ne peuvent guère ajouter? Le Soleil brillera bientôt — même si ce n'est le Soleil de Bayreuth. Qui peut maintenant dire où est lever, où est coucher et oserait se sentir à l'abri de l'erreur? Mais je ne veux pas dissimuler que, de tout cœur, je bénis l'apparition de mon livre de lumière et de libre esprit, en un moment où les nuages s'assemblent sombrement sur le ciel culturel de l'Europe et où le projet d'obscurcissement est presque compté comme moralité. » (20 juin 1878).

2. Cf. *Matth.*, 18, 3.

P. 227.

1. Comme dans le célèbre conte de Grimm.
2. Cf. V 23 [21] et la lettre de N. à Gast, le 3 octobre 1882.

P. 228.

1. Cf. *Exod.*, 20, 3.
2. Cf. *Matth.*, 11, 15.

Le Retour au pays

P. 229.

1. Z II 2, 4 : « La solitude comme retour de l'étranger. Délaissement et étrangeté parmi les hommes. » N VI 7 :

« Et toujours lorsque j'évoquais ma solitude ce fut pourtant
alors que je disais de loin : " oh bonne solitude ! " — Ici je
suis chez moi et je suis la maison pour ces hôtes — toutes
choses par ma porte sortent et entrent. » Z II 4, 94, 92, 93,
première version : « De la [santé] solitude. — / Narines heureuses je respire à nouveau ma liberté ; délivré est enfin mon
nez de l'odeur de tout être humain. / Chatouillée par les airs
vifs comme par des vins mousseux : ici éternue mon âme
[et est] bienheureux, et elle crie d'allégresse : santé! / Ici,
elle peut tout dire et tous fondements secouer, rien ici ne
veut être épargné, aucune honte ici de sentiments dissimulés,
durcis! / Ici à ma parole viennent caressantes, toutes choses
et la flattent pour chevaucher sur son dos. A cheval sur toute
image, j'avance ici vers toute vérité. / Ici s'ouvrent à moi
tous les trésors de l'être et tous les écrins des mots : tout être
veut ici devenir mot, tout devenir veut ici apprendre de moi
à parler. / Ici je dis à toutes choses loyale et franche parole :
et en vérité, c'est comme louange que sonne à leurs oreilles
qu'avec toutes choses quelqu'un droitement parle! / Nous
ne nous demandons rien l'un à l'autre, l'un l'autre ne nous
plaignons — l'un vers l'autre nous allons ouverts, cœur
ouvert, par des portes ouvertes. Car ici rien n'est clos ni
sombre, ici même les heures courent sur des pieds plus légers.
Dans la nuit plus lourd pèse le temps qu'à la lumière. —
Oh homme, [obscur, crépusculaire] toi l'étonnant! O toi
vacarme de par les sombres ruelles! A présent, tu gis derrière
moi — le plus grand de mes périls gît derrière moi! / Epar-
gner, compatir, là fut toujours le plus grand de mes périls :
et tout être humain veut qu'on l'épargne et le souffre. /
Le souffle retenu, [les mains nouées] avec une main de bouffon
et le cœur assotté et riche en petits mensonges de compassion — ainsi vécus-je toujours parmi les hommes. / Travesti,
j'étais assis parmi eux — afin de les supporter, prêt à me
méconnaître : et volontiers délirant et m'interpellant moi-
même : " Bouffon que je suis, je ne connais les hommes. "
Leurs sages guindés — je les appelai sages, mais non guindés
— ainsi j'appris l'art d'avaler les mots. Leurs fossoyeurs
— je les appelai chercheurs et vérificateurs : ainsi j'appris
l'art de confondre les mots. / Les fossoyeurs en fossoyant
se rendent malades. Sous tous décombres dorment de vilaines
exhalaisons. On ne doit pas soulever la fange. Cela est derrière nous. / Oh, bienheureux silence autour de moi! Et
naguère encore j'étais parmi leur vacarme et leur fureur! /
Tout parle, personne ne sait se taire. Tout court, personne
n'apprend plus à marcher. Oh, ce bienheureux silence autour
de moi! / Tout parle, rien n'est entendu : on peut carillon-

ner sa sagesse, les boutiquiers sur le marché plus fort feront
tinter leurs sous. / Tout parle, personne ne veut écouter.
Toutes les eaux vont en bruissant jusqu'à la mer, chaque
ruisseau n'entend que son propre bruissement. / Tout
parle, tout se brise en parlant. Et ce qui encore hier était
trop dur pour la dent du temps, pend aujourd'hui, raclé
et rongé, aux mufles de l'aujourd'hui. Tout parle, tout
trahit. Et qui jadis eut nom mystère et d'âmes silencieuses
intimité, aujourd'hui est sur les marchés comme un air de
trompette. / Tout parle, personne ne sait entendre. Tout
tombe à l'eau, en de profonds puits plus rien ne descend! /
Tout parle, tout juge et plaide. Toute injustice est poursuivie — bien poursuivie, mais mal attrapée. » Z II 4, 93
contient encore des esquisses isolées, utilisées seulement de
façon partielle par N. : « Et s'ils m'ont méconnu, *moi*, —
de cela je les épargnai, eux plus que moi : accoutumé à la
dureté contre moi, je tirai souvent encore vengeance de cette
dureté, pour ensuite aux autres - - - Et beaucoup de qui
était *leur* faute, — je le pris sur moi et l'appelai bien encore
ma culpabilité : ainsi je fus riche en petits mensonges - - -
Dans l'oubli et le passer outre il y a plus de sagesse que dans
le souvenir et le silence. Et qui voudrait tout concevoir, sa
main devrait tout — attaquer! - - - - Tout parle, rien ne
réussit. Tout caquette, mais de pondre des œufs qui a encore
le temps?? [Ils pensent, mais leurs pensées ne peuvent
que] - - -. »

P. 230.

1. Cf. Za I : *Prologue*, § 10, p. 34.
2. Cf. Za II : *Le Chant de nuit*, p. 136.
3. Cf. Za II : *L'Heure du plus grand silence*, p. 185.

P. 232.

1. N VI 7 : « Je suis dur envers moi : et souvent encore
tire vengeance de cette dureté pour épargner l'injustice des
autres — leur in<justice> envers moi! »
2. Cf. Za III : *D'anciennes et de nouvelles tables*, § 7, p. 250.
3. Z II 3 : « auprès des roides sages, d'eux délivrant —
l'âme pour laquelle tout *devient jeu*. »
4. Z II 3 : « Ils apprirent à changer les noms : et sur les
choses ainsi se firent illusion. Des plus sages tel est le grand
art! »

Des trois méchantes choses

P. 234.

1. N VI 7 : « De la volupté que savez vous ? De la volupté que pourriez-vous savoir ? » Z II 3 : « Égoïsme et passion de dominer menèrent le mensonge à la plus haute hauteur. »

1

2. Z II 4, 64 : « bien éveillée qui sait : [" tout infini est impossible ", " tout impérissable est seulement image "] " sur toutes choses le nombre est maître " " tout impondérable est inefficace ". »
3. Z II 4, 64 : « De quelle façon sûre et repue. »
4. N VI 7, 29 : « Comme si je voyais une pleine pomme mûre [et sa peau douce et fraîche sentais de mes chaudes mains] — une pomme d'or <avec> une peau douce et fraîche, pleine de charme secret. »

P. 235.

1. Z II 4, 64 ; N VI 7, 29 : « aux feuilles piquantes ».
2. N VI 7, 29 — 30 : « comme si un noble et gracieux écrin s'ouvrait, contenant beaucoup de ce qui est indicible et [seulement saisissable pour des mains pures] que seules de pudiques mains [et yeux] aient le droit de saisir / comme un rassasiement pour l'affamé, une sécurité pour l'errant, un objet de vénération pour le dédaigneux - - - ».
3. Z II 4, 62 portait d'abord ici : « volonté de puissance ».

2

P. 236.

1. Cf. I *Cor.*, 1, 27.
2. Z II 4, 62 : « bûcher ».
3. Z II 4, 60 : « Espoir, car à beaucoup sont promis union et mariage qui à eux-mêmes sont plus étrangers que l'un à l'autre l'homme et la femme, et plus discordants. »
4. Z II 4, 60 : « La persifleuse de toute incertaine vertu qui chevauche toute cavale sur toute selle, la maligne naine et le taon malin, aux plus vains des peuples et des sages accrochée. »

P. 237.

1. Z II, 4, 60 : « s'écrie : [" l'homme est quelque chose qui ne se peut que surmonter "] » ;
2. Z II 4, 60 première version : « Crachez au visage de

l'homme jusqu'à ce qu'il dise lui-même : " l'homme est quelque chose qui ne se peut que surmonter ". »

3. Cf. le dernier chapitre de Za I.

4. Variantes de Z II 4, 60 58-59 : « Égoïsme : un mot sale et injurieux pour la con[formation] de tout vivant : car qu'il veuille croître [et créer au-dessus de soi], c'est du vivant la con[formation et la nécessité éternelle] et la loi intérieure. / [Égoïsme : c'est du vivant la conformation d'aller prégnant et plus lourd [d'un avenir éternel] d'avenirs inconnus et pour soi-même de souvent devenir une blessure, et pour ses désirs ardents] [— une vertu qui à toutes choses veut commander comme vouloir d'un amant : un égoïsme et une puissance qui obligent à soi et à sa hauteur toutes choses. / — une vertu insatiablement assoiffée de tous trésors et joyaux, qui oblige toutes les profondeurs à se hisser jusqu'à elle : - - - et un vouloir qui à toutes choses veut commander comme un vouloir qui aime : un égoïsme sacré et une puissance qui [a soif d'elle-même, de se donner et de se sacrifier] oblige toutes choses à soi et en soi.] / Cet égoïsme une fois Zarathoustra le dit saint et sacré [qui comme pluie et soleil tombe sur toutes choses] ; qu'il la séparait de l'égoïsme maladif [enclin au vol] qui parle dans des corps dégénérés [qui toujours veut voler.] » Z II 4, 30-31 : « Il est des âmes puissantes [splendides, souveraines en vérité] mais il en est d'esclaves, de dépendantes : or aux puissantes appartient le corps supérieur, le beau, le victorieux, le réconfortant de qui toute chose alentour devient miroir. / Cet égoïsme Zarathoustra un jour l'a proclamé sain et [saint] sacré, [coulant et débordant d'une âme puissante et sage] venant d'un soi puissant et sage [en qui rien n'est maladif ni avide] duquel il coule / [coule et bouillonne et déborde] : qu'il le sépare de l'égoïsme maladif [maudit], le maudit qui toujours vole et parle en toutes choses " [toutes] à moi pour moi ". / C'est le bienheureux égoïsme de soi-même nostalgie [de la puissance, à laquelle appartient le corps supérieur] qui procède de corps puissants : car aux âmes puissantes appartient le corps supérieur, le beau, le victorieux, le réconfortant, de qui toute chose alentour devient miroir. / Et alors [fut] advint aussi que Zarathoustra proclame bienheureux cet égoïsme, le sain et bien portant égoïsme qui provient d'une âme puissante —, / comme d'un amant qui à toutes choses veut commander — comme une nostalgie de puissance qui force toutes choses à s'élever jusqu'à sa hauteur. » Z II 4, 29 : « Un tel égoïsme appelle aussi les plus grands à s'élever encore vers le haut : un tel égoïsme élève [les plus hautes montagnes] une haute montagne à partir [de la mer la plus

profonde] d'une mer profonde : — un tel égoïsme en s'élevant frémit d'un désir divin. »

P. 238.

1. Cf. *Eccl.*, 1, 2.

2. Z II 4, 30 : « Avec ses paroles et ses valeurs le puissant dresse autour de lui de saintes clôtures : avec le nom de son heur il bannit de lui tout ce qui est méprisable. / De lui il éloigne tout ce qui est lâche et étroit : méprisable est pour lui celui qui a souci, qui soupire, se plaint et en même temps cueille les plus petits profits. / Le méfiant a pour lui peu de prix, et qui au lieu de regards et de mains veut des serments ; moins encore le hâtivement-docile, le chien sitôt-couchant, l'humilié. Lui est tout à fait odieux et répugnant qui ne se veut jamais venger, qui ravale crachats et méchants regards — le tout-patient, le tout-souffrant : celui-là, il l'appelle esclave. / Que devant des dieux et des coups de pied divins, ou devant des hommes un tel être gise, muet, dans la poussière et la soumission, peu lui importe — un tel être, il l'appelle esclave. / Mauvais : voilà ce qu'est pour le puissant tout ce qui est servile — le non-libre, l'opprimé, le las, le souffrant, qui gît dans la poussière. / Mauvais : ce n'est pas le méchant, car le méchant fait peur. L'ennemi est méchant, l'ennemi fait peur. / Mais il appelle bon son heur, son heur qui coule et déborde, qui court sur des semelles légères. » Z II 4, 31 ajoute : « Et tout ce qu'il appelle bon, ce bienheureux égoïsme, cela veut dire pour lui " bon pour moi " [et non pas bon pour toi] ; il ne regarde pas avec convoitise les vertus des faibles et des " bons pour tous ". / Devant bien des vertus il passe comme devant une jolie servante : à une plus haute maîtresse va son haut amour ; et il ne méprise pas toujours ce devant quoi il passe ". » Z II 4, 29 ajoute : « Égoïsme certes, — mais je veux avoir de [saintes] clôtures pour mes pensées et aussi encore pour mes paroles — et de peur que mes jardins de pource aux et d'exaltés ne soient envahis / car pourceaux et exaltés — je les ai toujours trouvés broutant proches les uns des autres : aimant tout ce qui est sale, ils s'engraissent les uns et les autres dans l'ordure ; mais les dérange-t-on, ils grognent. / Ainsi parlait Zarathoustra. » /

P. 239.

1. Cf. *Matth.*, 10, 26 ; 1 *Cor.*, 3, 13 ; 2 *Cor.*, 5, 10 ; *Eph.*, 5, 13.

De l'esprit de pesanteur

1

P. 240.

1. Cf. le titre de M XVIII 3 (février-mars 1882).
2. Cf. Za IV : *Le Chant de la mélancolie*, p. 358.

2

P. 241.

1. Z II 3, 66 contient, au début, ces mots ensuite barrés :
« Comment, ô Zarathoustra, es-tu venu à ta sagesse ? »
2. Z II 3, 66 : « dans le royaume de l'air ».
3. Cf. *Matth.*, 19, 14.

P., 242.

1. Cf. Za I : *Des trois métamorphoses*, p. 35.
2. Cf. Za II : *De la prudence avec les hommes*, p. 181.

P. 243.

1. Cf. *Matth.*, 23, 27 (« Vous ressemblez à des sépulcres blanchis »).
2. Cf. V 19 [9].
3. Cf. *Matth.*, 17, 4.
4. Z II 3 : « Comment veux-tu apprendre à danser, si tu n'as pas d'abord appris à marcher ? Mais plus haut encore que le danseur est celui qui vole, et la béatitude du haut et du bas. »

P. 244.

1. Z II 3, 136 : « Une petite lumière, mais un grand réconfort pour le navigateur que la nuit, sur la sauvage mer, veut trahir. » Cf. aussi le dithyrambe *Le signe de feu*.

D'anciennes et de nouvelles tables

1

P. 245.

1. N VI 7, 33 : « Le bris des tables ». N VI 7 : « Vivre pour l'amour de l'avenir. / Le bris des tables. — Je suis un législateur, j'écris du nouveau sur mes tables : pour les législateurs eux-mêmes je suis loi et table et appel du héraut. »
N VI 8 : « briser de vieilles tables ». Cf. aussi *Exod.*, 32, 19.

2

2. Cf. Za I : *Des chaires de vertu*, p. 38 sq.

P. 246.

1. N VI 7, 53 : « Ce qui crée, c'est celui qui fait l'avenir. »
2. Cf. *Matth.*, 24, 28.
3. Cf. Za II : *L'Enfant au miroir*, p. 109.
4. N VI 7, 55 : « Qui du haut de la montagne se rit encore de toutes tragédies jouées et de toutes tragédies vécues. » Cf. Za I : *Du lire et de l'écrire*, p. 55.
5. Cf. Za II : *De la prudence avec les hommes*, p. 184.

P. 247.

1. Cf. *I Cor.*, 15, 55.

3

2. N VI 7, 60 : « Ainsi j'enseigne et n'en suis las : l'homme est quelque chose qui ne se peut que dépasser ; car voici que je sais qu'il *peut* être dépassé — je l'ai contemplé, le surhomme. »
3. Cf. l'épigraphe d'*Aurore*.
4. Cf. Za II : *Le Devin*, p. 173-174.

P. 248.

1. [Réminiscence possible du poème *Dichtermut* (Courage de poète)de Hölderlin. Cf. ces strophes, dans la traduction de Geneviève Bianquis :

> ... *tel aussi*
> *notre aïeul le dieu Soleil*
> *accorde à tous, riches et pauvres, sa riante lumière*
> *et, dans la fuite du temps, nous soutient, nous éphémères,*
> *attaché à ses lisières d'or,*
> *comme on soutient les pas des enfants.*
> *Il est attendu, accueilli, l'heure venue,*
> *par les flots empourprés. Et voici que l'astre sublime,*
> *connaissant que tout passe,*
> *prend d'un cœur toujours égal le chemin du déclin.*

Mais à une joie romantique de mourir, empreinte de résignation, N. substitue évidemment l'idée d'un déclin requis par la création du surhomme, et à l'idée d'un Soleil qui répand indifféremment ses bienfaits, alors que le poète, pour Hölderlin était l'*ami de tous* dans la *foule amicale*, N. ajoute la sévère sélection qui donne tout son sens au retour éternel. (M. de G.)]
2. Cf. GS 337 et le dithyrambe *Le Soleil décline.*

4

3. Cf. *Ez.*, 11, 19.

5

P. 249.

1. Z II 3, 47 : « Qui est commun veut avant tout gratuitement vivre : mais nous autres, nous voulons justement *autant
que possible — donner*! »

2. N VI 6, 26 : « L'heur ne veut pas être cherché, mais
trouvé. » Z II 3, 46 : « Car heur et innocence sont les choses
les plus honteuses sur terre. Ni l'un ni l'autre ne veulent être
cherchés. On doit les posséder et ne pas même savoir qu'on
les possède. »

6

3. N VI 8 : « que nous sommes des premiers-nés — combien de nécessité cachée et de fierté soudaine il est en toute
noblesse de premier-né, ce dont ne sait rien aucune noblesse
tardive! / Que nous sommes des premiers-nés : oh! nous
avons appris tout à la fin que tout ce qui est premier ne peut
avoir encore une conscience morale. » Sur le sacrifice du premier-né, cf. *Exod.*, 23, 19.

4. Cf. *Matth.*, 16, 25.

7

P. 250.

1. Cf. *Za* II : *Des illustres sages*, p. 121.

8

2. [Cf. Platon, *Cratyle*, 402 *a* : « Héraclite dit que tout
coule... » (M. de G.)]

P. 251.

1. Z II 3, 22 ajoute : « Le taureau coléreux est lâché. »

2. Cf. *Luc*, 10, 10.

9

3. N VI 8, 65 : « Oh mes frères, sur le bien et le mal on ne
fit jusqu'à présent que délirer et non savoir. Brisez, brisez-
moi les vieilles tables! »

10

P. 252.

1. N V 8, 69-70 : « Point ne mentiras, point ne tueras — de
telles paroles passèrent jadis pour saintes : et devant elles
on ployait genou et cœur. / Mais je vous demande [de telles

paroles furent même les meilleurs menteurs et tueurs de vérité : personne n'a jamais mieux menti] où vit-on jamais meilleurs menteurs et tueurs au monde que ne le furent de telles saintes paroles ? »

11

2. Cf. *Za* III : *Des renégats*, p. 224.

12

P. 253.

1. Cf. V 13 [59].
2. N VI 6, 141 : « chèvres et oies et autres têtes d'avant-garde, conduites par le Saint-Esprit. »

P. 254.

1. Cf. *Za* II : *Du pays de la culture*, p. 155.

13

2. Cf. *Eccl.*, I, 2.
3. Cf. *Deut.*, 25, 4 : « Tu museleras le bœuf quand il foule le grain. » [Cette prescription, qui ne médit pas du foulage, traduit dans l'Ancienne Loi, comme 24, 19 sq., le désir de laisser en place des épis à glaner pour les pauvres. Paul (*I Cor.*, 9. 9-14) applique la formule au fouleur lui-même qui — comme le laboureur — doit recevoir sa part matérielle de la récolte spirituelle, ce qui justifierait que le prêtre vécût de l'autel et le prédicateur de la prédication. (M. de G.)]
4. N VI 8, 22 ; Z II 3, 34 ajoutent : « …, ces jamais-satisfaits ! ».

14

5. Cf. *Tit.*, 1, 15.

P. 255.

1. Cf. *Za* II : *De la canaille*, p. 125 sq.

15

2. Z II 3, 35 : « de ceux des arrière-mondes ».

16

P. 256.

1. Cf. la note 5 de la page 26.

2. Cf. Za I : *Des chaires de vertu*, p. 38.
3. Cf. *Matth.*, 11, 15.

18

P. 258.

1. N VI 8, 26 : « ... les chiens le reniflent ; mais il ne veut plus faire un pas et... ». Cf. *Luc.*, 16, 21.

19

2. Fragments en Z II 3 : « Avec louange et blâme tu dresses une clôture autour de toi. C'est la façon la plus commune de tout ce qui est, celle qui vit du meilleur : mais la clôture est grande et vaste autour de l'âme — comment ne serait-elle nourriture pour force parasites ? Mais quel est celui qui doit toujours rester loin de moi et étranger même à mon plus large enclos ? Celui qui vit en parasite : c'est qui ne sait aimer et veut pourtant vivre d'amour ! C'est qui bâtit sa niche là où le fort est faible et le noble blessé, — qui bâtit son écœurante niche dans les grands : même le plus grand a de petits recoins malades. »

P. 259.

1. N VI 6, 13 : « Béatitude dans la plus grande enceinte de l'âme, la plus grande échelle vers le haut et vers le bas. » Cf. *Gen.*, 28, 12.

20

2. N VI 8 : « Oh mes frères. Il en est parmi vous qui s'entendent à détruire quelque chose — à rire — à rire tout leur soûl ! Et vraiment on tue bien par le rire ! / A ceux-là j'ordonne d'agir à mon exemple : à eux je vins comme prélude. » Cf. *Jo.*, 13, 15.

21

P. 260.

1. Cf. Za I : *De la guerre et des guerriers*, p. 65.
2. N VI 6, 128 : « communs et assez vils — pour le moindre profit ils cueillent encore dans la poubelle de leur foi ». N VI 7, 41 : « Petits profits les ont rapetissés — et à présent ils cueillent encore dans la poubelle des bons hasards ! »

22

P. 261.

1. Z II 3 : « Malheur! Qui leur voudrait procurer entretien, si ce n'était plus leur subsistance ? / Il leur faut, en combattant le fauve, lutter pour leur subsistance — sinon leur entretien serait celui d'un fauve avec — nous. / Leur ennui serait la couveuse pour - - -. »

2. Z II 3, 24 : « En tout " travail " — là est encore un rapt ; en tout " mérite " — là est encore un subterfuge. Des bêtes de proie, voilà ce que nous sommes ; et nous devons avoir la vie dure ! »

23

3. Cf. GS 95, sur Chamfort.

24

P. 262.

1. N VI 9, 23 : « de peur que méprise ne soit notre promesse ! ».

2. N VI 8, 24 contenait ensuite ces lignes biffées : « Les mariages que je vois font obstacle à mon avenir ; aussi me faut-il être plutôt quelqu'un qui fait obstacle aux mariages que quelqu'un qui les conclut. En vérité c'est meilleur conseil d'empêcher des mariages que - - -. »

25

P. 263.

1. Z II 3, 25 continue : « [comme de beaucoup est fait un corps vivant] [Et non pour qu'un corps vivant tienne et subsiste, mais pour qu'au-dessus de lui et hors de lui il se crée un corps plus élevé] le vouloir pour trop de vouloirs le soi pour trop de soi — [c'est ce qu'on cherche là] où ce serait déjà trouvé ! »

2. Z II 3, 25 contient ensuite ces mots biffés : « Un grand tourment, une vie qui tranche dans le vif de la vie, une volonté de puissance qui d'abord veut savoir. »

3. Allusion à J.-J. Rousseau.

26

4. Allusion à Jésus.

5. Z II 3, 43 : « que quelqu'un se sente homme de bien et se compte parmi les gens de bien, il ne peut qu'être pharisien ». Z II 3 : « Il existe un degré de fourberie incarnée qu'on

nomme la " bonne conscience ". » Z II 3, 43 contient ensuite
ces mots biffés : « Ainsi une fois [enseignait] interrogeait
Zarathoustra. »

27

P. 264.

1. Z II 3, 39, avant la rédaction définitive des §§ 26 et
27 : « Entendîtes-vous bien, ô mes frères, ma parole sur le
dernier homme. Qu'il est <l'>homme qui ne se *peut* plus
lui-même mépriser? - - - Les hommes de bien, les hommes
de bien sont le commencement de la fin, malheur s'ils ne
peuvent qu'être toujours ainsi! / Ouvrez les yeux : où vivons-
nous? N'est-ce point à l'ère des gens de bien? Jamais encore
il n'y eut tant de justice et de bonté que chez nous. / Ouvrez les yeux : où vivons-nous? Y eut-il jamais plus grand
danger pour tout avenir humain que chez nous? C'est l'ère
des gens de biens ; / les professeurs de dévouement, - - - /
Chez les gens de bien se trouve le plus grand danger pour
tout avenir humain : car ils haïssent celui qui crée. Brisez,
mes frères, me brisez les gens de bien et les justes! »
2. Cf. Za I : *Prologue*, § 5, p. 26 sq.

28

P. 265.

1. Cf. ci-dessus § 12, p. 253.

29

2. N VI 8, 87 : « Je suis parmi eux comme un diamant parmi
des grains d'anthracite ; jamais ils ne me croient lorsque je
dis : ô mes frères, nous sommes si proches parents! » N VI 8,
40 : « O mes frères, où sont mes frères? Je cherche, j'éprouve ;
tous tant que vous êtes, pour moi vous n'êtes assez durs — »
Sur la même feuille : « O mes frères, pourquoi êtes-vous si
mous? Ne sommes-nous proches parents? ».
3. N VI 7, 191 : « Sur des millénaires il pose la main. »
N VI 7, 192 : « celui qui vole (comme penseur prolongé, qui
sur des millénaires pose sa main) ». N VI 7, 20 : « Me sembla
[toujours] volupté de presser ma main sur la vérité, d'ins-
crire sur elle mon vouloir comme avec du bronze. — [Ainsi
vous parle ma loyauté] : tout mon vouloir pour la vérité. »
N VI 7, 146 : « Que sur des millénaires je presse ma main —
que sur le vouloir de millénaires j'écrive comme sur du
bronze. » Cf. aussi les variantes de Z II 4, 127 au chapitre
Les Sept Sceaux, § 1, p. 281, note 3 (p. 474).

Le Convalescent

P. 267.

1. N VI 7 : « Une fois je fus déjà, une fois je serai encore :
entre mort et commencement est une vaine année d'être. —
Tout va et passe — tout revient — et revient même le va-
et-vient. Ce maintenant fut — d'innombrables fois déjà ;
— Cette doctrine encore jamais ne fut enseignée. Comment?
D'innombrables fois, elle fut déjà enseignée — d'innombrables
fois Zarathoustra l'enseigna. » Deux textes ont été fondus
dans ce chapitre : le premier est un fragment intitulé « Le
Serment » et correspond à la seconde partie du § 1 du « Convalescent » ; à l'origine il devait constituer la conclusion de
Za III. N VI 6, 57 : « Conclusion de Z<arathoustra> 3.
Monte, abyssale pensée! maintenant j'ai assez grandi pour
toi! [jeter dessus une pierre] Tu es mon marteau! — Béatitude de la nature déterminée / — Hymne. » L'autre texte
intitulé « Le Convalescent » correspond originairement à la
majeure partie du § 2 ; cf. les deux versions des premières
ébauches en Mp XV 3, 4 : « O mes bêtes, répondit Zarathoustra et il sourit de nouveau, de quelle ultime béatitude me
parlez-vous là!! Mais elle est encore loin, loin, loin de mon
âme insensée. / Une douce et merveilleuse maladie gît sur
moi, elle s'appelle convalescence. / Insensé vraiment est
l'heur du convalescent, c'est chose insensée qu'il lui faut
[chanter] dire : trop jeune encore est cet heur : ô mes bêtes!
Ainsi vous avez encore avec moi un moment de patience!
— Ainsi parlait Z<arathoustra>. / Une douce et insensée
maladie gît sur moi, elle s'appelle convalescence. Un nouveau
printemps sourd dans toutes mes branches ; j'entends la
voix du vent du sud. / Une nouvelle pudeur gît pesamment
sur moi : c'est de sombres et épaisses feuilles qu'a désir la
pudeur mon nouvel heur. O mes bêtes, dis-je des choses
insensées? / Trop jeune encore est mon [nouveau] printemps :
c'est chose insensée que doit dire toute convalescence nou-
velle-née. O mes bêtes — ainsi donc ayez patience avec moi!
/ Ainsi <parlait Zarathoustra>. »

1

2. Allusion à l'adjuration de Erda au troisième acte de
Siegfried de Wagner.

3. Z II 3, 76 ajoutait ces mots ensuite biffés : « " Il n'est
plus rien de nouveau — aussi tu grognes : laisse-moi dormir! "
C'est cela que tu es : " il n'est plus rien de nouveau " — *c'est
cela même que tu es*, ô abyssale pensée! Malheur à moi!
Salut à moi! Maintenant je te tiens éveillée! »

2

P. 270.

1. Cf. Za III : *De la vision et de l'énigme*, § 2, p. 197. N VI
7, 21 : « C'est mon serpent qui se glissa dans ma gorge. »
2. Cf. PBM 295.

P. 271.

1. Cf. Za II : *Le Devin* p. 171. Z II 4, 42 ajoutait ces phrases, ensuite biffées : « Et que l'homme, dont j'étais las ⌈le
petit homme⌉ à jamais revient : [l'éternel retour] ce fut mon
long, mon plus long crépuscule et tristesse : en vérité mortellement las, mortellement ivre de tout humain-trop-humain. »
2. Z II 4, 42 ajoutait ces mots, ensuite biffés : « Et tout
son petit humain-trop-humain. »

P. 272.

1. Z II 4, 42 : « Et à tout ce qui est petit tu ne peux qu'apprendre à aimer de nouveau ce qui est le plus petit! »

P. 273.

1. Cf. le chapitre suivant.

De la grande nostalgie

P. 274.

1. En Z II 4, 130, le titre est : « Ariane ». A noter que le
§ 3 des « Sept sceaux » avait à l'origine pour titre : « Dionysos ». Sur Ariane = l'âme de Zarathoustra, cf. le fragment
suivant de Z I 4 : « Dionysos sur un tigre : le crâne d'une chè-
vre : une panthère : Ariane rêvant : '' par le héros laissée, je
rêve du surhéros ''. Ne rien dire de Dionysos. » Cf. aussi Za
II : « Des sublimes » : « Car voici le secret de l'âme : seulement
lorsque le héros l'a laissée s'approche d'elle, en rêve, — le
surhéros. » Cf. G. Naumann, *Commentaire de Zarathoustra*,
2, 101 sq.
2. Cf. l'invocation similaire dans les *Psaumes* (par ex.
103, 1).
3. N VI 9, 15 : « Ne dois-tu brûler de désir pour l'éternité ? »
4. 5. 6. 7. 8. 9. N VI 7, 157, 159-160. En conclusion de
ces versets, le refrain : « et tu ne veux pas me remercier! ».

P. 275.

1. 2. idem
3. N VI 6, 74 : « Oh! ma mélancolie! Et si pourtant je la
fais sourire — les anges eux-mêmes fondent en larmes, quand
ils voient le sourire. »

P. 276.

1. Cf. le chapitre suivant.

2. Z II 4, 128 : « Puisse à présent la nostalgie bruire et gonfler — se gardant de toute petite satisfaction — jusqu'à ce que de loin elle tire sur la mer la barque où est assis celui que couronnent les pampres. / Jusqu'à ce que ton désir entame son chant qui bruit en sorte que toutes mers se taisent pour t'écouter, / jusqu'à ce que sur des mers devenues silencieuses flotte la nacelle, la volontaire nacelle d'or qui le porte, le vigneron sur lequel l'heur du cep pleure des larmes. [Sur la vendange et le vigneron, cf. *Is*. 63, 1. (M. de G.)]

Le Deuxième Chant de danse

P. 277.

1. Titre en Z II 4, 115 : « Vita femina. — Le Deuxième Chant de danse ». N VI 7 : « Je méprise au mieux la vie : et j'aime la vie au mieux : il n'y a là aucun non-sens. »

1

2. Z II 4, 144 ajoute : « Wipp! Wapp! » et N VI 7, 143 : Topp! Tapp! »

3. Cf. Za II : *Le Chant des tombes*, p. 144.

P. 278.

1. Z II 4, 112 : « hiboux et papillons » (et, au verset suivant, « Hibou toi-même! Papillon! »).

P. 279.

1. Z II 4, 113 : « Je n'ai pas oublié les étrivières quand j'ai voulu danser avec cette vilaine petite femme : comme pour moi elle doit maintenant danser au rythme des étrivières! »

2

2. En Z II 3 ce fragment isolé : « Contre le vacarme — il frappe de mort les pensées. » De même chez Schopenhauer, *Parerga* 2, chap xxx : « Du vacarme et du bruit ».

3

P. 280.

1. Z II 4, 80 : « Un! Minuit commence! Soufflant de loin, du monde profond jusqu'à moi, le solitaire, cherche votre parole le dernier repos ? / Deux! Le dernier repos du monde profond — n'est-ce donc hauteur de solitaire ? Cherche-t-il

quand son timbre *me* traverse l'oreille, la moelle et la jambe, — cherche-t-il et trouve-t-il encore *son* repos ? / Trois ! - - -. »

Les Sept Sceaux (ou : *Le Chant du Oui et de l'Amen*)

1. Sans doute titre primitif en N VI 7, 22 : « L'apposition du sceau ». Autres titres : Z II 4, 127 : « Oui et Amen » ; Z II 4, 126 : « Dionysos » ; Mp XV 3, § 4 : « De l'anneau des anneaux ». Pour la formule « sept sceaux », cf. *Ap.*, 5, 1. Pour la formule « Oui et Amen », cf. *Ap.*, 1, 7.

1

P. 281.

2. Cf. *I Cor.*, 13, 2.

3. Z II 4, 127 : « *Éternité* ! Est-ce que je peux presser ma main sur des millénaires comme sur de la cire ? / Ce serait beaucoup pour moi, et non assez cependant, et seulement un peu de moi et de mon amour de l'éternité ; ce ne serait qu'une goutte, qui se dessèche elle-même, au lieu de se détacher de ce qui dépérit. / Est-ce que j'ai envie de fondre des étoiles dans le creuset du plaisir et de répandre en hommage des mondes sur les tapis de l'éternité ? / Ce serait beaucoup et non assez cependant et seulement un peu de moi et de mon amour de l'éternité. » Cf. les variantes de la p. 265, note 3 (p. 470).

4. Même final dans le dithyrambe *Gloire et Éternité*.

3

P. 283.

1. Z II 4, 126 : « ... du retour, concupiscence de la seule [de la femme] [de la bienheureuse dispensatrice], qui encore fond des étoiles dans le creuset de son plaisir et répand en riant des mondes sur ses tapis du devenir ? / Dans la nuit de son œil étincelle de l'or, éclairs, une barque d'or sur des eaux nocturnes — une balancelle d'or qui s'enfonce, qui coule, qui de nouveau fait signe / dont le sourire menace, dont la haine séduit, dont la volupté tue, dont le tuer rachète, dont la rédemption lie. » En N VI 7, 152, la variante continue ainsi : « Je vis sa méchanceté clignoter sous la cendre de mondes consumés et carbonisés / Je vis ardre la cime glacée de son innocence / la grande innocente, l'immense, l'impatiente. »

4

2. Mp XV 3 : « S'il est en moi une seule goutte. »

3. Mp XV 3 : « mélangées, en sorte que le plus vilain encore ait à sentir l'épice et à se conduire de bonne et haute manière à côté du meilleur ».

4. Cf. *Matth.*, 5, 13.

5

P. 284.

1. Cf. *Vers des mers nouvelles*, appendice du GS, et aussi les fragments V. 23 [4]. 24 [1].

6

2. N V 8 : « Car dans le rire tous les instincts méchants deviennent saints ; mais pour que devienne léger tout ce qui est pesant. »

3. Cf. *Ap.*, 1, 8 et *passim*.

7

P. 285.

1. Cf. Za III : *De l'esprit de pesanteur*, § 2, p. 240, et le fragment V 13 [58].

QUATRIÈME ET DERNIÈRE PARTIE

P. 287.

1. Au dos de la feuille du titre dans la copie destinée à l'imprimeur : « Pour mes amis et *non* pour le public. / Frédéric Nietzsche. » Za IV parut en 40 exemplaires qui ne furent qu'en partie distribués par N. parmi ses amis et connaissances. Comme plans de Za IV il faut citer ce qui suit (cf. aussi les fragments posthumes de cette époque dans la VIIᵉ section de notre édition). En N VI 9 : « 4. Zarathoustra. Voici les chants de Zarathoustra, qu'il se chanta à lui-même pour supporter sa dernière solitude : - - -. » Négligeant l'indication : « 4. Zarathoustra », les responsables de la grande édition in-octavo ont pris à tort cette phrase pour une épigraphe destinée aux *Dithyrambes de Dionysos*. N. semble effectivement avoir pensé tout d'abord à faire de la quatrième partie de Zarathoustra un recueil de poèmes. En N V 9 : « Profonde patience et confiance de Zarathoustra en ce que vient le temps. / Les hôtes : le devin répand un noir pessimisme. / La clémence envers les criminels (comme pendant la Révolution française). / Les signes : la grande ville en feu. / ᴛᴇɴ-

TATIONS de recul devant le TEMPS — par émotion de *pitié*. /
Nouvelle du déclin des îles. / Enfin : je ne veux encore que
demander s'ils vivent. — Envoie l'aigle. — / Appels du héraut
aux solitaires. / Double série des signes : 1) de la chute des
hommes, 2) de l'existence de grands isolés. / Avec vous je
ne puis devenir maître. » De nouveau en N VI 9 : « Zarathoustra : je déborde tant d'heur et n'ai personne à qui donner et personne même à remercier. Aussi laissez-moi, mes
bêtes, vous présenter ma gratitude. / 1. Zarathoustra remerciant ses bêtes et les préparant à recevoir les hôtes. Secrète
patience de qui attend et profonde confiance en ses amis.
(1) / 2. Les hôtes comme tentations de renoncer à la solitude.
« Je ne suis pas venu pour aider celui qui souffre etc. »
(Peinture française [?].) (2.9) / 3. Le saint-ermite, pieux
(10.-14). 4. Zarathoustra envoie ses bêtes en reconnaissance.
Seul, sans *prière*, et sans les bêtes. Tension suprême! (15) / 5.
" Ils viennent! " Tandis que l'aigle et le serpent parlent,
vient se joindre à eux le lion, — il pleure! Adieu pour toujours à la caverne. (Une sorte de cortège!). Il avance avec les
quatre bêtes, jusqu'à la ville - - -. » On trouve aussi en N VI 9
une indication de développement « dramatique », que N.
ensuite rejeta comme déjà le premier développement « lyrique » : « *Première* scène. Zarathoustra est insensé avec ses
bêtes, accomplit le sacrifice du miel, se compare
au pin, remercie encore son malheur, rit de sa barbe blanche.
/ Surpris par le devin — raisons de la grande lassitude. /
Évangile des souffrants, jusqu'à présent *leur* temps. / Égalité. » De N VI 9 encore ce plan : « Le sacrifice du miel. /
Le devin. / Le poète. / Les rois. / Le saint. / La septième
solitude. / Parmi de nouvelles bêtes. / Le message des bienheureux. Adieu à la caverne. » Ébauches plus étendues en
Z II 8 : « Dans Zarathoustra 4 il est nécessaire : de dire *exactement* pourquoi *maintenant* vient le temps du grand midi :
ainsi une *peinture du temps*, donnée par les visites, mais
interprétée par Zarathoustra. / Dans Zarathoustra 4 il est
nécessaire : de dire *exactement* pourquoi le " *peuple élu* "
devait d'abord être créé — — c'est le contraste des natures
supérieures bien venues par contraste avec les mal venues
(caractérisé par les visiteurs) : à ceux-là *seulement* Zarathoustra peut communiquer ses idées sur les ultimes problèmes, à eux *seulement* il peut donner le courage d'agir pour
cette théorie (ils sont assez puissants et sains et durs pour
cela, avant tout assez nobles!) et leur mettre en mains le
marteau sur la Terre. / Dans Zarathoustra, il faut donc
dépeindre : 1) l'extrême péril du type supérieur (en quoi
Zarathoustra évoque sa première entrée en scène) 2) les gens

de bien prennent maintenant partie *contre* les hommes supérieurs : c'est le tournant le plus dangereux (— contre les exceptions!) 3) les plus isolés, ceux qui n'ont pas reçu d'éducation, ceux qui s'expliquent platement dégénèrent, et leur dégénérescence est éprouvée comme argument opposé à leur existence (" névrose du génie! ") 4) Zarathoustra doit expliquer ce qu'il a fait lorsque, pour *émigrer*, il échoua dans les îles et pourquoi il les a visitées (1. et 2.) (— ils n'étaient pas encore mûrs pour ses ultimes révélations?). » Une deuxième ébauche concerne la théorie de l'éternel retour (le « marteau » de la précédente esquisse) : « Dans Zarathoustra 4 : la grande pensée comme *tête de Méduse* : tous les traits du monde se durcissent, un combat mortel gelé. » La troisième ébauche dit le cri de détresse de l'homme supérieur : «" Voici maintenant, O Zarathoustra, *ta* misère! Ne te fais pas illusion! L'aspect de beaucoup te rendit sombre parce qu'ils sont modestes et bas? Mais les solitaires sont bien plus mal venus. " — / En sens inverse Zarathoustra allègue les raisons suivantes : 1) du grand faux concept de la pitié — on a *conservé* tout ce qui est faible, souffrant 2) on a choisi le " qui se ressemble " et par là conduit les solitaires à la bonne conscience — on les a obligés à l'hypocrisie et à la servilité 3) les classes dominantes ont mal représenté la croyance dans les hommes supérieurs, l'ont en partie anéantie 4) l'immense domaine du laid où règne la populace : là s'habille en haillons l'âme la plus distinguée et préfère exagérer encore la laideur 5) il leur manque toute éducation ; ils sont forcés de se blinder et de se dissimuler pour sauver quelque chose d'eux-mêmes. / Au total : le cri de détresse de l'homme supérieur à Zarathoustra. Zarathoustra les exhorte à la patience, frissonne lui-même sur lui-même : " il n'est rien que je n'aie vécu moi-même! ", se console <au sujet de> ses bienheureux et pense : " il est grand temps! ". Laissant percer sa mauvaise humeur et son sarcasme quant à ses espoirs relatifs aux bienheureux ." Tu ne *veux* pas nous aider? Procure-nous une grande vengeance! Tu es *dur* envers les malheureux! — Retire-toi » / Méfiance et angoisse demeurent chez Zarathoustra. Il congédie les bêtes. » Un plus large développement de ce thème se trouve aussi en Z II 8 : « Zarathoustra 4. (Plan) / 1. Le sacrifice du miel. / 2. Cri de détresse de l'homme supérieur. Rumeur (environ 50 pages). / 3. Pitié de Zarathoustra sur la hauteur — mais dur ; reste à sa tâche — — " il n'est pas temps ". / 4. Raillerie de Zarathoustra. Retraite pendant que le devin laisse derrière lui un aiguillon. / Congédie les bêtes, plein d'angoisse. / *Septième solitude* : — enfin " *tête de Méduse* " (environ 40 pages). / 7. Le saint le vainc. Crise.

Soudain bondissant. (Contraste tranchant du pieux dévouement.) / 8. A la grande nature chant de victoire. / 9. Lion
et essaim de colombes. Retour des bêtes (comprend que tous
les signes sont là). La légation. / (Dernier adieu à la caverne
(le consolant de l'éternel retour montre pour la première fois
son visage). » Quelques pages plus loin une troisième ébauche
qui s'approche davantage de la version définitive de Za IV :
« *Projet* / — Le sacrifice du miel. / Le cri de détresse. /
Entretien avec les rois. / Le bon Européen — raconte les
accidents en mer. / Le cerveau de la sangsue. / Le mendiant
volontaire. / L'illusionniste. / Le plus hideux des hommes.
(Peuple.) / — La salutation. Le souper. / — Le chant de
l'illusionniste. / De la science. / De l'homme supérieur. /
— Le discours des roses. / L'ermite raconte le déclin. /
De la septième solitude. / Le transi de froid. / Le serment.
/ La dernière visite de la caverne : Message de la joie. Là,
il dort. Le matin, il se lève. Le lion qui rit. / — Grande
métamorphose et *endurcissement* : en peu de *mots. Éviter*
" Je ". » En Z II 9, on trouve le plan suivant qui s'approche
le plus de la version définitive de Za IV : « Le sacrifice du
miel. / Le cri de détresse. / Entretien avec les rois. / Le bon
Européen [= *L'ombre*] — / Le mendiant volontaire. / Le
pape hors de service. / Le pénitent de l'esprit [= *L'illusionniste*]. / Le scrupuleux [= *La sangsue*]. / Le plus hideux des
hommes. / Le dormeur de midi [= *Midi*]. / La salutation. /
Le souper. / [De l'homme supérieur]. / Le chant de l'illusionniste [= *Le chant de la mélancolie*]. / De la science. / Le
psaume d'action de grâces [= *Parmi les filles du désert*]. / Le
ressuscité. / A minuit. / Le sauvage chasseur. / Le lion qui
rit. » Comme on voit, seuls les quatre derniers chapitres de
cette ébauche n'ont aucun chapitre correspondant dans la
version définitive : par ailleurs diffèrent un peu les titres ou
l'ordre des rencontres de Zarathoustra ; à noter aussi *Le
dormeur de midi* comme personnage indépendant : dans la
version définitive ce personnage est identique à Zarathoustra.
Des listes de personnages de Za IV se trouvent fréquem-
ment dans les cahiers de N. : N VI 9 : « *Le voyageur* (curieux
de s'instruire). Le roi. / Le devin. / Le jeune homme de la
montagne. [Cf. Za I *De l'arbre sur la montagne*] — / Le
bouffon de la grand-ville. [Cf. Za III *De passer outre*]. / Le
saint (*en dernier*). / La troupe d'enfants. / Le poète. » En Z II 8
les personnages sont brièvement caractérisés : « 1. L'incons-
tant, le sans patrie, le voyageur — qui a désappris d'aimer
son peuple, parce qu'il aime beaucoup de peuples, le bon
Européen. / 2. Le sombre et ambitieux fils du peuple, timide, isolé, prêt à tout — s'offre comme outil — choisit la

solitude pour ne pas être destructeur. / 3. Le vénérateur des faits, " le cerveau de la sangsue ", plein de mauvaise conscience par démesure, veut se libérer ! La conscience intellectuelle la plus raffinée. / 4. Le poète, fondamentalement désireux d'une liberté sauvage, choisit la solitude et la rigueur de la connaissance. / 5. Le plus hideux des hommes, qui ne peut que se décorer (sens historique) et cherche toujours un nouveau vêtement : il veut rendre son aspect supportable et va finalement dans la solitude, pour ne pas être vu — *il a honte de lui-même.* / 6. L'inventeur de nouveaux moyens d'ivresse, musicien, l'enchanteur, qui enfin s'incline devant un cœur affectueux et dit : " *Non à moi*, mais à celui-là je veux vous conduire ! " / 7. Le riche qui a tout abandonné et à chacun demande : " chez toi il y a un quelconque superflu : donne-m'en quelque chose ! ". Comme mendiant. / 8. Les rois abdiquant le pouvoir : " nous cherchons celui qui est digne de gouverner ! ". / 9. Le génie (comme accès de démence), transi par manque d'amour : " je ne suis ni pensée ni dieu " — grande tendresse. " On ne peut que l'aimer davantage ! " / 10. Les comédiens de l'heur. / 11. Les deux rois contre l' " égalité " : il manque le *grand* homme et par conséquent le *respect*. 12. 13. 14. Les gens de bien, les pieux, ceux du " pour soi " et les saints — et leur folie " pour Dieu " c'est mon " pour moi ", / besoin de confiance illimitée, athéisme-théisme. / mélancoliquement décidé —. / La tête de Méduse. » Aux numéros 2, 8, 10, 13, 14, ne correspond aucun personnage dans la version définitive de Za IV ; en revanche les personnages du poète (4 cf. « Chant de la mélancolie »), de l'illusionniste (6) et du génie (9) se fondent dans l'unique personnage de l'illusionniste.

Le sacrifice du miel

P. 290.

1. Cf. l'essai poétique de l'automne 1884 : « Le sacrifice du miel. / Apporte-moi du miel, un rayon de miel frais comme glace ! / Avec du miel je sacrifie à tout ce qui là fait don, / à ce qui distribue, à ce qui est généreux — : haut les cœurs ! »

P. 291.

1. Cette citation des *Deuxièmes Pythiques* de Pindare (v. 72) est fréquente chez N., cf. par ex. GS 270 et le sous-titre d'*Ecce homo* : « Comment l'on devient ce qu'on est ».
2. Cf. PBM *postlude.*

P. 292.

1. Cf. *Ap.*, 20. [N. renvoie plutôt à la tradition iranienne, où le « Hazar » est le millénaire annoncé par un prophète. (Cf. Andler, *op. cit.*, tome 4, édition de 1928, p. 310). Il faut noter qu'en arabe « *az zahr* » veut dire « jeu de dés » (M. de G.)]

2. Sur la « pêche en haute montagne », cf. Z II 8 : Maintenant je lance ma ligne d'or loin devant moi dans cette sombre mer : en sifflant sa flèche mord dans le ventre de sa tribulation. / Maintenant je j'appâte pour moi les plus merveilleux poissons-hommes, maintenant je veux avoir mon rire, d'un brun doré sur tout ce qui là en bas est avorté ou tordu. / Ouvre-toi, sein impur de l'humaine bouffonnerie! Mer abyssale, rejette-moi les monstres multicolores et tes scintillants crustacés. O mer du vaste monde! Je te loue de garder des poissons pour de bons pêcheurs. Et quel ermite saurait vivre s'il ne savait pêcher? Aux ermites et aux originaux là en bas je jette l'aiguillon caché de mon heur : ainsi je veux mon sort : et qui a encore une langue pour ce qui n'a jamais été goûté, je lui rends le cœur plus pesant avec mon miel. » Cf. *Matth.*, 4, 19 : « Suivez-moi : je veux faire de vous des pêcheurs d'hommes! »

Le Cri de détresse

P. 293.

1. W I 2 : « Cri de détresse des hommes supérieurs? Oui, certes de ceux qui échouent —. » Fragment de dialogue avec le « devin » en N VI 9 : « Le devin : je découvris la secrète lassitude de toutes âmes, l'incrédulité, l'incroyance — il est visible qu'elles se laissent aller — elles sont lasses. Aucune ne croit à leurs *valeurs*. / Et toi-même, Zarathoustra! Il suffirait d'un petit éclair pour te briser! / Bon, mais rester là - - - ».

2. Cf. Za II : *Le Devin*, p. 171 ; et Za III : *Le Convalescent*, § 2, p. 268.

P. 295.

1. Z II 8 : « O mes bêtes! Mon grand heur me donne le tournis! Il faut déjà que je danse, — pour ne tomber à la renverse! »

2. Z II 8 : « Nous venons voir l'homme le plus joyeux du siècle » ; cf. Gœthe, *Requiem pour l'homme le plus joyeux du siècle, le prince de Ligne.*

3. Z II 8 : « Car c'est toi-même, ô Zarathoustra, que j'appelle cave, caverne, plein de courroux et de chagrin et d'oiseaux de nuit, alentour chanté, alentour craint, d'ermites caverne et arrière-caverne! / Car ainsi le veut ta façon : il te

faut toujours creuser pour toi de nouvelles galeries et de nouvelles tombes, plus modestes, plus profondes, plus cachées, il te faut toujours plus profondément t'y ensevelir. »

Dialogue avec les rois

P. 297.

1. Déjà avant Za III on trouve parmi les fragments de N. un dialogue de Zarathoustra avec un roi, qui est d'ailleurs d'un tout autre genre. En Z II 8, 31-32, sous le titre « Dialogue avec les rois », les formules suivantes non utilisées par N. : « O Zarathoustra dans leur tête il y a moins de sens du juste que dans ton orteil le plus gauche. / — voyez donc comment ceci advint et ne pouvait qu'advenir : il faut aussi avoir son œil derrière la tête ! / — merveilleusement injustes : car ils veulent la même mesure pour tous. / ils se cramponnent à des lois et voudraient appeler les lois " terre ferme ", car du danger ils sont las, mais au fond ils cherchent un grand homme, un pilote, devant lequel les lois mêmes s'effacent. / — et qui d'entre eux est encore sincère lorsqu'il parle bien pour son après-demain ? qui — *ose* encore jurer et promettre ? Qui d'entre eux reste encore cinq ans dans une seule maison et dans une seule opinion ? / — Hommes de bonne volonté, mais négligents et avides de nouveautés, ces cages et ces cœurs étroits, ces fumoirs et ces locaux enfumés — ils veulent être de libres esprits — / ils se sentent de la populace par le corps et le cœur et voudraient le cacher et volontiers se couvrir d'un masque de distinction : c'est éducation qu'< ils> nomment cela < et > ils y travaillent avec zèle. / — ils parlent de l'heur du plus grand nombre et leur sacrifient tout l'avenir / Ils ont leur vertu, on ne peut pas l'acheter à n'importe quel prix. N'offrez trop peu, sinon ils disent " Non ! " et s'en vont gonflés, renforcés dans leur vertu. " Nous sommes les incorruptibles ! " [cf. DD *Gloire et Éternité*]. / Les lecteurs d'un jour et autres mouches à viande / — et souvent ils sont semblables à ce honteux qui à ce qu'il aimerait le plus se doit contraindre et violenter. / — Le Soleil de sa paix me paraît étouffant et languissant : je préfère encore m'asseoir à l'ombre d'épées de Damoclès. ! — nageant dans l'équité et la douceur, joyeux de leur sottise et que le bonheur sur terre soit si bon marché. » En Z II 8, une autre note, éliminée : « Dialogue avec les rois. / — Là-dessus ils demandèrent à Zarathoustra où conduisait le chemin de la caverne de Zarathoustra. L'interpellé, qui répugnait à dissimuler, ne répondit pas aussitôt ; enfin, il dit « " que me donnez-vous, si je vous le révèle ? ". » En Z II 9, on trouve, à côté de nombreuses

ébauches utilisées dans ce chapitre, cette phrase éliminée :
« Même si tu es un sage qui vient de l'Orient : nous te tenons
pourtant pour le meilleur Européen car tu ris de nos peuples
et de notre service du peuple, et dis : " écartez *aussi* de votre
chemin ce qui sent mauvais ! " et des efforts impuissants de
l'ambition mensongère. »

1

2. Cf. Za III : *D'anciennes et de nouvelles tables*, § 12,
p. 253.

P. 298.

1. W I 1, 80 : « Le paysan comme l'espèce la plus commune
de noblesse : parce qu'il dépend au maximum de lui-même.
Sang de paysan est encore le *meilleur sang* d'Allemagne : par
ex. Luther, Niebuhr, Bismarck. / Où trouver une famille
noble dans le sang de laquelle ne soient contagions véné-
riennes et corruption ? / Bismarck un Slave. Regardez seulement les visages des Allemands (on comprend l'étonnement
de Napoléon : lorsqu'il vit l'auteur de *Werther* et put enfin
voir un *homme* !) : tout ce qui avait en soi du sang viril et
débordant a émigré : à cette pitoyable population arriérée,
le peuple des âmes serviles, vint de l'étranger une amélio-
ration, surtout par le *sang slave*. / La noblesse de la Marche
et la noblesse prussienne en général (et le paysan de certaines
régions du nord de l'Allemagne) comprennent à présent les
natures les *plus viriles* d'Allemagne. / Que les *hommes les
plus virils* dominent, c'est dans l'ordre. »

P. 299.

1. En Z II 8, note isolée : « Avec ces glaives, je tranche
encore toute ténèbre ! »

P. 300.

1. Cf. *Is.*, 1, 21 ; *Ap.*, 17.

2. [Allusion à Caligula, qui associa son cheval à l'Empire
(M. de G.).]

2

3. Cf. Za I : *De la guerre et des guerriers*, p. 59.

4. En W I 1, note isolée : « " Le paradis est à l'ombre des
épées. " <Proverbe> oriental. »

La Sangsue

P. 302.

1. Z II 10, 50 a pour titre : « Le Scrupuleux de l'esprit ». Z II 9, 53-54 : « L'homme de savoir et de conscience. / Un connaissant d'aujourd'hui qui demande : qu'est-ce donc que l'homme ? Dieu même comme bête ? Car une fois, me semble-t-il, Dieu se voulut faire bête. [Cf. PBM 101]. Des hommes froids et glacés, de ceux dont on ne veut pas soupçonner les folies : on les explique mal comme de mauvaises sagesses. [Cf. PBM 178]. Sans raison vous avez appris à ne pas croire cela : comment par des raisons pourrais-je bien vous retirer cette croyance ? [Cf. Za IV : *De l'homme supérieur* § 9, p. 351] / La louange n'est-elle pas plus importune que tout blâme ? J'ai désappris aussi la louange, elle manque de pudeur. [Cf. PBM 170] / Ces hommes de savoir et de conscience, comme d'une main protectrice — ils tuaient ! [PBM 69] / Leur mémoire dit : " Voilà ce que j'ai fait ", mais leur fierté dit : " — cela, tu ne pouvais le faire " : elle ne se laisse pas intimider. Enfin, leur mémoire cède. [PBM 68] / Il a des yeux froids et secs, devant lui gît n'importe quelle chose déplumée et sans couleur, il souffre de son impuissance à mentir et l'appelle " volonté de vérité " ! / Il se secoue, regarde autour de lui, se passe la main sur la tête, et maintenant se fait traiter de savant. Mais être libre de la fièvre n'est pas encore " connaître ". [Cf. *De l'homme supérieur* § 9, p. 351] / Les fiévreux voient toutes choses comme des fantômes et ceux qui n'ont pas la fièvre les voient comme des ombres vides — et pourtant ils usent les uns comme les autres des mêmes mots. / Mais, toi qui es plus prudent, comment as-tu pu te conduire de la sorte ? Ce fut une sottise — " Elle me pèse à présent assez lourd ". [Cf. Za IV : *La Fête de l'âne*, § 1, p. 377]. / Avoir de l'esprit ne suffit plus aujourd'hui : il faut encore se prendre, s' « arracher » l'esprit ; il y faut beaucoup de courage. / Il en est aussi qui sont trop gâtés pour apprendre, parce qu'ils sont des professeurs : ils ne prennent les choses et ne se prennent eux-mêmes au sérieux que pour l'élève. [PBM 63] / Lors elles se tiennent là, pesantes chattes de granit, les valeurs des temps originaires : et, toi, ô Zarathoustra, tu veux les renverser ? / Leur sens est un contre-sens, leur plaisanterie une plaisanterie-pourtant et une plaisanterie-mais. / Ces confidents zélés pour qui chaque jour s'écoule lumineux et pareil. Esprits têtus, fins et petits. / Donne-moi de quoi conseiller : ta démonstration lasse la faim de mon esprit. / Tu ne sens même encore que tu rêves : oh, que tu es loin de l'éveil ! / Plein de profonde méfiance,

submergé par la mousse de la solitude, de longue volonté, un taciturne, ô toi l'ennemi de tous les concupiscents. / Ce n'est pour sa foi qu'il est brûlé, de l'intérieur, à petit bois vert : mais parce que aujourd'hui pour sa foi il ne peut plus trouver aucun courage. / Aussi peu secourable qu'un cadavre, mort-vivant enseveli, caché : il ne peut plus tenir debout, cet accroupi, ce guetteur : comment put-il jamais ressusciter [cf. *Parmi les oiseaux de proie*]. / Tu voulais être pour eux lumière, mais tu les aveuglas. C'est ton Soleil lui-même qui leur creva les yeux. / — Ils gisent sur le ventre devant de petits faits tout ronds, ils baisent la poussière et l'ordure à leurs pieds, ils poussent des cris d'allégresse : " Enfin voici la vraie réalité ! " »

P. 304.

1. N VI 9 : « Le scrupuleux : dense auprès de la sangsue commence mon ignorance : mais j'ai désappris de m'en faire honte. »

2. Z I 3 : « Là déjà où cesse votre probité, votre œil ne voit plus rien : oh! je connais votre volonté d'aveuglement!»

3. Cf. Za II : *Des illustres sages*, p. 134.

L'Illusionniste

P. 306.

1. Z II 9, 63 a pour titre : « Le pénitent de l'esprit. » Sur la figure de l'illusionniste cf. ci-dessus notre remarque générale à Za IV (en conclusion) ; cf. aussi les variantes à OS 32, citées dans les notes de Za II, « Des poètes ». En ce qui concerne la rencontre avec l'illusionniste, Z II 7 : « L'illusionniste. / Je suis las : en vain j'ai cherché toute ma vie un grand homme. Mais il n'y a plus même de Zarathoustra. / Je te reconnais, dit sérieusement Zarathoustra, tu fais illusion à tout le monde, mais il me semble que pour toi-même tu n'as récolté que nausée. / Cela t'honore d'avoir tendu vers la grandeur, mais cela te trahit aussi : tu n'es pas grand. / Qui es-tu ? dit-il avec des regards épouvantés et hostiles ; qui ose ainsi me parler ? — / Ta méchante conscience — répondit Zarathoustra et il tourna le dos à l'illusionniste. / Tu crois aux vertus, comme la populace croit aux miracles, et tu es pour moi-même populace quant à la croyance : comme d'impures jeunes et vieilles femmelettes ainsi tu crois à la pureté. / Veille à ce que, semblable à une femmelette impure, tu ne restes pas en fin de compte gisant devant une Croix. / Devant des vertus et des résignés, agenouillé, comme toute populace : mais particulièrement devant la grande innocence :

c'est là que tu adores. / Toute populace croit aux vertus comme à des miracles : semblable à de malpropres jeunes et vieilles femmelettes tu crois à la pureté. / Tu t'es présenté longtemps comme un grand homme, vilain illusionniste : mais ce mensonge passait tes forces. Tu t'y es brisé : et bien que tu aies déjà trompé bien des gens, finalement ces nombreux se sont dégoûtés de toi. / Ce qui t'est étranger, tu le déclares sacré : tu as goût et odorat de préférence toujours pour ce qui est impossible. Mais c'est un goût populacier. » En Z II 8 les notes de N. se rapportent encore au « poète » : « Parles-tu de toi ou de moi ? Mais qu'à présent tu me trahisses ou te trahisses, tu appartiens aux traîtres, toi, le poète ! / — sans pudeur envers ce que tu as vécu, exploitant ton expérience vécue, livrant ce qui t'est le plus cher à des yeux importuns, versant ton sang dans toutes les coupes vidées, toi le plus vain ! » Cf. PBM 161. Et aussi en Z II 8 : « Vous savez bien vous dissimuler vous les poètes ! / Vous autres, petits poètes et animaux paresseux, qui n'a rien à créer, celui-là ne crée rien ! » Sur l'illusionniste, esquisses suivantes en Z II 9 : « Illusionniste / Comme le berger jette son regard sur le dos de troupeaux d'ouailles grouillantes : une mer de petites vagues grises et grouillantes. / Cinglant je frappe la rive de votre platitude, cinglant comme une vague sauvage quand malévolement elle mord dans le sable — / Illusionniste — je sais déjà couvrir des toits multicolores : et qui s'entend en chevaux, s'entend aussi dans l'art de seller. / Illusionniste — vous réapprendrez bientôt à prier. Les vieux faux-monnayeurs de l'esprit ont aussi falsifié la monnaie de votre esprit. »

1

2. N. a d'abord conçu la plainte de l'illusionniste comme un poème indépendant à l'automne 1884 ; en Z II 5 on trouve la première version sous le titre : « Le poète. — Le tourment du créateur ». En Z II, 6, 6 (deuxième version) se trouvent deux titres. Le premier (biffé) : « De la septième solitude ». Le second : « La pensée ». En Z II 8, N. composa une autre version en prose qui s'écarte à peine de la version poétique. En décembre 1888-janvier 1889, la plainte de l'illusionniste devint un dithyrambe de Dionysos sous le titre : *Plainte d'Ariane*. Quant à ce qui est déterminant dans le poème de Za IV, N VI 9 contient ceci : « " Qui m'aime encore " — un esprit *mourant de froid*. / Un poète. / un roi. »

2

P. 310.

1. Cf. Za II, *Des poètes*, p. 166.

2. Cf. Za II, : *De la prudence avec les hommes*, p. 181.

3. Z II 8 : " Ces poètes! Encore ils se maquillent quand à leur médecin ils se montrent tout nus! " (et comme à cela Zarathoustra ne disait non, mais souriait, voici que le poète en hâte prit sa harpe sous le bras et ouvrit la bouche large pour un nouveau chant). / Et tous deux riaient à gorge déployée. " Combien nous savons, nous autres poètes, nous parer et nous étayer! Je veux dire, etc. " »

P. 312.

1. Cf. *Phèdre*, 1, 24.

Hors service

P. 313.

1. Titre en Z II 10, 78 : « Le Pape hors service ». En Z II 9 : « Le Pape (Ou : des pieux). »

P. 314.

1. Cf. Za I : *Prologue*, § 2, p. 21.

2. Cf. Za I : *Prologue*, § 2, p. 21.

3. Cf. Za III : *De la rapetissante vertu*, § 3, p. 212.

P. 315.

1. Cf. le proverbe « *de mortuis nil nisi bene* ». [" Des morts on ne dit que du bien ".]

2. Cf. le poème *Le Nouveau Testament* de l'automne 1884 et AC § 34.

Le Plus Hideux des hommes

P. 318.

1. Pour la genèse de ce chapitre, ce passage de W I 1 : « Les philosophes grecs n'étaient en quête de l' " heur " que sous la forme de se trouver *soi-même* beau, par conséquent de s'ériger soi-même en statue, *dont l'aspect fait du bien* (n'éveille ni crainte ni dégoût). Le " plus hideux des hommes " comme idéal des modes de pensée qui nient le monde. Mais aussi les religions sont encore des résultats de la tendance à la beauté (ou à pouvoir la retenir) : la dernière conséquence serait — de saisir l'absolue hideur de l'homme, l'existence sans Dieu, sans raison etc. — pur bouddhisme. Plus il est hideux, meilleur il est. Cette forme la plus extrême de néga-

tion du monde, je l'ai cherchée. " Tout est souffrance ", tout
est MENSONGE de ce qui paraît " bon " (heur, etc.). Et au
lieu de dire " tout est souffrance ", j'ai dit : tout est faire-
souffrir, tuer, même chez la meilleur des hommes. " Tout est
apparence " — tout est mensonge. " Tout est souffrance " —
tout est faire-mal, tuer, anéantir, être-injuste. La vie elle-
même est un *contraire* de la " vérité " et du " bien " — ego.
Dire oui à la vie — cela même est dire oui au mensonge. —
Ainsi on ne peut vivre *qu'avec un mode de pensée absolument
immoral.* A partir de là on supporte alors de nouveau la
morale et le projet d'embellissement. Mais il y a là l'innocence du mensonge ! » *En Z II* 8 cette notation : « Sans
Dieu, sans bonté, sans esprit — nous l'avons trouvé, le plus
hideux de tous les hommes ! » En Z II 9 cette ébauche :
« Le plus hideux des hommes. / — Comment ? En veux-tu
tirer déjà quelque chose, toi le dur, le saint ? Alors, eh bien !
Prends aussi ma dernière, ma plus vilaine parole : je te la
réservais depuis longtemps. / Entends à présent, ô Zarathoustra, ma meilleure énigme, mon secret : je suis celui
qui — a tué Dieu. / — Car sache-le bien : il voyait du plus
hideux des hommes son plus profond, son plus fondamental,
toute son ignominie et sa hideur dissimulées, il se glissait
encore dans mes plus sales recoins. / Dieu ne pouvait que
mourir, ce curieux, ce trop indiscret — sur un pareil témoin
j'ai voulu me venger — ou bien moi-même ne pas vivre ! /
Le dieu, qui voyait *tout*, même l'homme — ce dieu ne pouvait que mourir ! / L'homme ne supporte pas qu'un tel
témoin — vive ! / Ainsi parla le plus hideux des hommes :
mais Zarathoustra entendait ses paroles avec un visage immobile, comme quelqu'un qui n'est pas disposé maintenant
à dire oui et non. Or lorsque l'autre eut cessé de râler et de
haleter, Zarathoustra alla de nouveau son chemin, plus
pensif encore qu'avant : car il s'interrogeait et à lui-même ne
pouvait aisément répondre : / Comment ? Ne fut-ce peut-être
l'homme supérieur que j'entendis crier ? Personne n'ai encore
trouvé qui plus profondément se méprisât. / Cela aussi est
hauteur et j'aime les grands contempteurs. Car l'homme est
en effet quelque chose qui ne se peut que dépasser. Et cet
homme, le plus hideux de tous, peut-être il couve à bon droit
si longtemps et si pesamment ici sur sa hideur ? Peut-être se
cache ici dans un œuf hideux l'avenir d'un bel oiseau ? / Que
pauvre est l'homme, qu'il est hideux et gargouillant et plein
de secrète honte ! On me dit que l'homme s'aime lui-même :
/ Celui-ci ici ne s'aimait ni ne s'estimait : — et qui a jusqu'à
présent méprisé l'homme de manière abyssale et merveilleuse, — ne fut-il pas justement, celui-là, *le* plus grand bien-

faiteur de l'homme ? / J'aime les grands contempteurs, car ils deviennent des flèches de nostalgie : ceux qui déclinent, je les aime, car en eux l'homme se *dépasse*. — / Ainsi parlait Zarathoustra. » En Z II 9, cette autre ébauche : « Le plus hideux des hommes. / Point ne te décourage, ô mon âme, à cause de l'homme ! Plutôt repais encore ton œil de tout ce qu'il a de méchant, d'étrange et de terrible ! " L'homme est méchant " — ainsi me parlèrent pour ma consolation les plus sages de tous les temps. Oh que le jour d'hui m'a appris à gémir : " Comment ! Est-ce encore vrai ? " / " Comment ? Cette consolation a-t-elle disparu ? " Ainsi gémissait *ma* pusillanimité. Mais alors me consola ce très divin. »

P. 320.

1. Z II 8 : « Vous me poursuivez ? Eh bien ! Vous apprenez ainsi à me suivre. Tout succès fut jusqu'à présent pour les bien-poursuivis. » Cf. *Matth.*, 5, 10.

P. 321.

1. Cf. *Jo.*, 14, 6.

2. W I 1 : « On raconte <que> le célèbre fondateur du christianisme dit devant Pilate : " Je suis la vérité " ; la réponse que lui fit le Romain est digne de Rome : comme la plus grande urbanité de tous les temps. » La réponse de Pilate, on le sait, fut : « Qu'est-ce que la vérité ? » (*Jo*, 18, 28), cependant Jésus ne lui dit pas « Je suis la vérité » comme il avait fait à Thomas (*Jo.* 14, 6), mais : « Je suis né et venu au monde afin de témoigner pour la vérité. Quiconque est de la vérité entend ma voix » (*Jo.*, 18, 37). La réponse de Pilate est aussi citée dans AC § 46.

3. Cf. le sous-titre de Za : « Un livre qui est pour tous et qui n'est pour personne. »

4. Cf. Za II : *Des compatissants*, p. 117.

P. 322.

1. [Cf. *Job*, 7, 17-19 : « Qu'est-ce donc que l'homme pour en faire si grand cas, pour fixer sur lui ton attention, pour l'inspecter chaque matin, pour le scruter à tout instant ? Cesseras-tu enfin de me regarder, pour me laisser le temps d'avaler ma salive ? » (M. de G.)]

2. Z II 8 : « Faites comme moi, apprenez comme moi ; n'enseigne que celui qui agit. »

P. 323.

1. Cf Za I : *Prologue*, § 3, p. 22.

Le Mendiant volontaire

P. 324.

1. N VI 9 : « Zarathoustra au mendiant volontaire : " tu
as certainement un quelconque superflu : donne-m'en ! " / A
cela je reconnais Zarathoustra. / — Veux-tu de mon superflu
jusqu'à la nausée ? / — Ils dansent volontiers pour le bien des
pauvres, a disparu toute pudeur devant le malheur. » Z II 8 :
« Mendiant volontaire : — cette vieille piété rusée qui disait
" qui donne au pauvre prête à Dieu : soyez de bons banquiers ! " » [Cf. *Prov.*, 19, 17]. Z II 9, 41-42 contient des formules et des images que N. pour une part ou bien laissa
tomber ou utilisa ailleurs. « Le volontaire mendiant. / Ensuite
seulement je retournai à la nature. / Ils sont froids : que
tombe un éclair dans leurs mets et que leurs gueules apprennent à se nourrir de feu ! De moi-même j'étais las et voici
qu'alors seulement me vint mon heur, qui m'avait attendu
depuis l'origine. / Ils sont assis là avec des pattes liées, ces
chats égratigneurs, maintenant ils ne peuvent pas égratigner,
mais ils jettent des regards empoisonnés de leurs yeux verts.
/ Plus d'un déjà se jeta de sa hauteur. La compassion pour
les êtres vils l'a fourvoyé — maintenant il gît là, les membres
brisés. / A quoi cela servit-il qu'ainsi j'aie fait ? J'épiais un
écho, mais je n'entendis que louange. [cf. PBM 99]. / Avec
des yeux de voleur, encore qu'ils siègent déjà dans la richesse. Et nombre d'entre eux, je les appelle chiffonniers et charognards. / Je les ai vus comme leurs pères les
y ont accoutumés, tendre leurs doigts crochus : alors j'ai
mieux aimé avoir le dessous. / Plutôt encore querelles, que
ces trafiquants ! C'est avec des gants qu'on doit toucher
argent et changeur ! / La petite bienfaisance révolte là où la
plus grande est à peine excusée. / J'eus honte de la richesse,
lorsque je vis nos riches, je me défis de ce que j'avais et en
même temps me jetai moi-même dans un désert. / Mon digne
étranger, où t'attardes-tu ? Aujourd'hui chacun ne pratique-
t-il le brocantage ? Ils sont tous eux-mêmes à vendre, mais non
à n'importe quel prix : si tu veux les acheter, n'offre pas trop
peu, sinon tu renforcerais leur vertu. Sans cela ils te disent
Non ! et s'en vont gonflés, comme des incorruptibles (cf. DD :
Gloire et éternité] — tous ces lecteurs d'un jour et ces mouches
à viande de papier ! / Ames étroites, âmes de boutiquiers :
pour eux, lorsque l'argent saute dans la caisse, avec lui saute
aussi l'âme du boutiquier. / " A cela je reconnais le trop-
riche : il remercie celui qui prend ", dit Zarathoustra. / Ils
se sont inventé l'ennui le plus sacré et l'envie des lundis et
des jours ouvrables. / Ils ne sont pas sortis de cette vieille

piété rusée, qui disait " qui donne aux pauvres prête à Dieu.
Soyez de bons banquiers ! " / Vous aimez l'utile comme le
véhicule de vos tendances, mais le vacarme de ses roues ne
vous est-il insupportable ? J'aime l'inutile. [cf. PBM 174]
J'aime le silence, et ceux-là aiment le vacarme, c'est pourquoi - - - . »

P. 325.

1. Cf. *Matth.*, 5 à 7.

2. Cf. *Matth.*, 18, 3 : « En vérité, je vous le dis, à moins de
vous convertir et de devenir comme de petits enfants, vous
n'entrerez au royaume des Cieux. » N VI 9 : « Tout l'heur de
ruminer — je l'ai ici : devenez semblables aux meilleures bêtes,
devenez semblables aux vaches ! Si vous ne devenez comme
des vaches, vous n'entrerez " au royaume des Cieux ". »

3. Cf. *Matth.*, 16, 26 : « Que servirait à l'homme de gagner
le monde entier et qu'il perdît son âme ? »

P. 326.

1. [Allusion à saint François d'Assise (M. de G.)].

2. Cf. *Luc*, 6, 20.

3. Même expression en Z II 5, 63 (automne 1884) dans une
ébauche poétique intitulée *Louange de la pauvreté.*

L'Ombre

P. 329.

1. Le personnage du « voyageur et de l'ombre » s'identifie
dans les variantes à celui du « bon Européen ». Cf. les nombreux titres d'une œuvre projetée sur les « bons Européens »,
par ex., en W I 2 : « *Les Bons Européens,* / Projets de sélection d'une nouvelle noblesse ? / De / Frédéric Nietzsche. »
Pour l' « ombre » cf. Z II 8 : « Un instinct d'*autodestruction* :
s'emparer de connaissances qui privent l'individu de toute
consistance et toute force. » Z II 9 contient une collection
de sentences, paraboles, images etc. que N. utilisa en partie :
« [Le bon Européen] [Le mal du pays sans pays] Le voyageur.
/ Ce qui habite autour de moi, bientôt s'habituera. / Il les
persuade qu'ils auraient perdu leur chemin — ce flagorneur !
Par des flagorneries, il les convainc qu'ils doivent avoir un
chemin ! / Je ne le voulais auparavant, aussi me faut-il déjà
vouloir après coup. Il me faut ainsi tout « réparer » / Où l'or
cliquette, où règne la putain, où l'on doit toucher et prendre
avec des gants. / La trop-honteuse, qu'il faut encore
contraindre et forcer à ce qu'elle voudrait le plus volontiers. /
Excitable du cerveau des parties honteuses comme Juifs et

Chinois. / De ceux que l'on persuade avec des gestes sublimes, mais qu'avec des raisons l'on rend méfiants [cf. *De l'homme supérieur* § 9]. / Ames desséchées, ensablées, lits de fleuve secs : comment — des esprits libres ? / Ces mélancoliques et ces anxieux que leur conscience fait grogner : ils n'ont pas leurs pareils. / Que fait l'Europe ? — Oh, c'est une merveilleuse femmelette malade [cf. *Parmi les filles du désert*] : il faut la laisser se mettre en fureur et crier et casser table et assiettes, sinon on n'a jamais de repos devant elle : une femme qui de ce qu'elle aime veut souffrir. / Des temps plus pensants, plus brisés par la pensée que notre aujourd'hui et notre hier. / Le dieu que vous avez un jour créé du néant — quel miracle ! il n'est plus pour vous que néant. / Trop pressés comme des singes criards qui sautent. / Un bain froid — : veux-tu y entrer avec ta tête et ton cœur ? Oh comme rapidement tu y seras comme une rouge écrevisse ! (Zarathoustra voit venir un homme rouge feu) / Vivre entre cercueils et sciures ; je n'ai aucune envie de faire le métier des fossoyeurs. / " Rien n'est vrai ! tout est permis ! " j'ai commis tous les crimes : les plus dangereuses pensées, les œuvres les plus dangereuses. / Mes sens allèrent une fois vers de rares et durables choses : mais où se trouverait cela aujourd'hui ! car je ne méprise pas non plus les petites beautés brèves. / Comme la connaissance aurait peu de charme s'il n'y avait sur la route qui mène vers elle tant de honte à surmonter [cf. PBM 65]. / Bientôt elles se ferment, bientôt elles se déchirent, ces chères patries. » Immédiatement après, en Z II 9, 56 : « Le bon Européen. / *Rire* des *patries* / avec délice / Apatride, rôdeur / sans but, la bride tenue par rien / de faible volonté / habitué aux pensées les plus fortes (les plus stimulantes) aux bains les plus froids : *d'avance*. / Danger de se prendre soi-même dans une cage / *lassé de l'esprit, dégoûté* / Surmonter la honte — *Crime* de l'esprit — " tout est permis " / plein dédain de la morale / et des peuples grisonnants comme les Juifs / cela s'appelle *européanisme*. » La rencontre de Zarathoustra avec l' « ombre » ainsi décrite en Z II 10, 34-35 : « Le bon Européen. - - - Mais lorsqu'il le considéra, Zarathoustra se sentit le cœur serré : en échange son successeur avait l'air tout pareil à lui-même, non seulement par le costume et la barbe, mais dans toute sa manière d'être. / Qui es-tu, demanda Zarathoustra vivement. Ou suis-je moi-même cela ? Que fais-tu avec moi ici, polichinelle ? Ou comment te nommer ? Pardonne-moi, oh Zarathoustra, cette mascarade, répondit le double et l'ombre, et si tu veux un nom pour moi, appelle-moi le bon Européen. / Mais que j'imite ton costume et ta manière, c'est justement à présent en Europe la mode. Entre-temps je me suis nommé aussi le voyageur, / mais plus souvent encore l'ombre de Zarathoustra. Et, en vérité, je t'ai suivi sur les talons vers et dans les lointains les plus lointains, plus que tu ne sais et ne soupçonnes. / Veux-tu enfin m'appeler le Juif errant, cela ne m'irrite pas : comme lui je suis toujours en chemin, sans but, et sans chez-moi — si ce n'est que je ne suis ni juif ni non plus éternel. » L' « ombre de Zarathoustra » se trouve déjà en Za II : *Des grands événements*, p. 170 ; l'allusion à VO est manifeste.

2. Cf. *Jo.*, 18, 36.

P. 331.

1. Cf. GM. *Que signifient les idéaux ascétiques ?*, § 24.

2. W I 1 : « " Qui suit de trop près la vérité, il risque de se briser la tête. " Proverbe anglais. »

A l'heure de midi

P. 333.

1. Z II 7 : « Dans la vie, mort dans l'heur, enseveli, qui ainsi - - -, combien de fois lui faut-il encore ressusciter ? / Oh ! heur, je suis venu à travers haine et amour moi-même à ma surface : trop longtemps je fus suspendu dans un air lourd de haine et d'amour : cet air lourd me poussait et me faisait glisser comme un ballon - - - / Serein, comme quelqu'un qui jouit d'avance de sa mort [cf. DD. *Le Soleil décline*]. / Le monde n'est-il pas à l'instant silencieux ? / Comme de branches et de feuilles sombres ce silence m'entoure, --- / Veux-tu chanter, ô mon âme ? Mais, c'est l'heure où sur sa flûte aucun berger ne souffle. Midi sommeille sur les campagnes. / Le rêve d'or de tous ceux qui goûtent trop de bonnes choses / Combien de temps ai-je dormi d'un bon sommeil ? Combien plus de temps me faudra-t-il maintenant pour m'éveiller ? » Z II 8 : « Le monde n'est-il pas à l'instant silencieux ? Comme de merveilleux anneaux m'encercle ce silence ! / / Tu ne sens pas même que tu rêves : oh ! ainsi tu es loin, encore loin du réveil ! » Z II 9 : « Pour le dormeur de midi. / " Par chance, — combien peu de chose suffit déjà à l'heur ! " avec quelle sagesse plus d'un se crut déjà prudent. / Mais *cela*, mon âme le sait mieux maintenant. / La moindre chose justement, la plus ténue, la plus légère, une haleine, un souffle, un clin d'œil — de *cela* seul fait se la mode du meilleur heur. / Et si j'ai une fois maudit mes amis, parce qu'ils abrégeaient mon heur et soudain ce qui est en moi éternel — oh ! comme un bouffon Zarathoustra maudit alors justement ses meilleurs amis ! / Eux seuls, oui certes,

firent la réussite de *mon* heur! Une telle éternité veut durer
peu de temps : ainsi justement le veut *sa* manière la meilleure!
Mais c'est ce que j'appelle — l'éternité soudaine! / Oh!
combien il me fut toujours donné le plus parcimonieusement!
Oh! quelles vieilles gouttes oubliées d'heur et de vin consacré
ai-je bu déjà! / Dans un verre trouble entre des toiles
d'araignée grisâtres, par des caves noires et de plus sombres
contrariétés, pour moi justement, restant et prêt, réservé et
mis de côté! / Alors je dormis d'un bon sommeil — mais
combien de temps? Toute une éternité. Courage maintenant!
Courage, vieux cœur! Combien de temps te faudra-t-il, après
un tel sommeil, — maintenant — pour te réveiller? Beaucoup de choses sont restées en retard du jour, encore je n'ai
pas trouvé celui que je cherchais. Eh bien! Allons! Mes
vieilles jambes! Un bon bout de chemin et de pérégrination
vous a encore été réservé! »

2. Cf. *Luc*, 10, 42 : « Une seule chose est nécessaire ».

3. Cf. N. à Carl von Gersdorff, 7 avril 1866 : « ... semblable
à ces beaux jours d'été qui s'étalent largement et commodé-
ment sur la colline, comme Emerson les décrit si excellem-
ment : alors la nature devient parfaite, comme il dit ... ».

P. 334.

1. Z II 8 : « Heureux et las, comme tout créateur le septième jour. » Cf. *Gen.*, 1, 31-2, 3.

P. 335.

1. Z II 8 : « Le jour s'évanouit, il est temps et plus que
temps de nous séparer. »

La Salutation

P. 337.

1. Z II 8 : « " Il ne vaut pas la peine de vivre " — ainsi
crièrent maintes âmes fatiguées. — " A quoi bon! A quoi
bon? " ainsi résonnaient toutes leurs questions : " en vain!
en vain! ", leur répondait l'écho de toutes les collines. /
L'homme était petit, seul le vacarme était grand, et la populace parla : " *Mon* temps à présent est venu " — lors les
meilleurs furent las de leur ouvrage. / Pour les meilleurs
justement toutes sources se tarirent, couvertes de poussière
et lourdes gisaient de grandes âmes, la place publique
était pleine de mauvaises rumeurs : — Lors vola l'espérance — vers toi, vers toi, ô Zarathoustra! / Comment?
Zarathoustra n'est-il donc en vie? Ainsi se disaient beaucoup
à eux-mêmes et vers tes montagnes se dirigeaient bien des

yeux. / Pourquoi ne vient-il pas ? ainsi demandaient beaucoup nuit et jour. Pourquoi reste-t-il englouti comme dans le ventre de la baleine ? Ou bien devons-nous aller à lui ? / / Le souper. / Ainsi parla le roi et tous s'avancèrent vers Zarathoustra et lui témoignèrent leur respect ; mais Zarathoustra secoua la tête et de sa main se protégea d'eux. / " Bienvenue ici ! dit-il à ses hôtes. De nouveau je vous souhaite la bienvenue, ô vous les surprenants ! Mes bêtes aussi vous saluent, pleines d'honneur et pleines de crainte ; car jamais encore ne virent hôtes de si haut rang ! / Pourtant vous m'êtes danger non petit — c'est ce que mes bêtes m'insinuent. " " Prends garde à ces désespérés ! " me dit à l'oreille le serpent ; — pardonnez à leur amour pour moi cette timide prudence ! / De naufragés me parle en secret mon serpent : la mer les emporte — lors aimeraient bien à quelque vigoureux nageur s'agripper. / Et en vérité, de façon si aveugle et sauvage les naufragés saisissent avec bras et jambes qui les sauve et leur veut du bien qu'ils entraînent le plus vigoureux avec eux dans leurs profondeurs. Êtes-vous — de tels naufragés ? / Je tends déjà vers vous le petit doigt. Malheur à moi ! Qu'allez-vous donc encore prendre de moi et tirer à vous ! " — / Ainsi parlait Zarathoustra et ce faisant riait plein de malice et d'amour, cependant que de la main il flattait le cou de son aigle : lequel, en effet, se tenait près de lui, ébouriffé et comme s'il avait à protéger Zarathoustra de ses visiteurs. Mais ensuite il tendit la main au roi de droite, pour que ce dernier la baisât et de nouveau reprit, plus cordialement qu'avant : - - - / / Vous vous plaignez : mais vous devriez plutôt encore avoir souffert et pourtant tenir ferme. / Peut-être noueux et tordu, mais comme - - - / Je vous honore dans votre mépris et dans votre passer-à-côté et parce que point n'apprenez à vous adapter : j'honore encore plus en vous que vous sachiez aimer là où vous méprisez. / Ce qui montre en effet l'espèce supérieure : qui aime ne peut que mépriser, qui aime veut, en effet, créer : singulièrement qui veut créer au-dessus de lui. / Vous surpassâtes beaucoup mais non suffisamment : vous voulez la lassitude même les jours de santé. » Z II 9 : « Il parla pour nous tous, tu nous a délivrés de la nausée — c'est l'une des plus vilaines maladies de ce temps, de tous le plus vilain. / Zarathoustra : quel présent m'avez-vous apporté — vous ne pourriez vous-mêmes savoir *ce que* vous venez de m'offrir ! » En Z II 10 on trouve une autre version beaucoup plus longue de la « salutation », où se présentent de nombreux motifs des chapitres suivants (en particulier « De l'homme supérieur ») sans variantes de contenu. Les deux chapitres : « La salutation » et « La Cène » n'ont été séparés par N. que dans la copie destinée à l'imprimeur ; jusqu'alors ils formaient un seul chapitre intitulé « La cène ».

P. 340.

1. Cf. Za III : *Des renégats*, § 1, p. 224.
2. Comme à la mort de Jésus, Cf. *Matth.*, 27, 52-53.
3. Cf. Richard Wagner, *Qu'est-ce qui est allemand ?*, *Bayreuther Blätter, Deuxième partie*, février 1878, 30 : « Le mot " deutsch " [allemand] se retrouve dans le verbe " deuten " [signifier] : " deutsch " est donc ce qui est pour nous " deutlich " [clair]. » [Les deux mots viennent en effet de la même racine, qui signifie « peuple ». *Deuten* veut dire « révéler au peuple », et *deutsch* désigne d'abord la langue vulgaire par opposition au latin. Cf. Kluge-Mitzka, *Etymologisches Wörterbuch*, Berlin 1963, p. 128-129 (M. de G.).]

P. 342.

1. Cf. Za III : *De la béatitude malgré soi*, p. 201.

La Cène

P. 343.

1. L'allusion à la dernière « cène » de Jésus est manifeste.
2. Cf. Za IV, *A l'heure de midi*, p. 333.

P. 344.

1. Cf. *Matth.*, 4, 4.
2. Z II 7 : « Qui veut avec nous manger il lui faut mettre aussi main à la pâte ; il est ici des agneaux à abattre et du feu à allumer / — comme du gibier dans la forêt / — le poète doit chanter pour nous. »
3. Cf. Za I : *Des compatissants*, p. 115.

P. 345.

1. Z II 8 : « Ce qui m'étonne le plus d'un sage, c'est lorsqu'il lui arrive d'être avisé. »

De l'homme supérieur

P. 346.

1. W I 2 contient ces ébauches de titres pour une œuvre projetée (avant Za IV) sur l' « homme supérieur » : « *Aux hommes supérieurs.* / Appel héraldique d'un ermite. / De Frédéric Nietzsche. / / *L'homme supérieur.* / Des philosophes / Des meneurs de troupeaux. / Des hommes pieux. / Des

vertueux. / Des artistes. / *Critique de l'homme supérieur.* »
Pour le concept d'homme supérieur, cf. N VI 9 : « Plan. Je
cherche et appelle des hommes auxquels je dois communiquer cette pensée [*l'éternel retour de l'identique*], des hommes
qui n'en périssent pas. / *Concept de l'homme supérieur* : *qui
souffre de l'homme* et pas seulement en lui-même, qui ne peut
faire autrement que de ne créer, même en lui-même, que
l'homme. / — contre toute jouisseuse mise à l'écart et toute
exaltation mystique. / contre ceux qui ne sont " arrangés ".
/ — nous les ratés! Du type le plus haut! *Nous* délivrer
" l'homme même " : tel est notre " égoïsme " ». Z II 9 :
« Le discours de Zarathoustra sur l'homme supérieur / — il
faut que vous dénichiez les avantages de ce vilain temps. /
— tu enseignes à sélectionner une nouvelle noblesse / tu
enseignes à fonder des colonies et à mépriser la politique de
boutiquier des États / — Sur toi repose le destin des hommes
/ — tu conduis la morale au-delà d'elle-même (Dépassement
de l'homme, pas seulement " bien et mal ", conscience du
péché). »

1

2. Cf. Za I : *Prologue*, § 9, p. 32.

2

P. 347.

1. Cf. Za I : *De la prodigue vertu*, § 3, p. 104.

5

P. 349.

1. Cf. Za II : *De la prudence avec les hommes*, p. 181-184.
2. Cf. PBM 295.
3. Cf. *Matth.*, 8, 17.
4. [Cf. La formule de Luther : « Pécher fortement »
(M. de G.).]
5. Z II 7 : « Mes vérités sont fines et pour des doigts fins :
on ne les doit saisir avec des sabots de mouton. A toute
gueule ne convient toute parole (soit dit à l'usage de tous les
malades de la gueule et du sabot.) »

6

6. Cf. Za I : *De l'arbre sur la montagne*, p. 58. Dans la copie
destinée à l'imprimeur : « Le surhomme. Assez haut pour
l'éclair --! »
7. Z II 7 : « et bien que mon sens et ma nostalgie aillent

vers des choses rares et longues, aujourd'hui je ne veux pas loucher sur les petites et courtes beautés ». Z II 8 : « Poète — mon sens et ma nostalgie vont vers chose rare et longue : comme je méprise vos petites, vos courtes beautés ! »

7

P. 350.

1. Z II 8 : « Tu voulais être leur lumière, mais tu les as rendus aveugles. C'est ton soleil lui-même qui leur creva les yeux. »

11

P. 352.

1. Z II 8 : « Ta vertu est la prudence de la parturiente ; tu protèges et abrites ton fruit sacré et ton saint avenir. »

12

2. W I 2 : « Sur les cris de celle qui enfante à cause de toute l'impureté. Une fête de purification nécessaire aux plus grands esprits ! » Cf. *Lévit.*, 12, 2.

14

P. 353.

1. Z II 5 : « Un tigre qui maladroitement bondit se fait honte lui-même. »

P. 354.

1. Z II 8 : « Si je manque quelque chose : suis-je pour cela manqué ? Et si je me manque moi-même, qu'importe ? L'homme est-il pour cela manqué ? / C'est maladie et fièvre. »

16

2. W I 1 : « *Luc*, 6, 25 : la malédiction sur ceux qui *rient* — » [« Malheur à vous qui riez maintenant, car vous serez dans les larmes et le deuil »].

P. 355.

1. Cf. par ex. *Matth.*, 8, 12.

18

P. 356.

1. Que N. ait ici pensé à Napoléon se couronnant lui-même, c'est ce qu'atteste Z II 3 : « Un homme, toujours il

lui fallut ceindre lui-même la couronne — toujours il trouva les
prêtres trop lâches. » Pour E. Weichelt la couronne de roses
de Zarathoustra fait pendant à la couronne d'épines de
Jésus (*Matth.*, 27, 29). En Z II 8, un fragment plus long,
intitulé « La Couronne de roses » et « Le Discours des roses »
contient tous les motifs des derniers chapitres de Za IV.

Le Chant de la mélancolie

P. 358.

1. Dans une ébauche de Z II 9, ce chapitre n'était pas
divisé en trois paragraphes : Le discours de l'illusionniste
(§ 2) était ainsi introduit : « Il était tard dans la soirée, comme
le repas touchait à sa fin, lorsque Zarathoustra se leva et à
ses hôtes parla : Laissez-moi, mes amis, sortir un peu, je
vous veux rapporter une pleine brassée de roses : mais je ne
vous révèle d'où aujourd'hui ces roses me viendront. / Or à
peine Zarathoustra était-il sorti du cercle de ses convives
que le vieil illusionniste d'un air rusé autour de lui regarda
et réclama sa harpe. Il est sorti, dit-il - - -. » La sortie de
Zarathoustra de la caverne est ici motivée d'une autre manière que § 1 de ce chapitre. Zarathoustra reviendra cependant dans la caverne avec une « pleine brassée de roses » ;
cf. Za IV, *De la science.*

2

P. 359.

1. Cf. *I Petr.*, 5, 8.

3

P. 360.

1. « Le Chant de la mélancolie » date, comme poème, de
l'automne 1884. Z II 5 contient deux fragments d'ébauches
préparatoires : l'une intitulée « Malice du Soleil » correspond
à peu près aux deux premières strophes de la troisième section du chapitre, l'autre intitulée « Brebis », correspond à la
quatrième strophe. En Z II 6, les deux fragments ont été
réunis pour former un seul poème. N. voulait à ce moment-là
éditer le recueil de poèmes qu'il projetait sous le titre : *Rien
que bouffon! Rien que poète! Chants d'un modeste* (Z II 6, 2).
Z II 6, 55 présente trois titres pour ce même poème : *Malice
du Soleil.* / / *Rien que poète!* / / *Le Pénitent de l'esprit.* Z II 8,
85-86 contient une version en prose du « Chant de la mélancolie » (comme N. l'avait déjà fait pour la « Lamentation »
de l'illusionniste) ; dans la version définitive N. reprit le

poème ; les variantes entre les deux versions sont insigni-
fiantes. Le « Chant de la mélancolie » devint un *Dithyrambe
de Dionysos* sous le titre : *Rien que bouffon ! Rien que poète*.

2. Même expression dans un cahier de N. de 1874 consacré
aux problèmes du style allemand.

P. 361.

1. Notation en W I 1 : « " Tout droit piquent les aigles ".
Saga d'Olf Haraldson. »

De la science

P. 363.

1. Dans la copie pour l'imprimeur : « Vieux diable mélancolique, tu es à double, à triple, à quadrupe, à quintuple
sens. »

P. 364.

1. Cf. La variante de OS 32, citée dans la note de la p. 163
(p. 442).

P. 365.

1. Cf. Za IV : *De l'homme supérieur*, § 13, p. 353.

P. 366

1. Cf. *Luc*, 6, 27 : « Aimez vos ennemis, faites du bien à
ceux qui vous haïssent... »

Parmi les filles du désert

1

P. 367.

1. Cf. *Luc*, 24, 29.

2. Cf. Za III : *Avant que se lève le Soleil*, p. 205.

2

P. 368.

1. Le « Psaume du dessert » du *Voyageur et l'ombre* fut
également écrit comme un poème indépendant en automne
1884. Les élaborations successives du poème se trouvent
toujours sous le même titre « Parmi les filles du désert » en
Z II 5, 37-40 ; Z II 6, 63-68. Comme sous-titre on trouve en
Z II 6 : « un Psaume » — raturé — ensuite : « Un prologue ».
Probablement N. avait-il l'intention de placer le poème comme
préambule du recueil de poèmes qu'il projetait. (Z II 6
contient aussi un projet de lettre à Julius Rodenberg, rédac-

teur en chef de la *Deutsche Rundschau*, dans laquelle N. lui proposait la publication de son recueil de poèmes : on ne sait si la lettre a été écrite effectivement par N., ni pourquoi il a abandonné son projet). « Parmi les filles du désert » devint également — avec des modifications, en particulier à la fin, — un *dithyrambe de Dionysos*.

2. Cf. Shakespeare, *Songe d'une nuit d'été*, V, 1.

P. 369.

1. Cf. *Jonas*, 2, 1.

P. 372.

1. Z II 5, 9 contient un fragment qui peut-être éclaire le sens du premier et du dernier couplet ; ce fragment anticipe d'une certaine façon la conclusion de la version des DD : « Le désert croît : malheur à celui qui devint désert ! / Désert est la faim qui creuse jusqu'au cadavre / Quand même source ou palme se font ici leur nid — / Du désert les dents de dragons mâchent et mâchent. / Car le sable est dent contre dent, tourment vorace /. Apportez ici comme mâchoires pierre sur pierre / ici broyez éternellement / Mâchoires qui jamais ne se lassent / /. La faim vorace broie ici dent contre dent. / Du désert les dents de dragon - - - / / Sable est denture, est graine de dents de dragon / qui broie et broie — qui broie sans jamais se lasser - - -. / / Sable est la mère qui a mâché son enfant. / Avec un poignard volant dans sa peau - - -. »

Le Réveil

1

P. 373.

1. N VI 9 : « La jouissance de ces hommes supérieurs vint à lui comme un vent de dégel : sa dureté fondit. Son cœur tremblait jusque dans les racines. »

2

P. 375.

1. Sur les litanies de l'âne, cf. Naumann, *ibid.*, IV, 178-191. Une source de N. sur les fêtes de l'âne au Moyen Âge est — ainsi que Naumann l'a justement remarqué — W. E. H. Lecky, *Histoire de l'origine et de l'influence des lumières en Europe*, trad. allemande par H. Jolowicz, Leipzig-Heidelberg 1873, BN. L'exemplaire de N. présente de nombreuses notes

marginales, en particulier les passages sur la fête de l'âne :
cf. p. 224 et suivantes. Cf. de même PBM 8 et nos propres
remarques. Bien que le chapitre suivant soit intitulé « La
fête de l'âne », c'est ici déjà que prend place réellement la
fête.

2. [Plusieurs thèmes de cette louange ironique se trouvent
chez Agrippa de Nettesheim. *De vanitate scientiarum* (1527)
au chapitre 102, *Opera*, Lyon 1600, II / 2, p. 237 sq. (M. de
G.).]

3. Cf. *Apoc.*, 7, 12.

4. Cf. *Ps.*, 68, 19 ; *Phil.*, 2, 78 ; *Num.*, 14, 18, *Hébr.*, 12, 6.

5. Cf. *Gen.*, 1, 31.

P. 376.

1. Cf. *Gen.*, 1, 26.

2. Cf. *Matth.*, 19, 14 ; *Prov.*, 1, 10.

La Fête de l'âne

P. 377.

1. Dans le manuscrit destiné à l'imprimeur, le titre était :
« L'ancienne et la nouvelle croyance ». Cf. le titre de l'œuvre
de David Friedrich Strauss attaquée par N. dans DS.

1

P. 378.

1. Première note sur ce thème déjà en N V 9, 95 : " Mais
comment pouvais-je agir ainsi ? disait un ami à un très prudent homme — ce fut une sottise. " " Moi aussi, elle me pèse
à présent assez lourd " — répondit celui-ci ". » Cette note se
retrouve avec des variations dans plusieurs cahiers de Za de
l'automne 1882, jusqu'à ce que N. l'utilisât dans ce chapitre.
Une dernière version se trouve aussi en Z II 8 : « " Mais,
Zarathoustra, dit le serpent, toi qui es prudent, comment
pouvais-tu agir ainsi ? Ce fut une sottise ! " — " Moi aussi,
elle me pèse à présent assez lourd ". »

P. 379.

1. Cf. Za IV : *La Sangsue*, p. 302.

2. Cf. Za I : *Du lire et de l'écrire*, p. 55.

2

P. 380.

1. Cf. Za III : *Des renégats*, § 2, p. 226.

2. Cf. *Matth.*, 18, 3.

3

3. Cf. I *Cor.*, 11, 24-25.

Le Chant du marcheur de nuit

P. 381.

1. Les épreuves d'imprimerie de la grande édition in-8°
donnent comme titre : « Le Chant ivre ». Le rapport avec la
théorie de l'éternel retour est confirmé par cette remarque
en N VI 9 : « - - - tout disait " encore une fois " (revenant
comme la *tête de Méduse*). » En Z II 9 un texte plus étendu,
sous le titre « Le Chant de ronde » suit le dernier paragraphe
de la première partie. Dans « Le Chant de ronde » les « hommes
supérieurs» disaient l'un après l'autre des phrases du chapitre
maintenant intitulé « De l'homme supérieur », chaque fois
suivis par le refrain du chœur : « Écoute! Écoute! Approche
l'heure profonde de minuit! »

1

P. 382.

1. Cf. Za III : *De la vision et de l'énigme*, § 1, p. 195.
2. Cf. *Act. Ap.*, 2, 13.

2

P. 383.

1. Cf. Za III : *Les Sept Sceaux*, § 1, p. 281.

9

P. 387.

1. Cf. Za III : *De la grande nostalgie*, p. 274.

11

P. 388.

1. Z II 10, 22 ajoute ces phrases, supprimées dans le manuscrit destiné à l'imprimeur : « Du plus hideux se languit
le plus beau, du plus méchant toute bonté, et qui créa le
monde le plus sot fut certainement le plus sage : car le plaisir
le lui a suggéré — / le plaisir suggère toute bouffonnerie, à
Dieu il suggère éternellement le monde, à la bête l'homme, **au**
plaisir suggère la peine. »

12

P. 389.

1. Cf. Za III : *Le Deuxième Chant de danse*, § 3, p. 280.

Le Signe

P. 390.

1. Z II 8 : « Les cheveux de Zarathoustra devenant noirs (lion et essaim de colombes). » Z II 9 contient la version suivante rejetée : « Le Signe. Or au matin après cette nuit bondit Zarathoustra de sa couche, se ceignit les reins et quitta sa caverne, ardent et joyeux, comme le Soleil du matin qui vient de sombres montagnes. / " Ils dorment encore, cria-t-il, cependant que *moi* je suis éveillé — ce ne sont mes vrais compagnons, ces hommes supérieurs. / De plus hauts qu'eux ne peuvent que venir, plus courageux, plus libres, plus lumineux — ne peuvent que me venir des lions qui rient : que m'importe toute cette étrange petite et courte misère ? / Celle que j'attends à présent " — et en questionnant de la sorte, Zarathoustra s'assied songeur sur la pierre devant sa caverne. / " Qui de la Terre doit être maître ? reprit-il. Eh bien ! Non certes *ceux-là* — plutôt encore les briser, *ceux-là*, avec mon marteau. Moi-même suis un marteau. Ils subsistent justement sur Terre si avec une envie terrestre on les rend concupiscents, et si on leur parle cordialement. Nenni ! Sur cette Terre seulement — *subsister* ? Pour l'amour de la Terre je me fais honte de tels discours. / Plutôt encore autour de moi de méchantes bêtes sauvages que ces mal réussis domestiques : comme je veux être bienheureux de revoir le miracle, que couvre le chaud soleil — / toutes les bêtes mûres et bien réussies dont la Terre même est fière. A-t-elle raté l'homme ? Tant pis ! Elle a réussi le lion ". / Et de nouveau Zarathoustra se perdit dans de lointaines pensées et les pays lointains et dans le silence qui passe au large même de son propre cœur et n'a pas de témoin. »

2. Biblique, cf. par ex. *I Reg.*, 18, 46.

3. Cf. Z II 8 : « Ainsi Zarathoustra se leva comme un Soleil matinal qui des montagnes vient : robuste et ardent il marche là-bas — vers le grand midi que désirait son vouloir, et en bas, vers son déclin. »

4. Cf. Za I : *Prologue*, § 1, p. 19.

5. Grande édition in-8º : « Boit encore à mes chants ivres.

P. 391.

1. N VI 8 : « Et chaque fois que le lion riait, Zarathoustra
se sentait ému comme [- - -] : car c'était pour lui comme si
une pierre lui tombait du cœur et encore une pierre et de
nouveau une pierre. » Z II 8 : « *Le Lion rieur* — " Il y a deux
lunes encore, de voir cela m'aurait tourné le cœur " / / De
cela témoigne aussi le lion, mais seulement la moitié : car
il est borgne. »

P. 392.

1. Z II 8 : « Mais le lion léchait les larmes qui gouttaient
sur les mains de Zarathoustra. Son cœur était le plus intimement ému et retourné, mais il ne dit aucune parole. On dit
pourtant que l'aigle aurait regardé avec jalousie le comportement du lion, etc. / Enfin Zarathoustra se leva de la pierre
sur laquelle il avait reposé : comme un Soleil matinal il se
leva, comme un Soleil qui des montagnes vient, robuste et
ardent, et va vers la mer. »

Table 507

DU MÊME AUTEUR

Aux Éditions Gallimard

ŒUVRES PHILOSOPHIQUES COMPLÈTES

Dans la collection Idées

LA NAISSANCE DE LA PHILOSOPHIE À L'ÉPOQUE DE LA TRAGÉDIE GRECQUE.

SUR L'AVENIR DE NOS ÉTABLISSEMENTS D'ENSEI-
GNEMENT.

CRÉPUSCULE DES IDOLES OU COMMENT PHILOSO-
PHER À COUPS DE MARTEAU.

L'ANTÉCHRIST.

ECCE HOMO.

LE CAS WAGNER *suivi de* NIETZSCHE CONTRE
WAGNER.

Dans la collection Le Manteau d'Arlequin

AINSI PARLAIT ZARATHOUSTRA, *adaptation scénique
par Jean-Louis Barrault.*

Impression Bussière à Saint-Amand (Cher),
le 10 mai 1989.
Dépôt légal : mai 1989.
1er dépôt légal dans la collection : janvier 1985.
Numéro d'imprimeur : 8166.
ISBN 2-07-032285-8./Imprimé en France.